故宫国宝 100 件

# 故宫国宝一〇〇件

朱家溍　主编

## Treasures of the Palace Museum

GUANGXI NORMAL UNIVERSITY PRESS

广西师范大学出版社

·桂林·

# 中国历史年表

| 2070 | 2000 | 1900 | 1800 | 1700 | 1600 | 1500 | 1400 | 1300 | 1200 | 1100 | 1000 | 900 | 800 | 700 | 600 | 500 | 400 | 300 | 200 | 100 |

**夏** 前 2070—前 1600

**商** 前 1600—前 1046

**周** 前 1046—前 256

西周 前 1046—前 771

东周 前 770—前 256

春秋 前 770—前 476

战国 前 475—前 221

**秦** 前 221—前 206

**汉** 前 206—220

西汉 前 206—25

刘玄

东汉

① 辽建国于 907 年，国号契丹，938 年（一说 947 年）改国号为辽，983 年复称契丹，1066 年仍称辽。

② 蒙古孛儿只斤·铁木真于 1206 年建国。1271 年忽必烈定国号为元。

③ 清建国于 1616 年，初称后金，1636 年始改国号为清。

220—280

魏 220—265
蜀 221—263
吴 222—280

晋 265—420
　西晋 265—317
　东晋 317—420

**南北朝 420—589**
　北朝　386—581
　　北魏 386—534
　　　东魏 534—550
　　　西魏 535—556
　　　北齐 550—577
　　　北周 557—581
　南朝　420—589
　　宋 420—479
　　齐 479—502
　　梁 502—557
　　陈 557—589

**隋 581—618**

**唐 618—907**

**五代 907—960**

**宋 960—1279**
　北宋 960—1127
　南宋 1127—1279

**辽**① 907—1125

**金 1115—1234**

**元**② 1206—1368

**明 1368—1644**

**清**③ 1616—1911

# 目录

导言

陶瓷

青铜器

书画

# 工艺美术
222

# 织绣
270

# 导言

故宫，原是明、清两代的皇宫。宫殿建筑本身，就是文化艺术史上的重要遗物。

1911年的辛亥革命推翻了清王朝。1914年在明、清故宫的前部成立了古物陈列所，后部宫殿仍由清逊帝溥仪居住。1924年溥仪出宫后，成立了清室善后委员会。1925年10月，后部成立故宫博物院。抗日战争胜利后，古物陈列所撤消，并入故宫博物院，开放至今。

故宫博物院现藏文物九十万余件，大多数为明、清两代宫中遗留的历代艺术品，少数为近年来征集到的。这些艺术品有历代名画、法书、碑帖、青铜器、陶瓷、织绣及其他工艺美术品。这部书中的国宝就是从故宫博物院现藏珍品中选出的，共一百件。

中国历代皇宫内都收藏有许多珍贵文物。《宣和书谱》《宣和画谱》《宣和博古图》是记载宋朝宣和内府收藏的书、画、鼎、彝等珍品的目录。《西清古鉴》《西清续鉴》《宁寿鉴古》《石渠宝笈》（初、重、三编）、《秘殿珠林》（初、二、三编）、《天禄琳琅》和《四库全书总目》等是清乾隆、嘉庆时期由翰林官们编辑的宫中所藏古铜器、字画、图书的目录。见于著录中的很多古代文物早已散失，现在只能从文献中见到名称而已。但也有不少宝物几经聚散，历尽沧桑，保存到今天。

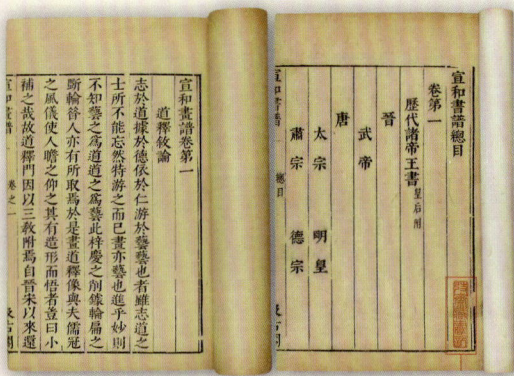

**宣和书谱、宣和画谱**

《宣和书谱》成书于北宋宣和二年（1120），是由官方主持编撰的宫廷所藏历代书法作品的目录，包括197人的1344件作品。《宣和画谱》是北宋宣和二年由官方主持编撰的宫廷所藏绘画作品的著录著作，包括231人的6396件作品。

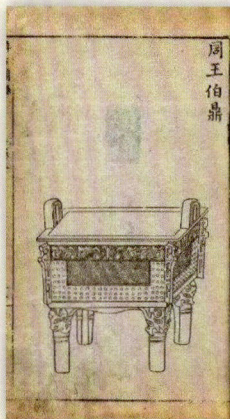

**宣和博古图**

宋代王黼编纂，宋徽宗敕撰。书中著录皇家收藏的自商代至唐代的青铜器839件。

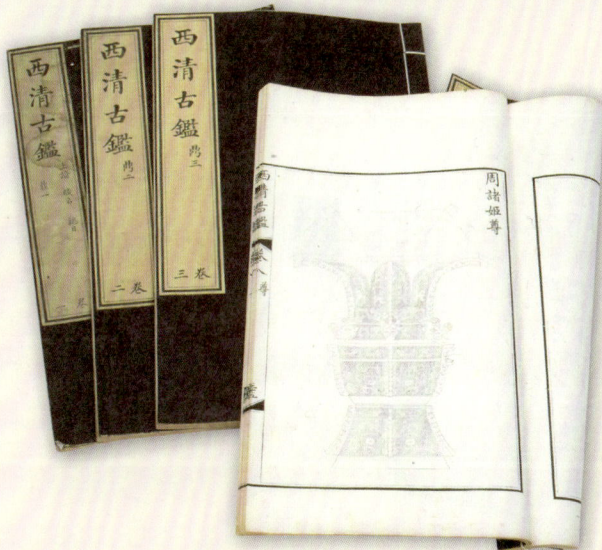

**西清古鉴**

著录清代宫廷所藏古代青铜器的大型谱录。收商周至唐代铜器1529件。清梁诗正等奉敕纂修，乾隆二十年（1755）完成。

**西清续鉴甲编、乙编**

乾隆五十八年（1793）王杰等奉敕编成，甲编收录清宫藏商周至唐代铜器944件，又唐宋以后铜器、玺印等31件，总计975件。乙编收录盛京（今沈阳）清宫藏商周至唐代铜器900件。

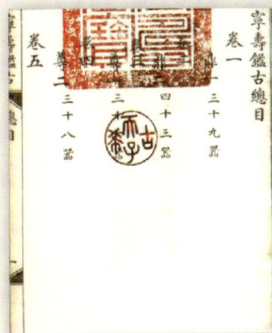

**宁寿鉴古**

清梁诗正等奉敕编纂，成书于乾隆四十四年（1779）。著录宁寿宫藏商周至唐代铜器701件。

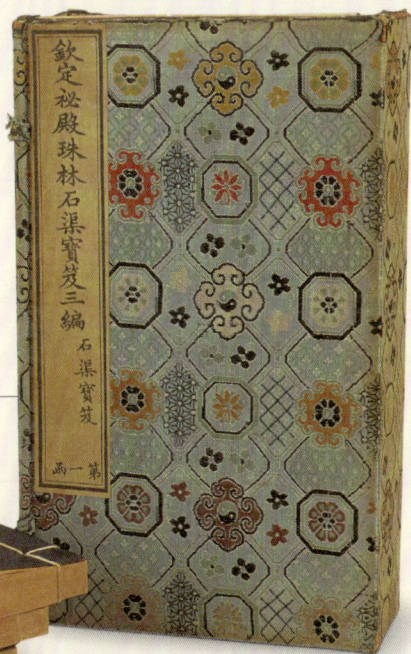

**石渠宝笈**

清代乾隆、嘉庆年间的大型书画著录文献，初编成书于乾隆十年（1745），重编成书于乾隆五十六年（1791），三编成书于嘉庆二十年（1815）。著录了清廷内府所藏历代书画。

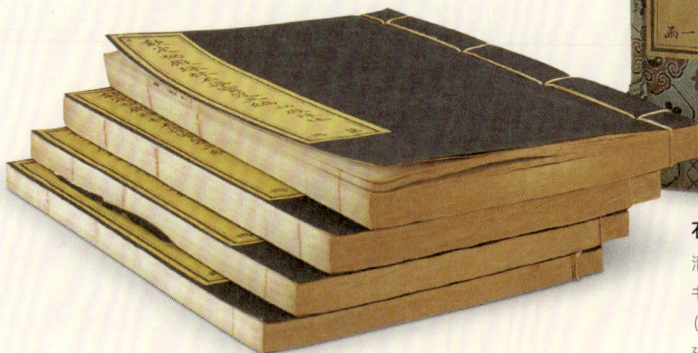

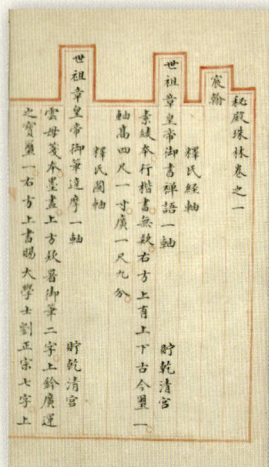

**秘殿珠林**

著录清内府有关佛教、道教之书画藏品。

**天禄琳琅**

清代皇家藏书楼。藏有清乾隆帝的藏书精华，包括现仍存世的清廷所藏善本珍籍。

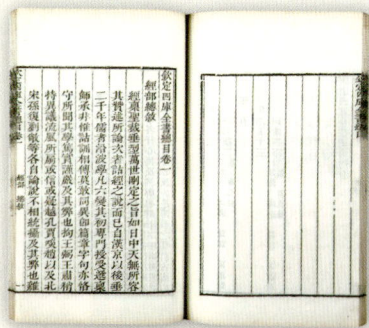

**四库全书总目**

又名《四库全书总目提要》，清代纪昀总纂。著录图书3461种，存目6793部，基本上包括了清乾隆以前中国重要的古籍，特别是元代以前的书籍。

庙。经过五代的兵乱，十鼓失散。到了宋朝，司马池在凤翔做官时，收集到九鼓，安置在府学。皇祐四年（1052）十鼓才收齐。大观二年（1108），被移到当时的京都开封。皇帝命以黄金填嵌石鼓的文字，先陈设在太学的辟雍，后来移到保和殿。金人破开封，把石鼓运到北方，安置在大兴府学（即现在的北京）。元皇庆年间（1312—1313），移到文庙戟门内。明、清两朝相继把石鼓

陈列于国子监、文庙大成门内。辛亥革命后仍在原处陈列，任人参观。抗日战争时期，北京的部分古物南迁，石鼓也随之运到南京，后经武汉运到四川。抗战胜利后，又经原路运回北京故宫博物院，保存至今。又如晋王珣的《伯远帖》，曾载于《宣和书谱》，清朝又载于《石渠宝笈》；隋展子虔的《游春图》、唐韩滉的《五牛图》、五代顾闳中的《韩熙载夜宴图》等名画，也都曾载在《宣和画谱》中，到清朝又载在《石渠

**府学**

行政区划府级的学校。府比县高一级，例如开封府、济南府和顺天府。

例如石鼓，原来发现于陈仓的野地，共十鼓。唐朝韩愈为博士的时候，曾请求把石鼓移到太学，没有得到允许。后来郑余庆把石鼓迁到凤翔孔子

宝笈》中。这类法书名画，从宋宣和内府失散出来，有些由私家收藏，有些曾经元、明内府征集收藏。明隆庆年间（1567—1572），内府所藏唐、宋书画有一部分作价归成国公朱希忠、朱希孝兄弟所有。朱希忠于万历元年（1573）死后，他所收藏的最精品归张居正所有。万历十年（1582）张居正死后，家被抄，这部分书画又

国子监
中国古代最高学府和教育管理机构。

收回到宫中。又如本书所载的宋张择端《清明上河图》，曾经很多人收藏，明嘉靖时为权相严嵩所得。严嵩父子获罪被抄家，很多法书名画又都收入宫中，《清明上河图》也是其中之一，但不久被太监冯保窃为己有。清乾隆时整理宫中旧藏的文物，有不少是明朝遗留下来的。乾隆酷爱古

代书画及器物，注意收集。如大收藏家安仪周、梁清标、高士奇、毕沅等收藏的法书名画，通过多方面渠道，后来都被收集到皇宫里。《石渠宝笈》《秘殿珠林》所载浩如烟海的书画就是这样被收集起来的。

乾隆、嘉庆以后，宫中不甚重视古书画，但仍继续收藏。咸丰十年（1860）及光绪二十六年（1900）外国军队两次入侵北京，圆明、清漪等园囿里珍贵的文物不少遭到掠夺破坏。从辛亥革命后到1924年溥仪出宫前十三年间，宫中珍

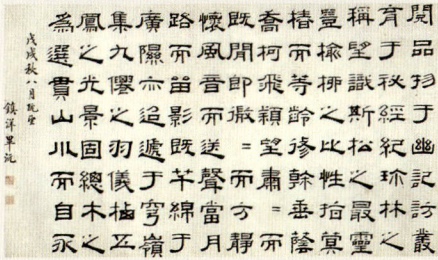

安歧《墨缘汇观》

安歧
（1683—1745），字仪周，清代书画鉴藏家。所藏甚富，如顾恺之《女史箴图》、展子虔《游春图》，及李思训、李成、范宽、董源、王献之作品等。后家道中落，所藏精品大部分入清乾隆内府，其余部分散落在江南者，多已不存于世。所著《墨缘汇观》，著录他所藏书画。

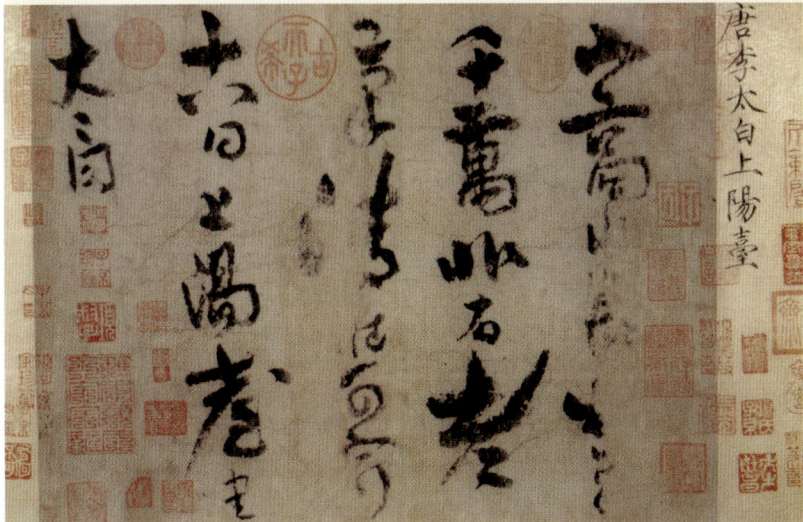

梁清标收藏的《上阳台帖》

梁清标（1620—1691），清初大臣，藏书家，有"收藏古书画甲天下"之誉。

毕沅（1730—1797），清学者，收藏家，曾官至湖广总督。编纂《续资治通鉴》。

毕沅书法

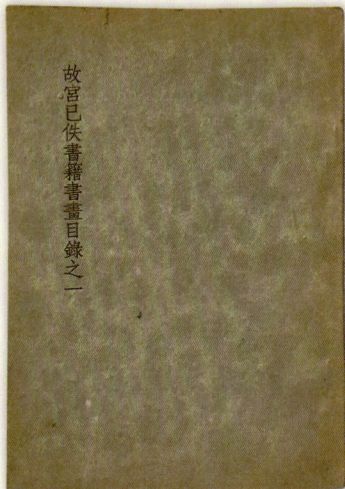

**故宫已佚书籍书画目录**

原稿计有四种：一、《赏溥杰书画目》；二、《溥杰收到书画书籍目》；三、《诸位大人借去书画玩物等糙账》；四、《外借字画浮记薄》。1934年故宫博物院印行。

贵文物又散失不少。故宫博物院成立后，曾根据《石渠宝笈》核对尚存的书画，编印过一本《故宫已佚书籍书画目录》。1949年以后，故宫博物院按照这本目录大力收购，多方征集，已佚书画绝大部分陆续收回，包括本书所刊载的晋、隋、唐、宋的法书名画在内，其中《中秋帖》《伯远帖》《五牛图》等还是从香港重金购回的。

除了上述几经聚散，失而复得，终归保存在故宫的珍贵文物外，未经颠沛流离，一直安稳地收藏在宫中的法书名画仍占大多数。至于家具陈设器物等属于工艺美术领域的珍贵文物，始终未离开故宫的就更不胜数了。有的器物，从制成进呈以后就再没有移动过。如本书所刊载的"大禹治水玉山"，于乾隆五十二年（1787）八月安设在宁寿宫乐寿堂以后，到今天一直没有挪动过位置。故宫藏玉除传世古玉以外，现存清代的玉器也都是制成进呈以后一直保存在宫中，有的还是养心殿造办处"玉作"制成的。本书刊载的瓷胎"珐琅彩雉鸡牡丹纹碗""画珐琅花鸟瓶""象牙雕渔乐图笔筒""百宝嵌花卉漆挂屏"，由造办处"珐琅作""牙作""杂活作"制成，向皇帝进呈以后，也都一直贮藏在宫中，这类工艺品的数量是相当多的。瓷器，由江西景德镇烧造瓷器处历年进呈而遗留在宫中的就有十余万件。本书所载康熙、雍正、乾隆三朝的瓷器，就是从中选择的。宫中还藏有江宁、苏州、杭州三织造历年进呈的大量锦、缎、绫、罗、纱、绸、绉等整匹织品和缂丝、刺绣的衣物，以及由养心殿造办处设计、交"织造"特制的作品。本书选载的彩织重绵《石青地极乐世界织成锦图》

轴、"孔雀羽穿珠彩绣云龙吉服袍"、《缂丝加绣九阳消寒图》轴，就是从中选择的。

书中载明代宫中遗留的工艺美术品，有永乐、成化、万历年款的瓷器；宣德、景泰年款的铜掐丝珐琅器；万历年款的黑漆嵌螺钿大书案等。这些器物都是制成以后供使用的，经历明、清两代一直贮藏在宫中。

本书内容分属青铜器、书画、陶瓷、工艺美术品和织绣五类。每类每件各有解说。所选文物总数虽只百件，但自商、周以迄明、清，显示着中国文化艺术的发展过程和成就。

朱家溍
1983年识于北京故宫博物院

故宫珍宝馆

# 青铜器

# 青铜器

中国青铜器向以造型优美、纹饰华丽、制造精巧著称，并以其独特的艺术形式在世界艺术史上占有极重要的地位。

青铜器种类繁多。所谓青铜器，广义来说，是指所有用青铜制造的器具，除礼、乐器外，还有兵器、工具、车马器及其他生活用品；狭义地说，也是一般的说法，只称礼、乐器两项而已。

本书所选的十件铜器中，鬲、簋是食器；尊、罍、斝、觚、盉是酒器；镈是乐器。

中华民族的祖先很早就发现了铜，至迟是在新石器时代晚期就已开始使用青铜制品。

青铜制品和其他制品一样，先出现的是一些小件工具和其他器物。1977年在甘肃马家窑文化东乡林家遗址中，出土了中国最早的一件青铜制品——青铜刀（前3000）。1972年在河南省偃师县二里头文化遗址中，又发掘出大批的工具、兵器、装饰品和四件青铜爵。这几件青铜爵是目前所能见到的中国最早的一批使用合范铸造的完整青铜容器。

**仰韶文化、马家窑文化**

仰韶文化是黄河中游地区新石器时代彩陶文化（前5000—前3000），因1921年首次在河南省三门峡市渑池县仰韶村发现，故名。马家窑文化1923年首先发现于甘肃省临洮县的马家窑村，是仰韶文化向西发展的一种地方类型，出现在公元前3700年的新石器时代晚期，历经了1000多年的发展。

青铜器中的礼器、乐器主要是在各种祭祀和宴飨的礼仪场合下使用的。各级贵族必须使用和他们的地位相当的礼器和乐器，不能僭越，否则就是非礼。所谓"礼"，主要体现在许多具体的仪礼和典章制度中，而"礼"的一个重要组成部分是祭祀。当时的贵族都笃信天命，崇敬祖先。在祭祀祖先的活动中，礼乐的规模是极为庞大的，要杀殉奴隶和多种牲畜，所以礼器中的很大一部分是祭器。1975年在河南省安阳市妇好墓出土的四百余件铜器中，竟有二百一十件是祭器。

**二里头文化**

中国青铜时代的文化，该文化因发现于河南省洛阳偃师二里头而得名。年代约公元前2000—前1600年。主要分布在河南中、西部的洛阳附近和伊、洛、颖、汝诸水流域以及山西南部的汾水下游一带。

二里头出土的青铜器

青铜器的造型，反映了匠师们具有极高的艺术造诣。商中期至西周早期的风格，端庄、厚重，代表着中华民族的气质。模仿鸟、兽等动物形态的器物和高浮雕的纹饰，更是生动活泼。周中期以后的器物，偏重于实用，比较朴素。春秋以后又出现了一些玲珑剔透、体态优美的铜器。

青铜器的花纹装饰，在商、周两代，不仅保留和发展了新石器时代彩陶上用得较多的几何纹，而且出现了以夸张形式或以幻想中的动物头部为主体的兽面纹、龙凤纹。又能将很多上古时代的神话传说融进花纹图案中。到了春秋和战国时期，风尚精细繁缛的构图，一改商、周以来对称、规整的风格。这时也出现了反映社会现实的图像内容，如宴乐、攻战、狩猎等，开汉代画像石（砖）之先声，对后代绘画艺术的发展也产生了极大的影响。

铜器花纹装饰中，还有一种形式是镶嵌工艺。早在二里头文化中就出土过镶嵌绿松石的器物。但早期的镶嵌不外乎红铜及绿松石之类。随着采矿、熔炼、铸造技术的发展，在器物上镶嵌其他金属以增加其价值的情形愈来愈多，尤其是把金银丝镶嵌于铜器上，使纹饰益发光彩夺目，绚丽多姿。

中国青铜器还有一个突出特点是很多铜器上铸有铭文。这些铭文字数或多或少，形态各异。铭文的出现始于商晚期，代表了氏族的徽号或图腾，字数较少，主要是为了识别，近似于图形的文字居多。至商末才开始出现多达四五十字的较长铭文，而且内容日益丰富。有的是为自己或祖先歌功颂德，有的是记载当时的重大事件，有的是记载土地交换的情况、诉讼的结果，有的是反映帝王诸侯对臣属的册命和赏赐等，为研究中国古代社会、文化、典章制度等提供了可靠的实物证据，以补充古文献史料的不足。春秋以后，随着社会的变革和生产的发展，文化比以前普及了。文字的记载转移到石片、竹（木）简、丝织品上，铜器铭文也就逐渐失去记载历史的主要功用，而日趋简化。

中国青铜器不仅有着极为珍贵

**铭文**

指在青铜礼器上加铸铭文以记录铸造该器的原由、所纪念或祭祀的人物等。

**妇好墓**

妇好是 3000 多年前商王武丁的王后。妇好，好（古音子）是姓，妇为尊称。她是中国历史上有据可查（甲骨文）的第一位女性军事统帅，同时也是一位女政治家。1976 年在河南安阳小屯西北发现妇好的完整墓葬。

的历史价值，而且每一件器物都是出色的艺术品。早在三千多年前的能工巧匠，就已熟悉并能灵活地运用艺术造型的技巧，创造出众多的工艺美术杰作。这等器物，对称平衡，节奏明快，质感强，体态饱满，玲珑精巧，纹饰与造型和谐一致，各方面的配合达到高度的统一，给人以美的享受。以醯亚方尊和师趛鬲为例。方尊是一件祭祀重器，口径较大，但在颈部用大弧度内收，腹部外鼓，显得格外丰满；下部采用高方圈足，给人以稳重的感觉；器身运用了八条扉棱，上至口沿，使人联想到中国古建筑上的飞檐斗拱，很有气魄，益发加重了庄严肃穆的感受。师趛鬲也是祭祀重器，却运用与方尊迥然不同的处理方法，在器物上使用了三点成面的原理，以三个巨大款足（对于袋形腹足的习惯称谓）支撑丰满的器身。还配有两足对称的附耳，既实用又增加了美感。纹饰与造型配合，达到和谐统一的效

**醯亚方尊**

果。如袋形腹纹用凸起的兽纹，更显得饱满，而内收的短颈则采用横向拉长的目形纹，使人既感觉到颈部的存在，又不会喧宾夺主，整体上仍然使人感到肃穆庄严，合乎祭祀重器的身份。

中国青铜器，不仅历史悠久、风格独特，而且具有鲜明的时代特色，展现了中国自商至春秋战国时期高度发展的文化艺术水平。

**师趛鬲**

# 乳钉三耳簋

## 商（前1600—前1046）

高19.1厘米，圈足高7厘米，口径30.5厘米
足径25厘米，腹深13厘米
重6.94千克

器名簋（音轨），是一种盛食器，相当于现在的"饭碗"。簋之制来源于陶器。陶簋原无耳，早期的铜簋也和陶簋一样是无耳的。后来，由于用铜造的簋比较重，比较大，就加上了耳，实际就是把手，方便取用。古人宴飨时是席地而坐的，簋放在席上，用手在簋里取食物，至今还有些

这件铜簋，侈口，深腹，高圈足；以回形纹为地，主纹采用斜方格乳钉纹及兽面纹、目形纹，这些都基本上保持了商代无耳簋的造型与纹饰特征。所不同者是制造者装饰了三个兽形耳，把口沿下及圈足上的纹饰分隔为三组相同的画面，是这件簋的突出特点。回形纹，是一种出现较早的几何纹饰，以连续回转的线条构成，旧称云纹（圆形）、雷纹（方形），或统称云雷纹。有时单独使用在器物的颈部和足部，自商代晚期开始用作青铜器主体纹饰的地纹。目形纹，中间为一目形，左右有延长的尾，或许是以后出现的窃曲纹的原始形态。乳钉纹，以乳状凸起为纹饰。乳钉位于斜方格的中心，周围填满回形纹，称为斜方格乳钉纹。

有耳簋出现在商晚期，大多无垂珥（即耳下部坠形饰）。垂珥簋大约出现于商末周初，而盛行于周以后，所以本器的时代上限应为商末。由于斜方格乳钉纹装饰是商器的一种主要纹饰，至周代已较少见，故把这件簋定为商器比较适宜。

自有耳簋问世以来，双耳簋最多，也最常见。呈"十"字型对称布局的四耳簋也时有发现，唯有三耳簋极为罕见。

少数民族保留着这种生活习惯。所以簋就需要造得大些。以后又出现了三耳簋、四耳簋、方座簋等多种形式。这时的耳当然不仅是起把手作用了，还包含有造型装饰的意义。

簋是盛装黍、稷、稻、粱等食物的用具。古代的贵族，在祭祀或宴飨时，往往准备多种饭食，需要同时使用几只簋，所以古文献中记载用簋的情况，少则两只，多则十二只，一般都是成双数的，如四只、六只、八只等。

**斜方格乳钉纹**

**侈口** 主要指口沿向外延伸，与敛口相对应，区别是敛口内收，侈口外溢。

**窃曲纹** 西周中期（约前900）以后，器物上的装饰逐渐抽象化，形成一种新的主导性的纹饰：窃曲纹。窃曲纹的基本特征是一个横置的"S"形。

**目形纹** 指在圆形或方框中部加一点或一横，构成目形纹。流行于商中晚期至周初（约前1300—前1046）。

**圈足** 是指器物底部承制一个圆形圈来托器身。圈足大量出现在唐代的瓶、壶、盘、碗等器具上，但不普遍，宋以后盛行。

002

# 醜亚方尊

## 商（前1600—前1046）

高45.5厘米，宽38厘米
口径纵33.6厘米，横33.4厘米
足径纵横均为22厘米，腹深33.6厘米，重21.5千克

尊是盛酒器，也是酒器的共名。铜尊有两种形制：一种侈口，体近圆筒状（也有方体圆口形者，但极少，应是此种尊的变体）。腹多微凸，下有圈足，多出自商代晚期以

大（太）子陬（尊）彝

醜亞者（諸）姤（后）吕

醜亚方尊铭文

后，中期以前则少见。另一种是大口广肩型，侈口，束颈，广肩，腹与肩相接处为最大径，向下则渐收，高圈足。有方形和圆形两类。最早见于商代中期，盛行于晚期，周初尚存，却已不多见。广肩型尊体形比较高大。本器就属于这种类型的方形尊。

酗（音序）亚方尊通体饰花纹，肩部四角饰四象首，额上以二夔（音奎）龙为角，长鼻高举，口边伸出二巨大象牙。四面中间亦饰四兽首，额上伸出二枝权形冠，似为鹿首形。器身装饰了八条扉棱，上端出于口沿外，更显得雄伟。本器是采用分铸法制成的。所谓分铸法，是指器物不是一次铸成的。基本铸法有两种：一种是先铸好器物的某一部分，然后将已铸好的部分（或附件）嵌入器体范（模型）中，再浇铸，使之与器体合成一体，如铜斝的柱、大型铜方鼎的器壁等都是采用这种方法铸成的；另一种是先铸成器体，在器体的相应部位预先铸出凸起物或铸出孔，然后将附件的陶范和泥芯附着在器上浇铸，使附件与器体合在一起，如乳钉三耳簋的鋬（音盼，就是把手）和本器上的八个兽首，都采用这种方法。

酗亚方尊原是完全相同的一对，现藏故宫博物院的这件较完好，另一件足部残损较重的现藏台北故宫博物院。

003

# 醜亚方罍

## 商（前1600—前1046）

通盖高60.8厘米，总宽37.6厘米
口径横16.9厘米，纵15.5厘米
足径横19.4厘米，纵16.4厘米，重20.8千克

　　醜亚方罍，广肩，口微敛，屋顶形盖上立一四阿式钮。全器共八条扉棱，肩部左右各有一兽首衔环，系绳后即可将器物提起，也可以直接当作把手使用。正面腹下部有一兽首形鋬。通体饰以回形纹为地的夔龙兽面纹。夔是传说中的一种动物，似龙而一角，一足，多张口卷尾，一般称夔纹，也作夔龙纹。兽面纹旧称饕餮（音滔帖）纹，是一种夸张了虎、牛、羊、猪等兽的正面头像的纹饰，如醜亚方尊就是；另一种则是以二夔龙纹相对组成兽面，本器即是。

　　方尊和方罍都有铭文九字。"醜亚"是一个氏族的名称。目前已知有这一氏族徽号的铜器多达五六十件。醜亚族当为商代的一个地位较高

罍（音雷）是贮存液状物体的容器。汉代以前，把罍定为尊的一种，称为山罍或山尊。宋人为铜器定名时，因有的器物上有自名，称为罍，故而把它单列为一类。罍的形制，似瓮而小，似罐而小颈广肩，最突出的特征是下腹部正面有鼻，可以提起，使罍倾斜，对于倒出贮存的液体较为方便。罍也有方圆二形，圆形多见，方形罍较少。

大隩　者醯
　　　　姤
子彝　曰亚

**醯亚方罍盖铭**

的大族，大概生活在以益都（今山东青州）为中心的地区。

与这二器同铭的铜器，见诸于世的约十件。铭文中有"者姤"二字，据原故宫博物院副院长、学者唐兰先生考定，"者姤"就是"诸后"，指历代先王。这组铜器既然用以祭祀历代先王及太子，说明这一氏族与殷王朝关系密切，或许就是殷商帝王之宗族后裔。1975年河南安阳五号墓出土了一大批铜器，据考证是商代武丁时的后，名叫妇好的墓。铜器中也有大型的尊、罍多件，进一步证明这种大型祭祀重器非一般贵族所能铸造。

同时，由于铭文已由简到繁，说明这两件铜器应晚于妇好诸器，是商晚期的器物无疑。

## 004 四象觚（象纹觚）

商（前1600—前1046）

高26厘米，口径15.3厘米，足径9.5厘米
腹深18.2厘米，重0.92千克

## 005 九象尊（友尊）

商（前1600—前1046）

高13.2厘米，口径20.7厘米，最大腹径18.7厘米
足径15厘米，腹深10厘米，重2.72千克

觚（音姑）是饮酒器。铜觚最早见于商中期，是来源于陶器的器型。大汶口文化和龙山文化遗址中都出土过陶觚，型式均与铜觚相似。早期的觚一般可分为细腰体高型与粗腰体矮型二种。后者较实用；前者既细又高，用来饮酒不大方便，可能只是作为礼祭器而存在的。觚的型制西周时已渐渐减少至消失，可能与周代禁酒有关。

象现在是热带地区的动物。可是商周时代，中原地区

九象尊因器腹内有一铭文"友"字，故又称为"友尊"。"友"应是氏族徽号。本器造型奇异，既有别于大口广肩尊，又不同于圆柱形尊，可能属于大口广肩型的一种特殊变体。此尊大口圆形，侈口，束颈，鼓腹，圈足上有三个十字形孔，范合缝于十字孔处，显然是由三块外范（模子）合铸而成。腹部以回形纹为地，上有九只象形纹饰。颈部饰一道复合回形纹带，口沿下饰一周由二十四只蕉叶纹组成的纹饰，颈腹纹带上下各饰一周圆圈纹（或称作连珠纹）。最值得注意的是，圈足上饰瓦纹，这种纹饰以其与旧式房屋上瓦垄相似而得名，开创了后世瓦形纹饰的先例。瓦纹主要盛行于西周晚期至春秋时代。

四象觚存世三件，除本器未曾发表过外，另两件一存美国古董商手中，一藏于瑞典首都斯德哥尔摩市远东博物馆。而九象尊却是国内外仅有之绝代珍品。

四象觚

**殷墟遗址**

殷墟是商朝晚期（前1300—前1046）都城遗址，位于河南省安阳市。1928年开始考古发掘，出土了大量都城建筑遗址和以甲骨文、青铜器为代表的文化遗存，系统地展现了中国商代晚期辉煌灿烂的青铜文明，确立了殷商社会作为信史的科学地位。

**大汶口文化**

属新石器时代文化，因山东省泰安市大汶口遗址而得名。分布地区东至黄海之滨，西至鲁西平原东部，北达渤海北岸，南到江苏淮北一带，基本处于汉族先民首领少昊氏的地区。年代为公元前4500—前2500年。

**龙山文化**

源自大汶口文化，因首次发现于山东省济南市历城县龙山镇（今属济南章丘）而得名。年代为公元前2500—前2000年。分布于黄河中下游的河南、山东、山西、陕西等省。

确是有象存在的。古文献上说"商人服象"，殷墟侯家庄西北岗殷代大墓中曾发现过两具象的遗骸；周以前的铜器上常以象的形状做成装饰附件，如象耳、象形足等，还有的制成象尊。大概是因为气候的改变，以及后来人口增多、生产发展，使象赖以生存的生态环境发生了变化，才逐渐南迁。

这两件铜器的主体纹饰均为象纹，长鼻上卷，象牙与象耳明显。尊上的九只象和觚上的四只象，似是象群在行进移动中。制造者不是把象的形状作抽象化的描绘，而是以一种生动真实的形象表现。

觚之器全无自名，故以其主体纹饰为名，称为四象觚（也可称为象纹觚）。本器侈口，口径较大，体高，腰细，腹前后饰二兽面纹，高圈足上除象纹外，亦以回形纹为地，腹足纹饰上下也各有一周圆圈纹。

觚这种铜器在其造型上尽管是上大下小，但由于制造者的高超技巧，在结构上采用了宽边喇叭口形的高圈足，使重心安排在器物的中下部。在花纹装饰上，颈部多采用狭长形纹饰，如蕉叶纹等，而在足部则用兽面纹或垂鳞纹等纹饰，使整个器物的结构和纹饰巧妙地结合成一体，充分体现静态的平衡与和谐。

九象尊

# 006  册方斝

## 商（前1600—前1046）

通柱高28.5厘米，口径纵11厘米，横13.3厘米
总宽16.2厘米，重3.12千克

商斝

周斝

分裆斝的型式示意图

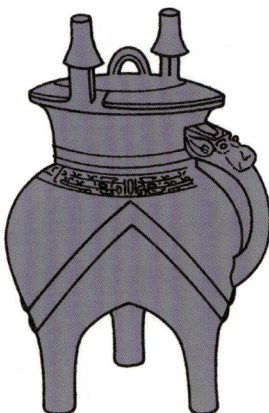

器名斝（音甲），是一种既可盛酒又可加温的酒器。这种铜器的铭文，一般字数很少，没有自名。

铜斝最早出现于商中期，亦源于陶斝。早期的铜斝多为圆形。商迁殷（安阳）后，铜器制造得多了，型式亦发生变化，出现了方斝。青铜酒器在商代之所以最盛行，是因为商朝人嗜酒。王公贵族的生活风尚是日夜狂饮。尤其到了商代最后一个皇帝纣王，因"好酒淫乐，嬖于妇人"而亡国。西周初期的帝王，吸取了商朝因酗酒而亡国的教训，严厉禁酒。由于这个缘故，很多在商代盛行的酒器，到西周以后便逐渐消失了。

这件册方斝，体方，有盖，颈部略收，鼓腹，底微凸。腹一侧有鋬，与鋬相邻两侧口沿上立二方伞塔形柱，腹下四足外撇。盖平而薄，正中有二鸟构成之拱形钮，二鸟相背而立，鸟头向外，冠相连。盖上饰二兽面纹，鋬上饰一兽首。腹部每面之主纹为一组大兽面纹，回形纹为地。腹上颈部及伞塔形柱帽上均饰三角纹，角尖向上，四足饰蕉叶形夔纹。本器是一件装饰华丽、造型优美的珍品。

本器铭文只有一"册"字，铸在器内底上。这种单一的铭文，大都是作器主人名或氏族徽号。

像本器这样束颈鼓腹的四足斝大都出自安阳，且绝大多数已流散至国外。这件现为国内仅存，于1975年安阳妇好墓出土的一件有盖小方斝，与本器近似，据此，本器也应是商晚期铸造的。铜斝还有另一种型式，就是商晚期出现的分裆斝。这种型式延续到西周初期还在铸造，以后就绝迹了。

## 007 董临簋

周初（约前1046）

高16.7厘米，口径21厘米，总宽33.5厘米，重3.66千克

这件铜器腹内铸有八个字的铭文"董临作父乙宝尊彝"。根据铭文，这件簋是董临为了祭已死父亲"父乙"而做的。商朝人的习俗，每天都要按既定次序祭祀各祖先。"父乙"是排在乙日祭祀的，也就是排在一旬中第二天，但"宝尊彝"

董临簋属双耳簋，侈口，腹微鼓，圈足，附珥，是传世的"熟坑"，即曾经过酸洗、去锈和打磨等加工。腹前后饰两组大兽面纹，无地纹。兽面纹的耳、目、口、鼻、角等略凸出于腹面，上面还饰有一层较浅的花纹。颈部和圈足也各有一道纹饰，用蟠曲的龙纹和圆涡形纹相间布置，在颈部纹带中间前后两面各饰一小兽首，而圈足上就简化成只剩一个鼻子的形象。显然这个簋身是由四块

则是周代的用语。再从铭文的书法特点以及这件簋的形制和花纹来看，应定为周初器。周初的书法特点，一般称作波捺体，即字中有肥笔，首尾两端出尖锋，端严工整，典雅优美。"董临"则可能是商代的一个遗民或贵族。

外范合铸的，两侧的范缝为耳部所掩，前后的范缝就以兽面或鼻形的装饰来掩盖。

这件簋耳部的装饰最为突出。一般簋耳，都只做成一种动物的形象。这里却把龙和鸟的形象结合在一起。设计这件簋的两千多年前的工艺师，巧妙地把这个略具椭圆形的把手上部做出一个龙头，上面峥嵘地耸立两个方角，在凸出的上唇下面，露着两颗锐利的巨牙，带着鳞的一段龙身和簋体结合起来。把手的其他部分则做成一只鸟，鸟头连接在龙的颊下，凸出的鸟喙像钩子一样向下弯曲，鸟身和两翼略作弧形后掠，因而构成把手的下半部，鸟尾与簋体相结合，而把手下面，在长方形的珥上，则刻出鸟足和长长的羽毛。在一个簋耳上，出现这样复杂、生动，又几乎是独立的图雕，是极少看到的。

董临作（作）父乙
寳隤（尊）彝

**董临簋铭文**

008

# 虎戟镈

## 西周（前1046—前771）

通高44.3厘米，钮高10.5厘米，总宽39.6厘米
铣间距27厘米，鼓间距20.4厘米，重16千克

青铜乐器在青铜器中占有相当的比重。如果说礼器代表当时社会森严的等级制度的话，那么，乐器也具有同等的效用。使用乐器的多少同样能反映出当时贵族地位的高低。按周代的礼制，天子用钟四组，诸侯三组，卿大夫二组，士一组。进入春秋时代以后，

铙发展到西周，转变为钟，初为甬钟。最早见于西周中叶，其形制如图所示，就好像是倒悬的钲铙，悬于架上敲击，多为成组出现（即今谓"编钟"）。每组三件以上，多至十余件。春秋以后出现钮钟。湖北随县出土的曾侯编钟有六十四件，分为八组，每组数量有多有少。音色优美，音域宽广，可用来演奏现代音乐，说明中国古代音乐艺术水平之高超。

镈（音博）为钟的一个分支，与钟小有差别。一般是以造型来区分，即下口呈桥形者为钟，平口者为镈。镈的出现要晚于甬钟，而早于钮钟。早期

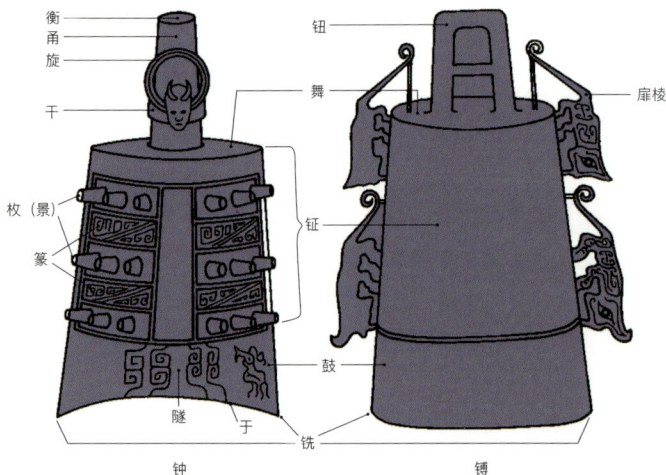

钟、镈各部名称示意图

就出现了孔子所见到的"乐坏礼崩"的局面。所以，我们所见到的钟的数量，远远超出上述的等级制度的标准。

乐器和礼器一样，随着时代和地域的不同，也有很大变化和差异。商代有铙无钟，也有称为钲的，是中国迄今所知道的最早的打击乐器。河南安阳出土的这种乐器，形制体扁短阔，上大下小，口朝上有柄在下，中空可装木把，编铙一般较小，三五个一组；大铙多单个出土，上饰兽面纹或象、虎等纹饰。春秋战国时代的徐、楚、吴、越等地盛行一种称为句鑃的乐器，实际就是钲铙的变形。

的镈是单个使用的，到春秋以后才出现了编镈，如陕西省宝鸡市出土的秦公镈、故宫博物院藏的蟠虺纹镈，都是三件一组的编镈。与一般钟镈相比，本器装饰比较奇特。前后两面钲部各饰以一组大兽面，中间凸起一道镂空的扉棱（已残，似应为一鸟），好像是兽面的鼻。兽面两旁各有一条倒立的夔龙，兽面上下各有一以圆涡纹为主体的条带形纹饰。制作者还匠心独具，在镈身上饰有四只张口卷尾、形态极为生动的扁形立体虎，两两相对，构成镈两侧的扉棱，使动与静有机地结合，给人以一种美的享受。由此可见中国古代的民间艺术家，对于造型装饰艺术研究之精深，构思之奇巧，已达到了相当高的水平，从而使这件铜器具备了文物和艺术品的双重价值。

与本器相似的镈有三：一、宋代《宣和博古图》著录的"周虎钟"，今不知落于何处；二、现存日本的"虎钟"；三、上海博物馆藏"四虎镈"。其中仅上海四虎镈钲部纹饰与另三器差异较大。

## 009 师趛鬲

西周（前1046—前771）

通耳高50.8厘米，高至口沿42厘米，口径47厘米
总宽57.6厘米，重48.8千克

我们通常所说的鼎，就是指两耳、三足圆腹的容器。但也有例外。如：扁足圆鼎、三足分裆鼎、代盘鼎、独柱鼎等，都是普通圆鼎的变体。商代中期至西周早期，还流行一种四足方鼎，著名的重达八百七十五公斤的"女姤戊"（或释"司母戊"）大方鼎，就是这种形制的代表作。商代的鬲（音立），立耳，袋形腹较深，足短，到商末周初体形已由

本器自名鬺（音辱），是一种大型鬲鼎。本器是传世"熟坑"。侈口折沿，颈附耳，分裆袋形腹有扉，蹄状足。全器纹饰以"鼓花"（即半浮雕）为主，地饰回形纹，腹部饰六只巨大的回首夔龙纹，造型上三附耳，蹄足。从这些特征以及铭文风格与内容来看，本器是西周晚期制作。

本器腹内壁铸有铭文五行二十九字。铭文大意是：在九月初庚寅这个吉祥的日子里，师趛为其已故的父母铸造了这件大鬲鼎。愿其子孙万代永世宝用。本器是师趛（音引）为其父母所铸祭器，因此称为师趛鬲。

师趛鬲造型雄伟，是一件祭祀重器，饰有巨大兽形花纹，呈现出庄严肃穆的形象。本器是迄今所知铜鬲中最大也是最华丽的一件。

高变低。西周后期至春秋前期，体形更矮，分裆已近于平底，但有一圈很宽的唇边，且多无耳。但是这时也出现了一些袋形腹的鬲，可能属于一种返祖现象。鼎之大者，往往有专名，如镬鼎、鼎升等。不过鬲和鼎虽有分别，但功用很相似，同为煮食器，相当于现代的锅。鬲和鼎在古时代可能同出一源，后来才分家。鬲这种器型到战国晚期就消失了。

佳（惟）九月初吉庚寅師趛作（作）文考聖公文母聖姬陳（尊）鬳（鬲）其萬年子孫永寶用口

师趛鬲铭文

010

# 螭梁盉

战国（前475—前221）

通梁高24.2厘米，总宽24.2厘米，重3.52千克

盉（音和）是一种酒器，与今天使用的酒壶相类。从这类铜器的大小和腹下多具三足或四足来看，似是既可装酒，又可以加热的器皿。但也有一些圈足盉（或无足盉），则只能装酒而不能温酒了。从出土情况来看，盉往往与盘同出，有人据此说它是水器，可能有一定道理。

早期盉的造型与晚期的盉有很大差别。

本器流为鸟首形，口微张作鸣状，以扁圆形盉体为鸟腹，流的根部为鸟的后掠形双翅和后收的双爪。鸟首上卧一虎，作为鸟之冠。提梁为螭（音吃）形，双足分立于器肩，螭首前伸近鸟冠，尾下垂，身作弓形，隆起部分的两侧各由互相绞结的九条小螭镂空而成，二足近身部各饰一对飞状的短翼。盉直口微敛，有盖，上有猴形钮，颈套链环与梁内侧相连，左上肢搂在后腿上作蹲坐状，右肢扶着环链。盉腹下有三异兽形足，人面，鸟嘴，四爪，有尾。头两侧二角下卷，身被鳞斑，裸露双乳。二后爪并立，腿略前屈，二前爪各紧抓一蛇，蛇首贴于腹部上昂于乳下，蛇身缠绕异兽腹及肩部，尾下垂于腰侧。中国古籍《山海经·中次八经》里曾介绍：骄山之神，名曰䰠（音驼）围，其状如人面，羊角，虎爪，与此异兽特征大略相合，疑此异兽即是䰠围。

全器除圈形底为素面外，通体遍布以粟纹为地的纹饰。器身花纹三层，中间为二宽弦纹（单线条

的纹饰，较宽），上下二层，主纹为勾连云纹（连续性的云形纹）；中层主纹由八组花纹组成，每组由一首二身的蟠螭（传说中无角的龙）与二首一身的异鸟相缠绕组成，异鸟昂首垂尾，螭首向下，螭身绕异鸟一颈后回转至首下。盖沿由互相勾连的二十条双头蟠螭组成花纹带，盖顶一周宽弦纹内为细线勾勒的六片叶状纹及三角纹。鸟形流颈部、异兽形足的身上缠绕之蛇均饰鳞纹。

本器造型奇特，装饰繁缛，在战国铜器中是较为突出的。特别是器身上既有写实的鸟、虎、猴、蛇等动物形象，又加上一些想像中的神怪，充分显示了战国时期铸造水平的先进与技艺之高超。这件铜盉可称得起古代工艺美术品中的一件不可多得的杰作。

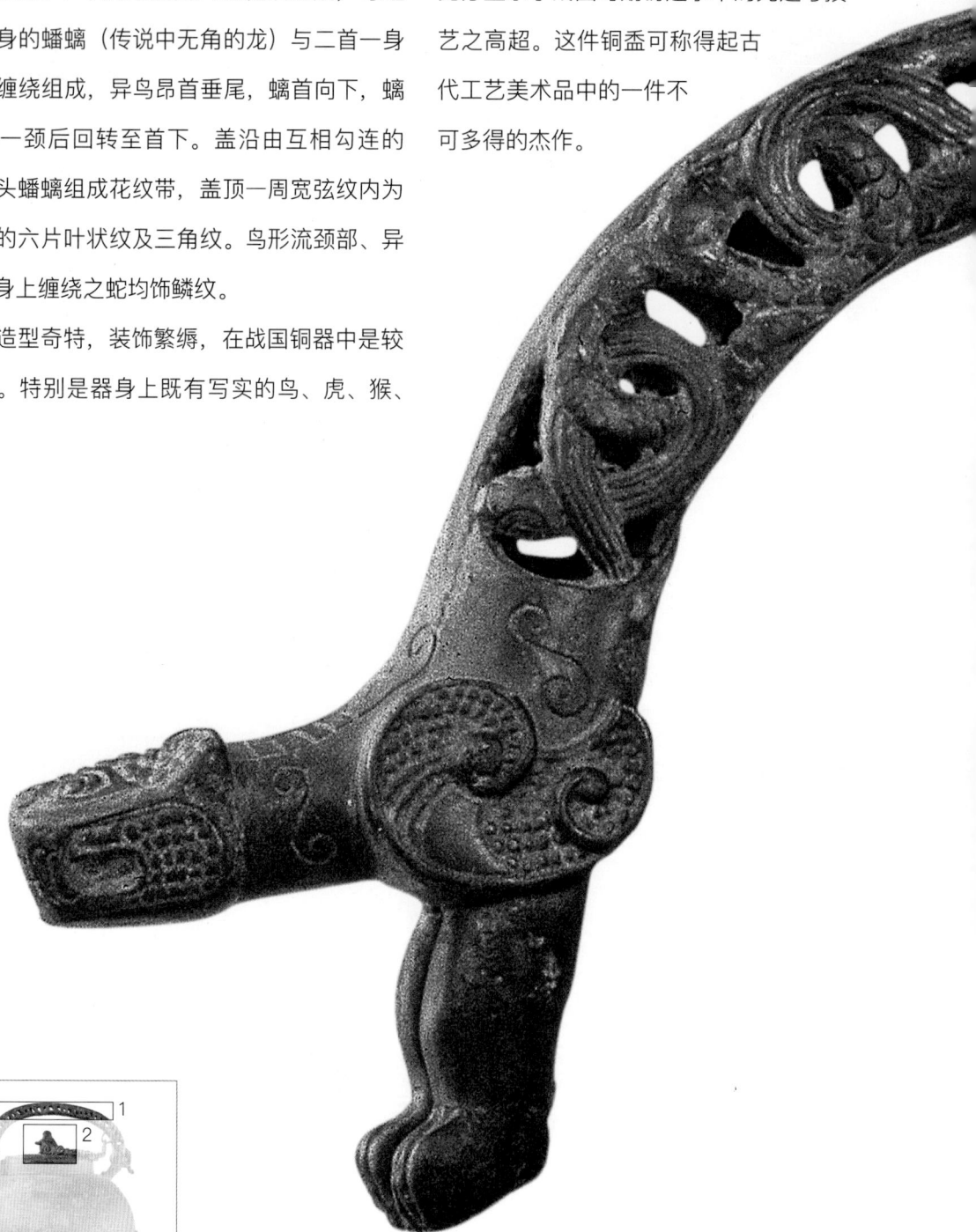

**提梁** 蟠形，双足分立于器肩，蟠首前伸近鸟冠，尾下垂，身作弓形，隆起部分的两侧各由互相绞结的九条小蟠镂空而成，二足近身部各饰一对飞状的短翼。

1

2

**猴形钮** 盉直口微敛，有盖，上有猴形钮，颈套链环与梁内侧相连，左上肢搂在后腿上作蹲坐状，右肢扶着环链。

3

**流** 流为鸟首形，口微张作鸣状，流的根部为鸟的后掠形双翅和后收的双爪。鸟首上卧一虎，作为鸟之冠。

# 书画

# 书 画

中国绘画和书法历史悠久，源远流长。仅从长沙楚墓出土的战国帛画来说，距今也有两千余年了。中国文字的发端，可以溯源到原始时代陶器上的刻画符号，而把文字作为书法艺术的创作，也至少产生在春秋战国时代。

战国帛画是用笔蘸墨画出的线条来塑造形象的，然后再敷以色彩。这种以线描作为绘画造型的基本手段，一直沿袭到今天，成为中国绘画的一个特色。以后画家们在追求用线条表现客观物像真实感的同时，也不断地追求线条本身的美感，因而产生出各种不同流派和风格。东晋顾恺之是有作品可考的最早的一位知名大画家。他的人物画创作代表了当时的最高水平。他最先提出"以形写神"的理论，以后中国绘画对"神"的表现的追求，由人物画发展到山水画和花鸟画。在这一要求下，中国绘画既重视对自然的师法，同时又不为自然所役，其造型原则始终是"妙在似与不似"之间。

隋、唐之间，中国山水画开始脱离作为人物画背景的附属地位，逐步走向独立发展和成熟。画家展子虔的《游春图》是现存最早的一幅山水画作品。这幅画所取得的成就，既是六朝山水画发展的总结，同时也是唐代山水画的开端。李思训、李昭道父子正是继承了展子虔的风格和技巧，把具有唐代特点的金碧山水画推向了新的创作高峰。

唐代的人物画创作是中国绘画史中人物画创

**吴道子**（约 680—759），阳翟（今河南禹州）人。唐代画家，画史尊称他为"画圣"。所作已不存。

**张萱**（生卒年不详），长安（今陕西西安）人，唐代画家。所作已不存，但有两件摹本，即《虢国夫人游春图》和《捣练图》。

李昭道《明皇幸蜀图》

**李昭道**（生卒年不详），李思训之子，唐代画家，擅长青绿山水。李思训（651—716），陇西成纪（今甘肃秦安）人，唐代画家。明代董其昌推其为山水画"北宗"之祖。

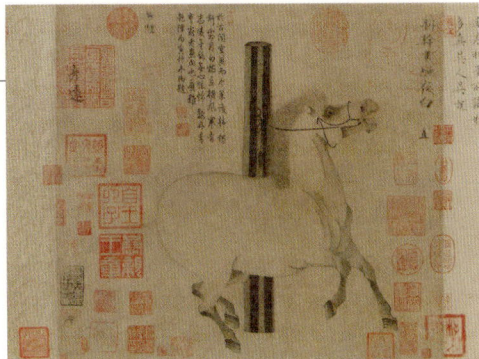

**韩幹《照夜白图》**

**韩幹** （约706—783），京兆（今陕西西安）人。唐代画家，以画马著称，初师曹霸。天宝年间，在宫廷写玄宗内厩"玉花骢""照夜白"等名马，肥壮雄骏之状，独步当时。

**曹霸**
（约704—770），谯县（今安徽亳州）人。唐代画家，擅画马。成名于开元间，天宝间曾画"御马"。

**周文矩**
（生卒年不详），江宁句容（今江苏镇江）人。南唐后主时的宫廷画家。工画人物，尤精于仕女。

作的繁荣兴盛时期。最有代表性的画家有阎立本、吴道子、张萱、周昉等。被称为"画圣"的吴道子的作品，到今天无法见到真迹了；而代表了初唐人物肖像画成就的阎立本《步辇图》和代表中唐风格的周昉《挥扇仕女图》我们都能看到。唐代的其他画家如曹霸、韩幹、韩滉、韦偃等，以专门画牛、马等畜兽闻名于世，说明绘画分科发展越来越细。可信为韩滉的真迹，目今只有一件《五牛图》。韦偃的原作早已绝迹，但我们可以从宋代高手李公麟所临摹他的《牧放图》中想象其气概。

人物画在五代南唐也很兴盛。在为皇家服务的翰林图画院里，有顾闳中、王齐翰、周文矩、卫贤等名家。顾闳中的作品在刻画人物内心活动方面极为细腻，生动传神，《韩熙载夜宴图》是其代表作。卫贤的作品，至今只有《高士图》一件，是海内孤本。

唐末五代是山水、花鸟画飞跃发展时期。在山水画中新出现的水墨画法，逐步取代了金碧山水的画法。山水画家

在"外师造化，中得心源"的创作思想指导下，深入到自然山水中观察体验，探索各种表现方法，努力创造意境。中原地区的荆浩、关仝，以勾斫皴染的笔法，

王齐翰《勘书图》（局部）

**王齐翰** （生卒年不详），江宁（今江苏南京）人。南唐后主李煜朝（961—975）宫廷画家。工画佛道宗教画，兼擅山水、花鸟，以画猿獐出名。

表现北方雄峻的山峰，裸露的岩石，气势雄浑壮美；南唐地区的董源、巨然，以披麻皴和点子皴，表现南方山水的草木葱茏，烟云变幻，优美抒情。他们的山水画创作技法及其风格式样均成为后世的楷模。《潇湘图》可以说是山水画所取得成就的代表作品。

花鸟画在唐末五代时期也同样由于地区的不同而有两种不同的风格。以黄筌为首的西蜀画派，多取材于宫廷中的奇花异鸟，珍

禽瑞兽，笔法工细，敷色妍丽，被誉为"黄家富贵"；南唐徐熙则多取材于农村中常见的虫鸟花草，而画法以突出墨线为主，设色雅淡，被誉为"徐熙野逸"。可惜的是，这两位不同风格的花鸟画开宗立派之祖的作品，现今已难于

**关仝**
（约907—960），长安（今陕西西安）人。五代后梁画家。工山水，早年师法荆浩，后形成个人风格。所画颇能表现关陕一带山川的特点和气势。

荆浩《匡庐图》

**荆浩** （约 850—911），沁水（今属山西）人。五代后梁画家，是北方山水画派之祖。常画山中古松，创制云中山顶，浑厚峻拔。与董源、巨然、关仝并称五代北宋四大家。

巨然《层岩丛树图》

**巨然** （生卒年不详），江宁（江苏南京）人。五代宋初画家，僧人。专画江南山水，与董源并称"董巨"，对元明清以至近代的山水画发展有极大影响。

吴镇《渔父图》

**吴镇** （1280—1354），嘉兴（今属浙江）人。元代画家、书法家、诗人。与黄公望、倪瓒、王蒙合称"元四家"。

一睹。徐熙的画久已绝迹人间；而黄筌的作品仅留下一件《写生珍禽图》。

宋代是皇家画院最盛时期，许多著名的画家都被吸收入宫廷。北宋时代最有名气的山水画大师郭熙，就是直接奉宋神宗皇帝的征召入宫的。《窠石平远图》是他入宫以后的代表作。他在山水画上的贡献除创作了大量的作品之外，还有山水画论著《林泉高致》传

**徐熙**

（? —975），金陵（今江苏南京）人，五代南唐画家，善画花竹林木、蝉蝶草虫。

夏圭《溪山清远图》

**夏圭** （生卒年不详），临安（今浙江杭州）人，"南宋四家"之一，以山水著称。他与马远同时，并称"马夏"。

李唐《采薇图》

**李唐**　（1066—1150），南宋画家。擅画山水，创"大斧劈"皴，开南宋水墨苍劲、浑厚一派先河。兼工人物，又以画牛著称。与刘松年、马远、夏圭合称"南宋四家"。

世。张择端是宋徽宗时代的宫廷画家，《清明上河图》是一幅惊人之作。南宋的四大家李唐、刘松年、马远、夏圭，全都是宫廷画家，他们的作品不但技巧熟练，而且很有新意，具有高度的概括性。马远的十二幅《水图》只画水纹的变化，就能表现出多种的意境。

北宋的中后期，由苏轼、文同、米芾、李公麟、王诜等人掀起了一股"文人画"热潮。他们更加重视绘画中"神"的表现，发展了水墨画法中的写意技巧。

"文人画"经过南宋的酝酿和实践之后，到了元代则成为了画坛的主流。赵

**刘松年**
（约1131—1218），南宋画家，多写茂林修竹，山明水秀之西湖胜景。所作屋宇，界画工整。

**文同**
（1018—1079），梓州永泰（今属四川绵阳）人。北宋画家、诗人，善诗文书画，尤擅墨竹，主张"胸有成竹"。

孟頫是元初士大夫画家中最为重要的一位。他一方面主张恢复古法，反对南宋晚期院画陈陈相因的积习；另一方面则托古改制提倡"文人画"的创新。《秋郊饮马图》即是他师法唐人青绿画法而具有文人气质的一件代表作品。在赵孟頫的影响下，元代的山水画出现了四大名家：黄公望的浅绛山水，浑厚圆润，笔墨潇洒，境界高旷；吴镇、王蒙师法董源和巨然，笔力雄劲，墨气浓厚，郁勃深秀；倪瓒则笔墨简淡，境界超脱。他们各创造了自己的独特风格面貌，达到了文人山水画的新高峰。

明代的前半期，宫廷画院的画家与浙派画家占了画坛主要地位，山水、花鸟、人物均以宋代画院为模范。浙派大师戴进是最

有影响和最有成就的画家，他的山水画主要继承马、夏风格并参以元人笔法，雄健豪爽。明代中期以后，苏州地区的绘画创作特别活跃，沈周、文徵明、唐寅、仇英并称"吴门四家"，名震江南。沈、文擅山水，上追董、巨，下法元代诸家，各成一格；唐、仇近师周臣，远学李唐、刘松年等，山水之外，尤工人物。

水墨写意的花鸟画，经过长期的酝酿，到明代中后期得到了突飞猛进的发展。沈周、唐寅开拓于前，陈淳、徐渭继起于后，更加发挥了水墨性能和写意的特色。尤其是徐渭的大写意，墨渖淋漓，奔放狂纵，其影响直到今天。

明末清初的画坛，名家众多，灿若群星。人物画中，陈洪绶是

其代表；山水画中，髡残、石涛、王翚，堪称巨匠，弘仁、项圣谟则别具风格；花鸟画中，八大山人淋漓奇古，恽寿平典雅和平，都是一代大师。清代中期的华嵒和"扬州八怪"诸家的艺术，清新活泼，以崭新的面目呈现在人们面前，直接开创了中国近、现代绘画画风。

中国的书法和绘画，主要工具同是笔和墨，也同样是一种线的艺术。自古而今，书家代不乏人，各有创造。在中国绚丽多彩的文化艺术中，绘画和书法的关系最为亲密，所以在收藏中，"法书名画"总是相联在一起的。先人收集和珍藏绘画和书法中的名家名作，把它们看得比黄金、珠玉还要珍贵。在唐代，像顾恺之的一件作品，会被认为是"稀世之珍"而"不可论价"的。与他同时代的画家吴道子的一片屏风，"值金二万"。历代以来，除了皇室不遗余力庋藏古书画外，还有许多私人收藏家，如宋代的米芾、明代的项元汴、清代的梁清标、安岐等，都是以富于书画收藏而著称于世。清代乾隆皇帝的收集更为大观。他曾得到三件王氏一门的墨迹，专辟一室以贮之，名曰"三希堂"。有两件今在故宫博物院，其一即本书所收的王珣《伯远帖》。

周臣《春泉小隐图》（局部）

周臣 （1460—1535），明代画家。吴县（今江苏苏州）人。字舜卿，号东村，擅画山水，唐寅和仇英曾从其学画。

陈淳《竹兰石图》

陈淳 （1483—1544），明代书画家。字道复，号白阳山人，与徐渭并称"青藤白阳"。

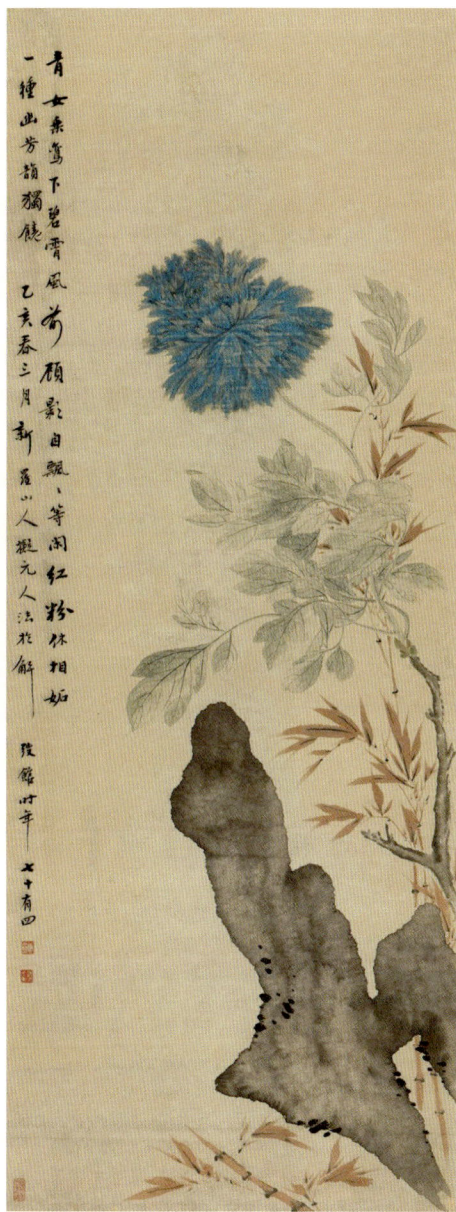

华喦《牡丹竹石图》

华喦（1682—1756），清代画家。字秋岳，号新罗山人等。上杭（今属福建）人，后寓杭州。写动物尤佳，为小写意花鸟画的代表画家。

项元汴收藏章

**项元汴**（1525—1590），明代收藏家、鉴赏家。字子京，号墨林等，嘉兴（今属浙江）人。毕生潜心收藏古今书画名迹、金石遗文、为当时私家收藏之冠。顾恺之《女史箴图》就是他的藏品。

**扬州八怪**
清康熙中期至乾隆末年（约1690—1790）生活于扬州地区的一批书画家总称，美术史上也称为"扬州画派"。一般指金农、郑燮、黄慎、李鱓、李方膺、汪士慎、罗聘、高翔八人。他们大多出身贫寒，清高狂放，书画成为抒发心胸志向、表达真情实感的媒介。

## O11

# 秦石鼓

## 秦·献公十一年（前374）

共十块，花岗岩质，高约90厘米，直径约60厘米

东周初秦国刻石，形略像鼓，共十块。石鼓自公元7世纪初在陕西雍县发现后，其书法受到了当时书法家虞世南、褚遂良、欧阳询等人的推崇。唐、宋以来，杜甫、韦应物、韩愈、苏轼都为石鼓作过诗。从欧阳修的《集古录》起，后世都把它作为石刻中最重要的宝物。从石鼓可以

石鼓文在书法史上的重要地位表现在它继承了籀文的传统，开创了小篆的先河。它是籀文发展到小篆的过渡，是小篆之祖。唐初苏勖（音序）说："虞、褚、欧阳共称古妙。"张怀瓘《书断》在谈到大篆时说："折直劲迅，有如镂铁，而端姿旁逸，又婉润焉。"这是指石鼓文的书法特点。石鼓文结字较为方整，大小匀称，布局紧密，笔法圆劲，不露锋芒，历来为学篆书者所共宗。

但是石鼓的好拓本很难得，唐代初年刚发现时原石就已有剥泐（音勒）。传世的北宋拓本有四本，四明范氏天一阁藏有一本，清末发现明安国十鼓斋中的三本，但安国三本均流往日本。北宋末年石鼓原石被金人劫掠北上，金章宗时将石鼓"金封"，因而南宋不可能有拓本。入元以后直到明、清，其拓本文字损坏更多。故宫所藏拓本原为朱文钧先生藏本，明中期拓。

**明中期拓本（局部）**

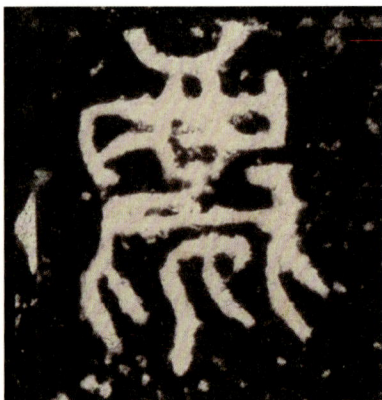

### 石鼓文

东周初秦国的刻石文字，因文字刻在鼓形石上而得名。在十块巨石上分刻十首四言诗，分别是："吾车""汧殹""田车""銮车""靈雨""作原""而师""马荐""吾水""吴人"。用大篆写成，共五百多字。诗中记载的是周王派使者到秦，秦公和他一起到汧河一带去游猎的盛况。

看出其时的铭刻、文学、文字、书法的发展。所以石鼓文无论在历史考古、文学史、文字发展史，以及在书法艺术史上都占据着重要的地位，是一件极珍贵的重器。

这组国宝曾历尽沧桑。唐初发现后，一直在原地风吹日晒，任人损毁，宋代才移入凤翔府学。宋徽宗时收到汴京，先由蔡京放在辟雍，后入内府稽古阁。金人破汴京劫掠北上，安置在大兴府学（即现在北京）。入元，石鼓放在国子学庑下，后又迁到另立的国子学大成门内，在那里经过了六百多年。抗战期间曾被南迁，辗转万里，胜利后运回北京。现由北京故宫博物院辟专室收藏。

## 012

# 明初拓东汉张迁碑

汉·中平三年（186）

拓本为原碑尺寸大小（原碑高314厘米，宽106厘米）

隶书出现于秦，盛行于汉，是一种很美观的书体。它在篆书的基础上加以损益，结体由圆变方，比起篆书不仅具有"规矩有则，用之简易"的特点，而且特别适宜于毛笔书写。其笔法的变化具有浓厚的装饰趣味，因此在书法

碑文书体端整朴茂，古厚雄强中时出矫健奇宕之姿，笔致刚劲挺拔而又凝练典雅，富于变化。其用笔往往方折入笔，出以铺毫，结体趋于方长，但字体的大、小、长、短、扁、方及笔画的粗细互参，变化无穷。碑阴书体更加纵肆、自然。此碑与《衡方碑》及《鲜于璜碑》相近，开辟了魏晋书风的先河。《张迁碑》可以说是东汉末年隶书的代表作之一，在书法史上有其重要的地位，因此自从出土以来，广为人们重视并传习。

《张迁碑》好拓本存世不多，而出土初拓本"东里润色"四字完好者，所见唯此一本。此本拓工精良，墨色浑厚，字口清晰，是一件铭拓珍品。

此拓本曾经宝熙等人题签，桂馥、郭绍高、陆士等跋六段，又褚逢春、王云、汪大燮、翁同龢、刘廷琛、陈宝琛等人观款。此拓本最后的收藏者是萧山朱文钧，1954年捐献给故宫博物院。

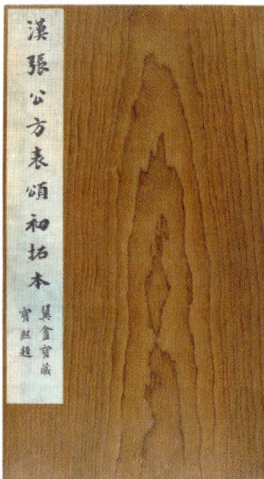

初拓本册页封面

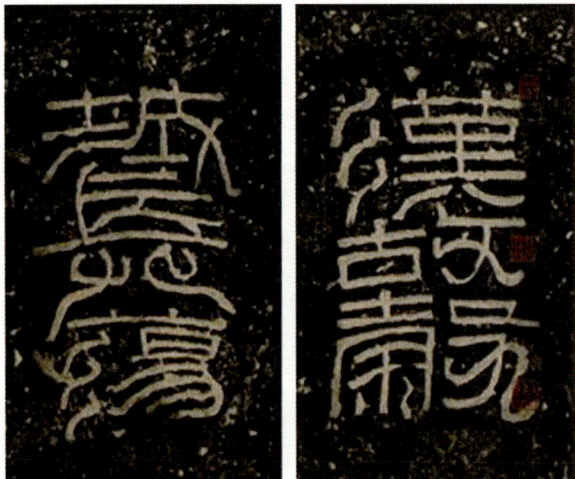

《张迁碑》碑额（局部）

史上是重要的书体。其中《张迁碑》又被视为汉隶中雄强风格的典型之作。

《张迁碑》立于东汉灵帝中平三年（186），明代初年出土。原石在山东东平，现保存在山东泰安岱庙。碑文十六行，每行四十二字，碑额篆书"汉故谷城长荡阴令张君表颂"。碑文内容记载了张迁的生平事迹及其为人。碑阴刻有捐款立碑人的姓名。

**张迁**

（生卒年不详），字公方，陈留郡己吾县（今河南宁陵境内）人。曾任谷城长、荡阴（汤阴）县令。碑文系故吏韦萌等立，未署书写者姓名，刻石人为孙兴。

# O13 伯远帖

### 晋 王珣（350—400）

纸本　纵 25.1 厘米，横 17.2 厘米

晋代书法继承汉魏，名家辈出。不但诸体皆备，而且自得新裁，可以说是书法史上盛况空前的时代。其中以王羲之、王献之等一门书法艺术成就最著，影响最大，为后世所宗法。但"二王"手书墨迹真本，世早失传。存世所谓"二王"书均系唐宋人摹本。唯一属"二王"系统书法真本的只有王珣所书《伯远帖》，所以历来都当作稀世之珍。

　　《伯远帖》是王珣写的一封书信。五行共四十七字。其文云："珣顿首顿首，伯远胜业情期，群从之宝。自以羸患，志在优游。始获此出，意不克申。分别如昨，永为畴古。远隔岭峤，不相瞻临。"此帖笔法削劲挺拔，锋棱毕现，结体严谨，笔画疏密有致，书势略微向左方倾侧，险峻而端肃，可以看出晋人书法的风度神韵。是研究晋代书法极为宝贵的墨迹原件。

　　此帖曾经北宋内府收藏，著录于《宣和书谱》。明、清又经董其昌等人递藏，《书画记》《平生状观》《墨缘汇观》有著录。乾隆年间入内府，乾隆皇帝弘历极为珍视，将此帖与王羲之《快雪时晴帖》、王献之《中秋帖》藏于养心殿西暖阁，专门为此三件墨宝设"三希堂"，常常赏玩其中。清亡后由溥仪携出故宫，复流落民间。1949 年后，此帖与《中秋帖》流落香港，1951 年底，国家以重金将两件国宝收购回来。

王珣 （349—400），字元琳，琅琊临沂（今山东临沂）人。东大臣、书法家。其祖父为丞相王导。王羲之之从侄。幼从家学，饶有书名。

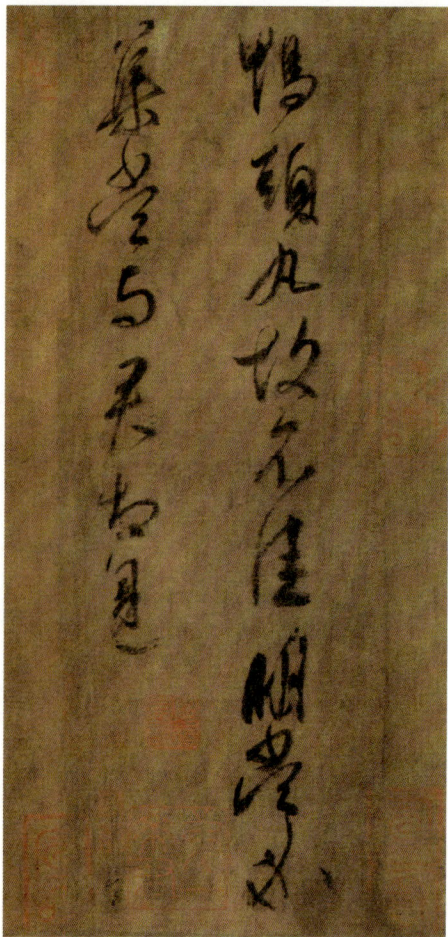

王羲之 （303—361），字逸少，号澹斋，原籍琅琊临沂（今山东临沂），后迁居山阴（今浙江绍兴），东晋书法家、官员，被后人尊为"书圣"。

董其昌 （1555—1636），字玄宰，号香光居士。松江华亭（今上海市）人。明朝晚期大臣，书画家。在书画理论方面主张"南北宗"，对晚明以后的画坛影响深远。创作讲求追摹古人但不泥古。

王献之《鸭头丸帖》

王献之 （344—386），字子敬，小名官奴。东晋书法家、诗人、画家、官员，王羲之第七子，父子并称书法"二王"。

珣頓首頓首伯遠勝業情期

群從之寶自以羸患志在

優遊始獲此出意不剋申

分別如昨永為疇古遠隔

嶺嶠不相瞻臨

古

遠

萬

嶺

不

起

申

好頃

期月
思智
超

# 张翰帖

唐 欧阳询（557—641）

纸本，纵25.1厘米，横31.7厘米

欧阳询，字信本，潭州临湘（今湖南长沙）人。在隋代曾任太常博士，入唐官至太子率更令，弘文馆学士，封渤海县男。他博通经史，是唐代大书法家。书法师法"二王"，自

《张翰帖》亦称《季鹰帖》。行楷书十行，每行九至十一字不等。此帖是欧阳询为张翰写的小传。字体修长严谨，笔力刚劲挺拔，风格平正中见险峻之势，是欧书中的精品。

此帖本幅无名款，后纸有宋徽宗赵佶题一则："唐太子率更令欧阳询书《张翰帖》，笔法险劲猛锐长驱，智永亦复避锋。鸡林尝遣使求询书，高祖闻而叹曰，询之书名远播四夷。晚年笔力益刚劲，有执法廷争之风，孤峰崛起，四面削成，非虚誉也。"

此帖曾经北宋宣和内府、南宋内府、清内府收藏，《宣和书谱》《墨缘汇观》《大观录》等书著录，清乾隆年间刻入《三希堂法帖》。是一件流传有绪的书苑之珍。

**张翰** 西晋吴郡（今江苏苏州）人，为人舒放不羁，旷达纵酒。他追随贺循至洛阳做了齐王的官，但他并不快乐，时常思念江南故乡，于是萌生退隐山林，远离乱世之念，后终弃官回乡。

**褚遂良** （596—658），字登善。钱塘（今浙江杭州）人。唐朝政治家、书法家。

**虞世南** （558—638），越州余姚（今浙江省慈溪市）人。南北朝至隋唐时期书法家、文学家、政治家。

**《张翰帖》释文**

张翰，字季鹰，吴郡人。有清才，善属文，而纵任不拘，时人号之为"江东步兵"。后谓同郡顾荣曰：天下纷纭，祸难未已。夫有四海之名者，求退良难。吾本山林间人，无望于时。子善以明防前，以智虑后。荣执其（疑缺"手"字）怆然，翰因见秋风起，乃思吴中菰菜鲈鱼，遂命驾而归。

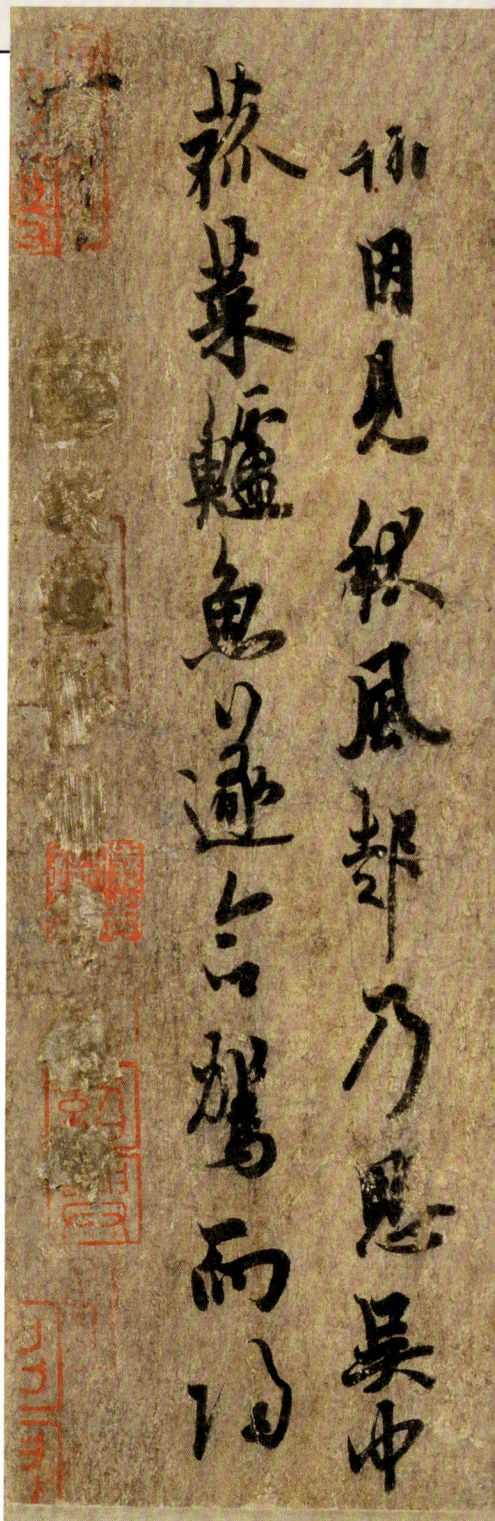

成面貌，人称"欧体"，对后世影响很大。欧体以其结构严谨、书体方正，笔画中时出隶意为特征。他的书法是六朝书体到唐代之间的过渡，开创了唐代楷书的先端，起承前启后的作用。

他与虞世南、褚遂良、薛稷并称为唐初"四大书家"。碑刻有正书《九成宫醴泉铭》《化度寺碑》《虞恭公温彦博碑》《皇甫诞碑》等。存世行书墨迹有《卜商帖》《梦奠帖》《张翰帖》等。

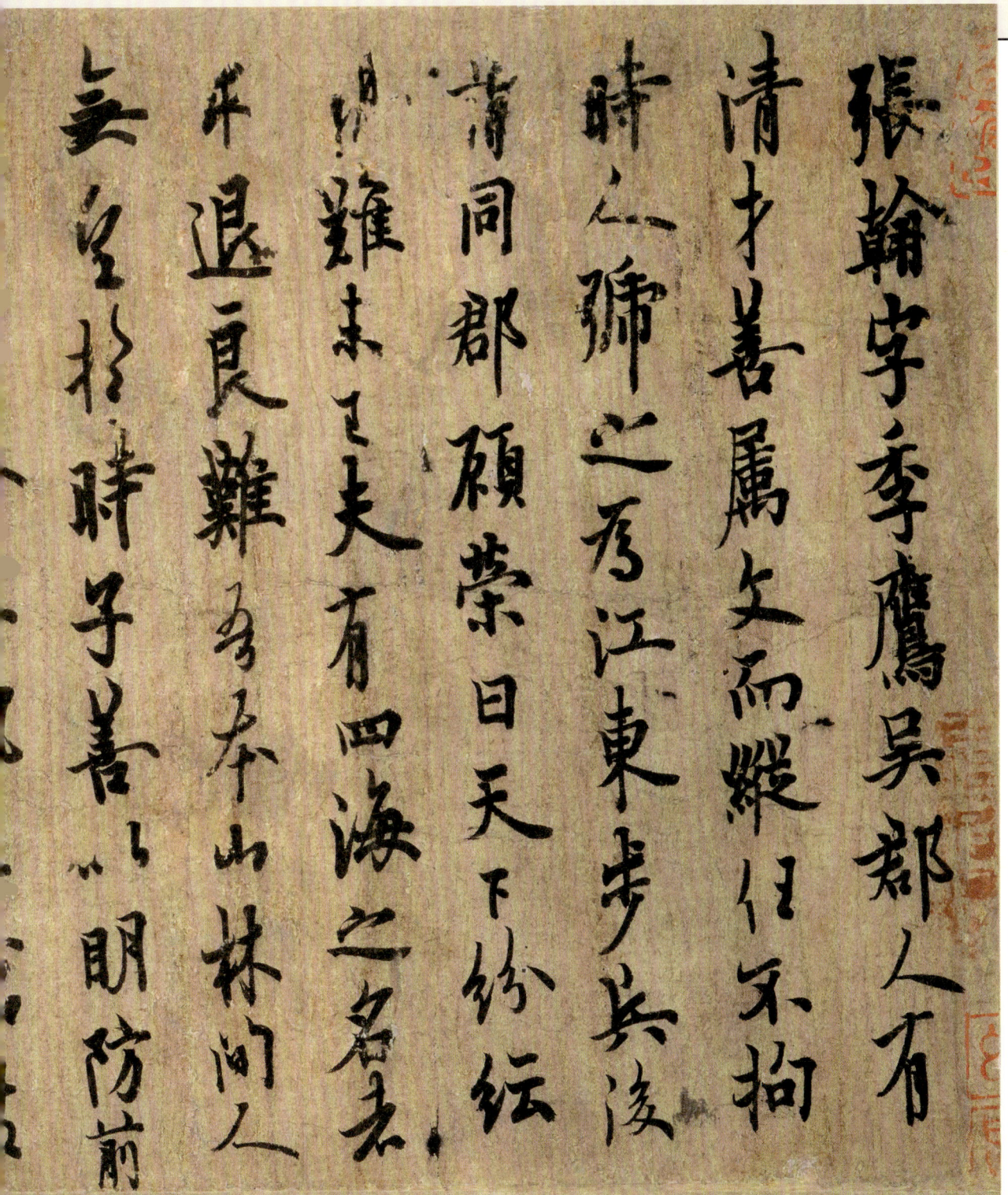

张翰字季鹰吴郡人有清才善属文而纵任不拘时人号之为江东步兵後时同郡顾荣日天下纷纭难未已夫有四海之名求退良难吾本山林间人无望於时子善以明防前

# 015 蔡襄自书诗

宋　蔡襄（1012—1067）

纸本，纵28.2厘米，横221.2厘米

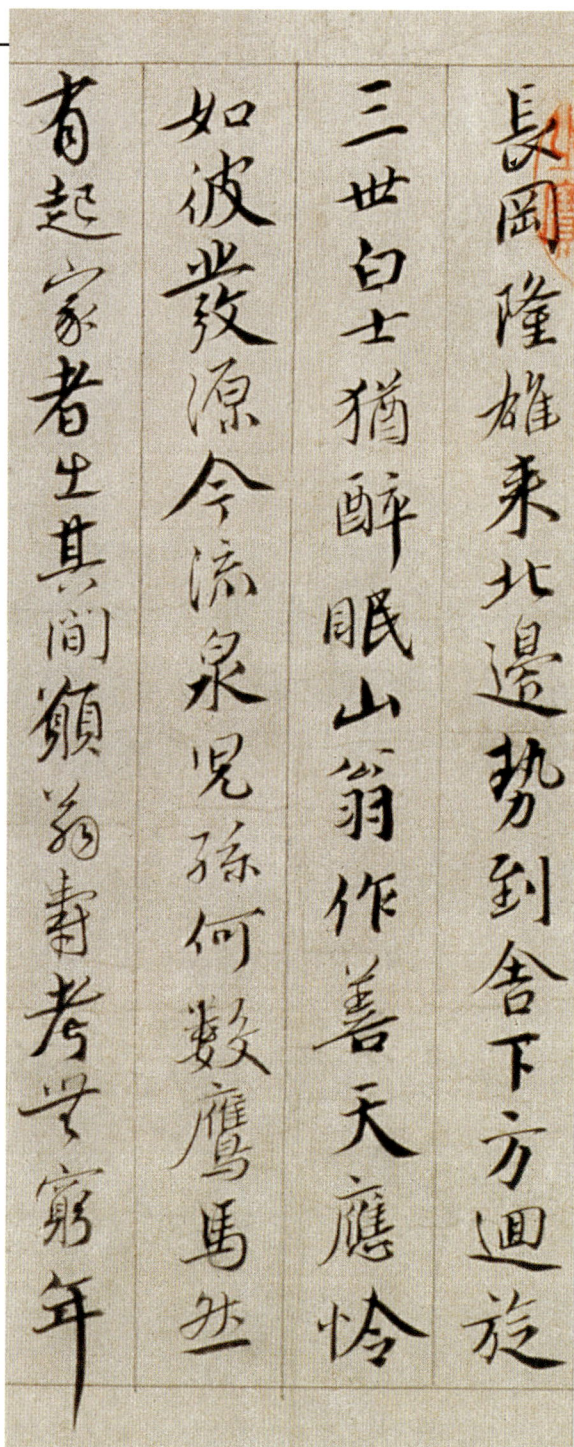

在书法史上，苏轼、黄庭坚、米芾、蔡襄被称为"宋四家"。其实，苏、黄、米之后原是蔡京，由于蔡京当权时祸国殃民，很受世人疾视，因此便以蔡襄来代替蔡京。

蔡襄在四家中年岁最长，字君谟，兴化仙游（今属

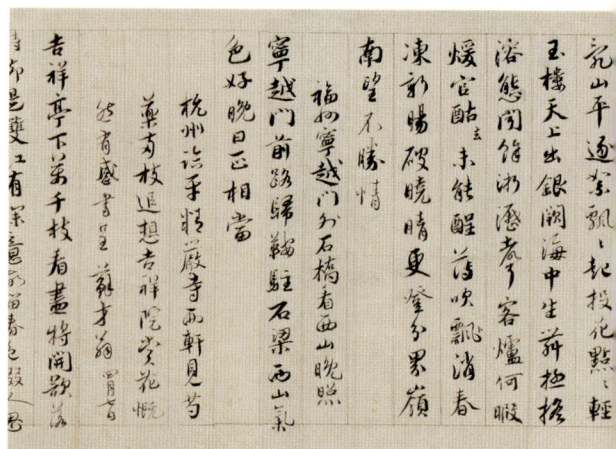

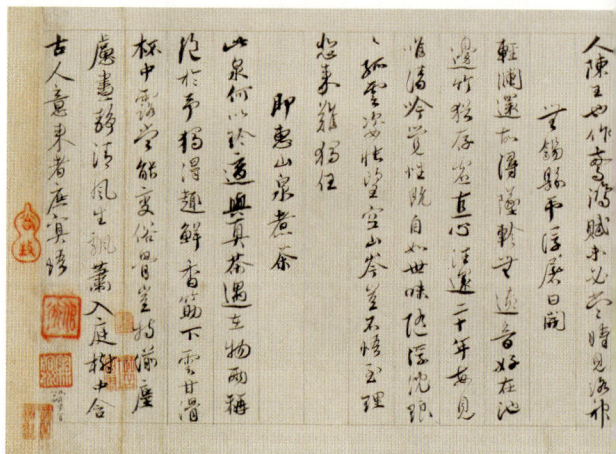

皇祐二年（1050）十一月，蔡襄罢福建转运使，召还汴京修《起居注》，遂从福州一路北行，历时半年多。沿途见闻有感于怀者皆成诗章，此卷所书五言、七言诗十一首即为途中所作，大约于皇祐三年四十岁时所书，是他中年趋于成熟时期的行书代表作。

运笔沉着圆润，结体严谨稳健，书势端丽逾劲。

福建）人。他的书法取法晋唐，隶、楷、飞白、行、草均工，尤以行、楷书著称。对钟繇、王羲之及颜真卿书法的学习下过很深的功夫。他严守法度，仿王羲之能做到"形模骨肉，纤悉俱备，莫敢逾轶"，并且最得"唐人形似"。宋徽宗赵佶曾说："蔡君谟书包藏法度，停蓄锋锐，宋之鲁公（颜真卿）也。"苏轼也曾称赞他的书法"天资既高，积学深至，心手相应，变化不穷，为宋朝第一"。不过他的书法在"出古入新"方面不及苏、黄、米三家，但在北宋前期师古风靡的时代，他能集唐名家之长，"备众体而后能自成一体"，其书法艺术的成就在书法史上还是比较突出的。

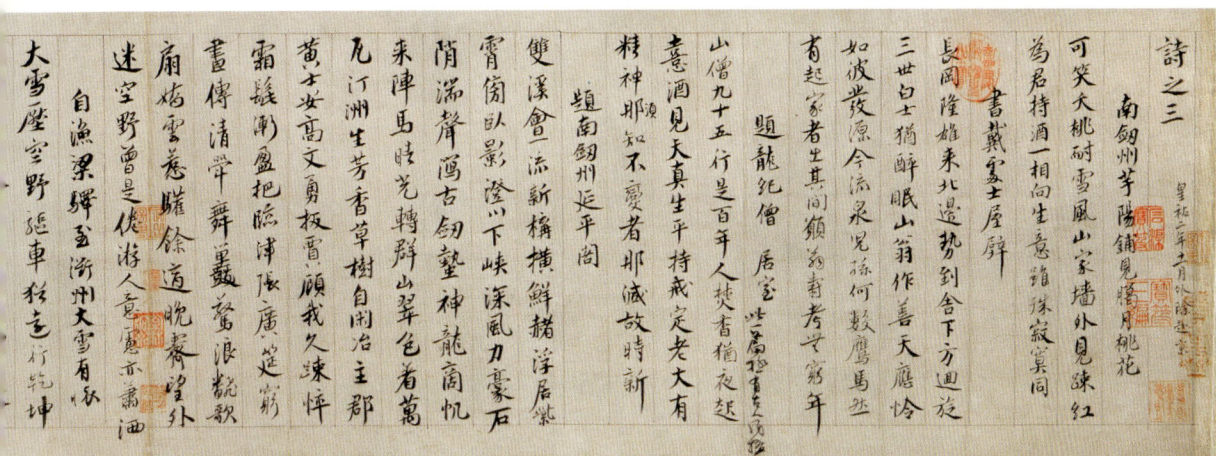

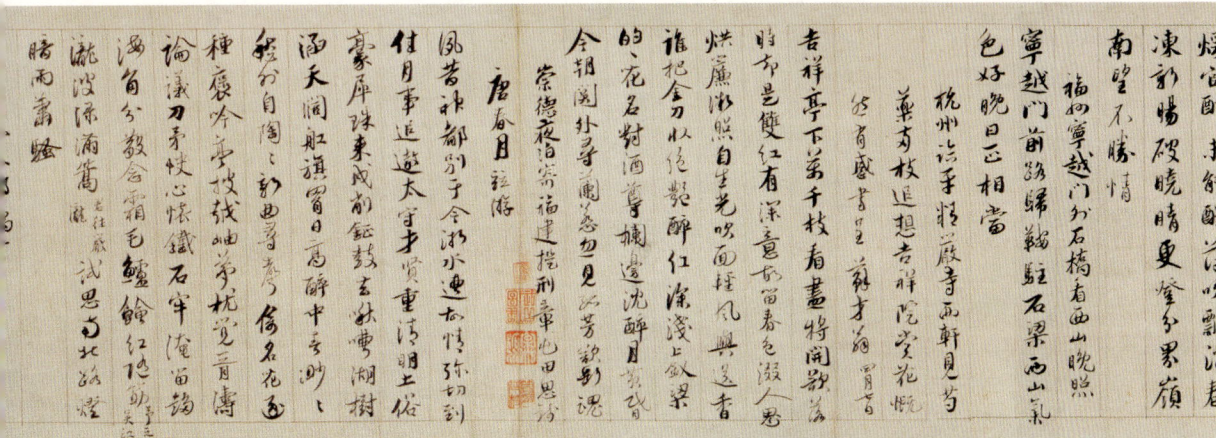

《蔡襄自书诗》释文（部分）

诗之三 皇祐二年十一月外除赴京

南剑州芋阳铺见腊月桃花

可笑芙桃耐雪风，山家墙外见疏红。
为君持酒一相向，生意虽殊寂寞同。

三世白士犹醉眠，山翁作善天应怜。
如彼发源今流泉，儿孙何数鹰马然。

长冈隆雄来北边，势到舍下方回旋。
有起家者出其间，愿翁寿考无穷年。

书戴处士屋壁

题龙纪僧·居室

山僧九十五，行是百年人。
焚香犹夜起，嘉酒见天真。
生平持戒定，老大有精神。
须知不变者，那减故时新。

开始行中带楷，逐渐流畅，变为行草，后来挥洒自如，变为草书。但整个风格潇洒俊美中不失端重冲和。

此卷后部有宋、元诸名家题跋，曾经宋贾似道、清梁清标等收藏。《珊瑚网》《吴氏书画记》《平生壮观》《石渠宝笈三编》等书著录，也曾刻入《秋碧堂帖》。

霜鬚渾盈把臨津張廣達家窮

畫傳清聱舞單疊鷲浪嘗歌

扁舟雪意驢餘道晚霽望外

迷空野曾是倦游人意慮京蕭灑

自漁梁驛至淅州大雪有懷

大雪壓空野巍轎車猖逵行乾坤

初一色晝夜忽通明有物此邊道白

題南劍州延平閣

雙溪會一流　新橋橫鮮赭　浮居㶚

霄倚臥影　澄以下峽深風力豪石

陌湍聲鴻古劍　蟄神龍高帆

来陣馬晴艽轉群山翠色着萬

尢汀洲生芳香草樹自閒冶主郡

黄土安高文勇扳賈顧我久鍊悴

016

# 新岁展庆帖

宋　苏轼（1037—1101）

纸本，纵30.2厘米，横48.8厘米

苏轼，字子瞻，号东坡居士，四川眉山人。他是北宋文学家、诗人、书画家，文学史上旧称"唐宋八大家"之一。行、楷书取法李邕、徐浩、颜真卿、杨凝式，并上溯"二王"与智永，吸收各家之长，创立新意，自成一体，与黄庭坚、米芾、蔡襄并称为"宋四家"。

**陈慥**

（生卒年不详），字季常，北宋眉州青神（今四川眉山）人，清官、文学家陈希亮之子，苏东坡好友，人称方山子。苏东坡有《方山子传》记其生平。

　　《新岁展庆帖》是苏轼行书佳作。用笔畅快淋漓，苍劲灵秀。书体的笔画比较丰腴，结字在险中求平稳，这是苏轼的特点。唐代的书法，如颜真卿、柳公权等人，以平正、稳重和庄严而见长；到宋代，苏轼、黄庭坚、米芾等人则是追求奇险、活泼和灵秀，因而创造了新意，形成了宋代的书风。《新岁展庆帖》可以说是这一新书风的代表作品。全篇十九行，二百四十余字，一气呵成。虽是一封书信，并无半点草率或凝滞，笔随意转，自然天成。正如苏轼自谓"书初无意于佳乃佳尔"。

　　此帖是苏轼写给好友季常（陈慥）的，其内容主要是约陈慥到黄州一会。从内容来看当书于元丰四年（1081）农历正月初二，当时苏轼四十四岁，是他贬官黄州的第二年。元丰三年，苏轼请得黄州城东营地数十亩并躬耕其中，在此构筑新居，第二年正月初新居尚未落成，故苏轼在信中写道："窃计上元（正月十五）起造尚未毕工，轼亦自不出，无缘奉陪夜游也。"望陈慥于正月末到黄州来会。由此可知苏轼东坡雪堂大约竣工于是年正月下旬。此帖不仅是苏轼书法佳作，也是研究他的生平及交游的重要史料。

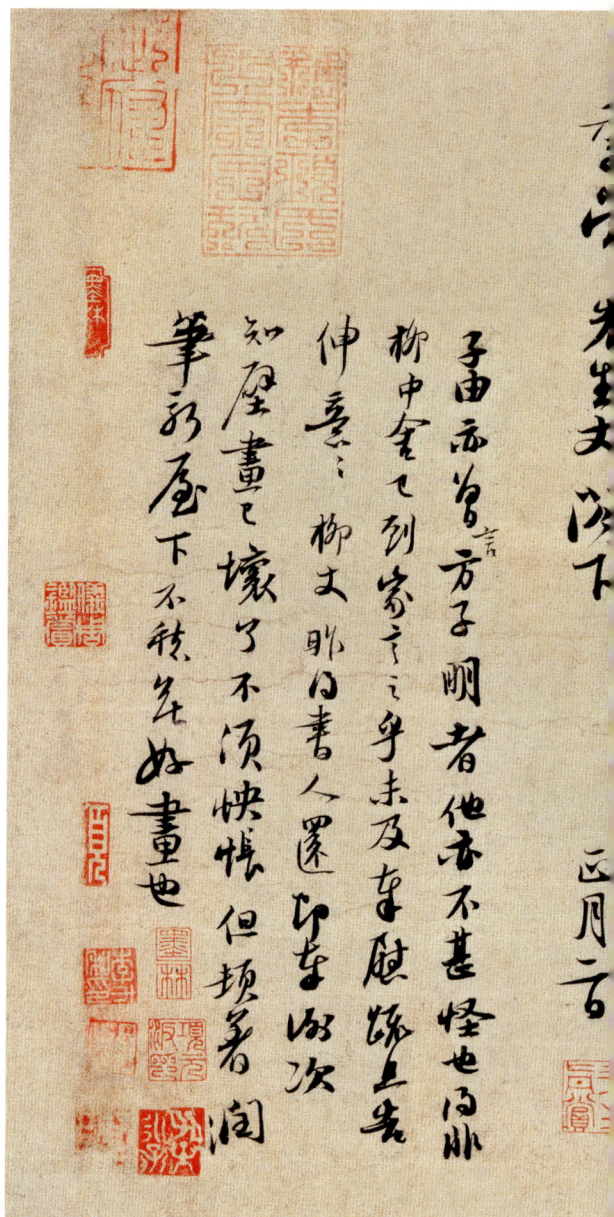

李邕（678—747），字泰和。鄂州江夏（今湖北武汉）人。唐朝大臣、书法家。

颜真卿（709—784），字清臣。京兆万年（今陕西西安）人，祖籍琅玡临沂（今山东临沂）。唐朝名臣，书法家。楷书四大家之一，其楷书号称"颜体"。

柳公权（778—865），字诚悬。京兆华原（今陕西铜川）人。唐朝书法家、诗人。"楷书四大家"之一，其楷书号称"柳体"。

杨凝式（873—954），字景度，号虚白，华州华阴（今陕西华阴）人。唐末五代时期宰相、书法家。

智永（生卒年不详），僧人，南朝人，本名王法极，字智永。书法家。王羲之七世孙。

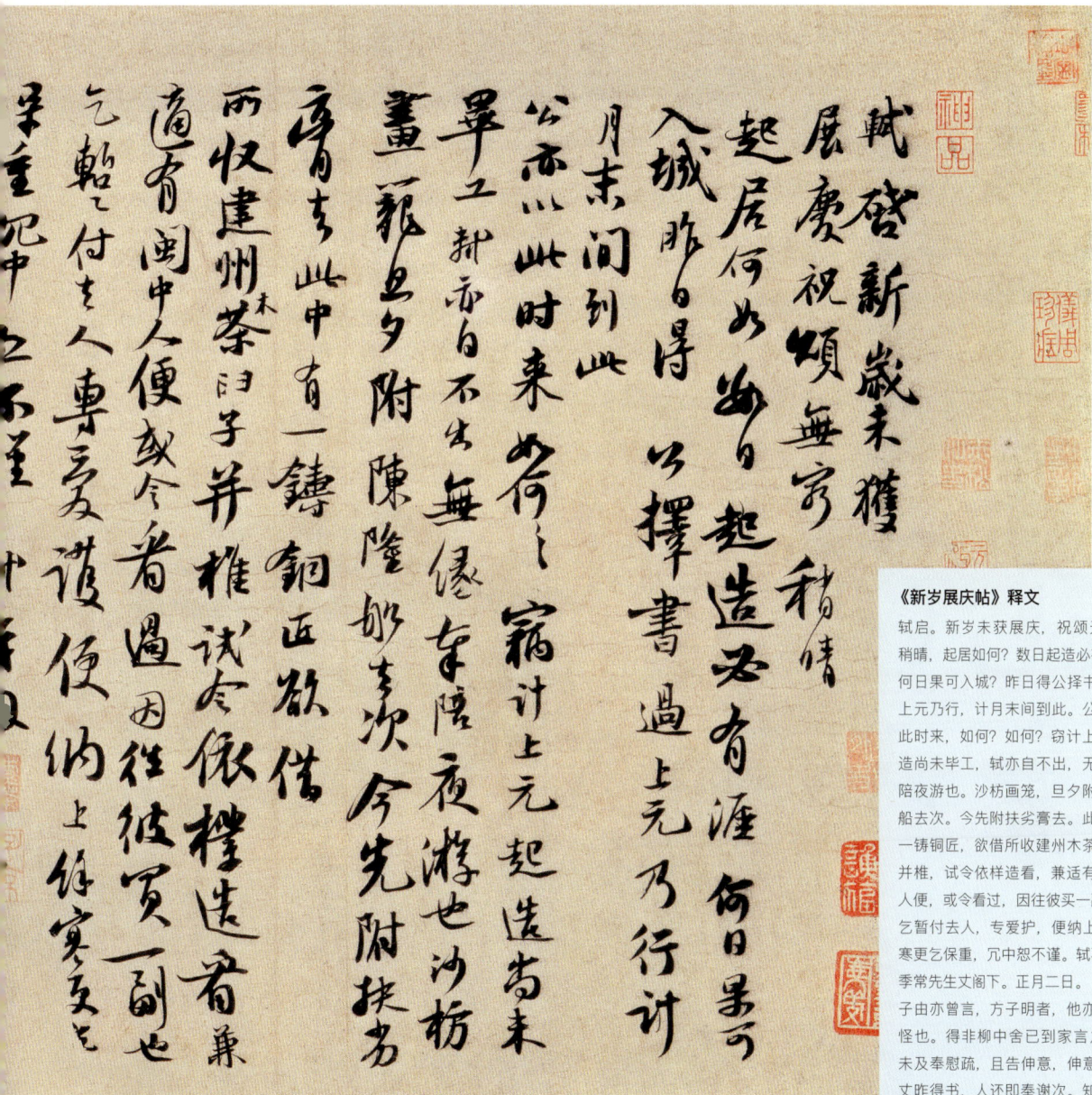

**《新岁展庆帖》释文**

轼启。新岁未获展庆，祝颂无穷。稍晴，起居如何？数日起造必有涯。何日果可入城？昨日得公择书，过上元乃行，计月末间到此。公亦以此时来，如何？如何？窃计上元起造尚未毕工，轼亦自不出，无缘奉陪夜游也。沙枋画笼，旦夕附陈隆船去次。今先附扶劣膏去。此中有一铸铜匠，欲借所收建州木茶臼子并椎，试令依样看看，兼适有闽中人便，或令看过，因往彼买一副也。乞暂付去人，专爱护，便纳上。余寒更乞保重，冗中恕不谨。轼再拜，季常先生丈阁下。正月二日。

子由亦曾言，方子明者，他亦不甚怪也。得非柳中舍已到家言之乎。未及奉慰疏，且告伸意，伸意。柳文昨得书，人还即奉谢次。知壁画已坏了，不须快怅，但顿著润笔，新屋下不愁无好画也。

# 017

# 诗送四十九侄帖

宋　黄庭坚（1045—1105）

纸本，纵35.5厘米，横130.2厘米

黄庭坚，字鲁直，号山谷道人，分宁（今江西修水）人。英宗治平四年（1067）举进士，绍圣初以修实录不实的罪名被贬。徽宗即位后召还，又因文字招罪，再被贬。后死在宜州（今广西宜山），卒年六十岁，私谥文节先生。

黄庭坚是北宋诗人兼书法家。他的诗文出于苏轼门下，

在黄庭坚的大行楷书中，《松风阁诗》《诗送四十九侄帖》最能代表他的风格，因而引起学书者的广泛重视。

《诗送四十九侄帖》内容表达了黄庭坚与其侄初见又别，举觞以"奋发"，"轩昂"共勉的情景。全篇十三行，四十六字，首书标题，后为五律一首。结字险侧奇崛，笔法苍老劲健，体势挺拔、纵横、舒展，浩然之气溢于纸墨，给人以"快马入阵"之感。这是黄庭坚在吸取《瘗鹤铭》、颜真卿、杨凝式等人书法的基础上取精用弘，自创的一种新的书体。这种新书体最大特点体现在中宫敛结、长笔四展的"辐射式"结构上，如"奋发""修"等字，突破了晋、唐楷书方正的外形，以其点画借让与夸张的手法，使中宫收敛处显得坚实茂美，长笔伸展处风神俊逸。黄庭坚晚年行楷书均具有此种特点。

此帖著录于《石渠宝笈初编》，是宋元宝翰册中之一，曾刻入《三希堂法帖》第十三册，是一件流传有绪的书法珍品。

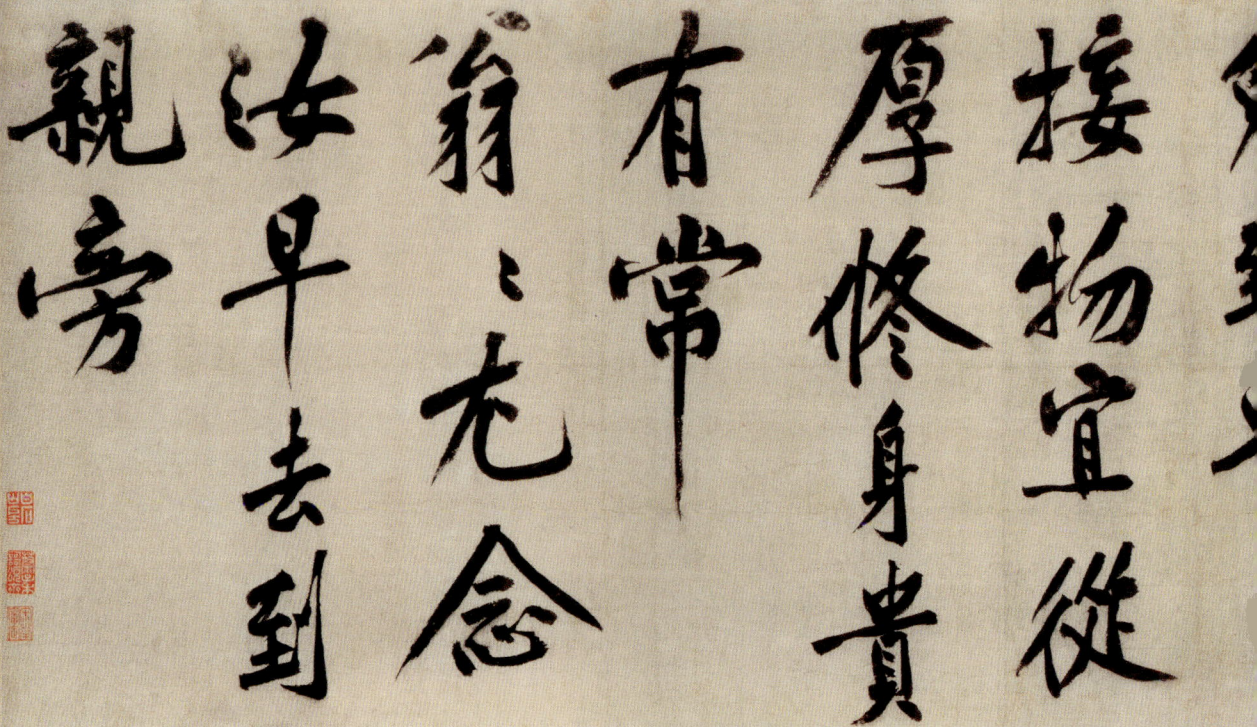

与苏齐名，开江西诗派，兼擅行、草书，初以周越为师，后取法颜真卿、怀素，并受杨凝式的影响，尤得力于《瘗鹤铭》而自成一家。

**《诗送四十九侄帖》释文**

有姝财相见，何堪举别觞。
共期同奋发，更勉致轩昂。
接物宜从厚，修身贵有常。
翁翁尤念汝，早去到亲旁。

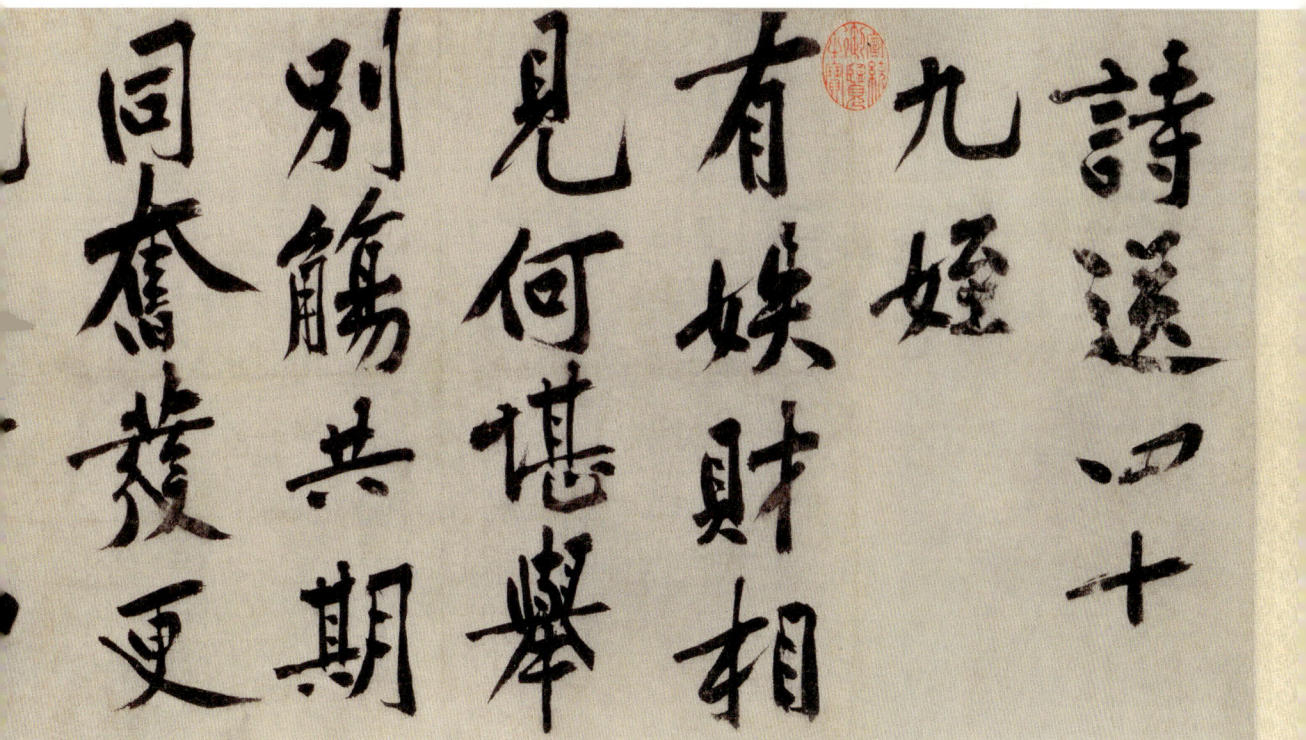

018

# 苕溪诗

宋　米芾（1051—1107）

纸本，纵30.3厘米，横189.5厘米

米芾（初作黻），字元章，号海岳外史、襄阳漫士等。祖籍山西太原，后迁襄阳，晚定居润州（今江苏镇江）。徽宗朝曾官至书画学博士、礼部员外郎等。他是北宋末年最著名的书画家之一，在书法史上占有重要地位，其影响及于宋、元、明、清以至现代。

米芾的书法继承晋、唐传统，特别对于"二王"和欧阳询、褚遂良书法的临学下过很深的功夫，并能吸收诸家之长，融会贯通，自立门户。正如他自己所说："壮岁未能立家，人谓吾书为'集古字'，盖取诸家之长总而成之。既老，始成家，人见之不知以何为祖也。"道出了他在继承和创新问题上的必由之路。因此他能"每出新意于法度之中，而绝出笔墨畦径之外"（孙觌语）。所以他的书法在当时就被评为："如快剑斫阵，强弩射千里，所当穿彻，书家笔势亦穷于此"（黄庭坚语）。

《苕溪诗》是米芾中年书法代表作，书于元丰三年（1080）八月，当时米芾三十八岁。从诗句内容得知，那时他在太湖一带漫游，经苏州、无锡等处而舟行抵达吴兴，此卷是在无锡将要出发去吴兴之前写的。行书五律诗六首，共三十四行，通篇一气呵成，行气疏朗中见严密，错落参差而又浑然一体；书势奇险中见稳重，虽结字多有倾侧，但字字都能把握重心而"追险得夷"。用笔秀劲中见苍浑，笔笔不同、重轻不同，千变万化，达到了"瘦不露骨""肥不剩肉"、天真、自然的最佳境界。可以说它是米芾书法艺术中的杰作，代表了米书的典型风格。

此卷原为清内府藏，溥仪出宫时携往长春，伪满覆灭时散出。卷中"念养心功不厌"六字残失，"载酒"二字半损，原有李东阳篆书大字引首和卷末项元汴题记均已失去。1963年故宫收得此卷，重装

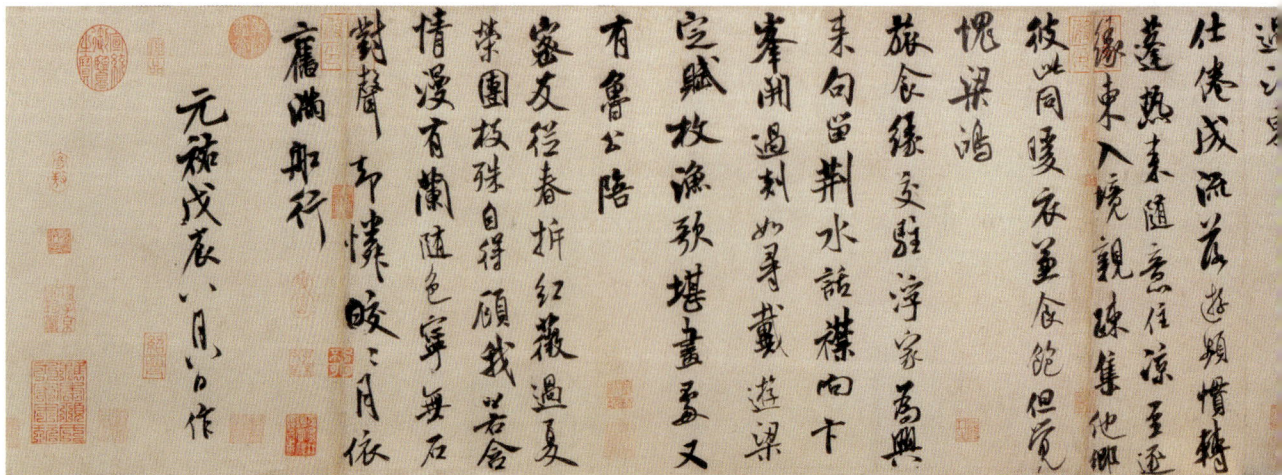

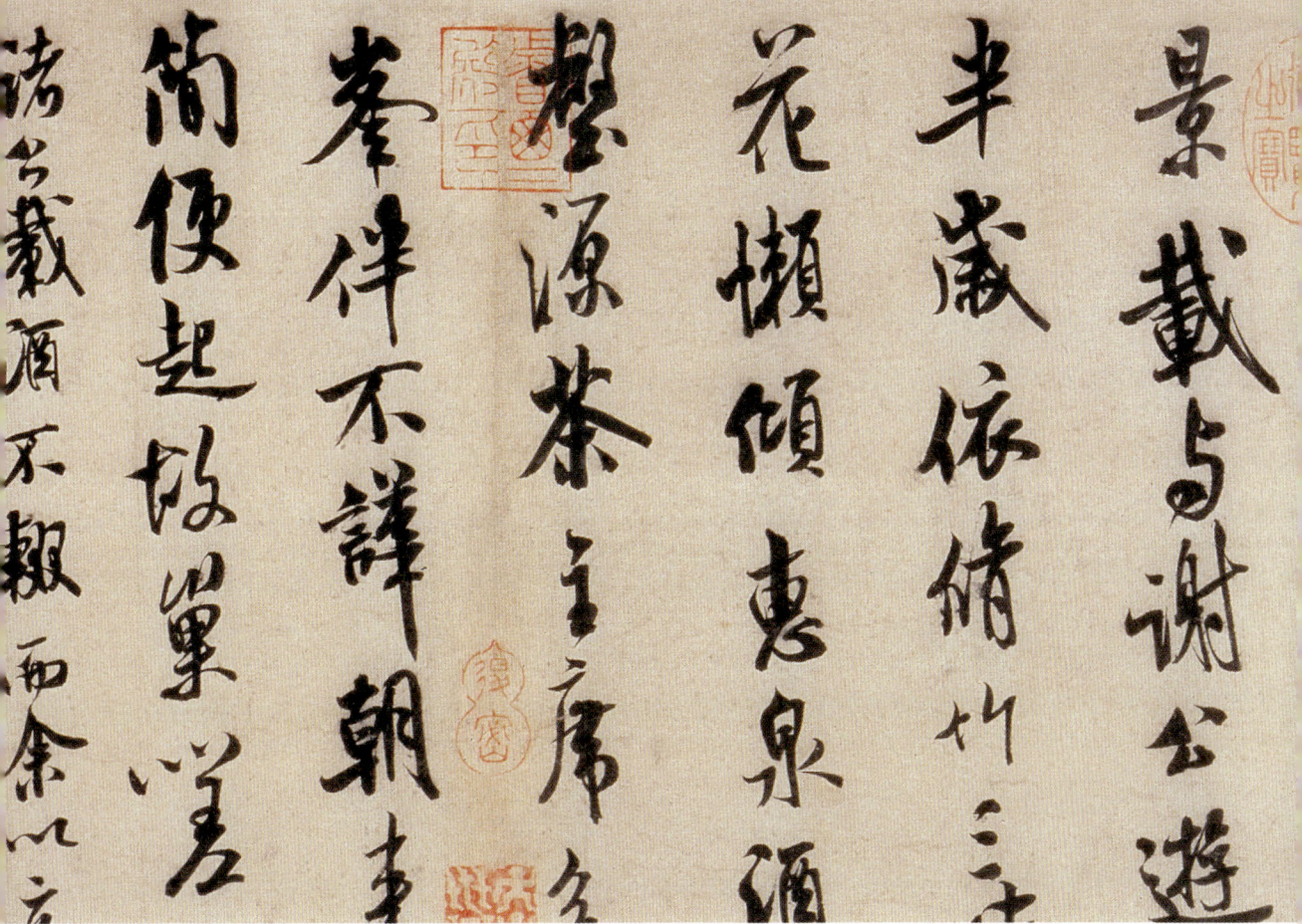

时由故宫博物院郑竹友先生根据未损时的照片将米
书缺字补全。

《苕溪诗》释文（部分）

将之苕溪戏作呈诸友　襄阳漫仕黻

松竹留因夏，溪山去为秋。久赓白雪咏，更度采菱讴。
缕玉鲈堆案，团金橘满洲。水宫无限景，载与谢公游。

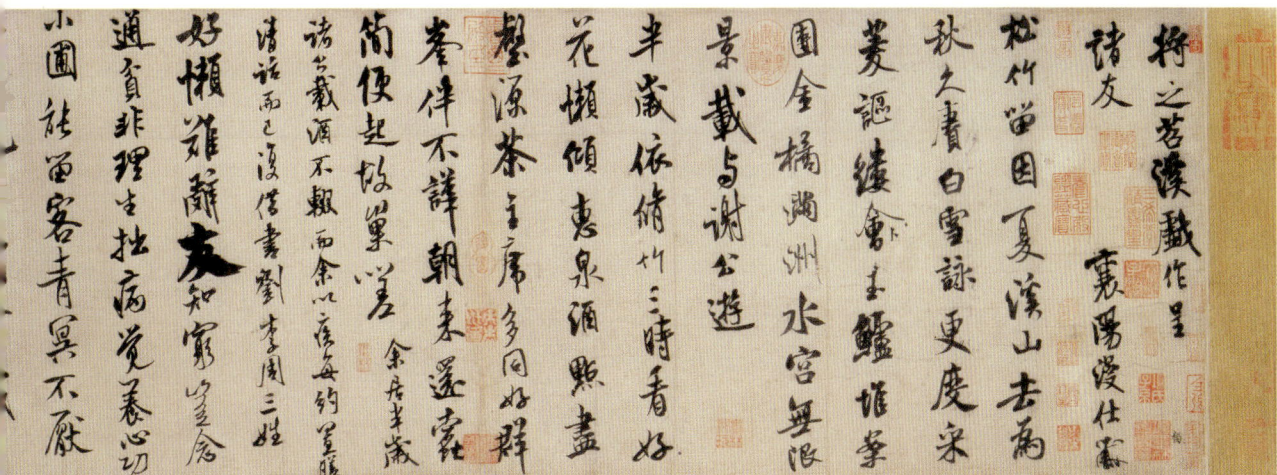

019

# 洛神赋图

晋 顾恺之（345—406）

绢本设色，纵27.1厘米，横572.8厘米

顾恺之是中国绘画史上第一位有作品可考的大画家。他多才多艺，除擅长绘画外，还工诗赋、书法，而且为人风趣、大度，故一时誉为"才绝、画绝、痴绝"。

顾恺之最善画人物，兼及山水、禽兽，曾创作过不少道释壁画。他的画法被称为"密体"，特点是线条"紧劲

《洛神赋图》取材于三国曹植的《洛神赋》。原作运用神话寓言的手法，描写诗人在洛水边与洛水之神的邂逅，以寄托他对不能相结合的情人的伤怀和思念。顾恺之采用了手卷的形式，主要人物——洛神和曹植在画中反复出现，以一幅幅连续的画面，展现了故事的全过程。整卷《洛神赋图》不但准确恰当地表达了原赋的内容，而且在艺术手法上，也和原赋精神一致，通过画面的形象，成功地表达了赋中

联绵，循环超忽"，如"春蚕吐丝""春云浮空，流水行地"，轻盈、流畅、优美、动情。

这卷《洛神赋图》，虽为宋人摹本，但其画法，仍然保持着顾氏原作的特点及六朝遗意。自宋以来，流传有绪，是了解顾恺之艺术成就极为可贵的资料。

的思想感情。这是一种在文学作品基础上的再创造。

画卷开首，描绘曹植在侍从簇拥下，来到洛水边。遥遥望见他所苦恋的、美丽的洛水之神出现在泛起微波的水面上。洛神梳着高高的云髻，衣带被

风吹起，迈着轻盈的步履，回首反顾岸边，似欲去还留，欲行还止。其形体刻画优美，恰如赋中的描写"秾纤得中，修短合度"；其动态情思，正是"步踟蹰于山隅"的再现。洛神的周围，水中盛开荷花，岸上是青松秋菊，天空有日月、游龙、鸿雁，这些都是赋中用以比喻洛神美丽的事物，顾恺之在画中一一描绘出来，使赏画者及时联想起赋中的句子；同时，也取得了画面的装饰效果，增添了故事的神话色

彩和梦幻气氛。此后按赋的叙述发展，洛神反复地在画中出现。最后，她驾着六龙云车，消失在云端。这一段的描写很铺张，富于想像；顾恺之的描绘也很精彩，云与水相间相联，各种神话中的动物形象奇异，赋色华丽，洛神坐在云车之上，仍然反顾着后方，表现着依依不忍离别的神情。最后，画面描绘曹植御舟去追赶洛神，继之坐在岸边秉烛待旦，以期洛神的再现，终竟无可奈何驾车归去。

《洛神赋图》在技法和形象创造上，继承了汉代的传统，尤其是画中那些神话中的形象，如太阳中的三足乌鸦，水中的游鱼等，自然会令人联想到西汉帛画和汉代的墓室壁画。但是《洛神赋图》线描的精细，造型的准确，通过人物间的相互关系和环境的渲染所表达的感情色彩，却又大大超过了汉代的绘画水平。当然，在山水画方面，"水不能容泛""树如申臂布指"，不及后来的进步，代表着六朝的时代风格；而这一点正使我们相信它的原作是顾恺之所创造的。

**曹植**（192—232），字子建，沛国谯县（今安徽亳州）人，是曹操的第三个儿子。三国时期（220—280）文学家，建安文学的代表人物之一与集大成者。

## 020 列女仁智图（部分）

晋　顾恺之（345—406）

绢本淡设色，纵25.8厘米，横417.8厘米

《列女仁智图》是根据汉代刘向所撰《列女传》而创作的。原稿向传为顾恺之所作。《列女图》这题材

卫灵公

　　《列女仁智图》上现存二十八个人物。列女有楚武王夫人邓曼、许穆夫人、曹负羁妻、孙叔敖母、晋伯宗妻、卫灵公夫人、鲁漆室女、晋羊叔姬等八名，按理还应有齐灵仲子和晋范氏母，因残损不存。这些古代妇女之所以受到表彰，皆因她们的道德或才能卓识，可为其他妇女作为学习的榜样。顾恺之在表现这一题材内容时，继承了汉代的同类题材的平列构图布局法。除少数道具外，没有任何背景，这一点更多地保存了"古法"。但是在人物的面像和姿态上，却加强了动势和内心活动的刻画；

由来很古，在汉代画像石和出土的北魏漆画中，都可以见到。这卷《列女仁智图》为宋人摹本，中有缺损。此卷虽是摹本，却依然保存着六朝时代风韵。而且在一定程度上反映了顾恺之的艺术水平。

列女传（仇英插图）

**《列女传》** 西汉刘向（前77—6）著。一部介绍中国古代妇女事迹的史书，全书共七卷，其中第三卷是《仁智传》。

在人与人的关系上，加强了故事的内在联系。如卫灵公夫人一段，就非常生动。卫灵公和他的夫人南子夜坐，突然听到阙门外有车子的声音，南子说这是伯玉来了，灵公问何以知之，南子答道："君子不为冥冥堕行，伯玉，贤大夫也，是以知之。"等人进来一看，果然是蘧伯玉。画中卫灵公坐于屏风内，身子向前倾斜，右手抬起，正是问话的姿态。南子一边侍候，端正姿势，正准备回答问题。从姿态的动势和面部表情，可以看出她对自己的判断充满着信心。又如孙叔敖母一段，描写孙叔敖杀死两头蛇自知必死，哭着向母亲叙述，其神态有着孩子受了委屈的幼稚特点。其母则刻画得不唯外表美丽，衣着华贵，而且面相慈祥、和善。这就把一个有身份和有贤德远识的妇女，表现得十分充分。

在中国古代绘画理论中，顾恺之首先提出了"以形写神"的观点，在其著作中，总是反复地强调人物画表现人物的精神状态和性格的重要性。这表现在这一卷画中，他在创作的实践中努力追求这一主张，并且成绩突出。

# 游春图

**021**

隋 展子虔（581—618）

绢本青绿设色，纵 43 厘米，横 80.5 厘米

展子虔，渤海（今山东阳信）人，生卒年不详。历仕北齐、北周和隋。善画道释、人物、鞍马，尤长画宫观台阁和山水。是一位承前启后、继往开来的绘画大师，与晋顾恺之、刘宋陆探微、梁张僧繇并称为"顾、陆、张、展"。他

**宋徽宗赵佶**

（1082—1135），宋朝第八位皇帝。书画家，艺术造诣非常高。他利用皇权推动绘画，使宋代的绘画艺术有了空前发展。他还自创一种书法字体被后人称为"瘦金体"。

《游春图》是一幅描写自然景色为主的青绿山水，表现人们春天出游的情景。画家在不大的绢幅上以妥善的经营、细劲的笔法和绚丽的色彩，画出了青山叠翠、花木葱茏、波光粼粼的湖山佳景。湖

的山水画为初唐李思训、李昭道的"金碧"山水开创了端绪；人物画被视为"唐画之祖"，在画史上占有突出的地位。

《游春图》曾经北宋宣和内府收藏，由徽宗赵佶题签"展子虔游春图"，后又经元、明、清诸名家的题跋递藏或著录。是一件流传有绪的稀世之珍。在体现早期山水画的形成和发展方面具有极为珍贵的艺术价值和历史价值。

心一艘高篷游艇在碧波中游弋，三位女子据舱而坐，在欣赏湖山佳趣；一梢公从容不迫地摇橹，船缓缓前进。湖边数人，或乘游骑，或漫步山间小道，或袖手停于湖边。

画家通过对各种自然景物和人物细致生动的描绘，成功地突出了"游春"这一主题，使画面洋溢着煊炽活泼的气氛，具有诗一般的境界，给人以强烈的艺术感受。

《游春图》的艺术表现手法，具有明显的早期山水画特点。构图已摆脱了魏晋以来"或水不容泛，或人大于山，率皆附以树石映带其地，列植之状若伸臂布指"的布景方式，而是以山水作为主体，人物作为点景的纯山水画的手法处理画面。图中各种物像的形态及互相关系、大小比例、远近透视、前后层次以及空间关系等处理得都较妥

陆探微 （？一约485），吴县（今江苏苏州）人。南朝刘宋时期画家，在中国画史上，他是正式以书法入画的第一人。

张僧繇 （生卒年不详），吴中（今江苏苏州）人，南朝画家。主要活动于6世纪上半叶，与顾恺之、陆探微、吴道子并称为中国画家四祖。成语"画龙点睛"传说就是张僧繇的故事。

张彦远 （815—907），字爱宾，蒲州猗氏（今山西临猗）人。唐朝大臣、画家、绘画理论家，著有《历代名画记》《法书要录》等。左图为张彦远作品《历代名画记》。

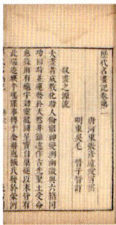

贴。画家把作为画面重心的主要山峦、树石、建筑及人物活动安排在绢幅的右部偏上方，山势随着山脉的自然走向逐步往左展开，愈远愈小，消失在水天之际；一潭湖水，随着微风拂起鱼鳞般的细浪向左上方延伸，愈远愈淡，直与遥天溟然相连。为了使画面更具稳定性，又在左下角布置了一处山庄，加以承接，做到了首尾相应，开合有度，意境深远，给人以"咫尺千里"之感。在笔墨技巧上，还保留了魏晋南北朝绘画的某些遗风。如画山石只勾勒烘色，而无斫和皴的运用；画树干只用空勾两笔而不画皮鳞；画松叶不细写松针，只以细线勾出轮廓再以苦绿审点；山间花木多用鹿角枝而缺乏穿插、交错和掩映等。正如唐张彦远所说："杨（契丹）、展精意宫观，渐变所附。尚犹状石则务于雕透，如冰澌斧刃；绘树则刷脉镂叶。"这表明早期山水画家虽已改变了前代的表现手法，将山水画推向独立的阶段，但由于画家对自然物像的观察和艺术表现能力还受到艺术本身发展规律的制约，因此在笔墨技巧上很自然地显现出早期山水画的稚拙和古朴。然而，从《游春图》中也可以看出山水画从它的幼年

开始向青壮年时期转化的一些迹象，注意了物像的不同形质而采用不同的表现笔法。

在设色方面，也保留一些古雅朴拙的风格，但已经注意到各种色彩的合理使用。整个画面古朴典雅，金碧辉映。明代鉴藏家詹景凤说，此画"始开青绿山水之源，似精而笔实草草，大抵涉于拙未入于巧，盖创体而未大就"。山水画后经唐李思训父子及吴道子、王维等人的继承和发展而日趋成熟，达到了"诸体皆备"的程度，历经五代、宋、元，发展到高峰，这与早期山水画家开辟的途径是分不开的。

# 步辇图

**022**

唐　阎立本（601—673）

绢本设色，纵38.5厘米，横129厘米

阎立本是一位以丹青驰誉的唐代宰相。他的绘画，在初唐时期有着特殊的地位，是盛唐画风的开创者，被评为"六法该备，万象不失"，"位置经略，冠绝古今"。他擅长人物画，曾为当时皇宫画过不少的画，如《秦府十八学士图》《凌烟阁功臣图》《异国来朝图》等。可惜这些图画早

已湮没无存，幸而有《步辇图》传世，得以略窥阎氏的艺术风格和成就。

《步辇图》描绘的是贞观十五年（641）正月，唐太宗会见吐蕃（今西藏地区）赞普松赞干布派来迎娶文成公主的使者禄东赞的情景。文成公主远嫁吐蕃，在多民族的大唐，表现了民族友好关系，是一件有历史意义的大事。

画的右方，唐太宗坐在由六位宫女抬着和扶着的步辇上，另有三个宫女掌着伞、扇。画的左边共有三人：红衣虬髯者可能是宫中的典礼官，白衣年少者或为译员，二人中间则为禄东赞。

《步辇图》最突出的是生动而具体地表现了因人物的身份、性格不同而不同的精神气质。典礼官沉着老练；译员因地位低微显得有些拘谨惶恐；其中，尤以唐太宗和来使禄东赞刻画得最成功。

卷中的唐太宗李世民的形象，先用墨线勾出轮廓，眉、须、发都一根根描出，然后用色渲染。眼睛向前平视，表情庄重。衣纹用笔简练沉着，渲染不多。整个形象魁武、英俊。阎立本和唐太宗长期相处，对他比较了解。参照有关李世民的历史记载，可以看出画家不仅描绘了李世民的外形特征，也表现了他的气质和风度。禄东赞身穿小团花藏族服装，拱手肃立，宽阔的前额有着深刻的皱纹。不但表现他远道而来，仆仆风尘的状态，也刻画了他的民族面貌特征。他表情严肃、诚恳，既表现了他对唐太宗的崇敬，也刻画出他自我意识到所肩负的使命的重要。

此画绢地重设色，用笔沉着，恰到好处地表现了这一庄重的场面。流利的铁线描，表现了绸缎衣裳的质量感。团花的描绘真实而华丽，也使禄东赞这一人物在画面上突出。

松赞干布 （617—650），西藏吐蕃王朝立国之君。在位期间（629—650）迁都逻些（今西藏拉萨），平定内乱，统一吐蕃，定都拉萨。禄东赞（？—667）是吐蕃王朝重要政治家，曾任大相官职，辅佐松赞干布后代。

唐太宗李世民（598—649），陇西狄道（今甘肃临洮）人。唐朝第二位皇帝（626—649 在位），中国历史上最有作为的皇帝之一。

# 挥扇仕女图

唐　周昉（生卒年不详）

绢本设色，纵33.7厘米，横204.8厘米

周昉，字仲朗，京兆（今陕西西安）人。擅长宗教壁画、人物肖像画和仕女画。他画的宗教壁画在当时被称为"周家样"。仕女题材的绘画则继承了张萱的传统，所描绘的贵族妇女形象，体态丰腴，反映着唐人的审美

趣味，《挥扇仕女图》即代表这一种风格的作品。

《挥扇仕女图》共画九个有身份的宫廷贵妇，另两个侍婢，两个内监，共计十三人。她们或两个、或三个为一组。这些妇女穿着华贵的衣服，有内监和宫女们侍候，从物质生活来说，可谓身在"天堂"。然而她们个个愁眉不展，百无聊赖，度日如年，从精神生活来说，却是极端贫乏的。画家正是通过这些宫廷贵妇的群像刻画，揭示了这种矛盾，对这些妇女的不幸，寄予无限的同情。

《挥扇仕女图》中宫廷贵妇的形象刻画极为生动传神。细腻地通过面部和动态，以表现人物内心的活动。例如卷首第一位坐在椅子上的妇女，她的身子好像一摊软泥，那困倦慵懒的神态，似乎午睡犹未足。手中的小扇闲置不用，却教内监给她挥动着大扇。这一切说明她身份的高贵，享受着人间的富贵尊荣，然而却也极度的精神空虚与苦闷。

**仕女**

最初指宫女，宋代以后才被广泛使用，延伸为美丽聪慧的女子的通称。中国绘画有"仕女画"的分类。

那位坐在刺绣棚架一端的妇女，右手持扇倚靠着棚架，左手抱着扇头托着香腮，微弯着身子，低头不语，双眉紧锁，显然是陷入了极度的苦闷之中。宫廷妇女的刺绣，本来并不是为了生产，只不过借以消磨岁月，打发光阴，连这一点她都缺乏兴趣，懒于拈针引线。卷末

两个妇女的刻画，更是神来之笔。其一只见背影，微仰着头，随意摇动着手中的小扇，这扇子也是她们用来消愁解闷的工具。这扇子的晃动，似乎体现出她将这宫中的一切已经看透，已经看惯，因而泰然处之的心境。所以画家从背影去表现动作，显得

好像是那么"潇洒",那么"超脱"。与这个妇女形成鲜明对照的是那个倚靠着梧桐的妇女。她显得那么嫩弱,心绪十分焦燥不安,对目前的一切,她实在难以忍受了。画史上记载,周昉曾与韩幹同时都为郭子仪的女婿赵纵画了一张肖像,都画得很像,一时难以分出优劣。后来郭子仪的女儿回来,郭子仪

问她哪一幅好,她当然最熟悉自己的丈夫,便说周昉画的不但形似,而且兼得神气,这样才判明了谁画得更好。我们从《挥扇仕女图》中,完全可以体会到周昉当时为赵纵所画的肖像是如何的精彩了。

**024 五牛图**

唐 韩滉（723—787）

纸本设色，纵 20.8 厘米，横 139.8 厘米

唐代是中国绘画艺术空前繁荣的时代，在继承晋、隋优秀传统的基础上，大胆创新，各种流派和风格应运而生，题材的广泛和反映内容的深度，都达到了一个新的高峰，一时名家辈出。如阎立本表现重大政治、历史事件的人物、肖像画；李思训父子的"金碧"山水画；王维的水墨山水画；吴道子的人物佛像画；张萱、周昉的宫廷仕女；曹霸、韩幹的马；戴嵩、韩滉的牛；

边鸾的花鸟等。但唐代传世作品至今已很少。韩滉《五牛图》卷是少数几件唐代传世纸绢画作品真迹之一，也是现存最古的纸本中国画，因而受到广泛的重视。

韩滉，字太冲，长安（今陕西西安）人，宰相韩休之子。贞元初，官检校左仆射同中书门下平章事、两浙节度使等职。封晋国公。政治上主张国家统一，奖励农耕。曾参与平定藩镇叛乱。韩氏兼工书画，草书得张旭草法，绘画远师宋（南朝）陆采微。其绘画作品的主要内容，多为描绘农村生活的风俗画，写牛、羊、驴等尤佳。他的风俗画在接触生活的广度和深度上，比之张萱、周昉所表现的绮罗人物截然不同。他把选材重点从宫廷、豪门生活扩大到农村，这在中国风俗画发展中是一大进步。

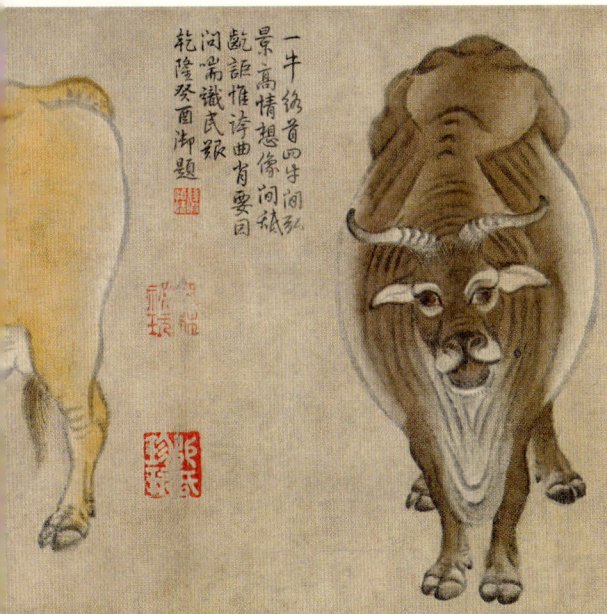

《五牛图》画在一幅窄而长的白麻纸上，五牛姿态各异，神形逼肖。画家表现了牛的左右前后各面的形象以及常见的动态。用极为简洁的近景构图，除了一丛荆棘之外，不设任何背景。着重于突出牛倔犟又温顺的性格。其次在笔法上用粗壮雄健而富于变化的线描以表现牛的骨骼和筋肉，只在牛头生角处及牛尾用轻柔的笔法画出根根细毛。以赭、黄、青、白等颜色表现五头牛毛色的不同。而且牛体凹凸浑然、深浅不同的颜色还有很强的立体感。顾恺之曾有"传神写照，正在阿堵中"，他指的是画人像，"点睛"是牵动全局的关键。而韩滉把这一理论用于画牛，他把牛眼适当的加以夸大，着意加以刻画，五牛瞳全都炯炯有神，达到形神兼备的

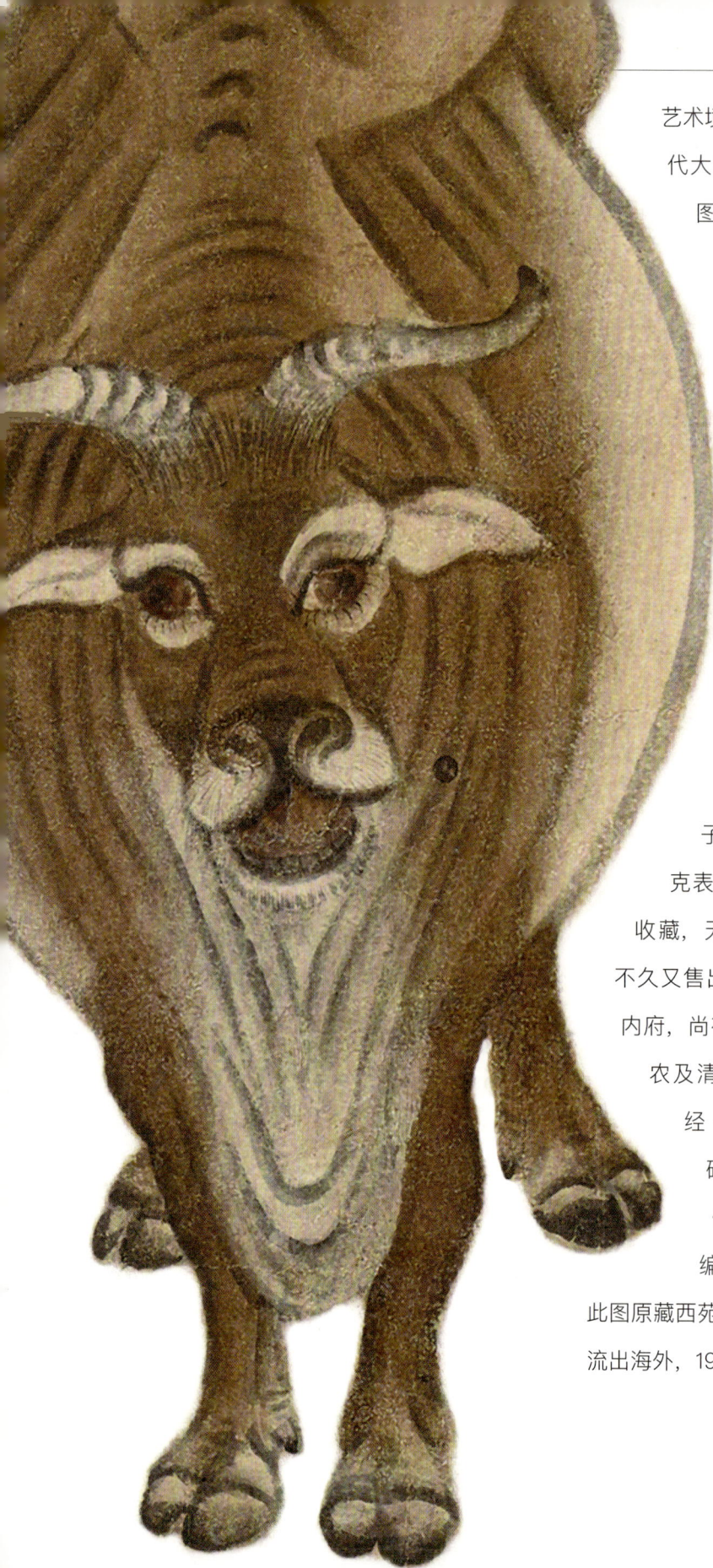

艺术境界，给人以强烈的艺术感染。因此元代大画家赵孟頫在后幅的题跋中称"五牛图神气磊落，希世名笔也"。元孔克表在题跋中称此图"天机之妙宛若见之于东皋西垄间，亦神矣哉"！明李日华在《六研斋笔记》中也誉此卷"神气溢出如生，所以为千古绝迹也"。这些评论绝非过誉。韩滉之所以得到这样的评价，不仅是技法高超，还因为他对牛的生活非常熟悉才能得心应手地留下这样的神品。

此图曾经南宋内府收藏，元代初为赵伯昂藏，旋归赵孟頫，后有赵氏三跋，延祐间归元内府太子书房，至正间有孔克表题。明代为项元汴收藏，天启四年归汪珂玉，不久又售出。清乾隆年间收入内府，尚有项元汴、世钰、金农及清高宗弘历等跋。曾经《清河书画舫》《六研斋笔记》《珊瑚网》《大观录》《石渠宝笈续编》著录。1900年八国联军占领北京时，此图原藏西苑（即中南海）春耦斋，在动乱中辗转流出海外，1950年以后由国家以重金从香港收回。

025

# 韩熙载夜宴图

五代 顾闳中（生卒年不详）

绢本设色，纵28.7厘米，横335.5厘米

南唐中书舍人韩熙载是个很有才干而不拘礼法的人，好声色，家里蓄养了许多歌舞伎，常邀集宾客，专为夜饮。后主李煜想了解这一情况，就派画家顾闳中到他家中去窥探。顾氏通过目识心记，回来后画了一张画向后

第一段"听乐"，是全画出场人物最多最全的一段。长髯戴高纱帽盘膝坐于榻上者即韩熙载。他微低着头，手无力地置于膝。他在听乐却未全神贯注，显得心事重重，这和坐在他身边穿红衣服的状元郎粲呈鲜明的对照。郎粲年轻，姿态潇洒，既在听乐，也在欣赏演奏者。熙载身前一正面和一

侧坐的两个宾客，大约就是太常博士陈致雍和紫微朱锐。他们完全投入乐曲所创造的意境中。从他们那深锁的双眉和紧闭的嘴唇来判断，演奏着的决不是一首轻快的消遣曲调。弹琵琶的女子是教坊副使李家明的妹妹，与她相邻而回首反顾的是李家明。李家明旁边一个身材瘦小的少女名王

主交差，这便是传世有名的《韩熙载夜宴图》。

　　《韩熙载夜宴图》采用了顾恺之《洛神赋图》的表现手法，主人公韩熙载在画中反复出现五次，也就是通过五个场面来叙述夜宴的全过程。

李煜（937—978），徐州彭城（今江苏徐州）人，南唐（937—975）末代国君。精书法、工绘画、通音律，尤以词的成就最高，对后世影响深远。

屋山。王屋山擅长跳六幺舞，与李家明的妹妹最受熙载的宠爱。另外两青年中有一位是熙载的门生舒雅。其他女子为歌舞伎。这段画面的构图安排，将演奏者置于一边，听众集中另一边，突出地描写一个"听"字。刻画出在听同一首乐曲时，不同身份地位性格的人的不同心理反映，体现出画家观察生活的细致及高超的造型手段。

　　第二段"观舞"。韩熙载亲自击鼓为王屋山伴奏。郎粲仍是那种沉醉于欣赏舞姿的神态。其他的人，或拍板，或击掌，都在欢乐中。唯独那个和尚，双手抱于胸前，低头不语，若有所思。以他的身份，在这样的场面出现，已经是很不协调，何况这副严

肃的表情。画家把他描绘下来，是颇含深意而发人深思的。据记载，韩熙载有一个最好的和尚朋友叫德明。当李后主要请熙载出来为宰相时，德明曾问他何以躲避国家的命令？熙载回答说："北方的势力正在强大，一旦正主出来，江南就会弃甲不暇，我不能去当这个亡国宰相为千古笑端。"画中很可能就是这位德明和尚。文献没有记载德明对韩熙载回答的反应，从画中的形象来看他显然对韩熙载的生活方式是有所规劝的，面对此情此景，他的沉思也许是想到，南唐真的快要灭亡了。

以后各段，分别是"休息"，画韩熙载洗手休息；"清吹"，画韩熙载坐听众伎吹奏；"送别"画

韩熙载宾客与诸伎调笑的情状。

　　作者采用分段叙述的布局，段落之间，利用室内陈设之一的屏风作为间隔，又以人物顾盼作为联系，使之既有分段又成为不可分割的整体，自然而又巧妙。整个画面用精细的铁线描，笔力劲健，准确地塑造了各种物像的外形和质感。设色明丽，匀薄和厚重错综变化，五光十色，恰到好处地表现出夜宴场景的豪华奢丽和欢乐气氛。

　　《韩熙载夜宴图》在人物塑造和心理刻画上，在线描技巧、构图布局和设色上，都代表着五代时期人物创作的最高水平。

4 清吹

3 休息

1 听乐

5 送别

2 观舞

全画中 5 次出现韩熙载

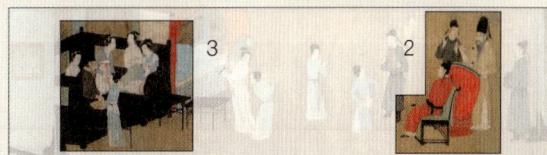

# 026 高士图

五代 卫贤（生卒年不详）

绢本淡设色，纵134.5厘米，横52.5厘米

卫贤，南唐宫廷画院画家，擅长画楼台殿宇、盘车水磨及人物山水等，初学尹继昭，后师法吴道子。《高士图》是卫贤流传至今的唯一作品。

《高士图》描绘的是东汉梁鸿与孟光"相敬如宾，

这幅画虽然以历史人物故事为主题，但人物在画中并不占主要部位，而是以山水为主体。整个山峰树石和房屋的布置，紧凑严密。坡石、树干的皴法，带有某些北方画家如荆浩、关仝的特点，卫贤原是长安（今陕西西安）人，受他们的影响是有可能的。

对卫贤画的山水，《宣和画谱》的作者批评"其为高崖巨石，则浑厚可取，而皴法不老，为林木虽劲挺，而枝梢不称其本，论者少之"。拿这段话与《高士图》中的山水树石相比较，似乎批评过当。此画中的房屋及其台基和篱笆、栅栏，是界画手法，非常精细合度，代表了卫贤在绘画中的擅长。关于这一点，孙承泽在《庚子销夏记》中说："画家言宫室入画，须折算无差，乃为合作，束于绳矩，笔墨不可以逞，稍涉畦珍，便入庸匠，故自唐前不闻名家，至贤始工，今观其画信然。"

举案齐眉"的故事。不过画面内塑造孟光的形象并非如文献所说的丑陋，当然也不是位美人，这是既不脱离史实而又符合人们审美意愿的艺术处理。

**举案齐眉**

东汉（25—220）学者梁鸿回老家时，有许多女子想嫁给他，他都谢绝了。有个叫孟光的女子虽然生得又矮又胖，但品行修养很好，他们结婚后，孟光总是把准备好的饭菜用托盘举到跟眉毛平齐的高度侍候丈夫用餐。

**尹继昭**

（生卒年不详），唐僖宗（873—888）时期画家。工画人物、台阁，冠绝当世。

## 027 潇湘图

五代　董源（?—962）

绢本设色，纵 50 厘米，横 141.4 厘米

五代时期，中国山水画的发展已进入成熟期。许多画家在继承唐代山水画传统的基础上，通过深入观察真山真水，创造了具有鲜明特色的山水画作品。代表画家有北方的荆浩及其弟子关仝；南方则有董源及其弟子巨然。荆、关以太行及关中一带的山水为依据进行创作，

董源，字叔达，钟陵（今江西进贤）人，五代南唐后院副使，人称"董北苑"。他创造了具有独特风格的"江南画派"，为我国山水画的发展开辟了新的蹊径，对后代特别是元、明、清的影响极为深远。在画史上占有极为重要的地位。

董源《潇湘图》，画面上重山复岭，林峦深蔚，烟水微茫，扁舟荡漾；几处沙碛平坡，其间芦荻丛丛，水草簇簇，显现出一片江南景色。画中还有不少人物活动：江流一舟正在徐徐靠岸，舟中六人，身份各异；岸上有人迎接，前面是五人乐队，面对来舟各奏笙管箫瑟；后面平坡处女子三人，二人着紫衣伫立，一人携筐回顾。远处有渔艇数艘，往来于沙汀芦渚间，对岸数人正在拉网捕鱼，人物虽小但意态生动。这些都使画面具有浓厚的生活气息。

善于以全景式的构图描绘大山大水，巉岩陡壑，层峦叠嶂，表现了北方山水雄伟峻厚的气势。他们根据北方山水少土多石的特点创造了"勾""皴""浑""点"并用的笔墨技法。其作品给人以博大、雄厚的感觉。荆浩传世作品《匡庐图》、关仝传世作品《关山行旅图》即是其典型。董、巨则描绘南方山水，善于表现草木葱笼、秀润多姿的江南湖山平远景色。他们根据南方多土、多树的特点，创造了细长的"披麻皴"和"点子皴"，其作品给人以"平淡天真"的感觉。董源的《夏山图》《夏景山口待渡图》《潇湘图卷》，巨然的《秋山问道图》是他们的传世代表作。

此画的内容，据明末董其昌在题跋中说，是根据"洞庭张乐地，潇湘帝子游"这两句诗来画的。构图用平远法，近水远山，天真平淡中略有幽深之趣。画山石以花青运墨，人物施以重彩，峦头及树木多用"点子皴"法，坡岸山角多用"披麻皴"画成，整个画面显现出一种奇古浑厚的气氛。其远近明晦处更是趣味无穷，画家用他那高超技艺，恰当地表现了江南山川的容姿。面临此画，宛如置身于吴山楚水之中。

《潇湘图卷》辗转流传。清代入内府，溥仪出宫时带往长春，抗战胜利后流落民间。1952 年以重金从香港收回。

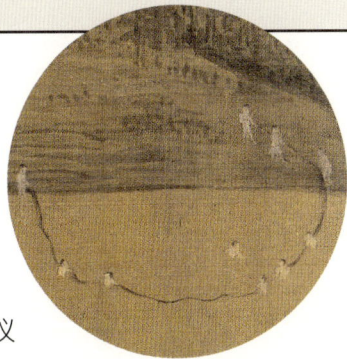

江流一舟正在徐徐靠岸，舟中六人，身份各异

平坡处女子三人，二人着紫
衣伫立，一人携筐回顾

岸上有人迎接，五人乐队
面对来舟各奏笙管箫瑟

## 窠石平远图

029

北宋　郭熙（生卒年不详）

绢本墨笔，纵120.8厘米，横167.7厘米

郭熙，字淳夫，河南温县人。早年似是一个职业道士。没有正式从师学画，靠自己苦心学习钻研，终成一个杰出的画家。曾为御画院艺学，后提升为"翰林待诏直长"的画院最高地位。生卒不详，创作活动旺盛时代是宋神宗在位的熙宁、元丰间。创作态度非常严肃认真，

　　《窠石平远图》画面近景，溪水清浅，岸边岩石裸露。石上杂树一丛，枝干蟠曲，有的叶落殆尽，有的画出老叶，用淡墨渲染。远处，寒烟苍翠，荒原莽莽，群山横列如屏障，天空清旷无尘，是一派深秋的景象。在郭熙的山水画理论中，主张深入真山实水作观察体验为创作的先决条件。在深入实际体察时，他采用了对比的观察方法。在《林泉高致》中，有许多文字谈到各地山水的特点和差异：同一地点的山水在不同季节、气候下的变化；同一季节的山水在早晚、阴晴、风雨等不同情况下的区别；同一情况下的山水在不同的角度和距离下的不同姿态，等等。通过这样仔细深入的对比，去捕捉自然山水可视形象的微妙变化，使作品的内容丰富充实，构图形象变化多端，感情表达生动细腻，达到情景交融、神形兼备的境界。

　　《窠石平远图》画的是北方的深秋。从对比观察中，他体会到"西北之山多浑厚"，"其山多堆阜，盘礴而连延，不断于千里之外，介丘有顶而迤逦，拔萃于四达之野"。画中的窠石和远山，正体现了这些特点。窠石用卷云皴法，以表现北方山水的浑

他的画直到晚年，不但毫无习气，反愈见精神。

郭熙被誉为是李成、范宽之后"独步一时"的山水画大师。同时，他还是一个美术理论家，由他儿子郭思记录整理的《林泉高致》，是中国第一部完整而系统地阐述山水画创作规律的著作。

现今能见到的郭熙作品并不多，真正可信的不过六七幅。《窠石平远图》即是其中署有年款的一幅，创作于元丰戊午年（1078），是他晚年的杰作，也是欣赏他的艺术成就和理解他的美术理论的绝佳作品。

李成《寒林平野图》

**李成** （919—967），长安（今陕西西安）人。擅画山水，多作平远寒林，好用淡墨，有"惜墨如金"之称，对北宋山水画发展有重大影响。

范宽《溪山行旅图》

**范宽** （950—1032），华原（今陕西铜川）人，山水初师李成，继法荆浩，后感"与其师人，不若师诸造化"。代表作《溪山行旅图》为台北故宫博物院"三宝"之首。

厚和盘礴，是郭熙的创造。而秋天，他的感受是"秋山明净而如妆"，"秋山明净摇落人肃肃"，画中没有萧瑟和悲凉，从构图的气势，用笔的利爽，给人以肃穆、庄重、清神的美感。特别是曲折的溪水，明澈澄鲜，不激不怒，且清且浅，与历历的窠石相联系，给人以"水落石出"的感觉。这一深秋景色富于神韵，是一般画家难以察觉和表现得出的。

中国山水画取景构图的"三远"法则，是郭熙首先总结出来的。"三远"即高远、深远和平远。《窠石平远图》所采用的是"平远"法。郭熙解释说"自近山而望远山，谓之平远"。画中取景，视平线在下部约三分之一处，平视中使景物集中。自前景透过中景而望远景，层次分明，表现出纵深的空间距离，画面虽着墨不多，但境界阔大，气势雄壮，因而给人精神以振奋。

030

# 临韦偃牧放图

### 北宋　李公麟（1049—1106）

绢本设色，纵 46.2 厘米，横 429.8 厘米

马是中国古代重要的征战、交通、耕作工具，也是传统绘画的重要题材。汉、唐两代由于注重耕战和马政，画鞍马特别盛行。唐以来画马名家很多，最著名的画家有曹霸、韩干、韦偃等人。宋代以马为题材的绘画逐渐减少，其中以李公麟画马成就最高。

李公麟，字伯时，号龙眠居士，安徽舒城人。以善"白描"画法著称，是北宋末年极有影响的大家。他擅长画人物、佛像，也能画山水花鸟，尤好画马。史载，李公麟初学画马时学韩幹而略有增损。他也广泛吸收前人长处，"凡古今名画，得之必临摹蓄其副本"，并且以真马为师。他熟悉马的生活，"每欲画必观群马"。苏轼曾有"龙眠胸中有千驷，不惟画肉兼画骨"来称赞他能综合曹霸、韩幹二家之长，发展了传统的画马艺术。在朝中为官时，"每过天厩纵观，图马终日不去，几与俱化"。以至御厩圉人怕李公麟把马的精神夺走，而恳求他不要对马作画。

《牧放图》是唐代画马名家韦偃所作，描绘当时牧场放马的盛况。李公麟奉敕临摹了这件作品。此图为长卷。全卷共有一百四十三人，一千二百八十六匹马，场面浩大，气魄宏伟。画面从右向左展开，在平原、坡陀、溪水、树石之间牧人驱赶马群，或奔驰，或跳跃，或缓行，或寻食，或就饮，或嬉戏，或吻啄，或伏卧，或滚尘。牧人有骑马前进的，有徒步的，有依树休息的；或衣冠整齐，或赤足敞怀，极自然生动。

此卷构图疏密相兼，主要人物、马匹多集中于前半部，后半部逐渐疏朗。结构上的最大特点是恰当地运用层层土丘为背景，把群马有条不紊地安排其间，显得繁而不乱，密中有疏；而且适当地注意了远近大小的比例关系，做到了层次分明，虚实相生。图中人物马匹以墨线勾勒，坡陀树石勾括后，略加皴擦烘点，笔法挺劲，工而不板。设色也变化多端，各种颜色的搭配使

用，显得色彩极为丰富而清雅。总之，像这样的庞大场面，复杂而富于变化的布局结构，若非技艺高超，运思缜密，很难收到如此完美的艺术效果。韦偃真迹早已不传，从此图可以窥见韦偃原作《牧放图》的规模。同时也看出李公麟临摹本高深的艺术造诣。画家在临摹此图时实际上是艺术的再创造。

此图曾经宋宣和内府、绍兴内府、明内府、清内府收藏；也经南宋贾似道、明孙承泽、清梁清标等私人的递藏。后幅有明太祖朱元璋题跋，又清高宗弘历题于本幅及隔水。《庚子销夏记》《石渠随笔》《石渠宝笈续编》等书著录。

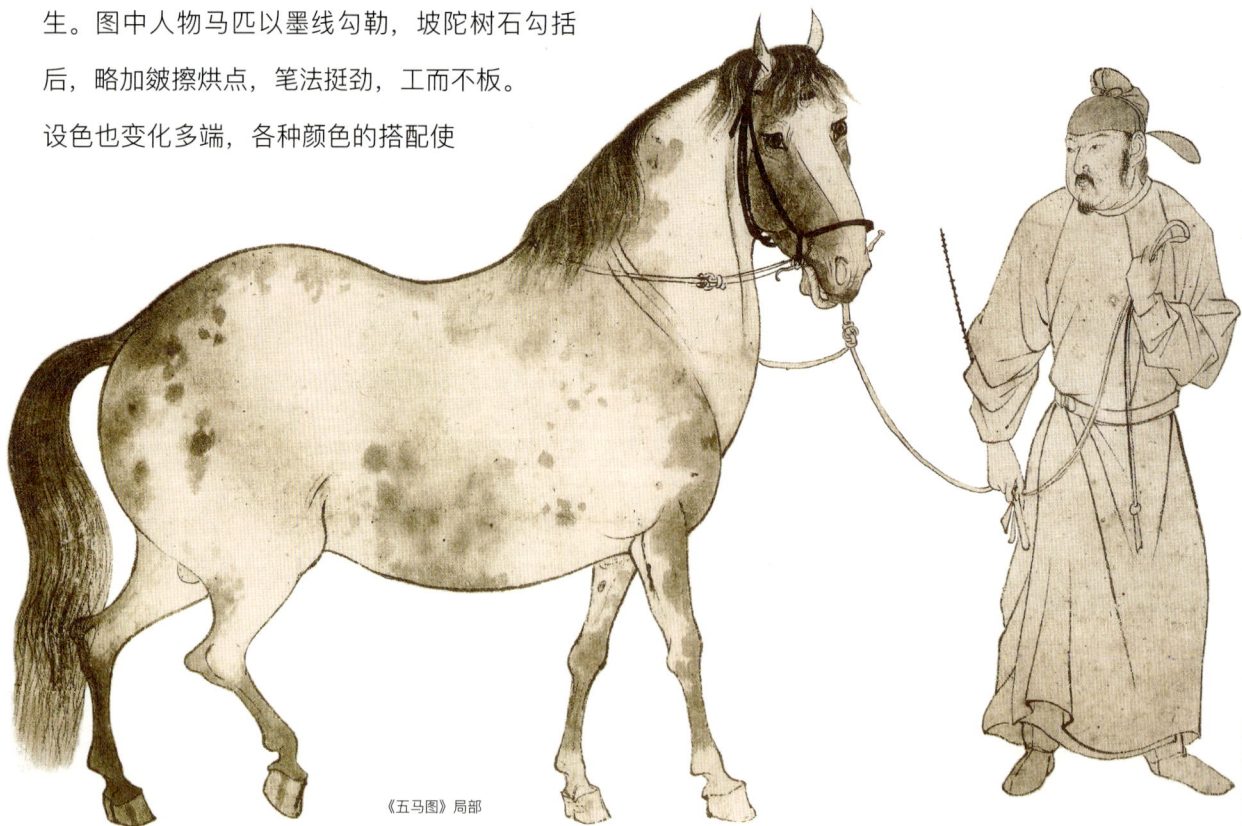

《五马图》局部

李公麟

031

# 渔村小雪图

北宋 王诜（1048—1104）

绢本设色，纵44.5厘米，横219.5厘米

山水画在北宋时期已发展到了一个新的高峰，表现技巧日趋成熟，一时名家辈出。最著名的开派画家有李成、范宽、郭熙等。王诜在师法李、郭的基础上，广泛吸收唐、宋诸名家之长，独自成家。

王诜，字晋卿，山西太原人，为英宗时驸马。诗词、琴、棋、书、画无不精通，与苏轼、黄庭坚、米芾等人相友善。

《渔村小雪图》是一幅以渔民生活为题材的雪景山水画卷。幅中奇峰秀岭，巉岩陡壑，险崖绝涧，岗阜平滩，清溪曲港，沙渚汀湾，飞瀑流泉。其间布设虬松翠柏，老树枯藤，疏柳乔柯，古寺渔村，及舟楫、木桥、城关。数渔父或张网于水中，或搬罾于坡岸，或垂钓于舟首，或对坐于舱中。山坡小道上有人策杖携琴寻幽，群群水鸟振翅飞翔于烟波林木之间。景色优美，人物生动，整个画面充溢着浓厚的生活情趣。画面景物笼罩在薄云轻雾之中，一派初冬季节的萧索气氛，面对此图，顿觉凛凛寒意，其趣无穷。此图成功地运用了"深远"构图法，把近景、中景、远景有机地加以结合，有条不紊地

王安石变法时，因他与"元祐党人"有牵连而被贬，后忧郁而死。他生前大量收集古今法书名画，藏于"宝绘堂"。他有较好的条件借鉴诸家名迹，加之深厚的文学修养和对生活的体验，在山水画方面艺术造诣之深非一般画家所能比拟。正如《宣和画谱》所说，他"写烟江远壑、柳溪渔浦、晴岚绝涧、寒林幽谷、桃溪苇村，皆词人墨卿难状之景，而诜落

笔思致，遂将到古人超轶处"。现存于世的王诜山水画作品除《渔村小雪图》外，尚有《烟江叠嶂图》和《瀛山图》，三件作品风格各不相同，以《渔村小雪图》最能代表王诜的艺术水平和特点。

处理画面各种景物。远近、大小比例关系大致都与自然形态相吻合。布势奇巧，开合有度，结构严谨而又虚实相生。给人以"咫尺千里"之感。笔墨设色也颇具特色，笔法精练，墨色清润，整个画面以墨笔勾皴和水墨晕染为主，又在山石、树木及芦荻顶端敷粉描金，表现了小雪后的渔村寒意之中尚有阳光的浮动。水天之际以水墨加螺青烘染，表现了寒溪的清澈和天色的空蒙，显现一种江天寥廓似晴非晴之意。作者将李成、郭熙的水墨山水画法与唐李思训的金碧山水画法加以结合，这在当时无疑是一种新的创造，所以当时人们对他有"不今不古，自成一家"之评。

此图曾经宋宣和内府和清内府收藏。《宣和画谱》《大观录》《石渠宝笈初编》著录。溥仪后携出宫，流落在长春。1950年惠孝同先生购得，后捐赠给故宫博物院。

**元祐党人**

北宋元丰八年（1085）宋神宗去世，年仅9岁的哲宗继位，第二年，年号改为元祐，司马光任宰相，全面废除王安石变法，恢复旧制。支持变法的政治派别，被称为"元丰党人"，反对变法的一派则被称为"元祐党人"。

032

# 清明上河图

北宋·政和、宣和年间（1111—1125）
张择端（生卒年不详）

绢本淡设色，纵24.8厘米，横528厘米

张择端的《清明上河图》，以独特的风格，高度概括的技术，真实生动地描写社会生活各个方面，在画史上赢得了崇高的地位，成为举世闻名的不朽杰作。

《清明上河图》描绘的是清明时节北宋都城汴京（今河南开封）东角子门内外和汴河两岸的繁华热闹景象。

全画可分为三段：首段写市郊景色，疏林薄雾，茅檐低伏，阡陌纵横，杨柳新绿；其间人物往来，有进城送炭的毛驴小队，有出城的旅人，以及扫墓归来的轿乘等。画出了特定时间内特有的风俗，直接点醒了题目。

中间那座规模宏敞、状如飞虹的木结构桥梁，概称"虹桥"，正名"上土桥"。中段以上土桥为中心，另画汴河及两岸风光。汴河是宋代的国家漕运枢纽。画面上那满载货物的巨大漕船，一艘紧接一艘；码头上装卸货物，繁忙而紧张，正是汴河所担负的重任的形象写照。桥上车马来往如梭，商贩密集，行人熙攘。桥下一艘漕船正放倒桅杆欲穿过桥孔，艄公们的紧张工作吸引了许多群众围观。画家在这一水陆交通的汇合点，安插了许多戏剧性冲突情节，使人看来饶有兴味。

**张择端**  字正道，东武（今山东诸城）人。宋徽宗赵佶时期的画院待诏，擅画市桥、郭径、舟车等，作品有《西湖争标图》《清明上河图》，都为时人选为神品。

后段描写的是市区街道。其中心有一座高大的城门楼，名叫东角子门，位于汴京内城东南。门外第一座桥便是上土桥。城门两侧，街衢交错，房屋鳞次栉比。有各种商店，大店门首还扎结着彩楼欢门；小的铺子，仅只是一个敞棚。此外还有公廨寺观等。街上行人，摩肩接踵，车马轿驼，络绎不绝。行人中有绅士、官吏、仆役、贩夫、走卒、车轿夫、作坊工人、说书艺人、理发师、医生、看相算命者、贵家妇女、行脚僧人、顽皮儿童，甚至还有乞丐。他们的衣冠有着等级，同在街上，而忙闲不一，苦乐不均。城中交通运载工具，有轿子、驼队、牛、马、驴车、人力车等。车子有串车、太平车、平头车等诸种名目。全卷画面，内容丰富生动，集中概括地再现了 12 世纪北宋全盛时期都城汴京的生活面貌。

此画用笔兼工带写，非常老练。设色淡雅，不同一般的界画，即所谓"别成家数"。构图采用鸟

瞰式全景法，真实而又集中概括地描绘了当时汴京东南城角这典型的区域。作者用传统的手卷形式，采取"散点透视法"来组织画面。画面长而不沉，繁而不乱，严密紧凑，如一气呵成。画中所摄取的景物，大至寂静的原野，浩瀚的河流，高耸的城郭；小到舟车里的人物，摊贩上的陈设货物，市招上的文字，丝毫不失。在多达五百余个人物的画面中，穿插各种情节，组织得有条不紊，同时又具有情趣。

作者善于观察生活，同时也善于从生活中发掘那些富于诗意、富于戏剧性矛盾冲突，并将它化为艺术形象，其概括和组织才能是令人惊异的。整个画面步步变化，使观者目不暇接，而且每看每异，每次都有新的感受和发现，觉得画幅后面，还有更加广阔的天地，画有尽而意无穷。

## 033 水图

南宋　马远（1190—1224）

绢本淡设色，共十二段，每段纵26.8厘米，横41.6厘米

山水画在南宋时期是一大变化。画家以强烈而集中的艺术形象表现单纯而完整的意境，突破了"全景式"的构图，创造出新的构图技巧。笔墨较前更为放纵泼辣，形成了南宋的时代特点。其间李唐、刘松年、马远、夏圭是突出的代表，被誉为"南宋四大家"。

《水图》共有十二段。除第一段因残缺半幅而无图名外，其余图名分别是："洞庭风细""层波叠浪""寒塘清浅""长江万顷""黄河逆流""秋水回波""云生沧海""湖光潋滟""云舒浪卷""晓日烘山""细浪漂漂"。这十二段作品，专门画水，除个别幅有极少岩岸之外，其他没有任何别的景色，完全通过对水的不同姿态的描写，表现出种种不同的意境。作者对水观察的细致入微，以及创造出来的形态美感和笔墨技能，都令人惊叹不已。如"洞庭风细"，波浪如鳞，不激不怒，近大远小以至于水天一色，彷佛微风习习，轻轻掠过了那开阔的湖面，使人心旷神怡，宠辱皆忘。"层波叠浪"是以

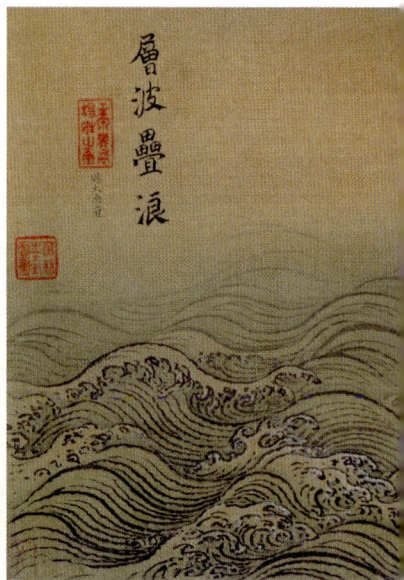

马远，字遥父，祖籍山西永济。任南宋光宗、宁宗朝的画院待诏。他出身绘画世家，又兼收李唐等人技法，形成自己的风格，以擅长山水、人物、花鸟而"独步画院"。在山水画方面，笔法好作大斧劈皴；构图取景，好以边角和一角之树石为主体来概括全景，简练而集中，形式十分新颖，人称他为"马一角"。他在画院里创作的作品，不少有宁宗赵扩或皇后杨氏的题字。这一卷《水图》就是有杨氏题字的马远作品之一。

颤抖的笔法，描写浪涛的起落，彷佛其下有蛟龙蛰伏，那汹涌澎湃的气势，使人精神振奋而感到豪壮。"湖光潋滟"一幅，画家以轻快流畅的笔法，画出水波的跳动，浪峰无规则的排列，显然受到乱风的吹荡，即使画家不染上红色，也使观者感到阳光明媚，不由令人想起"水光潋滟晴方好"的杭州西湖景象来。"云舒浪卷"一幅，却又是另外一番境界。画家以凝涩的笔触，画出一个浪头，它彷佛咆哮着要腾空而起，天空中黑云滚动，与水相接，更增加冲锋陷阵的气概。画面虽小，而气魄宏大壮观。其他各幅，都各有不同的笔法特点和意境，就留待读者自己体会。

秋水廻波

雲生蒼海

湖光潋滟

云舒浪卷

晚日烘山

细浪漂漂

# 大傩图

034

宋 佚名

绢本设色，纵 67.4 厘米，横 59.2 厘米

描写民间风俗习惯的绘画在宋代得到特别发展，《大傩图》就是一幅风俗画。画面上共画有十二个人。他们都穿着奇异的服装，戴着各式的帽子和花枝。帽子的式样毫不重复，除了斗笠、巾和冠之外，有的带着粗角的兽头，有的是农家场院器具斗、箩、箕之属。他们的手中或身上携拿着鼓、铃、檀板等乐器，或为扇、篓、帚等用具，或为花枝、瓜之属。所有人的面部都化了妆，也可能戴的是假面具。十二个人团团围住，手舞足蹈，充满着欢乐的气氛。

傩（音挪），是一种古老的驱除疫疠的民间习俗。《论语》中就有"乡人傩"的记载。《后汉书》记载："先腊一日，大傩，选中黄门子弟，十岁以上十二岁以下百二十人为侲子。"唐代《乐府杂录》中描写说："用四方相，戴冠及面具，黄金为四目，衣熊裘，持戈扬盾，口作傩傩之声，似除也。侲子五百，小儿为之，朱褶青襦，戴面具，晦日于紫宸殿前傩，张宫悬乐。"这些描述与画上的情况基本相似。当然到了宋代，傩时的具体情形和细节，又会有许多的发展变化。从画面情形来看，其中增加了许多农具，可见这种古老的习俗，到了宋代除了驱除邪祟之外，还有祈求丰收的意味，同时也是一种民间娱乐活动。所以此幅画，从艺术到内容，都值得珍视。

**《后汉书》**

记载东汉历史的书，由南朝宋时期的历史学家范晔（398—445）编撰。与《史记》《汉书》《三国志》合称中国"前四史"。

# 035 搜山图（部分）

宋 佚名

绢本设色，纵53.3厘米，横533厘米

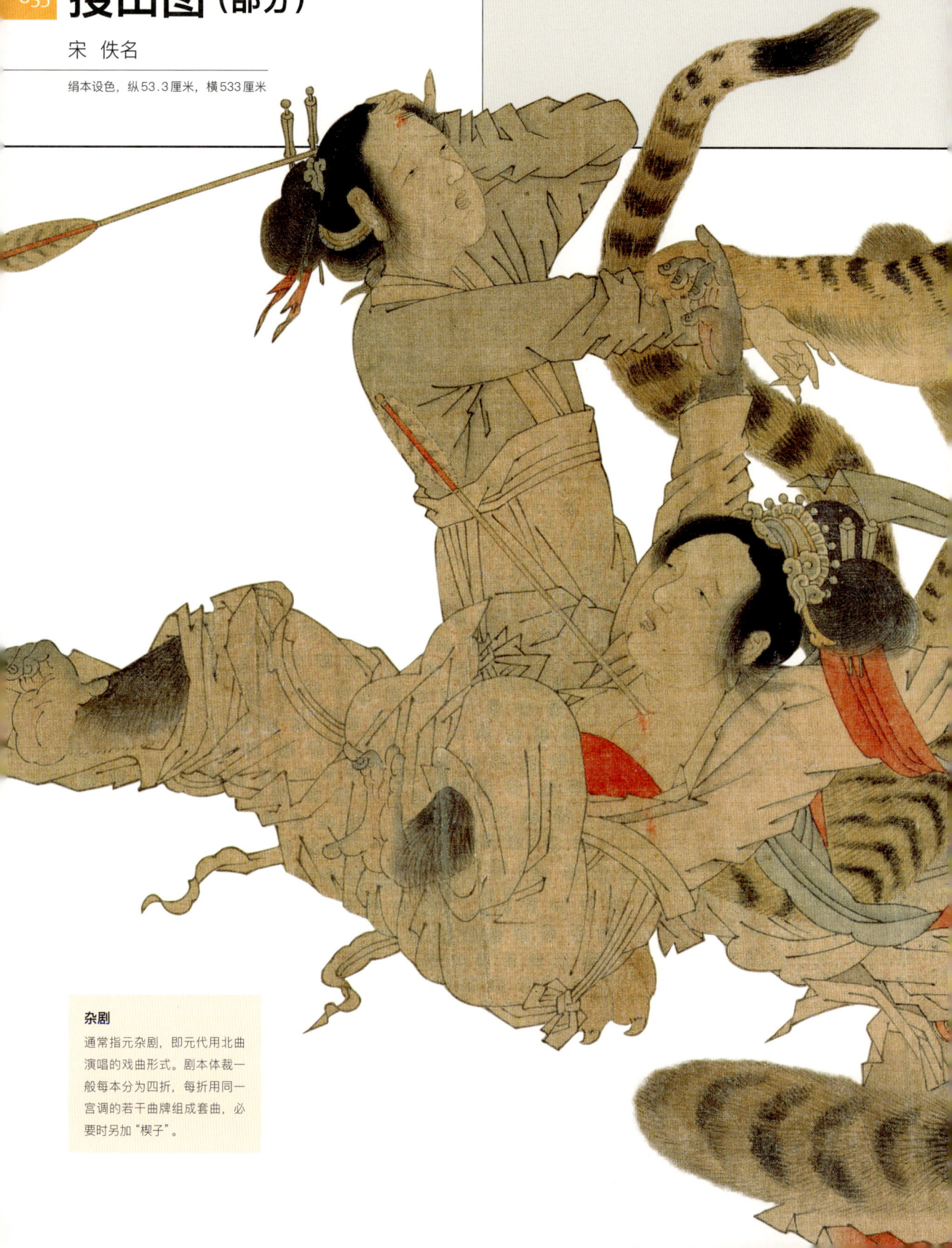

**杂剧**

通常指元杂剧，即元代用北曲
演唱的戏曲形式。剧本体裁一
般每本分为四折，每折用同一
宫调的若干曲牌组成套曲，必
要时另加"楔子"。

《搜山图》表现的是民间传说二郎神搜山降魔的故事，所以也称为《二郎神搜山图》。二郎神的故事在民间广泛流传，在许多文艺作品中也有反映。元代有《二郎神醉射锁魔镜》的杂剧，描写二郎神与九首牛魔王、哪吒及金睛百眼鬼比试高低，最后拿住二洞妖魔。据记载，最早有北宋画家高益画的《鬼神搜山图》，受到皇帝的重视。以后明、清两代，不断有传本出现。

这一卷《搜山图》是南宋末或元初人的手迹。人物用工笔重彩，衣纹用铁线描，刚劲有力，形象刻画生动传神，非凡手可及。山石树木皴法豪纵，风格近乎南宋刘松年。与同一题材的各种不同本子比较，此卷是个残本，其中缺少主神即二郎神部分，但是其绘画技巧却高出其他各本。图中描绘神兵神将们耀武扬威地搜索山林中各种魔怪。魔怪们均是各种野兽变的，有虎、熊、豕、猴、狐狸、山羊、獐、兔、蜥蜴、蛇及树精木魅等。这些妖怪，或是原形，或化为女子，他们都在神将们追逐下仓惶逃命，或藏匿山洞，或拒绝受擒。而那些神将们则手持刀枪剑戟，纵鹰放犬，前堵后截，使妖怪无处逃身。本来，二郎神是作为正面人物来歌颂的，然而在此卷中，却得到了一个相反的形象，那些神兵神将，一个个凶神恶煞，使人们憎恶，而那些妖怪们却面目和善，那种惊怖逃生的内心刻画，使人们心生同情。不知作者是有意还是无意，使观者自然地就会联想到，在当时社会官兵对老百姓的欺压情形。

# 秋郊饮马图

元 赵孟頫（1254—1322）

绢本青绿设色，纵23.6厘米，横59厘米

赵孟頫，字子昂，号松雪，浙江吴兴人，是元代初年最有影响的大书画家。他是赵宋宗室，宋亡时闲居家中，以布衣文人著名于时。三十四岁时奉元世祖忽必烈之召出仕元朝，受到元朝皇帝的优厚待遇。

《秋郊饮马图》是赵孟頫五十九岁时所画。描绘秋天郊外放牧的情景。图中野水长堤，绿坡清溪与秋林疏树，丹枫红叶相映成趣。一红衣人跨马挽缰执鞭，驱十数匹骏马来到溪边，马的神态各不相同：或奔腾追逐，或踏步缓行，或低首就饮，或回首顾盼，或引领长嘶。虽人马不大，却极为真实生动。

此图恰当地利用有限的绢幅，以中景"露地不露天"及右开式构图，把平视、仰视、俯视三种造景方式有机地结合；灵活地处理画面景物，恰当地安排画面藏与露的关系。画家把主要林木、坡石、人马画在右部起手处，人马由右往左走向，把来处藏于画外；左上方只露稀疏的树干，把树梢及远山远水藏于画外；左下方是一潭清溪，隔溪堤岸依溪向左延伸适可而止。通过对岸二马的奔驰追逐，点出境外尚有无限景物，画似尽而意犹未竟，既突出主题，又给人回味的余地。

此图的笔墨设色，表明了画家既师法唐人传统，又有他自己的特色。他纯熟地将书法应用于绘画之中。人和马线描

赵孟頫博学多才，诗词、书画、音乐造诣均深。他的绘画继承晋、唐、五代、北宋的优秀传统，博采众家之长，形成了独特面貌。题材广泛，风格多样，山水、人物、佛像、鞍马、竹石、花鸟均"悉造其微，穷其天趣"。

在元代画史上起了继往开来的作用。赵孟頫一生画鞍马很多，现存于世的主要有《人马图》《人骑图》《浴马图》《秋郊饮马图》等。

用较为工细的笔法，犹如篆籀，古朴谨严而中蕴清新俊逸。树石、坡陀、砂碛用行草笔法，勾、皴、擦、破、染并用，苍劲中含清润。背景用传统的青绿画法，根据物体的不同，或朱填枫叶，或绿染坡堤，意味着尚未进入深秋，严霜还没有夺去小草的生命。用白、红、黄、橙诸色画出骏马颜色各异。设色丰富浓郁又清丽明快，且色不掩笔。从此图可以看出画家成功地把青绿山水与水墨山水、唐人鞍马与宋人鞍马、画工的熟练技巧与士大夫的精神气质熔铸

一炉。如果说他四十三岁画的《人马图》和《人骑图》尚未脱离唐、宋传统，而《秋郊饮马图》则明显地已经形成了自己的风格，代表了他晚年鞍马的典型风貌，称得上是一幅形神兼备、妙逸并具、风格高雅的艺术珍品。所以当时著名鉴赏家柯九思推崇它与韦偃《暮江五马图》、裴宽《小马图》"气韵相望"，"其林木活动，笔意飞舞，设色无一点尘俗气"。赵孟頫自己也曾声称他画鞍马与宋代画马名家李公麟"并驱"。

## 037 九峰雪霁图

元 黄公望（1269—1354）

纸本水墨，纵117厘米，横55.5厘米

元代山水画的代表性画家除赵孟頫外，以黄公望、王蒙、吴镇、倪瓒最为突出，被称为"元四家"。四家在赵孟頫绘画实践与理论的影响下，充分发挥了笔墨技巧，形成了以"文人画"为主流的水墨山水画派。其最大特色是把笔墨趣味在绘画中的作用提到了一个新的高度，丰富了中国画的

《九峰雪霁图》是黄公望雪景山水杰作。图中奇峰秀拔，丘壑幽深，枯树、草堂都笼罩着皑皑白雪。观此图，顿觉凛凛寒意，如置身于冰雪中。

此图章法严谨，险中见稳；结构缜密，虚实相生。采用高远、深远相结合的构图方法，表现出九峰高耸和岩谷的深邃。画家把九峰画在正中，左右断崖，岗、阜下面的坡陀相揖，后以群峰相伴，达到了主次分明又脉络相连的效果。山脚

表现技法。对明、清两代画坛的影响极大。黄公望被推崇为"元四家"之首。

黄公望本姓陆，名坚，常熟人，出继永嘉（今属浙江）黄氏为子，因改姓名，字子久，号一峰、大痴道人等。做过中台察院掾吏。曾坐过牢，出狱后入全真教，往来于杭州、松江等地卖卜。工书法，善散曲，通音律，最精于山水画，常随身携带笔墨，在虞山三泖、富春等处领略自然胜景，随时模记。其水墨画有"峰峦浑厚，草木华滋"之评。设色多用浅绛。他还总结前人及自己的创作实践经验，写有《画山水诀》一文。

下溪涧自然延伸和山顶上渺溟的天空，使得画面增强了空间感，避免了拥塞，做到了实处更实，虚处更虚。

此图用笔也极为精湛凝练，树木房屋多用篆籀笔法，圆健而劲挺，山石多用草书笔法，疏秀清润中含苍茫浑厚，做到了笔无虚发，逸趣无穷。

此图画法是在一幅素绢上，用笔墨轻轻勾出景物的轮廓，并用深浅不同的墨色皴、擦、点、捽，或以很淡的墨色晕染山石，以加强山石的层次和立体感，再用破墨晕染天地，于是未染墨色的绢地便呈现出晶莹洁白的雪景。这就是黄公望的名言——"冬景借地以为雪"的画法。《九峰雪霁图》采用这种画法而达到极佳的境界。他存世的另外两本雪景山水《快雪时晴图》（故宫博物院藏）、《剡溪访戴图》（云南省博物馆藏），也是用的这种画法，有同样好的效果。

此图右上方自题云："至正九年春正月，为彦功作雪山，次春雪大作，凡两三次，直至毕工方止，亦奇事也。大痴道人，时年八十有一，书此以记岁月云。"知此图作于1349年，是画给元代著名文人班惟志的。

# 秋亭嘉树图

元　倪瓒（1301—1374）

纸本墨笔，纵134厘米（包括诗塘），横34.3厘米

在"元四家"山水画中，倪瓒以"幽淡简劲"的画风而著称。元以后的许多文人画家和评论家把他的绘画视为"逸品"，加以师法和推崇。当时江南文士家中以有无悬挂倪画而分雅俗。

倪瓒，字元镇，号云林、幼霞等，无锡（今属江苏）人。其家为当地豪富，雄于资财，喜与名士往来。因元末社会动荡，卖去田庐，散其家资，浪游于五湖三泖间，寄居村舍、寺庙，因而有"倪迂"之称。工诗、书，擅长画山水竹

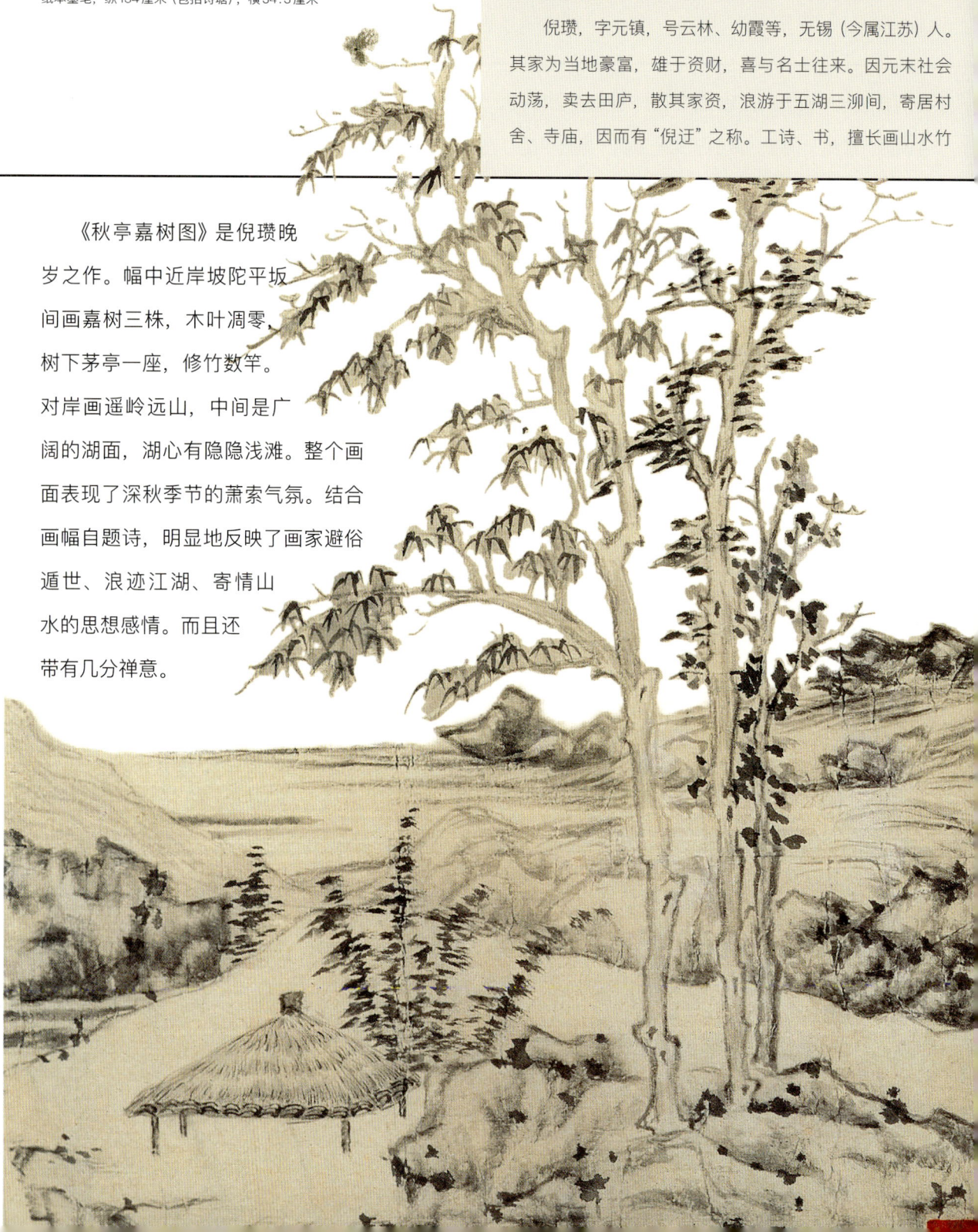

《秋亭嘉树图》是倪瓒晚岁之作。幅中近岸坡陀平坂间画嘉树三株，木叶凋零，树下茅亭一座，修竹数竿。对岸画遥岭远山，中间是广阔的湖面，湖心有隐隐浅滩。整个画面表现了深秋季节的萧索气氛。结合画幅自题诗，明显地反映了画家避俗遁世、浪迹江湖、寄情山水的思想感情。而且还带有几分禅意。

石，多以水墨为之。山水画初宗董源，后参荆浩、关仝法创用"折带皴"，写山石、树木则兼师李成，所作大都取材于太湖一带的景色。好作疏林坡岸，浅水遥岭之景。意境幽简萧瑟，简中寓繁，似嫩实苍的风格，给文人水墨山水画以新的发展。他画墨竹自称"逸笔草草，不求形似"，以"聊寄胸中逸气"。他存世绘画代表作品主要有《水竹居图》《安处斋图》《渔庄秋霁图》《江岸望山图》《赠周伯昂溪山图》《幽涧寒松图》《梧竹秀石图》《竹枝图》《春山图》及《秋亭嘉树图》等。

此画以平远两段式构图，把近景放在画幅最下端，中间留下大段空白，而把远山提到中上方，显得意境特别清远。他的许多传世作品都采用这种方法，如《江岸望山图》《赠周伯昂溪山图》《紫芝山房图》等，有的作品甚至把远山提高到了画幅顶端，如《渔庄秋霁图》等。这种构图法是倪瓒的创造。

此画笔墨劲健苍润，山石"披麻""折带"两种皴法并用，枯笔干擦与湿墨浑染并用，并以焦墨画苔点及树叶，使得画面层次分明，浓淡适中。正像明代吴宽在诗塘题跋所说，此图是倪瓒"得意笔也"。明朱果在诗塘题跋中也赞赏不已。

## 039 夏日山居图

元 王蒙（1308—1385）

纸本水墨，纵118.4厘米，横36.5厘米

**王蒙**

字叔明，号黄鹤山樵，自称香光居士。吴兴（今浙江湖州）人，赵孟頫的外孙。元末明初曾作过官。明洪武年间因胡惟庸案受株连，冤死狱中。

《夏日山居图》画的是隐士理想的幽居处所。图中奇峰秀岭，叠嶂重峦，山间长松繁茂，翠柏森森，汀溪曲回，山径蜿蜒。一所村坞隐现于山脚崖畔嘉树林荫之间，环境宁静清谧。此图章法严谨，逼而不塞，结构缜密，繁而不乱。左边的山峰高耸，以右边的溪涧汀渚和丘陵岗阜来做反衬，这样就突出了主峰的奇险，避免了画面的拥塞，使境界开阔。此图笔墨非常精练，山石皴法，有细皴，有浑染，

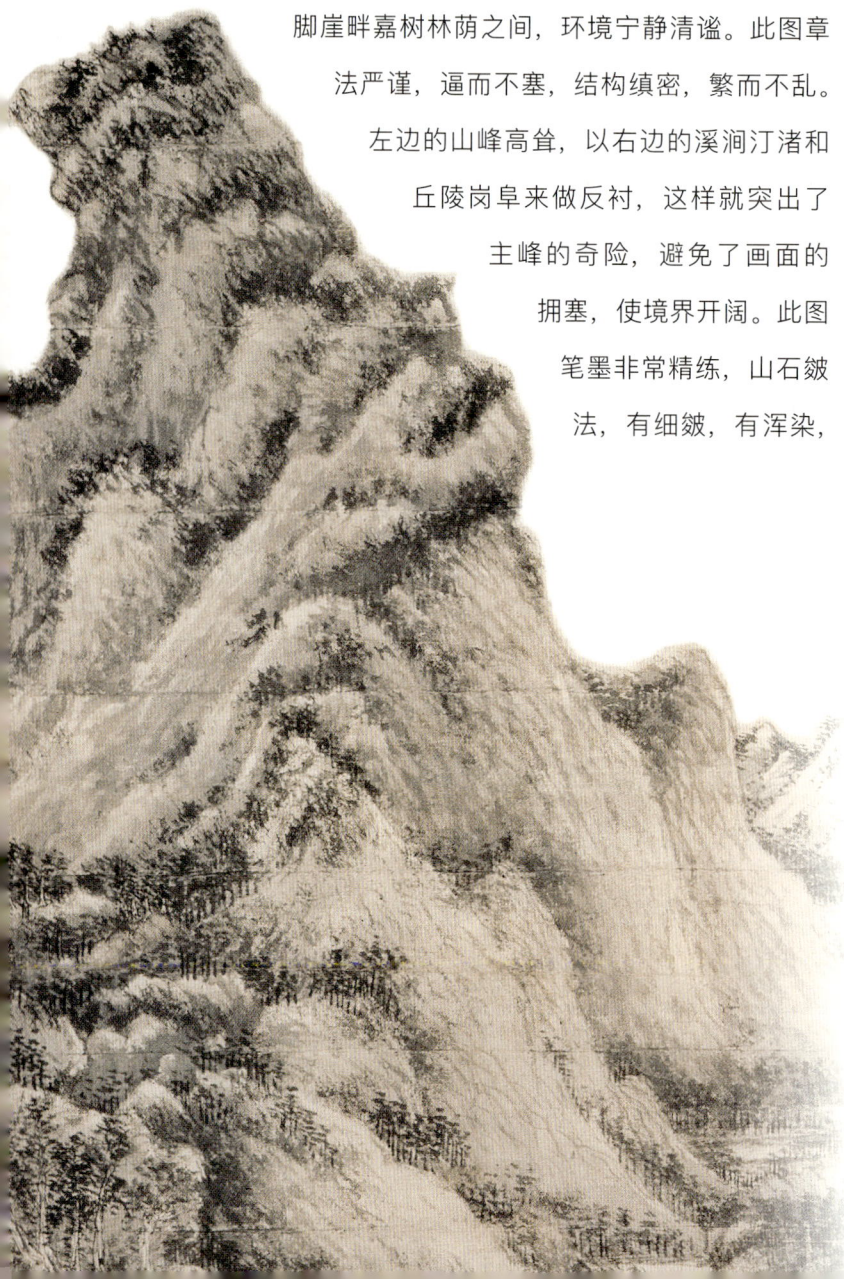

王蒙画风别具一格。他比黄公望、吴镇、倪瓒年岁都少，但艺术成就并不亚于三家。其水墨山水画在元以后被奉为范本，广泛传模，影响至今不绝。

王蒙的绘画早年受外家影响，又泛学唐、宋名家。山水以王维、董源、巨然为宗，跳出赵孟𫖯风范，自成面貌。常用"解索皴""牛毛皴"，并兼用"数家皴"法。多用枯笔，渴墨皴点。所画山水苍茫深秀，纵逸多姿。其内容大都是"山居""隐居"之类。传世作品最著名者有《葛稚川移居图》《夏山高隐图》《青卞隐居图》《林泉清集图》《太白山图》《丹山瀛海图》《夏日山居图》等。

山间林木分别远近大小，或精勾，或漫点，笔法苍逸，墨色清润，整个画面阴阳向背，层次分明。可以看出王蒙运用笔墨技巧的高度成就。此图画法是王蒙晚年山水画的代表性风格，与《林泉清集图》《青卞隐居图》等画法相近；也是他传世山水画作品中不可多得的精品。

本幅右上方王蒙小楷自题三行："夏日山居，戊申二月，黄鹤山人王叔明为同玄高士画于青村陶氏之嘉树轩。"可知此图作于明洪武元年（1368），时王蒙六十一岁。

040

# 三顾草庐图

明　戴进（1388—1462）

绢本设色，纵172.2厘米，横107厘米

戴进，字文进，号静庵，钱塘（今浙江杭州）人。初为金银首饰制作工匠，后改学绘画。宣宗时曾入值仁智殿。因画《秋江独钓图》，钓者着红袍而触犯皇帝，被逐。放归后，长期生活在民间以卖画为生。各种题

戴进传世绘画作品较多，既有山水，也有人物、花卉。《三顾草庐图》是他山水人物故事画代表作之一。此幅以三国故事为题材，描绘刘备带同关羽、张飞到隆中敦请诸葛亮出山的情景。幅中峻岭奇险，绝壁陡峭，飞瀑流泉，山间苍松盘虬，翠柏秀拔，山坳中修竹茂密，山草茸茸。柴扉敞开，茅庐隐现于山崖竹林中。门首四人，刘备躬身向一童子施礼，关、张站立备后似在交谈，童子以手示，请客人进庐。

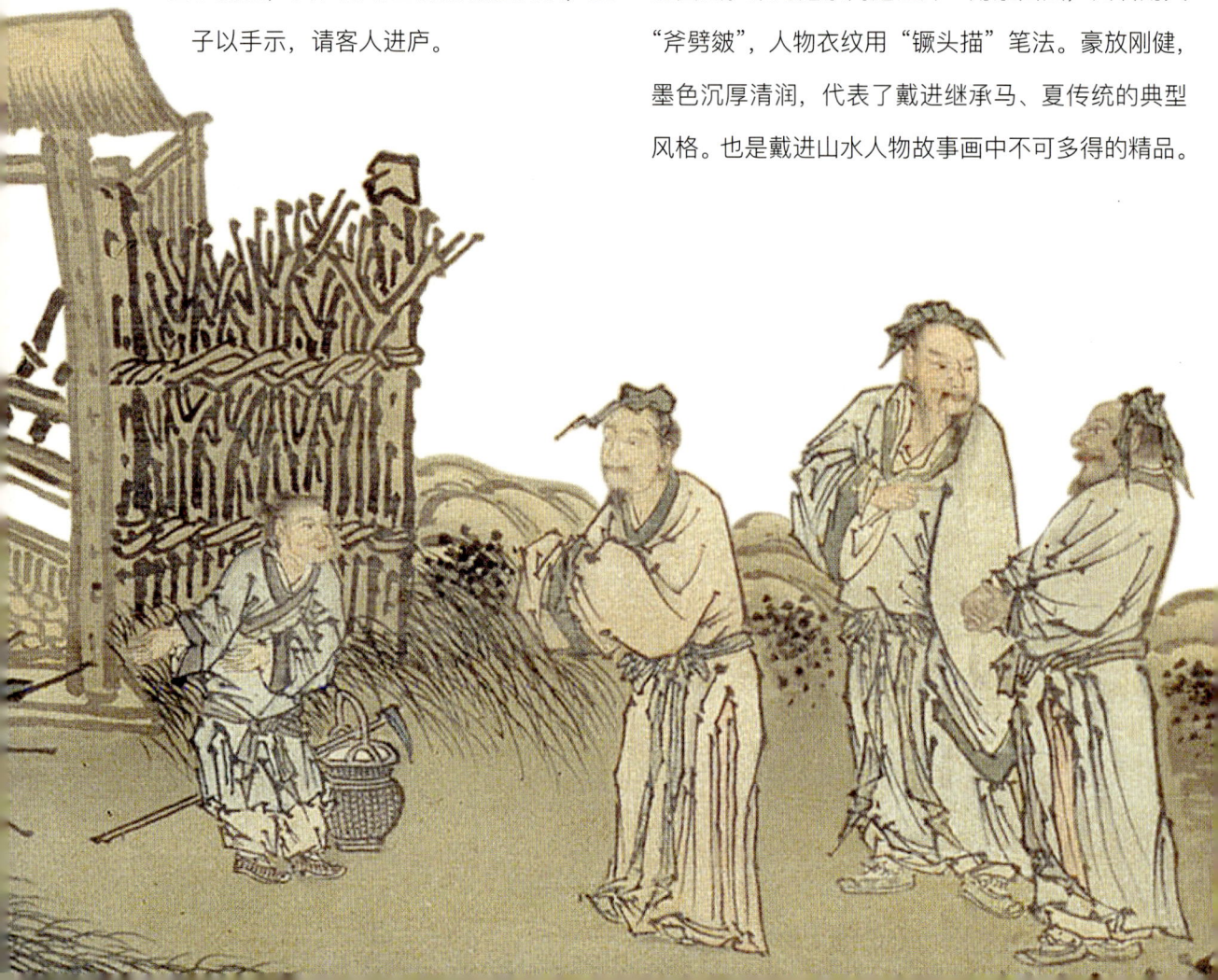

茅庐中诸葛亮身着鹤氅，手执羽扇，正襟危坐，正在恭候客人的到来。整个画面情景交融，人物画得栩栩如生。刘备的和蔼谦恭，关羽的英武通达，张飞的猛悍坦率，诸葛亮的智慧超脱，童子幼年谨慎的性格特征，都刻画得较符合历史故事的内容情节。

此图构图和笔墨设色，基本上沿用马远、夏圭的画法。采用近景高远左开一角景画法，山石用大"斧劈皴"，人物衣纹用"镢头描"笔法。豪放刚健，墨色沉厚清润，代表了戴进继承马、夏传统的典型风格。也是戴进山水人物故事画中不可多得的精品。

材无所不精，尤擅长山水人物，用笔豪放，设色沉厚。

戴进是明代前期重要画家。在追踪南宋李唐、刘松年、马远、夏圭等山水画风的诸画家中，他的成就比较突出，能自成面貌，开画史上的"浙派"。戴进用笔，比马远更加放纵。这种放纵的笔墨和表现在画面上的强烈的动感，是戴进对马远传统的发展，也是"浙派"画风的重要特色。戴进之后的吴伟就更加突出地发展了这一特色而开创了"江夏派"。

## 041 仿黄公望富春山居图

明　沈周（1427—1509）

纸本设色，纵36.8厘米，横855厘米

明中叶，在苏州地区，出现了新的画派"吴门派"。此派创始于沈周，形成于文徵明。"吴门派"的出现、形成和发展，逐渐取代了明代宫廷院体和"浙派"绘画的地位，"吴门派"绘画最大特点，是恢复和发展了注重笔墨的书法韵味这一传统，反映了文人士大夫的情趣和爱

《富春山居图》卷，是黄公望历数年才完成的杰作。曾经沈周珍藏，沈周请人题跋时被其子藏匿。他儿子后来拿出售卖，沈周因无力购回复归己有，常常思念不忘，便根据自己的记忆背临了一本，就是这卷《仿黄公望富春山居图》卷。

仿本既然是背临，就不可能完全忠于原作。正如沈周自题所云："思之不忘，乃以意貌之，物远失真，临纸惘然。"沈周仿本在布局上除了尾部增

好，推动了文人画的进一步发展。

　　沈周，字启南，号石田，长洲（今江苏苏州）人。出身于世家。诗、文、书、画无所不工。他常以诗文交结权贵，本人却过着超然在野的生活。他的书法学习宋代黄庭坚，笔法苍劲挺健；绘画除受业于当代名家外，则从多方面摹习古人，尤其对师法董源、巨然以及元代黄、王、吴、倪四大家有较深的造诣。他曾游历太湖流域各地，接受大自然的启迪。在继承传统的基础上变化出入于诸名家法度，形成自己的独特风格。尤其是晚年善于用粗笔中锋，笔力圆润挺健，设色厚重凝练，风韵雄浑苍劲，为"吴门派"山水画的形成和发展奠定了基础。他还擅长花卉杂画，写意兼工，亦颇有意致，且为白阳山人陈淳的写意花卉开创了先河。沈周一生创作了大量绘画作品，至今仍有不少精品存世，《仿黄公望富春山居图》卷就是其中之一。

加了一段山峦平冈树石外，与原作大致相仿，但局部结构也略有分别，笔墨却完全不同，且着了色彩，纯属于沈周自家面貌。实际是沈周根据黄氏《富春山居图》的规模进行了艺术的再创造。画家在八米多的巨幅上画出了层叠起伏的山峦，辽阔浩渺的江天，依势又布置了冈阜平滩，汀渚港汊，楼阁亭榭，平桥曲径，农舍渔舟。所画人物不多，三五幽人策杖于小桥、山径，二三渔父垂钓于舟中，还有一人

在水边茅亭观鹅。整个画面充分表现了富春江两岸明媚秀丽的景色。

　　沈周仿作此图时是六十岁，对于这位长寿的画家来说这是他的中晚年时期，也是他绘画生涯最盛期的作品。其时沈周自家风格已经形成，因而此图在笔墨设色方面具有沈周绘画成熟时期的面貌。画面从起手到收尾，树、石、建筑、人物多用秃笔中锋，山石多用长短相兼的"披麻皴"，坡岸处偶用侧锋皴、擦。用卧笔画苔点树叶，干湿浓淡都掌握得恰到好处，在水墨画基础上又审施丹青。根据景物的远近形质不同，或浑以花青，或敷以淡赭，天空与江水多留下空白，不施墨色，整个画面笔力圆浑苍健，设色沉厚凝练，气势博大，不愧为开派名家的大手笔。所以董其昌在题跋中称此图"信可方驾古人而又过之"。此言并非过誉。

# 绿荫长话图

明  文徵明（1470—1559）

纸本墨笔，纵131.8厘米，横32厘米

明代中期画坛，沈周之外，文徵明是成就最突出、影响最大的文人画家。可以说沈周是"吴门派"画风的奠基者，文徵明则是形成"吴门派"画风的主将。

文徵明，原名璧，字徵明，后以字行，改字徵仲，号衡山。长洲（今江苏苏州）人。出身仕宦之家，早年学文于吴宽，学书于李应祯，学画于沈周。诗、文、书、画同名一时。绘画方面与沈周、唐寅、仇英并称为"吴门四家"。擅长画山水、人物、兰草、竹石等。他的山

文徵明勤于创作，由于他长寿，一生中留下了大量作品，他的绘画精品存世者就很多。《绿荫长话图》是他晚年水墨山水画代表作之一。

此图是窄而长的立幅，画家以巧妙的构思，缜密的经营和细劲的笔墨描绘出盛夏季节的山林景色。图中山岭巍峨，岩崖险峻，长松挺秀，翠柏森森，飞瀑倒泄，叠泉涌流。在山水树石之间，小桥横跨溪涧，沿着盘环的山径有水阁草堂和茅屋村舍，还有寺观一所，屋顶隐隐可见。画面充满了清幽静谧的气氛。图中三人，一童子携琴过桥，池旁树荫之下的平坡对坐两位文人，一人手中握轴，一人正在双手展卷，似在朗读卷中的诗文，或赏玩书画。人物虽小，但使观者一眼就可看出他们的身份。图中作者自题诗："碧树鸣风涧草香，绿荫满地话偏长。长安车马尘吹面，谁识空山五月凉。"诗的

水除师法沈周外，又对宋、元名迹悉心研习，在继承传统的基础上能独具面貌。而且风格多样，无论是青绿、水墨，粗放、精细都具功力。用笔劲健细密，墨色清润淡雅，风格纤细秀逸。其创作题材多表现文人雅士的闲情逸趣。他长期生活在工商业较为发达、文人荟萃的苏州，交往名流，与他们诗文书画来往，一时成为"风雅"之士的中心人物。他的子孙弟子数十人，均从事书画创作，成为"吴门派"的中坚和后劲。

内容是画家厌恶官场、寄情山水、避俗自逸的思想感情的表露，反映了当时一部分在野文人的生活思想情趣。

此图在表现技巧上用"高远"构图法，并根据窄长立幅的特点，采用纵向散点透视，前后数层景物尽收于图，使得画面境界纵深，山势高耸，但又不是一览无余。通过对天空、池水、平坡、山径以及山石突兀处的留白不皴或少皴，使得画面结构复杂严谨中又疏秀虚灵。画家还巧妙地利用山势的延伸，树石、崖坡、曲径等的掩映，把观者的视线逐步引入层层幽境。使观者忽而如置身于深山峡谷，忽而如登临高岭云表，忽而如漫游于溪畔、泉边。此图笔墨极为精细劲健，山石树干多用枯笔干擦，松针细写，柏叶精点，纹理清晰，层次分明，细而不纤弱，繁密而不杂乱，勾、皴、点、染、捽等，笔笔都交待得十分清楚，真正做到了笔不虚发，墨不妄施，笔笔恰到好处的艺术佳境。面对此图，不能不对文徵明的绘画艺术造诣感到由衷的钦佩。

# 事茗图

## 明 唐寅（1470—1523）

纸本设色，纵 31.1 厘米，横 105.8 厘米

唐寅，字伯虎，一字子畏，号六如居士、桃花庵主等，吴县（今江苏苏州）人。少时以文学闻名乡里，与文徵明、祝允明、张灵、徐祯卿等并称为"吴中俊秀"，风流自赏。后无辜受科举舞弊案牵连，被终身取消考试资格。从此专事诗文书画创作，优游林下，玩世不恭，终其一生。

绿吴趋唐寅　窓下清风满鬓华　自赍持料得南　日长何所事茗碗

唐寅早年曾从同郡老画师周臣学画，不久他的技艺就超过了老师，名声远扬。他的画既有传统，又有创造，清新秀逸，风流洒脱，富有书卷气。山水树石，取法李唐，而不在全似，善师法古人。创作中，他是一个全才，山水、人物、花鸟，皆精绝，为"吴门四家"之一。

《事茗图》是一幅不可多得的唐寅作品。近处山崖陡立，巨石箕踞。山崖巨石间，溪流曲折，细浪潆洄 。岸边茅屋数椽，屋前双松挺立，苍翠凌云。屋后绿竹成荫，回环掩映。远处烟霭之中，峰峦秀起，山间飞瀑鸣溅，山下泉水潺潺。整个景物的布置，井然有序，层次分明，清幽舒畅，雅静宜人。在茅屋正厅倚墙书籍画轴满架，一人正对案读书，案上置壶盏。后厅侧室内，童子在烹茶。屋外有板桥横过小溪，一人策杖来访，身后童子抱琴相随。

画后余纸有行书五绝一首，诗意与画境相结合，所表现的正是当时士大夫们"不求仕进""优游林下"的理想生活情趣，是一幅主题鲜明的创作。在画法上，用笔瘦劲，沉着活泼。人物虽着墨不多，而神态生动。松树和山石的造型及皴法，明显受到北宋李成和郭熙的影响，可见他对前人经验的继承不限于李唐。但具有这种笔法特点的作品，在唐寅众多的作品中并不常见。

## 044 明妃出塞图

明 仇英（约 1505—1552）

绢本设色，纵 41.4 厘米，横 33.8 厘米

仇英，字实父，号十洲，原籍江苏太仓，寓居苏州。据说仇英早年曾当过漆工，到苏州后为名画师周臣收为弟子，遂以绘画作终身职业。他曾在大收藏家项元汴家长期从事临摹复制和修补古画的工作。所复制的古画往

《明妃出塞图》是仇英所作十开《人物故事图册》中之一幅。内容是关于王昭君的故事。工笔重彩，用线极为工细，人物形象的塑造十分优美，可说是仇英的代表作品。

**明妃**

指西汉宫女王昭君（前 54—前 19），为安抚匈奴国，她被远嫁匈奴为王者之妻（和亲），对维护边塞和平起到不小作用。

往可以乱真。由于他的天份和勤奋努力，加上临摹和观赏了大量的古代名画真迹，所以他的创作，于山水、人物、花鸟、楼台等各种画科，无不擅长；工笔、写意、设色、白描等各种画法，都绝妙。尤其他画的妇女形象，为一代典型。在当时和后代，极受鉴赏家所推重。他以微贱的出身，在生前就能享有大名，并与沈周、文徵明、唐寅并列，称为"吴门四家"，完全是由于他有着非凡的绘画天才与成就。

## 045 墨花九段图

明　徐渭（1521—1593）

纸本墨笔，纵46.6厘米，横622.2厘米

齐白石老人题画诗云："青藤雪个远凡胎，缶老当年别有才，我愿九泉为走狗，三家门下转轮来。"老人最崇拜的这三位中国写意画大师，头一名便是徐渭。

徐渭，字文长，号青藤、天池，别署田水月等，浙

江山阴（今浙江绍兴）人。一生遭际坎坷，离奇曲折，是悲剧性的人物。他在文学、戏剧、诗歌、书法、绘画等方面的辉煌成就，在死后才为人所发现和重视，并且愈到后代，愈显光芒。

**青藤、雪个、缶老** 分别指徐渭、八大山人、吴昌硕。吴昌硕（1844—1927），书画家，别号老缶、缶道人。

吴昌硕

　　徐渭绘画的杰出贡献，在继承沈周、陈淳的基础上，将中国水墨写意画推向了一个新的高峰。他的画风豪爽泼辣，简洁洗练，运笔走墨，自由奔放，不拘于一枝一叶的形似，而着重于"意"的表现，将自己的思想感情直接从笔端流露出，因而给人以沉着痛快、酣畅淋漓、一泻千里、毫无阻碍的美感享受。

　　《墨花九段图》正是这一风格的典型代表作。全卷共分九段，每段有一主体花卉，再夹以竹、石、草为衬托。九种主要花木依次为：牡丹、荷花、秋菊、水仙、梅花、葡萄、芭蕉、兰花、修竹。笔致老劲，墨色苍润，挥洒自如，随意布置，可谓达到炉火纯青的地步。每段又题以诗句，借物抒怀，表达了他的思想。所画葡萄如写草书，藤蔓纠结，似龙蛇起舞。题诗云："昨岁中秋月倍圆，海南蚌母不成眠，明珠一夜无人管，迸向谁家壁上悬。"显

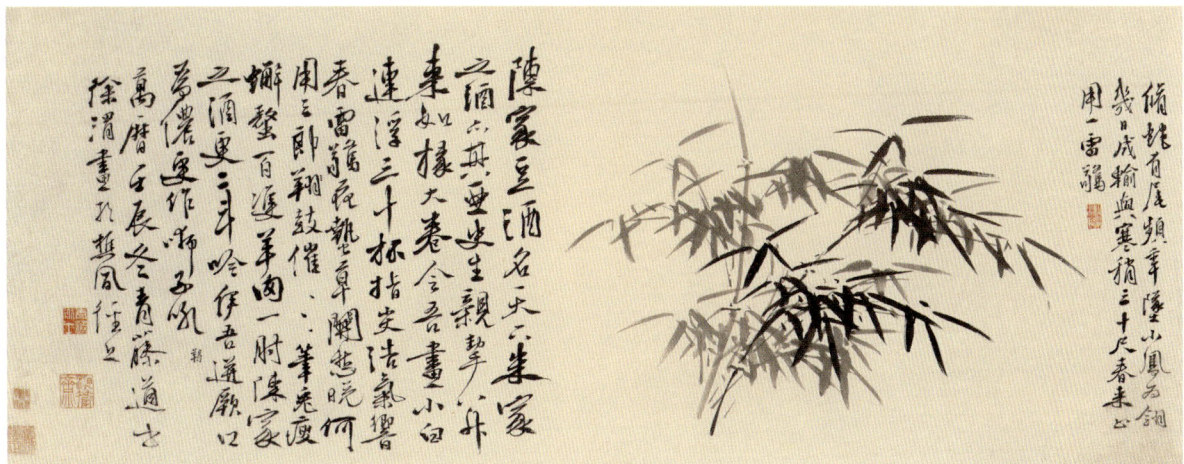

昨歲月秋月倍圓海南蚌
母不成胎明珠一夜亞要管逢
向誰家壁上之懸

然是作者自感"托足无门"的心情写照。在一块奇石下，丛菊
盛开，夹以劲利的小竹，题句云："西风昨夜太颠狂，吹损东
篱浅淡妆，那得似余溪渚上，一生偏耐九秋霜。"表现出他不
甘屈服的精神。此卷作于明万历壬辰(1592)冬，离徐渭死前仅
数月，是他极晚的作品。从画和题诗来看，这位老人临终还是
那么倔强不屈，始终保持他那充沛旺盛的艺术生命活力。

046

# 升庵簪花图

## 明　陈洪绶（1597—1652）

绢本设色，纵143.5厘米，横61.5厘米

陈洪绶，字章侯，号老莲，诸暨（今属浙江）人。明末诸生，崇祯时以擅长绘事被召入禁中为舍人，使临历代帝王图像。明亡入寺为僧，号悔迟。自幼喜好书画，从蓝瑛学习，于山水、花鸟、人物无所不精，尤以人物为世所称。所画人物躯干伟岸，造

　　《升庵簪花图》画的是杨慎的故事。杨慎（1488—1559），字用修，号升庵，四川新都人。曾以殿试第一名受翰林院修撰，嘉靖时起充经筵讲官。因议大礼哭谏宫门，使嘉靖皇帝震怒，被贬谪到云南。从三十七岁起，到七十二岁病死为止，一直过着被流放的生活，其心情郁闷可想而知。据记载："用修在泸州，尝醉，胡粉傅面，作双丫髻插花，门生舁之，请伎捧觞，游行城市，了不为怍。"画面所画的就是杨慎的这一怪诞生活行径，不过没有画他由门生抬着游行街市的形象。画中杨慎体态丰满，身着宽袍大袖，头戴五色花枝，昂首鼓腹，两手垂肩，双眸下视，小步迟迟，状貌似歌似吟，似醉非醉，把这位失意文人放浪形骸、玩世不恭的精神行貌表现得淋漓尽致。杨慎身后，有两个捧盂持扇、身体瘦

型多夸张变形；而线条细劲清圆，富于装饰趣味。这种风格是在李公麟、周昉等用笔基础上的发展变化，在明末清初人物画中独树一帜。曾创作有《水浒叶子》《西厢记》插图等，于中国传统版画也作出了特殊贡献。

弱的女子，其形体与精神状态，和杨慎成鲜明对比。背景简洁，近处有山石和野花，把人物推向适中的距离，而以一株弯曲的枫树来衬托主要人物。枫树干老枝残，然而却红叶烂漫，既饱经风霜，又保持着顽强的生命，这与杨慎的精神颇有些相似。

整个作品的思想主题，表述了画家对杨慎遭到不平的政治待遇所寄予的无限同情，反映出对朝廷放逐这样一位有才能的文臣的不满，同时，也赞赏了杨慎消极反抗的玩世生活态度。

# 047 放鹤洲图

### 明 项圣谟（1597—1658）

绢本设色，纵65.5厘米，横53.7厘米

项圣谟出身于书画世家，自少习书画而淡于仕途。清军入关，国破家亡使项圣谟悲痛欲绝。他创作了大量的诗画，寄怀故国之思，以示不甘屈服于清王朝。

项圣谟的画风独树一帜，于明末清初画家林立之中，他既不同于松江、太仓的董其昌、王时敏、王鉴等人，也不同于南京地区的诸大家，与他所在的浙江地区蓝瑛的风格也迥异。他的画没有直接的师承，是领略自古人的。这与他的家

《放鹤洲图》是项圣谟的一幅实景写生画。放鹤洲在嘉兴鸳鸯湖畔。是唐代裴休（字公美）的别业旧址，久已荒废，明末朱葵石加以修葺整理，成为一处园林。清顺治十年（1653）朱氏邀请项圣谟到此赏景，泛舟吟诗，之后便创作了这幅画。

画面绘的是放鹤洲秋天的景色。笔法细腻，设色雅逸，布置平淡天真。近处平湖港岔，沃野田畴，岸边杂树丛生。远处村庄低伏，城廓隐现。田埂上，人们劳作后欢乐地归来；河港中，妇女忙着采菱，充满着浓郁的生活情趣。一切使人看来既平凡又亲切。作者所要表现的"林泉之乐"，恰恰是在这种平易之中没有釜凿痕迹，可谓达到妙夺造化，独会生机的境地。

庭富于收藏有关。所以前人评价他的画"取法于宋，而取韵于元"。即是从宋人那里学习到谨严的章法和周密的用笔，又从元人那里吸取精神来丰富画中的逸趣。所以董其昌认为项圣谟的画是"士气作家俱备"。更难能可贵的是，他坚持自己的作品反映现世，表现时代。与同时代的许多画家视书画为玩赏之乐，大为不同。

048

# 陶庵图

清  弘仁（1610—1664）

纸本墨笔，纵99.1厘米，横58.3厘米

清代初年，除了以"四王"为代表的正统派文人山水画家之外，"四僧"山水画是最富创造性的，他们是弘仁、髡残、八大山人和石涛。"四僧"大都是前朝的遗民，不满于清朝的统治而隐居山野，寄情山水。由于他们都经历了明、

"四僧"中以弘仁最为年长，他本姓江名韬，安徽歙县人。弘仁是他的法名，自号渐江上人，死后人称"梅花古衲"。他的绘画早年学孙无言，亦师宋、元，在艺术上受元代倪瓒的影响尤深。笔墨瘦劲简洁，风格冷峭秀逸，笔墨形象具有倪瓒凝练的特点。但由于他居住黄山，并常来往于雁荡、黄山白岳间，所以他的山水画作品多是表现层岩陡壑、奇险秀丽、老树虬松、千姿百态的黄山白岳真景，与倪瓒作品所表现的疏林远山、平淡秀逸的太湖景色迥然不同。画风独具，成为"新安画派"或"黄山画派"的代表人物。

《陶庵图》是弘仁晚年之作，画于清顺治十七年（1660），是画给子翁居士的。"陶庵"是子翁的室铭，即子翁幽居之所。幅中画垂柳五株，翠竹丛丛，柳荫下草堂一幢。凉亭一座，堂前池水一泓，池中土堤，堤上单板石桥，从土堤穿柳行过石桥，可至堂中。堂后山峦起伏，秀岭叠翠，山下泉水流入池中仿佛潺潺有声，山

清之际"天崩地解"的时代，思想上受到了很大的冲击，因而在艺术上也有明显的反映。他们的绘画艺术在画坛上地位重要，其影响所及直至现代。

**"四王"**

指清朝初期四位画家：王时敏（1592—1680）、王鉴（1598—1677）、王原祁（1642—1715）和王翬（1632—1717）。他们在艺术思想上的共同特点是仿古，把宋元名家的笔法视为最高标准，受到皇帝的认可和提倡，因此被尊为"正宗"。"四王"以山水画为主，影响后世三百余年。

上松石乔柯疏疏落落，池中拳石墩墩，蒲草簇簇，池边柳树扶疏。整个画面宁静清幽，展现了一处幽居的佳境。临图，如置身于水村山郭之中。

此画在构图上采用中景"高远"法，以左开右合的格局，将大部分景物安排在画幅的左半部，右边只以高低不同的三两山峰及坡石水草衬托，把远景留在画外，大片池水与天空留白，清旷中不失严谨，给人以天高水阔、山秀亭幽之感。

此图笔墨清劲古雅，沉着稳静，用笔以枯笔为主，多用"披麻皴"，偶亦用"折带皴"法，以卧笔点苔。虽全用水墨画成，但画家极为熟悉笔墨本身所包含的各种色调，以墨的浓、淡、润、燥表现出各种物体在画面中的层次关系。表明弘仁不仅有极深的功力，而且不拘泥于古法，在传统山水画的技法基础上，把自然景物当作他绘画创作之源。因此他的作品既不背传统山水画之法，又合自然景物之理。《陶庵图》代表了弘仁晚年山水画艺术的基本特色，是一幅不可多得的佳作。

049

# 仙源图

清　髡残（1612—约1673）

纸本淡设色，纵84厘米，横42.8厘米

在明末清初的画坛上，髡残先是与青谿道人程正揆齐名，称为"二谿"。画家龚贤曾比较"二谿"的艺术，认为石谿的画"粗服乱头"，好似王铎的书法；青谿的画"冰肌玉骨"，好似董其昌的书法。在书法上首先应当推崇的是王、董二人，而在画法上则应当推崇"二谿"了。后石涛崛起画坛，为一代大师，于是"二石"并称。而石涛本人也非常崇敬石谿。

所谓"粗服乱头"，是比喻不事修饰雕琢，任其纯朴自然的艺术风格。石谿的山水画创作，学习了元代王蒙、黄公望的笔法和章法而加以变化。他的章法特点是繁密复杂，构图妥贴平稳，不以新奇出胜，而以浑厚严谨见长；笔法苍劲、凝重，欲去还留，欲收还放，如绵裹铁，似锥画沙。所以欣赏石谿的山水画，如读苏东坡的"大江东去"，雄壮，豪迈，深沉，痛快，有一泻千里之势。其画面高山巨壑，叠嶂层峦，烟

程正揆《深谷幽居图》

程正揆（1604—1676）别号清谿道人、青谿老人等，孝感（今属湖北）人，明末清初画家、书法家。

髡残，俗姓刘，武陵（今湖南常德）人。出家为僧后法名髡残，号石谿、石道人等。他是一个具有强烈民族思想感情的和尚画家。清兵南下时，曾参与抵抗运动，失败后逃入桃源深山，过着异常艰苦的生活。后云游四方，来到南京定居。先后挂锡报恩寺、栖霞寺、天龙古院，最后落脚牛首祖堂山幽栖寺。他为人性格耿直，寡交游，所与往还者，尽是明代遗民。由于他的爱国热情始终不衰，在遗民中威望很高，受人敬重。

云氤氲，草木蓊郁，雄浑壮阔，气象万千。所以评论家张庚认为，他的作品"奥境奇辟，缅邈幽深，引人入胜"，并慨叹"此种笔法不见于世久矣！"

《仙源图》作于顺治十八年（1661），髡残时年五十岁，正是他艺术创作精力最旺盛时期。画名"仙源"是摘录自他画中题诗的头两个字，其实他画的并非仙境，而是黄山风景的概括描写。画面近处树色莽苍，远处崇山耸峙，中间烟云缭绕，隐约中露出琳宫梵宇。笔法苍老粗豪，墨与色浑然一体。画前还有一条小溪，一人正划船欲出，画中题诗有句云："我今一棹归何处，万壑苍烟一泓玉。"显然是石谿自己的写照。诗中表达了他对山水的无限热爱，而画面所体现的祖国山河无限壮丽的美景，正是他寄托"老去不能亡故物，云山犹向画中寻"的民族思想感情。

050

# 猫石图

## 清　朱耷（1626—1705）

纸本水墨，纵34厘米，横218厘米

朱耷，谱名统鍡，明宗室后裔。明亡后出家为僧。五十九岁开始在书画作品上签名"八大山人"，自此"八大山人"之名盛行于世，卒年八十岁。

国破家亡之悲痛，高压政策下的逼害，使八大山人经常佯装疯癫于市上。然而所作书画，却异常冷静。

　　八大山人最擅长的是泼墨淋漓的水墨写意花鸟画。笔致潇洒，作风泼辣。在掌握生宣纸的性能和控制水分发挥水墨写意特长上，是在继承陈淳、徐渭的基础上进行了进一步的发展创造。其笔墨圆浑、滋润、厚实、精练简括而富于变化，使后学追随者难以企及。其鱼鸟造型多夸张，题句多冷涩难解。可见其人孤傲不群，倔强不屈的性格。

　　《猫石图》作于清康熙三十五年（1696），时年七十一岁。画面开首画玉簪一枝，接着

其山水，笔法源出于明末董其昌，意境荒寒箫瑟，凄凉满目，曾有题句"一峰还写宋山河"，寄意深远。所签署"八大山人"四字，笔画勾连，猛然视之，既似"哭之"，又似"笑之"，可谓"哭笑不得"，满腔悲愤的家国之痛，由此可知一二。

八大山人（靳尚谊作）

画荷花、荷叶，再画岩岸块石，有兰花数茎，石上卧一花猫，闭目俯伏，寥寥数笔，其颟顸慵懒，憨态可掬。末尾写茶花一枝。整个画面所画各种事物，极为概括简略，用笔几乎可数，然而却无空阔疏简之感。无论花石，还是睡猫，均生动有趣，堪称八大山人的佳作。

051

# 巨壑丹岩图

## 清 石涛（1642—1718）

纸本淡设色，纵104.5厘米，横165.2厘米

石涛，俗姓朱，明室后裔。清兵过江，南明灭亡时，年幼的石涛为人携走逃匿，后削发为僧，法名原济，字石涛，别号苦瓜和尚。晚年定居扬州，以卖画为生。

石涛是山水画大师，不但有丰富的创作经验，而且有自己的创作理论。著有《苦瓜和尚画语录》。主张深入自然

山水中去"搜尽奇峰打草稿"，反对死守前人成法，重视自己的创造。因此，他的山水画，用笔轻快流畅，挥洒自如，不为法缚，无所拘束；章法新奇险巧，富于变化，气势开张，景象郁勃。与同时代稍长的另一山水画大师石谿并称"二石"。秦祖永比较他们的作品不同风格说："清湘老人道[原]济，笔意纵姿，脱尽画家窠臼，与石谿师相伯仲，盖石谿沉着痛快，以谨严胜；石涛排奡纵横，以奔放胜。"从这幅《巨壑丹岩图》，我们可以看到石涛的这些风格特色。

　　《巨壑丹岩图》近处苍崖斜出，极为险峻。崖上长松离树，苔草繁茂。稍后山间，有飞泉数重。远处林木蓊郁，青峰插天。中间有水湾，一人坐船头垂钓，童子在船尾烹茶。整个画面，烟云弥漫，莽莽苍苍，淋漓磅礴。其上有石涛自作长诗七古一首，从诗中更可体会到当时石涛创作此画时那种解衣磅礴的激情。其诗云："非痴非梦岂非癫，别有关心别有传。一夜西风解脱尽，万峰青插碧云天。即此是心即此道，离心离道别无缘。唯凭一味笔墨禅，时时拈放活心焉。人间宫纸不多得，内府收藏三百年。朝来兴发长至前，狂涛大点生云烟。烟云起处随波澜，树头树底堆成团。崩空狂壑走天半，飞泉错落高岩寒。攀之不可极，望之徒眼酸。秋高水落石头出，渔翁束手谢书闲。丹岩倒影澄巨壑，洗耳堂悬一破颜。"

蕭三尺今　乾　與秀
垂至前狂濤大點生雲
煙〻雲〻趁處隨波瀾樹
頭樹底堆成圓崩是狂
嶽走天平飛泉錯落
高巖寒攀之不可極望
一徑眼酸秋高水落石
頭出漁翁束手謝
書閒毋嘯倒影
登巨壑洗耳
堂懸一破額
過天地吾廬呈
叔翁先生大士博哂

清湘瞎尊者原濟苦識

非痴非夢豈非

顛別有關心別

有傳一夜西

風解脱書

萬峰青插

碧甲之夫即

此是心郎

唯憑一味

道别無緣

遠道懸離

筆墨禪時

指放活心為人間

# 052 岩栖高士图

清　王翚（1632—1717）

纸本墨笔，纵122.7厘米，横31.5厘米

清初画坛上出现了以王时敏、王鉴、王翚、王原祁、吴历、恽寿平六大家为代表的山水画派，合称"四王吴恽"。其中王翚在山水画方面功力最深，成就也最为突出。

王翚，字石谷，号耕烟散人、剑门樵客、清晖老人等，常熟（今属江苏）人。擅画山水，偶亦画花鸟。先后师王鉴、王时敏。"二王"时出家藏名画供其临习，他还随时敏遍游大江南北，观摩著名收藏家所藏宋、元秘本，广泛吸收诸家技法之长，冶为一炉，形成自家风格。自从董其昌提出"南北宗"的理论，把历代画家分为"南宗"与"北宗"两大派以来，褒南贬北的风气笼罩了明末清初画坛。"二王"是董其昌这一理论的积极拥护者和实行者。而王翚能突破这种理论的藩篱，在艺术实践中排除门户之见，综合南北之长。正如他自己所说："以元人笔墨，运宋人丘壑，而泽以唐人气韵。"这是他有选择地学习传统山水画法的经验总结，也是他在山水画方面独步一时的重要原因。

王翚六十岁时，奉康熙帝诏到北京，任绘制《康熙南巡图》的主笔。历经六年，完成了总长约二百五十米的历史画卷。自此，更声震南北。四方求售者接踵而来，追随者众多，为"虞山派"之开山祖，死后有"画圣"之称。但他七十岁以后的绘画多为应酬之作。

《岩栖高士图》作于康熙十一年（1672）十月，时王翚四十一岁。本幅上方王翚自题七绝一首，并笪重光、恽寿平题和。从笪、恽二题中知此图作于毗陵（今江苏武进县）舟次。时三人聚首毗陵，研讨绘事达四十余日，建立了深厚的友谊，尝以诗、书、画互赠，被当时艺坛称为盛事。此图就是王翚画赠笪重光的。图中峰峦秀拔，岩壑幽深，山间双松并茂，乔柯疏落，叠叠山泉涌出夹谷，流入平静的湖中。夹谷间依山布置阁、榭数幢，或半隐于崖畔，或高架于流泉之上。崖壁下有石阶磴道或可通入幽处。近岸平坡松荫之下，一人仰

吴历《消夏图》

吴历（1632—1718），字渔山，号墨井道人、桃溪居士，常熟（今属江苏）人。清初书画家，天主教传教士。

高卧何須藥戶俟人間別有

一林丘雲中泉瀑深無盡碧

上松濤聽未休

　　和江上先生題畫詩揮壽平

　　書于楓林舟次

高士巖栖趣自幽白雲天半讀書

樓銀河落向千峰裏長和松濤萬

壑秋

　　石谷王翬畫并題

烏目峯頭睨五房等

閑墨戲過營止人間作業

錢多少得似青山賣不休

右作和石谷先生松壑為鐙耐岡居士作

昆陵舟次題併書惲壽平十月望後一

坐，正在观赏湖光山色。画面展现了一幅宁静清幽的境界，结合图中诗题内容，可以体会到笪、恽、王寄兴山水的"幽情逸趣"。

此图采取"高远"构图法，表现出高山大岭的气势。结构严谨而不拥塞，中部的一潭湖水和天空的留白，使得画面具有很强的空间感。冲天的长松又把近坡与远山加以连接，增强了画面的整体感。画家不拘泥一种笔法，如山石的皴法，斧劈、披麻、摺带诸皴并用，枯、湿、浓、淡兼施，使得画面富于层次感和立体感。由此更可以看出画家传统功力的深厚，代表了画家中年时期典型的风格，是中年山水画中的精品。此图曾收入清内府，有乾隆、嘉庆诸玺，曾著录于《石渠宝笈》。

# 哨鹿图

### 清 郎世宁 (1688—1766)

绢本设色，纵267.5厘米，横319厘米

　　郎世宁 ( Giuseppe Castiglione) 生于意大利米兰，康熙五十四年 (1715)，二十七岁的他来中国传教，召入内廷，在画院处当差。卒于中国，享年七十八岁。葬于北京西郊石门教堂，建碑，刻御制文。赠工部侍郎。郎世宁的后半生五十余年在皇帝的左右作画，他适当地改变欧洲画法，不用投影，减弱明暗对比，保留立体效果和焦点透视法等；并和中国画家合笔作画，使中西画法逐渐融为一体，创造了一个新的画法。传世作品有人物，鸟兽，花卉的大小画幅、卷、册，轴，样样俱全。多数作品是反映皇帝政治、文化艺术等生活情景。有不少是表现民族团结和统一巩固的多民族国家政治活动的图画，《哨鹿图》就是其中之一。

《哨鹿图》的内容是乾隆六年（1741）皇帝到木兰行围（即打猎）的实况记录。画面最前行列的第三人，佩带红锦"撒袋"（即装弓的袋）骑白马的就是乾隆皇帝，这一年他三十岁。乾隆三十九年（1774），他曾为这幅画作了一首赋。在《御制题写照哨鹿图》中说这幅是辛酉年（即乾隆六年），他第一次到木兰行围，命郎世宁画的。当时扈从的大臣们，比他年长的有来保等，还有很多人。比他年少的傅恒等，共有十二人，而今天这些人都已死了，所以很有感慨。按来保在乾隆六年时，是总管内务府大臣。傅恒在六年时是御前侍卫。来保于乾隆二十九年（1764）卒，是武英殿大学士。傅恒后来官居保和殿大学士，封忠勇公。前列中没有胡子的一人可能是傅恒，至于来保就无法指出了。

木兰在热河北部。这个地方周围一千三百里，南北二百里，东西三百里，是一个原始森林的山岳地带。兽类很多，鹿尤其多。从康熙四十八年（1709）建造避暑山庄行宫，到嘉庆二十五年（1820），皇帝每年（其间也有间断）率领王公大臣、八旗护军、内外蒙古和北方各少数民族到木兰行

围四十余日。哨鹿是预先命人吹号角仿效鹿鸣，可以引来很多鹿。在行围期间，哨鹿是活动之一。这幅画是描绘行围的全体行列刚刚进入木兰山区的景象。乾隆和近景的一些主要人物，都具有西法肖像画的特点。可以看出是写生的作品，衣物马匹刻画精细入微，立体的质感很强，但明暗的反差相当柔和，与纯粹中国画法的背景山树统一和谐。大队人马在行进中的气氛生动逼真，由于远近人物的比例适中，就更增加了画面的

深远。乾隆皇帝和领侍卫内大臣、御前侍卫等一行近景人物，当然是郎世宁画的。但这样的大画不可能一人完成，当时画院常有通力合作的画。这幅画也不例外，必定有中国画家以及法国画家王致诚等人在内，是一幅中西画家合作的巨画。

054

# 蓼汀鱼藻图

## 清　恽寿平（1633—1690）

纸本设色，纵 135 厘米，横 62.6 厘米

恽寿平，初名格，字寿平，后以字行，更字正叔，号南田，别号东园生、白云外史等，武进（今江苏常州）人。擅画山水花卉。山水风格超逸，小品尤佳。其灵秀之气非一般画家所能及。他的花卉画比之山水画成就更为突出。他继承和发展了北宋徐崇嗣的"没骨花"法，并吸收明代画家沈周、文徵明、唐寅、陈淳等人花卉画法的长处，加之他自己对各种花草的仔细观察和体会，创造了一种笔墨秀逸、设色明净、格调清雅的"恽体"花卉画风。在清初画坛上别开生面，一洗时习，使得明代末年以来占据画坛

《蓼汀鱼藻图》是恽寿平晚年花卉代表作。画中清池一泓，游鱼三尾，水底荇藻隐约迷离，似乎在随着水底暗流浮动旋转。近水坡岸秀石玲珑剔透，石后竹枝吐翠，芦荻花黄，两枝盛开的红蓼低垂水边，与池水鱼藻相掩映。左

的"勾花点叶派"末流几乎为之一扫。他所开辟的花卉画新途径，被称为"写生正派"，其影响遍及大江南北，历经康、雍、乾三朝而不衰。遂有"常州派"之目。

恽体"没骨花"法的特点是画花卉不用墨线勾勒，全以彩色挥洒点染，表现出各种花卉的阴阳向背，使其更合乎于自然形态。这种画法被称为"写生之极致"。

上方自题："青山园池蓼花汀上得此景。"说明此图是作者在对自然景物深入观察的基础上构思创作的，因此能尽得造化之意，把画面描绘得富有浓厚的生活情趣。此图全以色彩点染而成，不加勾勒。石以花青为主调，略加淡墨浑染。竹、芦、蓼叶、荇藻均用浓淡不同的花青，每叶一笔，只蓼叶以深色画叶筋，芦花与蓼花分别以淡赭、淡红二色点成。游鱼以浓淡相兼的墨色寥寥数笔，便曲尽其态。笔不虚发，色不妄敷，灵变不滞。整个画面秀洁淡雅，灵气四溢，清新可爱，这是恽寿平"没骨花"法的典型之作。

## 055 桃潭浴鸭图

清　华嵒（1682—1756）

纸本设色，纵 271.5 厘米，横 137 厘米

偃素循墨林巽弇澂洞覽
叩絆無垠趣理神可感剖静
幽動機披輝暨掬闇洪桃其屈
汲動機披輝暨掬闇洪桃其屈
鹽炫爍平鬱鎩布護廉間疏丽
芬欲擦飲羽汎悅清淵貌象媚
激瀬純碧㶁游情夒嬉亦夒攬晴
坰溫深溫靈照薄西崿真會崇優
明脩縈憶罻奄
壬戌小春寫于淵雅堂
新羅華嵒幷題

清代中期的扬州地区经济繁荣，交通便利，文化生活活跃，因而吸引了很多画家。

华嵒，字秋岳，号新罗山人，福建汀州人。年轻时离家居杭州，后寓扬州，以卖画为生。他贫而好学，天分极高，才华横溢。除绘画外，还善诗词，有《离垢集》传世。为人平生不慕荣利，以技为稳。由于他起自民间，据说早年曾为两庙画过壁画。后来读书求学，成为文人。所以他的绘画艺术，既有着民间绘画那种纯真、质朴、通俗的特点；同时又具有文人画的雅致、诗情、深幽的长处。在当时的画坛上，既受到一般市民们的欢迎，又赢得了社会高层人士的赞赏。

在绘画分科越来越细的明、清时代，华嵒是一个不可多得的全才。他的人物画，不唯造型生动准确，而且构思布局奇巧妙绝；山水画清新秀逸，笔致洒脱；花鸟尤其擅长，兼工带写，所创造的形象活泼可爱，富有人的性格情调，生趣盎然。《桃潭浴鸭图》是他得意之作，花鸟画中的精品。

这幅画创作于清乾隆七年（1742），其时华嵒年六十一岁，正是他艺术成熟之后愈见炉火纯青的时候。画的上部画着盛开的桃花和倒垂的柳枝。桃花用没骨法随意点染，深浅相间，繁密灼烁，远视如喷火蒸霞一般，灿烂夺目。其下画池塘，碎石细草，水波荡漾。中间有一只鸭在嬉水游泳。鸭子用小笔写意，非常生动活泼。十分有趣的是，鸭子似乎是在绕着垂到水中的柳丝嬉游。通过这一细节的描写，不但情趣顿生，而且使整个画面上下贯通，联为一气。华嵒就是这样一位善于观察生活，并把这种生活的细节化为艺术形象的大画家。

# 陶瓷

# 陶　瓷

中国是世界闻名的陶瓷古国，素有"瓷国"之称。

早在一千八百年前的东汉时期，浙江上虞已烧出成熟的青瓷。这种瓷器以铁为着色剂经高温烧成，色如碧玉、光似海天。在悠久的瓷器烧造历史中，青瓷烧造延续的时间最长。六朝时期，是浙江地区青瓷的发展阶段，瓷窑广布，瓷器质量提高。如绍兴出土的吴永安三年"青釉坛"，是一件富于装饰意趣的早期青瓷代表作品。南北朝时，由于佛教的传入影响，青瓷纹饰出现了莲瓣纹、忍冬纹等具有外来文化因素的纹饰，经过长期的吸收融合，逐渐发展变化，后来成为中国的民族形式。

隋、唐、五代是中国社会的重大发展时期，出现了继汉代而兴起的经济、文化发展高潮。陶瓷工艺方面也取得了辉煌的成就。白瓷经隋代的发展到唐代而成熟，形成了唐代瓷业"南青北白"的局面。唐代瓷业，南方各窑仍以继续烧造青瓷为主，出现了唐人陆羽在《茶经》中所称述的越州、鼎州、婺州、岳州、寿州、洪州等名窑。唐代白瓷以北方邢窑最有名，其他产地还有河北曲阳、河南巩县、密县等处。负有盛名的三彩陶器，以及绞胎、花釉、釉下彩等新兴品种的出现，使陶瓷装饰艺术别开生面。唐代陶瓷的装饰特点在于向多样化发展，色彩绚烂的唐三彩，是利用釉质

## 釉下彩、釉上彩

釉下彩用色料在已成型晾干的素坯（即半成品）上绘制各种纹饰，然后罩以白色透明釉或者其他浅色面釉，一次烧成。釉上彩是用各种彩料在已经烧成的瓷器釉面上绘制各种纹饰，然后二次入窑，低温固化彩料而成，通常包括彩绘瓷、五彩瓷、粉彩瓷及珐琅彩等。

流动的特性制作而成的铅釉陶器。湖南长沙窑釉下彩的发明，首创了在胎上画彩，然后上釉烧成的技术。它是绘画艺术与陶瓷工艺相结合的产物，成为宋代磁州窑釉下彩绘以及后来的青花、釉里红的先导。在唐代陶瓷品目繁多的造型、釉色之中，河南一带的花釉装饰别具一格。鲁山窑花瓷拍鼓，在黑釉上泼出大块蓝斑，利用釉的流动使之呈现类似窑变的艺术效果。唐、五代陶瓷业的发展为宋代瓷业的繁荣提供了良好条件。

入宋以后，官营、民营陶瓷业同时发展。到北宋中期，陶瓷工艺进入鼎盛阶段，出现了定、汝、官、哥、钧五大名窑。其中定窑创立较早，始烧于唐代。汝、官、哥、钧各窑以造型和釉色作为美化瓷器的手段，惟定窑运用刻花、划花、印花纹样装饰。本书所选的定窑"孩儿枕"即是一件形象生动的雕塑艺术品。北宋民窑中河北磁州窑最有代表性，产品以浓郁的民间色彩见称。它的白釉划花、白釉剔花、白釉釉下黑彩等品种有

## 《茶经》和陆羽

《茶经》是关于茶叶生产的历史、生产技术以及饮茶技艺、茶道原理的综合性著作，一千多年来一直影响中国茶文化的发展。陆羽（733—804），字鸿渐，复州竟陵（今湖北天门）人，被尊为"茶圣"。

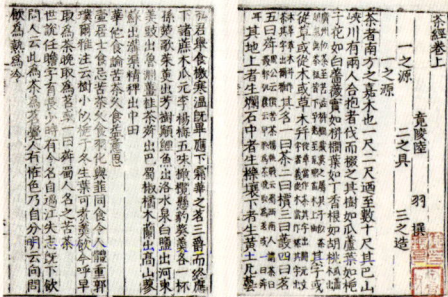

**景德镇**
江西北部城市，别名"瓷都"，是中国最古老的陶瓷产地之一，其代表产品是"青花瓷"。

着深远的影响，形成了独特的民窑体系。宋代名窑、名瓷层出不穷，钧瓷的铜红窑变色釉，汝瓷的釉如堆脂，景德镇青白瓷的色质如玉，龙泉青瓷釉色的青翠，官窑、哥窑的冰裂纹片，耀瓷的犀利刻花，都成为后世陶瓷业追求仿效的典范。

元代制瓷工艺在陶瓷史上占有极为重要的地位。最为突出的成就是景德镇创烧了青花和釉里红，以及铜红、钴蓝等高温颜色釉的烧成。青花瓷器具有清新素雅的特色，这一品种始终占据景德镇瓷业生产的主流。1964年河北省保定出土的元代"青花釉里红镂雕盖罐"集中地反映了这一时期的制瓷技艺。

明代制瓷工艺在继承传统的基础上，进入了以彩瓷为主的黄金时期。景德镇处于全国瓷业中心的地位，所谓"至精至美之瓷，皆出于景德镇"。这里的御窑厂所烧造的官窑器专供宫廷使用，并提供朝廷对内、对外赏赐与交换所需要的瓷器。除官窑外，民营瓷窑星罗棋布，以大量烧造日用瓷为主，也生产极精致的细瓷。此时期创新的高温色釉有永乐甜白、宣德宝石红、霁蓝、弘治娇黄、正德孔雀绿等，为丰富传统的单色釉做出了贡献。这一时期装饰艺术水平的代表应属彩瓷，如永乐和宣德时的青花、宣德釉里红、成化斗彩、万历五彩，都为后世所推崇。本书所选载的永乐"青花压手杯"、成化"斗彩葡萄纹高足杯"是见于著录的官窑名器，万历"五彩镂空云凤纹瓶"则是运用镂雕、彩绘于一器的杰出作品。明代的民营陶瓷业遍及河北、河南、山西、甘肃、江苏、江西、广东、广西、福建、浙江各地。其中江苏宜兴的紫砂

**青花瓷**
又称白地青花瓷，常简称青花，是中国瓷器的主流品种之一，属釉下彩瓷。

器、山西的法华器、福建德化的白瓷都有特殊的成就。本书内的何朝宗"德化窑白釉达摩像"就是德化白瓷的优秀代表作。

清代陶瓷工艺又有更大的发展。清代前期的康熙、雍正、乾隆三朝的制瓷水平达到了历史高峰。其装饰之华丽，工艺之精湛，品种之丰富，皆超越前朝，景德镇制瓷业达到了空前的繁荣。颜色釉方面不仅承袭明代取得的成就，而且有不少创新品种。红釉品种中康熙朝有郎窑红、霁红、豇豆红，雍正朝盛行有胭脂水、珊瑚红；蓝釉中有天蓝、洒蓝、霁蓝；另外尚有茶叶末、蟹甲青、瓜皮绿、孔雀绿、松石绿、茄皮紫、乌金釉等繁多种类。彩瓷中除青花、釉里红、斗彩等传统品种外，粉彩、珐琅彩、素三彩、黑彩等，进一步丰富了彩瓷的装饰范围。在仿制历代名瓷以及仿铜、仿漆、仿竹、仿木、仿玉、仿翠，以及脱胎、玲珑、转心、转颈等特殊工艺制品，表明了烧造瓷器技术的全面成熟。本书选载的康熙"五彩加金鹭莲纹尊"、雍正"珐琅彩雉鸡牡丹纹碗"、乾隆"各种釉彩大瓶"等器，即是最精彩的产品。

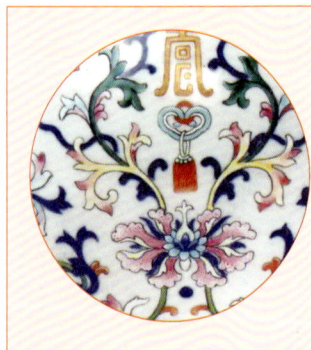

瓷器是中国的伟大发明创造，它是科学和艺术的综合产物，不仅是具有经济价值的物质产品，而且成为人类所共同享有的精神财富。中国陶瓷的发展历史源远流长。从目前所发现最早的河南新郑裴李岗、河北武安磁山文化遗址出土的陶器算起，至今约有八千年的历史。从创烧原始青瓷的商代中期，到出现瓷器的东汉，其间竟经历大约两千年。陶与瓷具有利用粘土的可塑性和经火煅烧

**斗彩瓷**
又称逗彩，是釉下青花和釉上彩色相结合的一种瓷器装饰手法，因其纹饰中釉下青花色与釉上彩色同时出现好似争奇斗艳而得名。于明代成化年间（1465—1487），由江西景德镇窑创烧。

**素三彩瓷**
素三彩是一种低温釉上彩瓷。器表纹饰以黄、绿、紫彩为主，不用或少用红彩，故称素三彩。素三彩创烧于明成化，明正德、嘉靖、万历时期素三彩工艺已取得较高成就，至清代康熙朝得以进一步发展，并成为康熙时期具有特色的瓷器品种之一。

变得坚硬的共性，然而在漫长的演进过程中，由于原料的拣选、窑炉结构及烧成条件的改善，釉料的配制与种种施用条件的不同，使瓷器脱颖而出。

在人类物质文明史上，陶器是人类将美的感受运用于造型艺术创造，是最早的工艺品之一。随着古代文明长期发展而后出现的青铜器、漆器等工艺品在工艺制作、造型艺术方面，都显露出同陶器的关系。瓷器的特有品质——强度、耐火度的提高；胎质吸水率、透气率的

降低，以及光亮的外表，表明了瓷与陶质的差异。瓷器不仅满足人们的物质需要，也满足了人们的审美要求。它以广泛的艺术题材，表现出现实生活以及自然界中一切美好的事物，以丰富的艺术手法创作出优美的造型，运用各种手段而达到装饰的目的，令人们在鉴赏之中陶冶美的情操。

中国陶瓷历史悠久，历代名瓷名窑层出不穷，并且有着鲜明的时代风格。原始社会陶器的浑厚质朴；汉、唐时期陶瓷的雍容博大；宋、元瓷器的精美典雅；明、清制品的华丽工巧，中国陶瓷艺术所取得的辉煌成就，永远在世界艺术之林放射着奇光异彩！

**粉彩瓷**

清代宫廷创烧的品种。在烧好的胎釉上施含砷物的粉底，涂上颜料后用笔洗开，由于砷的乳蚀作用而产生颜色粉化效果。

## 056 青釉堆塑谷仓罐

三国　吴·永安三年（260）

高46.4厘米，底径13.5厘米，腹径29.1厘米

青釉堆塑谷仓罐是20世纪30年代后期在浙江省绍兴出土的殉葬明器。

位处杭州湾的绍兴、上虞、余姚、宁波一带，是春秋战国时期越国古地。这一地区在古代有长期烧造陶器、原始青瓷的传统。东汉晚期上虞创制了成熟的青釉瓷器，成为我国青瓷的重要发源地，即后人所称的"越窑"。自此直到唐宋，"青瓷"在中国陶瓷发展

此器物胎质呈灰色，全身施青釉，釉色深绿纯净。坛体的上部堆贴有门楼和四层楼阁。仓口簇拥着引颈展翅的小鸟。楼阁周围八名侍仆侧立，各执不同的乐器，在聚精会神地演奏。每间廪口趴伏着守卫的家犬。谷仓的腹部堆贴有奔跑的狗、懒卧的猪、伫立的鹿、爬行的龟以及游动的鱼等，其间还夹杂着划画的狗、鱼、龙等图案，似是匠师堆塑各种动物形象之前初步安排的部位。另见有刻画的"飞""鹿""句""五种"等字。谷仓的正面堆塑龟趺碑铭，上刻"永安三年时，富且洋（祥），宜公卿，多子孙，寿命长，千意（亿）万岁未见英（殃）"二十四字。字体刻在小碑上，外面罩釉。谷仓上所塑人物、鸟兽皆生动多姿，反映出丰收兴旺的情景，象征士族豪门的富有和权势。这一作品充分表现了匠师的巧妙构思，是件标志技艺成熟的青瓷代表作。

史中始终居于主流地位。

　　三国时代，越窑瓷业发展迅速，瓷窑密集。这一时期的产品除壶、罐、碗、钵、虎子等日用器皿外，还烧造谷仓、砻、碓、磨、米筛、猪栏、羊圈、狗圈、鸡笼等殉葬用的明器。永安三年"青釉堆塑谷仓罐"是有确切纪年的一件珍贵文物。

**青瓷和越窑**

青瓷是一种表面施有青色釉的瓷器。越窑是中国古代南方著名的青瓷窑，主要分布在今浙江省上虞、余姚、慈溪、宁波等地。生产年代自东汉至宋。

　　三国时期的谷仓是由汉代的五联罐演变而来。原为在椭圆形的坛体深腹上做五个盘口壶形小罐，中间的罐体高大，周围的四罐矮小。中罐逐渐变化成为大口，四罐渐渐缩小，变成不引人注目的次要附件。

　　该器造型装饰形式丰富多样，而又毫无琐碎繁杂的感觉。这种具有时代风格的谷仓，不仅是反映出高超艺术造诣的工艺品，而且是研究古代建筑、社会习俗、贮藏谷物方式的重要实物资料。

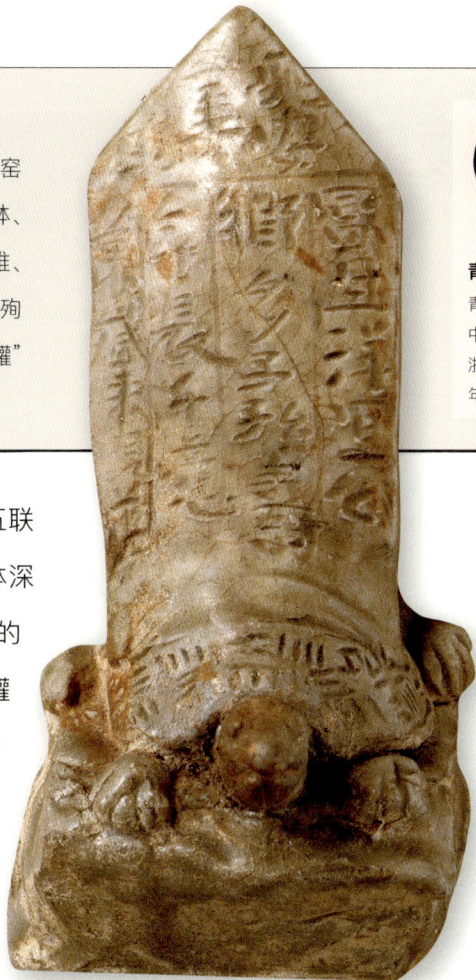

057

# 鲁山窑花瓷腰鼓

唐（618—907）

鼓长58.9厘米，鼓面直径22.2厘米

鲁山窑花瓷腰鼓是唐代瓷器的传世精品，距今已有千余年的历史。器型制作十分规整，线条流畅柔和，给人以端庄凝重之感。特别是采用了花釉装饰，在如漆似墨的黑釉上，泼洒出蓝色斑纹，呈现出水墨浑融的色调，作为装饰乐器，达到了有声有色的艺术效果。

在中外文化交流中，音乐是一个不可忽视的组成部分。历史上许多来自西域或北方少数民族的乐曲和乐器，大大丰富了中原地区的音乐形式和内容。相传秦始皇击"缶"。"缶"本是瓦器，用以盛酒浆，后来用为乐器，"鼓以节歌"。击"缶"为乐，已开唐人"击瓯"之先声。然而，这种称之为"广首纤腹"的长形腰鼓，并非所击之瓯，亦不是古代"以瓦为框"作鼓的传统形式，它是来自西域的乐器之一。演奏的腰鼓需将两面鼓皮用皮条拴系在鼓腔上，鼓皮的圆面大于鼓腔口径，皮上有穿孔以系绳环，皮条从环中往复交叉拴结，鼓面便固定绷紧。可以想像，演奏时瓷质鼓腔发出的共鸣声响是多么清脆悦耳。

在敦煌和云冈石窟的壁画中，有不少自北魏至唐代的伎乐画面。其中可以看到乐伎拍击腰鼓的生动形象。北魏伎乐演奏时，多置腰鼓在长案上双手拍击；唐代乐伎则或跪或坐，腰鼓放在腿上，双手拍击。击鼓人的位置常排列在乐队前面，而且在帽子或衣袖上饰以标记。司鼓者以鼓点统一节拍指挥演奏，直到现代戏曲乐队中也未改变。另外一种演奏是乐伎将腰鼓挎在胸前，边击边舞，这

又同今天朝鲜族挂挎"长鼓"的舞蹈很相像。在广西少数民族使用的乐器中，至今仍可见到类似式样的陶质鼓腔的腰鼓。

从这件花瓷腰鼓的装饰艺术可以看出，唐代花釉瓷器摆脱了单色釉的局限，

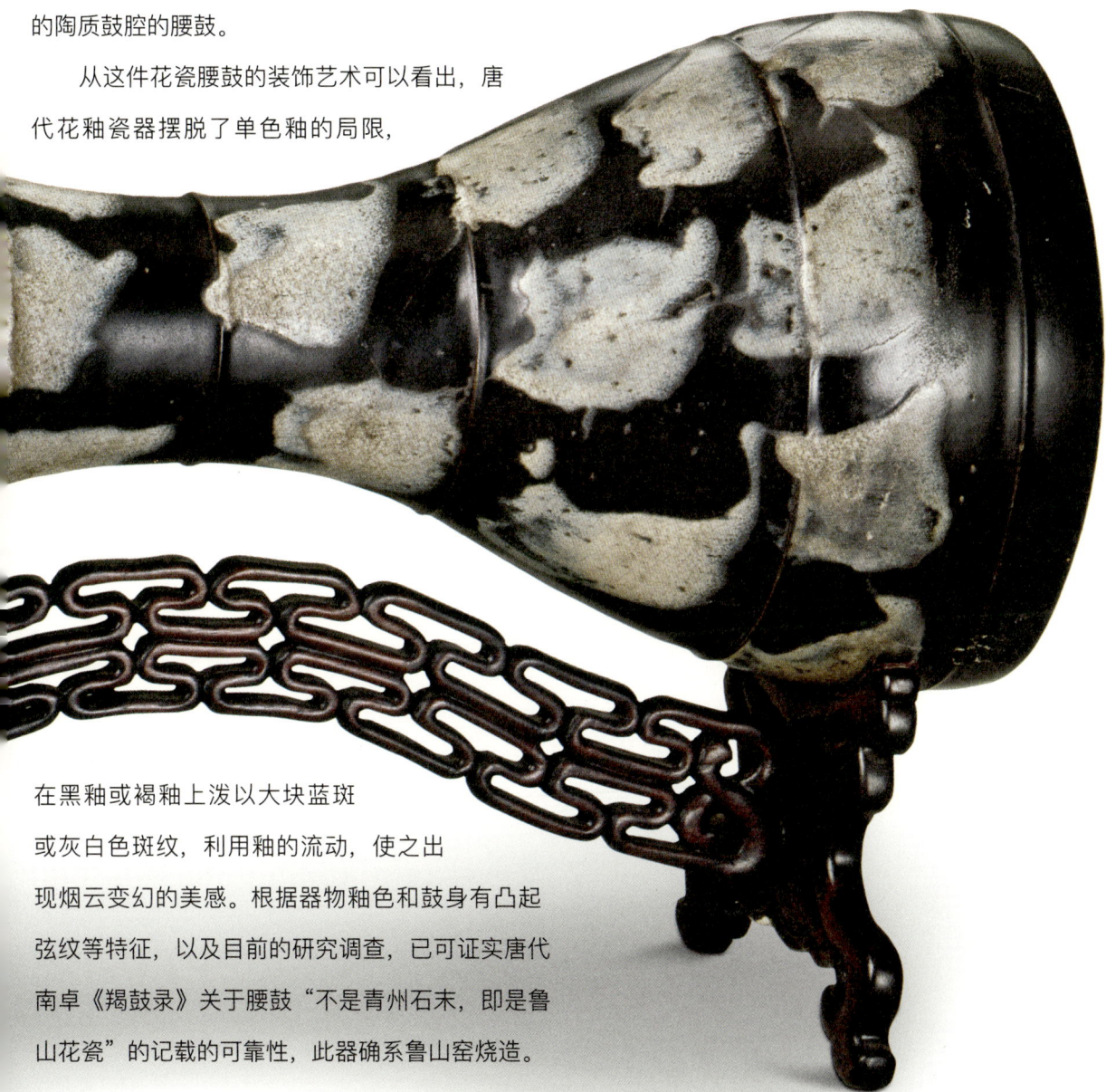

在黑釉或褐釉上泼以大块蓝斑或灰白色斑纹，利用釉的流动，使之出现烟云变幻的美感。根据器物釉色和鼓身有凸起弦纹等特征，以及目前的研究调查，已可证实唐代南卓《羯鼓录》关于腰鼓"不是青州石末，即是鲁山花瓷"的记载的可靠性，此器确系鲁山窑烧造。

## 058 定窑白釉孩儿枕

宋（960—1279）

高18.3厘米，长30厘米，宽18.3厘米

宋代是瓷器发展史上的一个繁荣时期，当时各地出现了许多具有不同风格特色的名窑。其中北方瓷窑以定窑最为著名。定器一度是北宋的宫廷用瓷。定窑白瓷对后代瓷器有很大影响。

定窑烧造年代的上限早至唐代，盛于五代及北宋，终止于元。定器之中白瓷最负盛名，另有紫定（酱釉）、黑定（黑釉）、绿定（绿釉），更为罕见。白釉装饰采用刻花、划花和印花。刻画花是以竹质或骨质的圆体斜面工具和梳篦状工具逐件进行手工刻画。刻花纹样由呈现出有斜度的"刀痕"凹线组成，梳篦状工具划出了一组组回转流利的线纹，以流畅、洗练的线条表现出优美生动的画面。印花则是提高产品生产效率，使纹样同一化的工艺，纹饰常见在碗、盘里部。制作时将坯件置于事先刻好花纹的陶范上整形拍印，其纹饰多以工整繁密细腻取胜。"定器有芒"，是定窑产品的重要特点，由于盘、碗之类采用底足朝上的

定窑古遗址在今河北省曲阳县涧磁村、燕山村一带，曲阳宋属定州，指地而名，故称"定窑"。

"覆烧"方法，因此出现口部无釉，故而盘碗以铜、金、银镶口，亦谓之"金装定器""扣器"。

定窑传世精品之中，孩儿枕堪称孤品。瓷枕早在隋代已经出现，唐、宋时期各瓷窑都有烧造。南宋女词人李清照所作《醉花阴》有"玉枕纱厨"，玉枕所指即为青白如玉的"青白瓷"枕。枕的式样有长方、腰圆、云头、花瓣、鸡心、八方、银锭多种，也有的塑成虎形、龙形、婴孩、卧女状。定窑白釉孩儿枕不仅是生活器具，而且是一件精美绝伦的瓷塑艺术品。

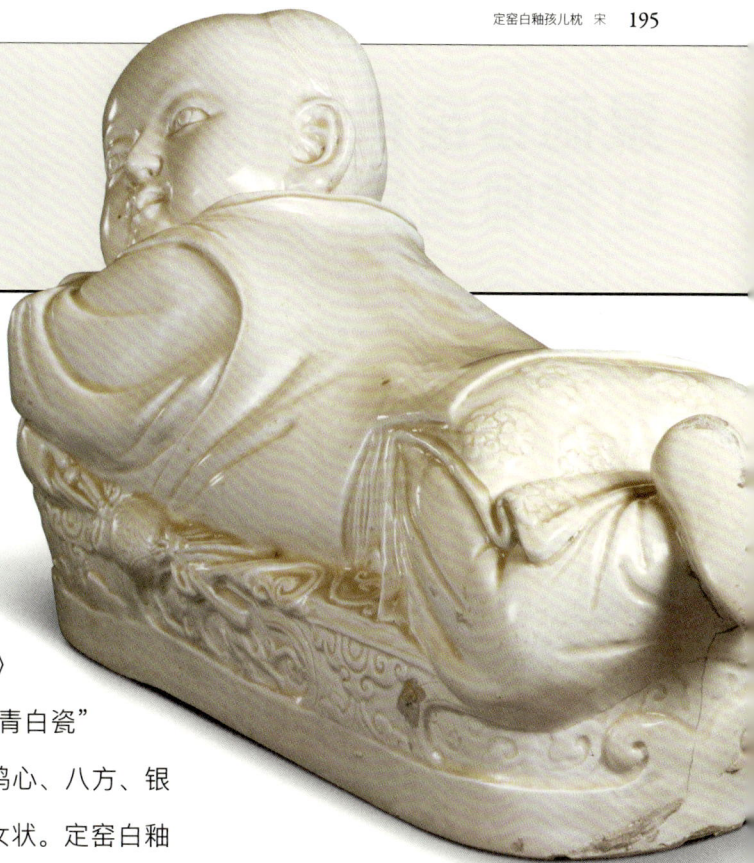

孩儿枕胎体厚重，通体施乳白色釉。胖孩儿匍伏卧于榻上，两只手臂搭放在头下，右手拿一绦带绣球。身穿长袍，上套坎肩，衣服上团花依稀可辨。拳腿交叉，足蹬软靴，神态自然生动，二目炯炯有光采，笑容可掬，显示出天真可爱的神情。下承以长圆形的床榻，周围以浮雕花纹装饰。整个瓷塑手法细腻入微，在塑造形体的同时，注重线条的运用。面部轮廓的柔和、衣着形体线条的流畅、饱满，生动地表现了孩儿形象的姿态和特征，凝聚了匠师艺术创造上的真、善、美。

## 景德镇窑青花釉里红镂雕盖罐

059

### 元（1206—1368）

通高 41 厘米，口径 15.5 厘米，足径 18.5 厘米

青花瓷器是中国传统的工艺品。元代景德镇生产的青花瓷器，当时行销国内和亚洲的许多国家，制作上已达到十分纯熟的水平。与"青花"同属"釉下彩"的新兴品种——"釉里红"，以及红釉、蓝釉的问世，为后世彩瓷和各种色釉的进一步发展奠

元代景德镇窑青花釉里红镂雕盖罐传世稀少。这件盖罐不仅器形大，而且彩、釉皆精，出土时又保存得如此完好无损，实为可贵。此罐系1965年在保定出土窖藏十一件元瓷中的两件盖罐之一。罐类一般用作盛器，像这样技艺精湛的瓷器，不仅可以实用，而且可供观赏。

此罐形体饱满，制作精致。瓷罐腹部突出部位作菱形开光主体纹饰，开光内镂雕四季花卉，并以两道串珠纹作轮廓，增强了

**开光**

在瓷器的某些部分画出边框，并在边框中画以山水、人物、花卉等，叫做"开光"。是瓷器常用的装饰手法之一。

定了基础。

"青花"是使用钴矿物作彩料，先在坯件上着色绘画，后罩以透明釉汁，经高温一次烧成的白地蓝花瓷器。颜色鲜艳，釉下纹饰经久不变，具有明净、素雅之美。

作为与"彩"不同的色釉品种——红釉和蓝釉，是含铜或含钴而呈现不同颜色的釉料。因铜红釉的烧成技术难于掌握，元代红釉绝佳作品甚为少见。元瓷一般胎骨厚重，器形大，显出雄壮浑厚的气势。这是与制胎原料的进步、烧成温度的提高分不开的，因此减少了器物变形，在制瓷工艺上有所创新。

开光内洞石、花卉的立体感。山石、花朵呈红色，叶为蓝色，红蓝相映，表现了四季花色满园的美景。罐体上下绘有缠枝花、卷草及莲瓣花纹。四朵垂云饰于肩部。其间绘有莲花盛开于海水底纹之上。整个器物在装饰技艺上达到了主次分明、浑然一体的艺术效果。盖顶辅以蹲形狮钮，使这件瓷器更加完美并富有感染力。

近几十年来，在北京元大都遗址、河北保定、江苏金坛、江西高安等地窖藏，以及湖南常德、江西波阳元墓和南京明初墓，陆续出土元代瓷器。其中精良之品除河北保定所出土者外，以江西高安窖藏出土青花、釉里红瓷器最为精彩。早年曾有与此罐相类似的两件流散到国外，一件现藏英国大维德基金会，一件现藏日本，但是均缺盖，就不能与此器相比了。

# 青花压手杯（花心）

## 明·永乐（1403—1424）

高4.9厘米，口径9.2厘米，足径3.9厘米

明代永乐"青花压手杯（花心）"是故宫珍藏的名杯，至今已有五百余年历史。

永乐朝青花瓷器写有款识的极为罕见，传世品中迄今仅见"青花压手杯"有款。明代《博物要览》有："永乐年造压手杯，坦口折腰，沙足滑底，中心画有双狮滚球，球内篆

中国历代茶具，从"茶托子"到各式碗、盏，以至清代茶具的盖碗、茗壶，品类繁多，形制各异，均出于所处时代饮茶风尚的需要。唐代饮茶盛行，仅《茶经》中记载当时生产的青瓷茶碗，就有越、鼎、婺、岳、寿、洪六州名窑。宋代饮半发酵的膏茶，且盛行"斗茶"之风。茶末经沸水点注，茶汤泛起一层白沫，为了使颜色分明便于品评，黑釉茶具"兔

毫盏""鹧鸪斑"应运而生。明代茶叶是炒青制法，饮的是芽茶，饮法同现代大体相同。茶冲泡后是绿色，茶杯遂多施白釉。压手杯胎质洁白细腻，釉色白中泛青，莹润光洁，自然是上乘之品。

"青花压手杯（花心）"青花色泽深翠浓艳，有凝聚斑点。器的内外均绘纹饰。口沿外单边线、双边线各一圈，其间绘点状梅花二十六朵。杯的主体

书'大明永乐年制'六字或四字，细若粒米，此为上品。鸳鸯心者次之，花心者又其次也。杯外青花深翠，式样精妙，传世已久，价亦甚高。"描写与此杯完全一致。此杯也有文献所指"杯心画有双狮滚球"，球的中间写有"永乐年制"四字篆款。故宫藏品中尚有杯心花朵中央篆"永乐年制"款

识压手杯二件，堪称永乐青花杯"三绝"。

压手杯又叫抑手杯。杯敞口微撇，器腹下部渐收，圈足。杯的胎体厚重，口沿约厚1.5毫米，其下器壁渐次增厚，杯的底心厚度5.5毫米，足底修饰平整，造型完美。杯的口沿外撇，口面尺寸适度，"手把之，其口正压手"，因而得名。

纹饰绘缠枝莲八朵。腹下、足边分别描有双线，圈足边绘卷枝忍冬纹。器的里口有双线一周，杯底圈线内绘双狮滚球，球体中篆款"永乐年制"（花心式惟内底圈线里绘五瓣形团花，中心篆四字款）。字体结构严谨、苍劲浑厚。压手杯书写永乐年款为明代御器厂烧制有款官窑瓷器的开始。

"青花压手杯（花心）"在万历朝已十分名

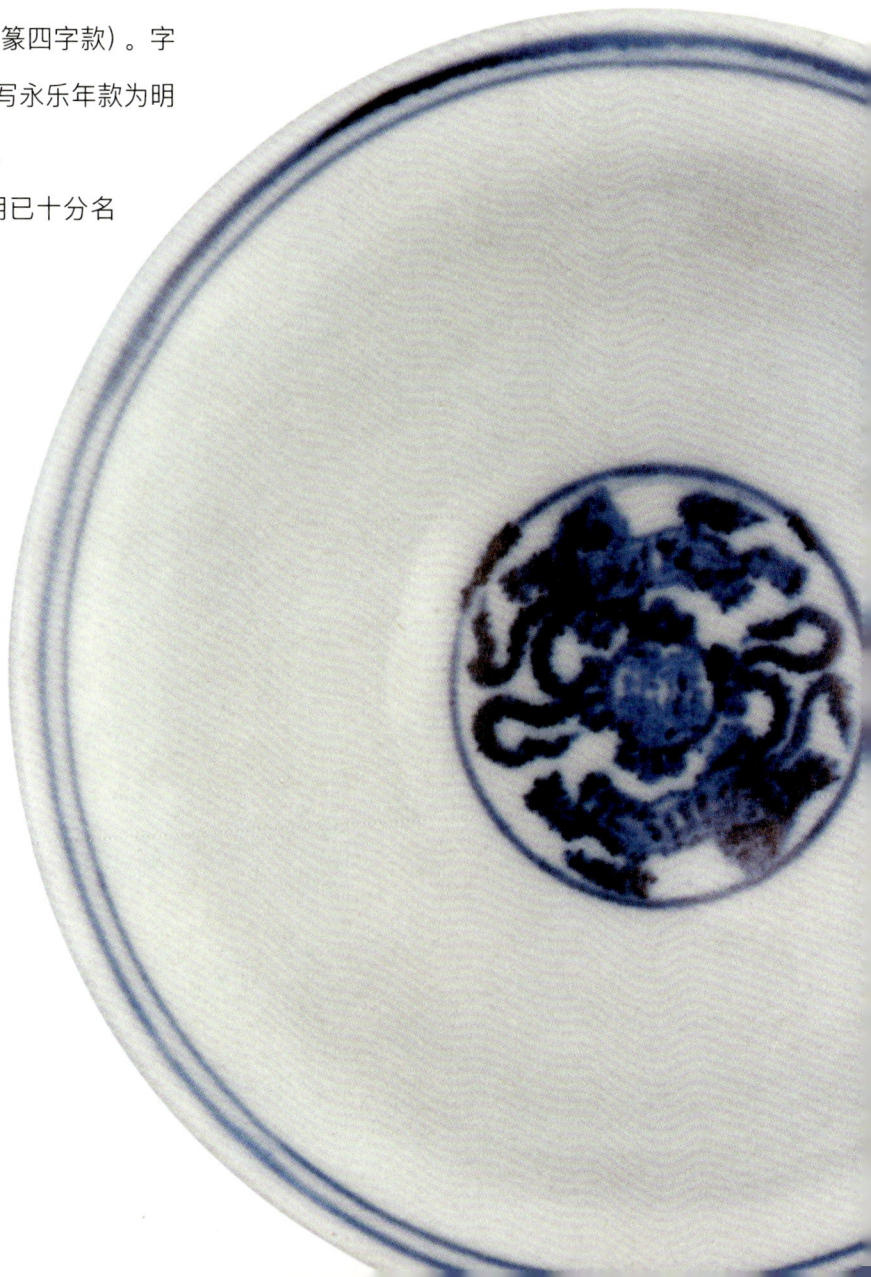

贵，历代均有摹制，但从未见到乱真之赝品，足见其制作之精、价值之高。

061

# 斗彩葡萄纹高足杯

### 明·成化（1465—1487）

高6.8厘米，口径8厘米，足径3.5厘米

成化官窑彩瓷为明代釉上彩瓷器之冠。文献中对于明瓷评价有"首成化、次宣德、次永乐、次嘉靖"的记载。负有盛名的成化"斗彩"，胎质洁白，釉色莹润，造型灵巧，彩色艳丽。

成化"斗彩"，指的是明代文献所称成化五彩或青花间装五色的瓷器，五彩亦即多彩之意。"斗彩"一名始见于清代康、雍年间成书的《南窑笔记》。成化窑器有填彩、青花加彩、青花五彩、青花点彩以及三彩、五彩诸类。

其中除三彩、五彩属单纯釉上彩之外，其他几种均以釉下青花的蓝色与釉上红、黄、紫、绿等深浅不同的颜色相互配合组成画面纹饰，具有釉上釉下色彩斗妍争艳的意思，故名"斗彩"，亦有"逗彩"之称。

"斗彩"始于成化，它是在青花和釉上彩的基础上发展起来的，一说它受景泰年间掐丝珐琅启发所致。景泰蓝工艺是在铜胎上掐丝，后填以彩料烧制。斗彩则为在青花双勾线内填绘色彩，可能受到了景泰蓝的影响，其他工艺品之间相互借鉴的现象也是有的。

成化斗彩瓷器制作精美，是明、清彩瓷中名贵品种之一，传世品多为小件杯、碗，故宫博物院所藏以酒杯为多。据清初《高江村集》记载，成化斗彩酒杯有：高烧银烛照红妆、龙舟、秋千、锦灰堆、高士、娃娃、葡萄和鸡缸数种，其中除照红妆、龙舟、秋千三种外，其余故宫博物院均有收藏。

成化斗彩嘉靖、万历时期声价已甚高，继之历朝均有仿烧，以晚明仿品最佳，但胎骨、釉色都不如原作。尤其是款识，更容易鉴别。

成化斗彩还有高足杯式样。据雍正七年宫中档案记载，由圆明园送回的高足杯有鹦鹉摘桃、西番莲、宝莲、莲花荷叶、莺罗和八如意等名称，都名为成化五彩，称高足杯为高足圆。明成化"斗彩葡萄纹高足杯"即属于这类珍品。

此件高足杯敞口，弧腹，沿微外撇，杯足中空呈喇叭状。杯形灵秀，可用手擎高足，故又有"把杯"之称。杯身环绕彩绘葡萄藤枝，画匠先在坯胎上以青花勾出花纹轮廓，施罩透明釉入窑装烧后，在叶子、葡萄的轮廓上填以浓淡不同的紫色，藤枝绘成紫色，蔓须绘以黄色，复入彩炉烘烧。烧成后，透过色彩可见釉下青花的纹线，枝叶藤蔓真实自然，黑紫色的果实粒粒闪烁光泽，生动地表现出葡萄成熟时所具有的质感。杯足底边一周无釉，亮釉处自右向左书"大明成化年制"六字楷书，用笔遒劲藏锋，是当时流行的书法风尚。

# 五彩镂空云凤纹瓶

**062**

明·万历（1573—1619）

高49.8厘米，口径15厘米，足径17.2厘米

　　瓷器彩绘，素有"青花幽靓，五彩华贵"之说。具有典型特色的万历五彩，主要是釉下彩青花和釉上施以多种色彩相结合的青花五彩瓷器。当时尚未出现釉上蓝彩，故以青花的蓝色作为画面的一种颜色，同釉上的红、绿、黄、紫、褐构成丰富的色彩搭配。作为皇家御用陈设的"五彩镂空云凤纹瓶"，不仅成功地运用彩绘，而且熟练地运用镂雕技法，使图案增强了立体感。在装饰意图上达到"锦上添花"的艺术效果，代表了这一时期景德镇制瓷业的高超水平。

　　"五彩镂空云凤纹瓶"，并用彩绘、镂雕装饰方法，通体纹饰丰满繁密，自上而下有八层之多。在施绘彩料中使用红、黄、绿、茄紫、孔雀蓝、褐诸色，矾红色尤为显眼。纹饰以褐赤色细线描勾，使图案愈见清晰。浓艳的色彩给人以欢乐的感觉。瓶腹部镂雕九只凤鸟飞翔于彩云间，构成了器物的主体纹饰。瓶口镂成如意头图案。瓶颈上部描绘蕉叶纹一周，其上并镂空蝶、花。颈部两侧雕塑一对狮"耳"，在锦地

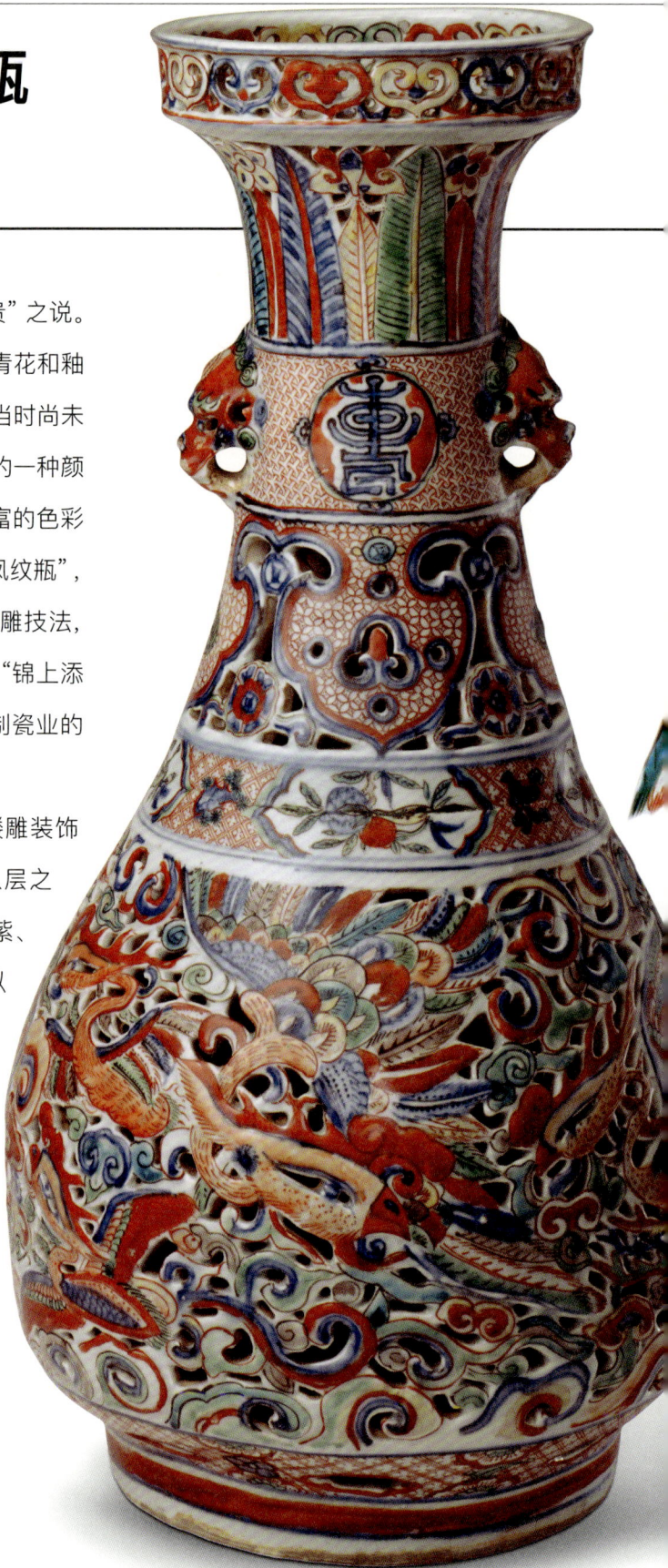

明代彩瓷在中国陶瓷发展的历史上翻开了崭新的一页。成化"斗彩"和万历"五彩"同为名驰中外的珍贵名品。

瓷器上绘画装饰，历经唐、宋、元各代。到明代永乐、宣德时期，釉下彩"青花"作画已经十分纯熟。明代瓷器彩绘，经洪武红彩、宣德青花红彩、成化斗彩、正德素三彩的艺术实践，直至嘉靖、万历时期的五彩，反映出明代彩瓷取得的成就，从而为清代彩瓷的进一步发展打下了基础。

上二圆形开光内青花篆书"寿"字。其下部一层镂雕垂云四朵，并辅以钱纹作地，以镂空朵花衬托。肩部饰一周万字锦地。其间描绘四菱开光，光内绘有鸟雀、折枝花果，画面各异。瓶腹云凤纹之下绘钱纹锦地，间饰八宝、朵花。近足部以矾红色料绘以粗边线，使器物画面、色调增加了稳重的感觉。整个器物造型古朴，构图严谨，色彩绚丽，镂雕剔透，是一件富丽堂皇的艺术品。

此瓶生动地刻画了飞凤、祥云的形象。以龙凤图案作为装饰题材是中华民族的文化传统，在陶瓷文物上凤的形象屡见不鲜，如唐代"青釉凤首龙柄壶"、元代磁州窑"双凤纹罐"、元代"青花龙凤纹扁壶"等，都是陶瓷工艺中出类拔萃的器物。万历"五彩镂空云凤纹瓶"，堪称后来居上的珍品。

## 063 德化窑白釉达摩像

明（1368—1644）

"何朝宗"款，高 43 厘米

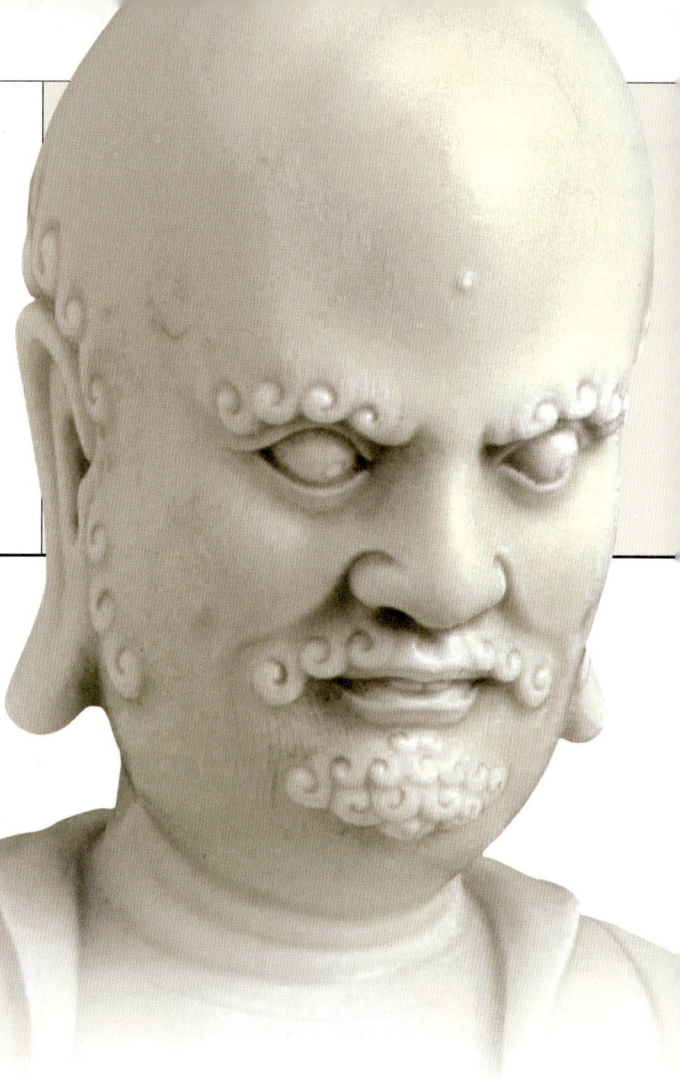

达摩全名菩提达摩（Bodhidharma），南天竺（印度）人。梁朝普通元年（520）经海路到广州，应邀赴建业（南京）与梁武帝面谈，话不投机，遂渡江去北魏洛阳。后住嵩山少林寺，在少室山石洞中面壁趺坐九年。其间得弟子慧可，传法谒曰："吾本来兹土，传法救迷情，一花开五叶，结果自然成。"并授之四卷《楞伽经》。慧可师承心法，使佛教的这一宗派——禅宗广为流传，故禅宗又称达摩宗。达摩于梁大通二年（528）十月五日圆寂，葬熊耳山。

在不少关于达摩的石刻、绘画、雕塑题材中，

明代德化窑白瓷，质地、釉色及造型都堪与历代名窑媲美。宋代已有烧造，到明代独树一帜，以瓷塑最负盛名，尤其何朝宗的作品更被人们视若珍璧。

何朝宗瓷塑大都取材于道释人物，如释迦牟尼、观音、弥勒、达摩、吕洞宾等。其中观音大士最多，达摩较少。故宫博物院藏何朝宗印款达摩立像，便是一件传世绝佳之作。

多取他"渡海""一苇渡江""面壁"等被神化了的传奇故事。达摩瓷塑立像正是这样一件气韵生动的作品。瓷塑达摩脸部表情缄默深思，二目注视海涛，衣纹起伏、飘逸，赤足立于波涛之上，刻画出飘洋过海而来的姿态，庄严肃穆，内含济世的感情。

何朝宗是德化著名瓷塑家。传说他一生中仅做了四十余件瓷塑，都是精心之作。这件达摩像胎骨厚重洁白，细腻坚实，通体白釉，纯净莹润，釉面有被称之为"宝光"的色泽，呈"象牙白"色相。从塑像精致的细部分析，说明瓷土、釉料皆经过澄淘精炼而成。德化窑白瓷胎骨釉色各异，素有"象牙白""猪油白""乳白"等名目，流传欧洲后，法国人又有"鹅绒白""中国白"之称。"象牙白"是明代德化窑产品的特点。何朝宗瓷塑为德化瓷之典型，何朝宗又名何来，因此德化窑"象牙白"有"何来色"之别称。

064

# 五彩加金鹭莲纹尊

清·康熙 (1662—1722)

高44厘米，口径22.4厘米，足径14.2厘米

清代康熙、雍正、乾隆三朝，是中国制瓷工艺史上的鼎盛时期。康熙五彩在清代彩瓷中的地位尤为煊赫。它在明代"五彩"的基础上，以器物造型、施用色彩、纹饰题材以及绘画技法等各个方面，都有所创新和提高。

康熙"五彩"的重大突破是釉上蓝彩、黑彩以及金彩的运用。从而釉上蓝彩取代了嘉靖、万历五彩中以釉下青花作为画面蓝色的施彩需要，使釉上彩绘的色调更

康熙"五彩加金鹭莲纹尊"，口部与腹部尺寸相当，因其形似凤尾，故亦称"凤尾尊"。尊体庄重秀丽，口沿外撇，颈部细长，肩丰满，腹鼓圆，下腹逐渐内收，近足部微微外撇，圈足。整个形体线条丰满、流畅，轮廓勾勒成美的曲线。康熙朝瓶、尊种类很多，其中"凤尾""棒锤"等大型器物皆

出自民窑烧造。这件造型优美、色彩金碧辉煌的鹭莲尊，足以作为康熙"五彩"的典型代表作品。

该尊通体描绘了以荷花、鹭鸶为题材的荷塘景色。画面分作颈部、腹部上下二层，构图丰富紧凑，内容基本相同，其间以一周回纹图案相隔。尊体上下与颈、腹相交处各饰一道水波纹，从边饰图案的

加和谐，浓艳处有过于青花。黑彩施绘于瓷器上犹如墨笔书画，是瓷绘中不可缺少的颜色。金彩装饰在唐、宋、元时已用于陶瓷器上，但多以粘贴金箔的方法。康熙金彩则用笔蘸金粉描绘，使得画面的笔触技法运用一致。金彩以其独具的装饰特色，增加富丽堂皇的艺术效果，是制瓷工艺的一项重要发展。

设计，也可看出匠师为了表现水塘环境的缜密用心。画工运用写实的手法，彩笔之下，嫩绿的新叶、枯黄的残荷叶筋清晰可辨。红色、紫色、金色的莲花，亭亭如盖，姿态无一雷同，设色秾丽而不妖艳。塘中水草、茨菇丛生，浮萍随波逐流。水塘里彩蝶纷飞，翠鸟攀在压弯的荷梗上，相互顾盼。一只伫立的鹭鸶正在引颈觅食，另一只飞出水面，姿态十分生动。整个画面表现了静中有动的意境。

　　人们素来赋予莲花"出污泥而不染""亭亭玉立"的禀性。在《诗经》里一首描写爱情的诗歌——《陈风·泽陂》篇，还把荷花比作女性美加以赞颂。以荷花作为瓷器彩绘的题材比较常见。这件"五彩加金鹭莲纹尊"无论在制瓷工艺还是绘画技法上，都堪称为上乘之品。

# 五彩蝴蝶纹瓶

065

清·康熙（1662—1722）

高44厘米，口径12厘米，足径13厘米

康熙"五彩"由于烧成的温度较粉彩略高，色彩给人以强烈、坚硬的感觉，因而又有"硬彩"之称。景德镇制瓷业所称"古彩"，亦即指仿烧的这种彩瓷。

清代官窑器是由设置在景德镇的御厂经办。采取"官搭民烧"的形式。这种办法即为官窑器多数配给在民窑

康熙瓶尊造型丰富多样，"凤尾尊""棒槌瓶""玉壶春瓶""梅瓶""观音瓶"等式样都有饰绘五彩的。"五彩蝴蝶纹瓶"绘画精工、形体秀美，是一件标志技艺成熟的作品。

康熙"五彩蝴蝶纹瓶"，器形口部微侈，短颈，丰肩，肩部以下逐渐内敛，圈足，内底无款识。瓶颈部饰二周云头锦地纹，瓶身通体描绘翩翩飞舞的彩蝶，其间伴以蜻蜓。画面以写

的"色青户"中搭烧，占用其最好的窑位，以确保官窑器的成品质量。这一方式自康熙十九年（1680）之后已成为定制。但是，从传世的康熙五彩瓷器看，御厂制品反而不如民窑。

官窑"五彩"大多是盘、碗小件器皿，而民窑所烧造的瓶尊之类，不仅器形大，而且彩色艳丽，图案生动活泼。《陶雅》评述康熙"五彩"时道："明明官窑，而画稿了无意味；明明客货，则笔意上工细绝伦。"这里所云"客货"即为民窑烧造的器物。因此，鉴赏家不以康熙"官窑""民窑"的称谓而论短长。

特点之一。瓶体上彩绘的各种蝴蝶用色十分丰富，有的在翅膀的红色斑纹上点以熠熠发光的金彩，有的在绿色翅膀上点缀黑彩鱼子纹，还有的采用青花加彩或施绘雅致悦目的蓝彩，使画面呈现出五彩缤纷的色泽。在装饰技艺的运用上表现了粗中有细的造诣，于自然中见匠心。康熙五彩以加黑彩、金彩者为上品，此瓶从施彩到绘画无不显示出康熙"五彩"的特征。

生的笔意集中了不同种类的蝴蝶，形象逼真，千姿百态。以蝴蝶纹装饰瓷器，五代时越窑已有划画对蝶的器物。装饰题材取自百子、百鹿、百花、百鸟、百蝶者亦屡见不鲜，都无外乎寓吉庆祥瑞的意思。宋人绘画有以猫、蝶、牡丹的"耄耋富贵"图，表达了人们祈祝"富贵绵长"的心理。

此瓶以其斑斓的色彩、洗练的画风描绘了喜闻乐见的图画。施彩有红、黄、蓝、褐、紫、黑、绿等多种颜色。绿彩之中的水绿色是康熙"五彩"的

# 珐琅彩雉鸡牡丹纹碗

## 清·雍正（1723—1735）

高6.6厘米，口径14.5厘米，足径6厘米

珐琅彩瓷器是清代康、雍、乾时期的制瓷精品。康熙末年开始烧制，雍正朝制作日趋精美，乾隆时期更加工巧精细，达到登峰造极境地。乾隆时期，清代宫中收藏珐琅彩瓷器集中存放在端凝殿，据档案记载有四百余件。"珐琅彩雉鸡牡丹纹碗"是其中之精品。

珐琅彩瓷是先由景德镇制成细薄洁白的半脱胎素瓷，运送到北京之后，由内务府造办处画师工匠绘彩，再入炉烘烧而成。当时，造办处集中了全国各地的能工巧匠，专门为皇帝制作实用和赏玩器物，内分各类器作，珐琅就是其中之一。珐琅彩瓷器的正式名称应为"瓷胎画珐琅"。清代档案以及宫藏珐琅彩瓷器的原盛匣标识上均如此记录。由于烧制精细，产品很少，珐琅彩瓷器是只供皇帝赏玩的专用品，只有少数赏给蒙藏王公和达赖、班禅。

珐琅彩瓷器，又有"古月轩"之俗称。由于"古月轩"的名声在鉴赏家、古玩商、市肆之中广为流传，更使珐琅彩瓷器身价倍增。

珐琅彩是一种特殊的凝厚彩料，施绘在瓷器上，微微凸起。开始使用时尚需进口，雍正朝已可以自己烧制二十余种彩料。从这件"雉鸡牡丹纹碗"可以看出，其色泽丰富艳丽，其制作精美绝伦。

这一雉鸡牡丹纹碗胎骨极薄，近于"脱胎"。瓷质洁白，莹润似玉。整个画面用粉红、紫红、藕荷、淡黄、藤黄、杏黄、蓝、绿、赭等十多种彩料精心绘制，描画出在盛开的牡丹花丛中雌雄二雉嬉

戏的生动情景。碗的另一面以墨料题"嫩蕊包金粉，重葩结绣云"五言诗句，字体运笔潇洒圆润；上有"佳丽"，下有"金成""旭映"胭脂色篆书阳文印。底心有蓝料双方栏"雍正年制"款识。

珐琅彩瓷器传世品皆为清代盛世康、雍、乾三朝所作，此后制瓷业每况愈下，珐琅彩瓷器随之消声匿迹。民国时期，北京瓷庄曾在景德镇仿烧珐琅彩瓷，但质量低劣，无法与之相比。

**067**

# 粉彩牡丹纹盘口瓶

### 清·雍正（1723—1735）

高27.5厘米，口径6.3厘米，足径8.6厘米

雍正粉彩是清代彩瓷中的又一名品。粉彩出现于康熙时期，是釉上彩的新品种，它以其温润柔丽、淡雅宜人的风韵博得美誉。

雍正粉彩的特点是在画面彩绘部位用玻璃白粉打底，然后再施彩渲染作画，从而产生浓淡不同、阴阳分

粉彩的料同珐琅彩料的化学成分中均引入了砷元素，因此可以认为瓷胎画珐琅与粉彩所用彩料相类。粉彩是熟练的手工制瓷技能和精细的彩绘技巧相结合的产物。首先需要烧制薄胎体透、釉面无疵的白瓷，施彩绘画后复入彩炉烘烧，其工艺程序与瓷胎画珐琅相同。雍正时期的粉彩瓷生产之所以跃

明的艺术效果。或将玻璃白粉掺于彩料之中，把每种彩料调配成深浅不同的颜色。粉质玻璃白亦可作为白色单独使用。因而在色料的表现力方面，粉彩更为丰富，有的彩绘器物用色多达近二十种。由于粉彩颜料中含有粉质，其烧成温度较五彩低，色彩柔和，又称为"软彩"。

居釉上彩瓷之首位，是同雍正六年（1728）二月自制"珐琅彩"的烧成有直接关系。当时不仅景德镇御窑厂烧制，而且景德镇各民窑也大量生产粉彩瓷器。但民窑制品的器形、瓷质、釉色以及绘画技艺都较粗劣，远远赶不上御制粉彩精妙。

此件"粉彩牡丹纹盘口瓶"是一件色彩洁润秀丽的艺术品。瓶体造型美观，瓷胎洁白，釉面莹润。盘口，瘦颈，腹部鼓圆，下腹内收，至足部外撇，圈足。底有青花"大清雍正年制"六字楷书款。瓶身以争妍盛开的牡丹为主题，色彩鲜艳。画面的操笔，运用自如的设色，花朵枝叶的勾勒渲染，都能说明画师的艺术成就。这一时期粉彩的表现手法，由于有些画家为瓷器绘彩提供画稿，因而使之具有淡雅宜人的格调。

雍正粉彩不仅有白地绘彩，也有珊瑚地、淡绿地、酱地、墨地、木理纹开光粉彩和粉彩描金等品种，装饰技法虽各有千秋，但就绘画效果而言，莫过于白地彩绘更能体现瓷器与书画相结合的风格。

# o68 黄地粉彩镂空干支字象耳转心瓶

## 清·乾隆（1736—1795）

高40.2厘米，口径19.2厘米，足径21.1厘米

乾隆时期由于乾隆帝弘历本人对于瓷器烧制刻意求精，加之当时官窑所具备的雄厚的人力、物质条件及较高的制瓷技艺，涌现出品目繁多的新品种以及精彩制品。镂空转心瓷瓶是乾隆时期的独特产品，制作技术难度很大，传世品甚少。

此瓶形体饱满端庄。颈、腹不同常瓶，可以旋转。瓶的颈部饰双象耳，腹部镂空四圆开光，瓶体里套装一个可以转动的内瓶，其外壁绘有婴戏图，旋转时透过镂空开光可以看到内瓶上的不同画面，犹如走马灯的构造。转心瓶在设计上更具微妙之处，在它可转的颈部与固定瓶体上端分别标写天干和地支，这样在转动颈部时又可作为中国传统干支纪年的万年历。转心瓶的彩饰，口部以及象耳的金彩有赤金的质感，瓶体在不同色地上以珐琅彩料描绘了花卉图案。四圆开光各以春、夏、秋、冬园林景致

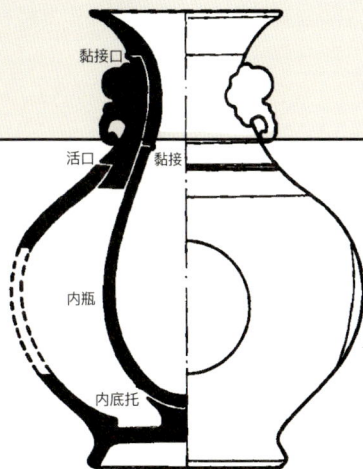

转心瓶结构示意图

外瓶颈部、腹部、底部与内瓶腹部分为四个单件烧成。外瓶的内底心做成凸起的鸡心钮，内瓶底心做成与钮相配的鸡心槽。组装时将内瓶置于外瓶底部之上，使鸡心钮凹凸吻合，再将外瓶腹套装内瓶，并稳在外瓶底座上，最后套放瓶颈。除旋转部位外，外瓶腹、底之间，外瓶颈里与内瓶肩部均用特制黏合剂粘牢，再修饰接痕，一件天衣无缝的作品即告成功。转心瓶式样各异，其结构大小不同。但在烧制过程中均要求内、外瓶体设计尺寸适度，镂雕彩绘精细，且组合瓶体的各部烧成后要求不变形，足见工艺技术的高超水平。

为题材，镂雕的花卉、山石以粉彩描绘。瓶里饰松石绿釉，足底画青花六字篆款"大清乾隆年制"。

镂空套瓶在宋代龙泉窑已有烧造，但不及乾隆时期制品精巧。至于转心、转颈式样，则要求更高的烧制水平才能做到。转心瓶的制作程序，首先把

069
# 古铜彩牺耳尊

清·乾隆（1736—1795）

高22.2厘米，口径13.2厘米，足径11.7厘米

乾隆时期的制瓷工艺，在于大量烧制彩瓷和单色釉诸类品种，并突出发展了特种制瓷工艺。当时的仿古器、仿外国瓷，以及仿漆、仿竹木器、仿铜器、仿珊瑚、仿翠、仿玉等工艺品，无所不有。仿品不仅可以准确地表达出各类工艺品原物的色泽、质感，而且仿品的造型也与原器无二。"古铜彩牺耳尊"就是见于清唐英《陶成图画卷》的一件传世珍玩。

　　《陶成图画卷》中的"古铜彩牺耳尊"，是"唐窑"的精心代表作之一。尊体古朴典雅，器形仿战国错金银铜尊，整个器物的色泽、金银镶嵌纹饰和锈斑都仿古铜器。仿制品所饰茶叶末釉，充分体现出古铜器所具有的沉着色调。茶叶末釉属古代铁结晶釉的范畴。釉面呈半无光状态，在暗绿的底色中闪烁着自然的黄色星点。唐、宋时期已见有这类釉色，明代更不乏其例。清代"臧窑"有"蛇皮绿""鳝鱼黄"等品种，雍正、乾隆时期这类制品称之为"蟹壳青""茶叶末"，并被列为当时官窑的秘釉。这件"古铜彩牺耳尊"就是这类釉色的精品。

　　景德镇御窑厂的督窑官吏在康熙时有臧应选、郎廷极、刘源等人，雍正朝有年希尧。他们督造的官窑因此分别有"臧窑""郎窑""年窑"之称。世称著名的"唐窑"是指乾隆二年至十九年（1737—1754）督窑官唐英督理御窑厂窑务所制瓷器而言。唐英于雍正六年（1728）到景德镇御窑

厂协理窑务。"唐窑"瓷器在仿古、创新方面有独到之处。传世的"唐窑"制品是不可多得的珍品。"唐窑"的卓越成就固然是在总结前人经验的基础上，通过集体劳动，积累集体智慧的结果。但作为御窑厂窑务的组织领导者，唐英确作出了重要的贡献，成为中国制瓷工艺史上一位杰出的理论和实践相结合的人才。他不仅是制瓷专家，又具备很好的文学、艺术修养，能自行出样。他所写的《陶人心语》《陶成纪事》以及所编纂的《陶冶图说》均为研究制瓷工艺史的重要资料。

# 各种釉彩大瓶

**070**

清·乾隆（1736—1795）

高86.4厘米，口径27.4厘米，足径33厘米

乾隆时期，釉下彩、釉上彩瓷的烧造技艺已十分成熟，青花、斗彩、珐琅彩、粉彩、金彩等都已达到炉火纯青的地步。高温或低温的各种色釉——粉青、松石绿、霁蓝、紫金釉的烧成也掌握得恰到好处。尤其是仿烧宋代汝、官、哥、钧诸名窑的釉色，竟可仿汝超汝，仿钧超钧，达到有过之而无不及的程度。汝、官、哥窑器都以釉面"开片"见长，但釉色、纹片又各不相同。汝器开片碎小；官窑纹片与釉色一致；哥窑纹片颜色是大深、小浅两种交织组成。

清代景德镇御厂官窑器各种色釉名目繁多。"各种釉彩大瓶"集合了高温、低温色釉以及釉上、釉下彩绘于一器，是一件标志着高超制瓷技艺的代表作品。

"各种釉彩大瓶"是目前故宫博物院所陈列的陶瓷中形体最高大的一件。器高近九十厘米。造型庄重，洗口，夔耳，瓶腹饱满。自口部至器底各种釉、彩装饰达十五层之多。瓶口沿以金彩描画，以下诸层顺序为紫地、绿地珐琅彩各一周，分别绘有花卉图案，紫地之上尚有似针拨轧道纹样。其下仿汝窑釉一道，在天蓝色釉面上呈现鱼子纹细小开片。颈部青花绘饰缠枝花卉，双夔耳饰金彩。又下为松石绿釉一道。再下为仿钧釉，釉面呈现出交融斑斓的窑变色彩。以下是斗彩花纹一圈，下为粉青釉，上面并模印皮球花图案。各层釉色之间有的描以金彩一道，使各釉色品种鲜明突出，亦更富有装饰美。瓶腹以蓝釉描金

"开片"的变化本无规律可寻，但是匠师可以准确无误地"表现"出各个名窑的特征，足见其得心应手的造诣。仿钧釉更能把"窑变"釉色随心所欲地表现出来。如此精湛的工艺制品，只有在全面掌握胎质、釉料、彩绘、烧成等各项制作技术条件下才能烧造出来。

**口部** 口沿以金彩描画，以下紫地、绿地珐琅彩各一周，分别绘有花卉图案，紫地之上尚有似针拨轧道纹样。其下仿汝窑釉一道，在天蓝色釉面上呈现鱼子纹细小开片。

**颈部** 青花绘饰缠枝花卉，双夔耳饰金彩。又下为松石绿釉一道。

**耳部** 夔耳施金彩。

**肩部** 为仿钧釉，釉面呈现出交融斑斓的窑变色彩。以下是斗彩花纹一圈，下为粉青釉，上面并模印皮球花图案。各层釉色之间有的描以金彩一道，使各釉色品种更鲜明突出，亦更富有装饰美。

为地，其上有十二幅长方开光，分别彩绘不同画面，构成器物的主体纹饰。下部一层仿哥窑釉。又为青花纹饰一周。再下为画有花瓣纹的淡绿釉。其下为紫金釉描有金彩回纹一道。近足部为仿官釉，在灰蓝色釉面上点缀本色纹片。足边以描金羊肝色釉一圈装饰。自上而下各道色釉、彩绘无一瑕疵，反映出工艺成就的卓越、全面。

大瓶的十二幅开光画面十分精致，选材多取谐音字义、祈颂吉祥的传统内容。六幅写实画面分别为绘有三羊的"三阳开泰"；童子击磬、烹茶图画的"吉庆有余"；画鸾凤牡丹的"丹凤朝阳"；画驮有宝瓶大象的"太平有象"，以及"庭园景"和"博古图"。六幅图画间以"万""福""如意"和象征祥瑞的仙草、灵芝以及其他花卉的图案。大瓶以众多的画面配合层次繁密的各类釉色，给人以目不暇接、琳琅满目的艺术效果。

**瓶腹** 以蓝釉描金为地，其上有十二幅长方开光，分别彩绘不同画面，构成器物的主体纹饰。

**下部** 一层仿哥窑釉。又为青花纹饰一周。再下为画有花瓣纹的淡绿釉。其下为紫金釉描有金彩回纹一道。

**足部** 为仿官釉，在灰蓝色釉面上点缀本色纹片。足边以描金羊肝色釉一圈装饰。

**六幅写实画面**　分别为绘有三羊的
"三阳开泰"；童子击磬、烹茶图画的
"吉庆有余"；画鸾凤牡丹的"丹凤朝
阳"；画驮有宝瓶大象的"太平有象"，
以及"庭园景"和"博古图"。

**六幅图画间**　以"万""福""如意"和象征祥瑞的仙草、灵芝以及其他花卉的图案。大瓶以众多的画面配合层次繁密的各类釉色，给人以目不暇接、琳琅满目的艺术效果。

# 工艺美术

# 工艺美术

工艺随着人的生活需要从无到有，由简而繁。制造一切器物都包括工艺的过程。远在石器时代已经如此。人们在实际使用的要求之外，还希望美观。于是在选择原料时要质美，制造时要造型美、光泽美，再增加装饰花纹，这样就产生了工艺美术。随着人的衣、食、住、行的需要，一切器物和工具，逐渐进化分工。从文献上知道商、周时代已经有国家设官管理的土工、金工、木工、草工、石工、革工等分工制造的记载。

商、周以下，历代都有规模庞大的官办工艺。如汉代的尚方署、唐代的少府监、宋代的文思院、明代的"御用监"所属各局厂、清代的养心殿造办处等，各个时代都有不同的分工行业。从传世的和出土的实物，可以看出各个时代有各个时代的制造风格。从汉、唐到明、清，除官方的手工艺制造以外，还有民间的作坊和个人手工艺者，以及业余美术工艺的爱好者，都各有精致的作品传世。他们之间的关系是相互影响的。例如本书所载"张成造剔红栀子花纹圆盘"的作者张成是一位元代民间漆器制造者，他的儿子张德刚，继承父业，明永乐年间他的作品在日本、琉球都很著名。皇帝召他到北京营缮所领导制作，从传世的有张德刚款的漆器和永乐、宣德年款的漆器可以看出这一时期的漆器就继承了张成一派，具有漆胎厚润，刀法明快，磨工大于雕工的风格；而且又扩大了制作器皿范围，增多了做法品种，新颖美观。

明初，南京官方设厂制造掐丝珐琅器，由云南人担任制造。到了景泰年间北京制造掐丝珐琅器的数量和质量都大为提高，各种器皿釉色鲜明坚实，掐丝匀密，在原来基础上有很大发展，出现了"景泰蓝"这一名称，代表着官方工艺的标准。还有本书所载大明万历年制的"黑漆嵌螺钿云龙纹大案"，是明代"御用监"制造的。案面上的五龙图案和面底的年款都是"御用监"的特征。明代的工艺美术品，民间和官方相互影响，从漆器、景泰蓝、家具三个行业作品的面貌，可以看出总的发展规律。此外，如元代制银器的朱碧山，明、清之际雕刻犀角的尤通，都不是工匠。这类型作者的特点是技术高，文化水平也高，爱好某一项工艺成为癖好，常常出现立意清新的作品，产生很大的影响。

清代的工艺美术家，如本书所载"吴之璠黄杨木雕东山报捷图笔筒"的作者吴之璠，是民间的刻竹名家。他所继承的明代嘉定派的刻竹，在清初雕刻艺术领域里影响很大。本书所载黄振效的"黄振效款象牙雕渔乐图笔筒"，完全用嘉定派刻竹的方法。他是广东人，但作品和广东牙匠的风

**《竹人录》**

**封始岐**（生卒年不详），字时周，清嘉定（今属上海）人，善刻竹木牙雕等。雍正初年入清宫造办处牙作供职。《竹人录》中有记载。

允祥 (1686—1730)，清康熙帝第十三子，与雍正帝胤禛关系亲密。被封为和硕怡亲王，又出任议政大臣，处理重要政务。曾总理户部、总理京畿水利营田事务、办理西北两路军机。

格截然不同。广东雕刻象牙的行业是很兴盛的，作品多是宝塔、龙舟、多层透雕可转动的球等，以玲珑剔透取胜。养心殿造办处的"牙作"工匠多来自广东。雍正九年（1731）嘉定派刻竹名家封始岐被召入造办处"牙作"当差。他的象牙雕刻没有龙舟牙球一类的作品，给象牙雕刻树立了清逸俊雅的新风。乾隆初年又命封岐（在造办处的名字）试做雕漆器。乾隆时代的雕漆器，刀法不藏锋，棱线清楚有力，运刀如笔，不见磨工的风格，成为乾隆时代雕漆的特征。

造办处"玉作"，雍正年间选进的玉匠胡德成、邹学文、鲍友信、王斌、陈宜嘉、姚汉文、姚宗江等，当时叫作南匠。这些南匠是"玉作"的主要作者。邹学文、姚宗江制玉之外还是古玉鉴定家，姚的祖、父都是玉匠。明清以来苏州专诸巷是高手玉匠集中的地方。乾隆年间造办处"玉作"的主要玉匠倪秉南、张象贤、张君光、贾文运、张德绍、蒋

均德、顾观光、金振寰等，都是从苏州选进的。他们担任一般的制造和修理。遇有大件制作，需用更多的人，如本书所载"青玉大禹治水图山子"，就是由"玉作"的玉匠完成打坯的工序，然后交两淮盐政，在扬州雇用许多苏扬的玉匠集体制造。

造办处"珐琅作"，制作铜胎、瓷胎、玻璃胎、宜兴胎四种胎骨的画珐琅，也是多方面通力合作的。"珐琅作"的宋七格、邓八格是负责炼制珐琅料和完成烧造的。胡大有是吹釉的。绘画的宋三吉、周岳、吴士琦是江西画磁器的人。张琦、邝丽南是广东的画珐琅匠。林朝楷，广东

人，是画家郎世宁的徒弟。贺金昆、汤振基、戴恒、邹文玉、张维奇、郎世宁是画院处的画家。写款人徐同正是武英殿修书处的写字人。在珐琅彩瓷器上写诗句的武英殿待诏戴临，是有名的书家。磁胎是由江西烧造瓷器处的年希尧负责，烧造脱胎填白瓷器。紫砂胎、白砂胎是宜兴烧造的。玻璃胎是由造办处玻璃厂烧造的。每一件成品都要经过这些多方面的人才，共同创作。造办处二十四个"作"的成品，在不同程度上都需要合作。以上四个"作"的情况，可以代表着造办处的特点。

总之，在雍正朝，由怡亲王允祥领导的海望、唐英、沈嵛等，都是富有设计才能的人。又有许多画家担任画样。而雍正、乾隆自己也常常提出具体规格要求，所以才能出现极为精致的成品。

**造办处**
全称"内务府造办处"。清皇宫内管理手工作坊的机构。乾隆二十三年（1758）以前，设画院、做钟处、玻璃厂、珐琅作、镀金作、玉作等四十二个作坊。之后逐步裁并，至光绪时总数为：作坊十四个，工匠六十一种，俗称"造办处六十一行"。

# 071 大圣遗音琴

## 唐·至德元年（756）

通长120.3厘米，肩宽20.2厘米，尾宽13.5厘米，
厚5.2厘米，底厚20.2厘米

"大圣遗音琴"，桐木制，栗壳色漆与黑漆相间，局部略有朱漆修补。金徽玉轸，形制浑厚，圆形龙池，匾圆形凤沼，琴背题名、大印及铭文都是制琴时镌刻的。腹款朱漆书"至德丙申"四字在池的旁边。制琴的时间，正当安禄山叛变，唐明皇入蜀，太子在灵武即位改元至德的时候。此琴造型优美，色彩璀璨古穆，是琴中之宝。

"大圣遗音琴"，原藏于养心殿南库。养心殿是清代皇帝的寝宫。南库是收藏贵重物品的库，说明当时确实是把它看得很重的。南库虽是皇帝的珍品库，但溥仪出宫后，清室善后委员会入宫点查时，南库已因年久失修，屋漏处泥水下滴正中琴面，不知已过多少岁月，长期泥水滞留，琴面上凝结了一层坚厚的水锈。琴色灰白，已破败不堪了。于是就其原状另外入库保存。1947年经故宫博物院的编纂王世襄鉴定为唐琴珍品。1949年征得故宫博物院原院长马衡的同意，延请著名古琴家管平湖来院修理，经历数月，一层水锈彻底清除干净，原来漆面居然丝毫无损，并照原样重新安排了紫檀岳山（琴上的一个部件名称）。虽然经过若干岁月的泥水浸蚀，但琴面鹿角漆胎仍坚固异常，千年古琴所以能

**马衡**

(1881—1955)，字叔平。浙江鄞县人。金石考古学家、书法篆刻家。西泠印社第二任社长。曾任北京大学研究所国学门考古学研究室主任、故宫博物院院长、北京文物整理委员会主任委员。

**管平湖**

(1897—1967)，字吉庵、仲康。祖籍江苏苏州，生于北京。古琴演奏家、画家、中国民族音乐研究所副研究员，从事古琴研究整理工作。撰有《古指法考》。

流传后世，确因其制造精良。

"大圣遗音琴"经此次修整，神采照人，恢复了应有的面貌。修整完好以后曾经管平湖试弹，琴音清脆松透。明、清以来的琴书中总结出古人认为最好的琴音具有：奇、透、润、静、圆、匀、清、芳九个特点，称为"九德"，古人说具备"九德"的琴是罕见的。

据现代古琴家郑珉中鉴定，"大圣遗音琴"属于"九德"兼全的，也就是说能给人以完美悦耳的音响感受。传世的唐琴有五张，故宫博物院藏有"九霄环佩琴""飞泉琴"和"大圣遗音琴"。

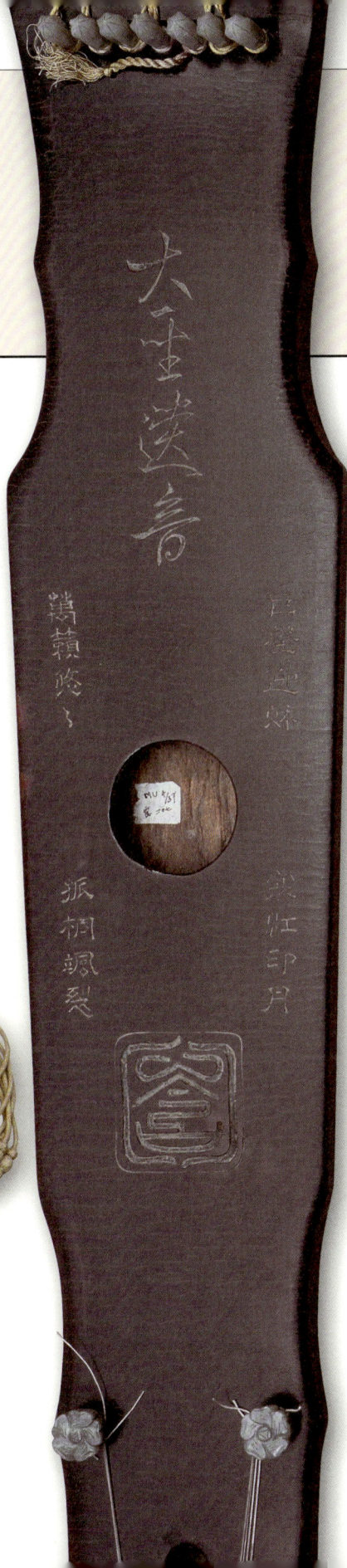

072

# 张成造剔红栀子花纹圆盘

元（1206—1368）张成

直径16.5厘米，高2.8厘米

元代及明初的雕漆，以花卉为题材的，如栀子花、茶花、菊花、牡丹、玉簪等无不花叶密布，没有锦地（即花下空白雕锦纹）。山水人物则有锦地，但锦纹较大较粗。总的说来，嘉靖时的雕漆锦地比永乐、宣德

剔红，是雕漆工艺中的一个品种。它用笼罩漆调色，在器物胎骨上层层积累到一个相当厚度，然后用刀雕出花纹。凡是红色漆雕的器物，都叫作剔红器。据有关漆器文献记载：唐代的剔红器，花纹和地子都是红色，而且在一个平面上，没有高低之分。还有一种花纹和地子异色，高低也有差别的，叫作陷地黄锦剔红器。宋、元的剔红器，刀锋不显露，凸起的花纹都很圆滑。

唐、宋的剔红器，未见实物传世。这里所介绍的这两件元代剔红的风格，与文献记载宋、元剔红器特点是相符的。宋、元剔红器风格大体上是一致的。

"张成造剔红栀子花纹圆盘"，正中雕盛开的双瓣栀子花一朵，旁雕含苞待放的栀子花四朵，全盘都为花叶布满，不雕锦地。筋脉舒卷有力，浑厚圆润，生动朴实。这种富有生命力的效果，绝不是仅

仅抄袭花卉绘画或其他雕刻品可以达到的，可以看出作者熟练地掌握了雕漆的一切表现手法，并且熟悉漆的性能优点；又经常能观察事物，将自然界新鲜活泼的形象立时选择过来，集中表现在作品上，才有这样的效果。

时的锦地细的多，万历时的锦地又比嘉靖时的锦地更细，并且不论花卉、山水、人物、禽兽等都有锦地。锦地由粗而细，也是明代雕漆演变发展的规律之一。以上都是指官家制造的雕漆而言。还有一种构图比较粗犷，刀法快利，显露刀痕的风格，这些都是没有年款的，民间气息比较浓厚。与官家制造的相比，虽有文野之分，粗细之别，但朴质豪放，艺术价值并不低。

清代雕漆重刻工而轻磨工，到乾隆更加精巧。北京和扬州这两个地区到现在还大量制造。除一般产品外，比较精细的作品往往较多的继承了乾隆时期的一般风格，花纹多、层次多、刻工细成为主要的追求目标。而没有从元、明作品中，如本书所载张成、杨茂的作品吸取优点。

073

# 杨茂造剔红观瀑图八方盘

元（1206—1368）杨茂

直径17.8厘米，高2.6厘米

　　这件与"张成造剔红栀子花纹圆盘"都是黑漆底，靠近足边有针划款"张成造""杨茂造"。明代永乐、宣德时代的剔红器，继承了张成、杨茂一派，而且种类大大的丰富起来。作品色泽悦目，漆质细腻，能在造型浑厚的器皿上雕出活泼生动的形象。自张、杨到明初，技法的主要特点是刀法明快，磨工大于雕工。大体上说，永乐、宣德可划为一个时期。不过宣德的某些作品，漆渐减薄，而地渐疏，已开始有自己的风格。到嘉靖时代变化很大，雕法由藏锋圆润转向刀痕外露；到万历再变，布局繁密而纤细是其特色。

　　"杨茂造剔红观瀑图八方盘"，中间八方开光雕松轩。轩右一老人临曲槛，眺望对山瀑泉，轩内外童子各一人。天空、地面和水，用三种不同花纹锦地雕成。盘旁雕仰俯花朵组成的图案。

# 朱碧山银槎

元（1206—1368）朱碧山

高18厘米，长20厘米

朱碧山，浙江嘉兴人，以善制精妙的银器而负盛名。元代名人柯九思、虞集、揭傒斯、杜本等，都曾请他制过银

　　朱碧山所制银器，据前人的记载，品种和数量是相当多的。朱碧山制的这件龙槎，原陈设在紫禁城内重华宫。在元代是酒器，到了清代已经把它作为古艺术品看待，不再当实用的酒器，升格为陈设品了。

杯，或为他的作品题句。其后的陶南村、陈眉公、朱竹垞、王渔洋、高江村等明、清诸名家，对他的作品都以诗文咏赞不绝。

银酒器传世最早的实物是战国时期（前475—前221）楚国银匜（音宜）（现藏故宫博物院）。南北朝时，也有银酒器的记载。到唐代，银制的用具更加丰富，并有雕刻纹饰的酒杯。呈槎（音茶）形的酒杯是一种具有诗意的艺术形式。宋以前未见有槎形杯传世，只盛行于元、明两代。

龙槎是白银铸成以后再施雕刻的。杯上仙人的头、手、履等部分是铸成后焊接上去的，但浑然无痕，如一体铸成。槎身作老树槎丫之状，一仙人倚槎而坐，手中执卷。槎尾刻"龙槎"二字，杯口下刻"贮玉液而自畅，泛银汉以凌虚，杜本题"行楷十五字。槎腹刻"百杯狂李白，一醉老刘伶，知得酒中趣，方留世上名"楷书二十字。槎后刻"至正乙酉，渭塘朱碧山造于东吴长春堂中，子孙保之"楷书二十一字。钤"华玉"章一。

槎杯的造型是从仙人乘舟凌空到了天河的神话故事而来。槎的意思就是树槎。人们设想，也可以说是艺术构思，仙人乘的舟，一定不同于凡人。所以就设想出一个树槎形的独木舟来。也有人附会汉朝张骞寻找黄河之源，说张骞乘槎上天河，这又是神话中的神话了。这件槎杯的题句"贮玉液而自畅"就是说此槎是盛酒自己享受，"泛银汉以凌虚"就是指上述仙人乘槎飘到天河的神话故事。

这件银槎杯是一件富有传统绘画与雕塑特点的工艺品。由此不仅见到朱碧山的艺术修养，也代表着元代铸银工艺的技术水平，是工艺美术史上的重要作品之一。

柯九思（1290—1343），字敬仲，号丹丘、丹丘生、五云阁吏，台州仙居（今浙江仙居）人。元代书画家。

虞集（1272—1348），字伯生，号道园。祖籍成都仁寿（今四川眉山）。元朝名臣，学者、诗人。

揭傒斯（1274—1344），字曼硕，号贞文，龙兴富州（今江西丰城）人，元朝文学家、书法家。修辽、金、宋三史，为总裁官。善书，朝廷典册多出其手。

杜本（1276—1350），字伯原、原父，号清碧，清江（今属江西樟树）人，元代文学家、理学家。

陶南村（1329—约1412），即陶宗仪。字九成，号南村，台州黄岩人。元末明初文学家、史学家。成语"积叶成书"就是讲述他的故事。

陈眉公（1558—1639），即陈继儒。字仲醇，号眉公。松江府华亭（今上海市松江区）人。明朝文学家、画家。著有《小窗幽记》等。

朱竹垞（1629—1709），即朱彝尊。字锡鬯（音畅），号竹垞（音茶）。秀水（今浙江嘉兴）人。清初词人、学者、藏书家。参加纂修《明史》。"浙西词派"创始人。著有《曝书亭集》《日下旧闻》等；所辑《词综》是中国词学方面的重要选本。

王渔洋（1634—1711），即王士禛。原名王士禛，字子真，号阮亭，又号渔洋山人。山东新城（今山东桓台）人。清初文学家。官至刑部尚书。著有《池北偶谈》等，编有《唐人万首绝句选》。

高江村（1645—1704），即高士奇，字澹人，号瓶庐，又号江村。浙江人，后入籍钱塘（今浙江杭州）。清代官员、史学家。著有《江村销夏录》等。

**杯口**　刻"贮玉液而自畅，泛银汉以凌虚，杜本题"行楷十五字。

**槎腹**　刻"百杯狂李白，一醉老刘伶，知得酒中趣，方留世上名"楷书二十字。

**槎后**　刻"至正乙酉，渭塘朱碧山造于东吴长春堂中，子孙保之"楷书二十一字，钤"华玉"章一。

**槎尾**　刻"龙槎"二字。

# 宣德款掐丝珐琅缠枝莲纹碗

明·宣德（1426—1435）

口径29.7厘米，高13.9厘米，足径13厘米，尺寸原大

　　清代初期，武英殿造办处设有"珐琅作"，后并入养心殿造办处。从故宫藏品来看，康熙时代的铜掐丝珐琅，无大发展，但胎骨厚重，釉料坚实，保持了明代官款器物的水平，而釉色不鲜明，有康熙年款的很少。到了乾隆时期，这项工艺和雕漆、织绣、百宝嵌等工艺美术品同时出现了空前的繁荣。首先是制造范围的扩大。除继承以往的品种以外，大至丈许的屏风、桌椅、床榻、楹联、插屏、挂屏，小至笔床、酒具、砚匣、卷签、书画轴头等都有，室内陈设和用具无所不备。宫中和避暑山庄的庙宇内还有高与楼齐的珐琅塔。在这时期的制造技术方面，出现了粉红和黑色的新釉料。明代呈半透明紫晶光泽的葡萄紫色，变成灰紫色。明代如砗磲（一种矿物名称）纯白的

　　铜掐丝珐琅这种工艺美术品，在明代景泰年间大量制造，所以又名"景泰蓝"。早在元朝已经出现这种工艺。元人《吴渊颖诗集》中有咏"大食瓶"诗一首，具体描述了大食瓶的质地、尺寸、色彩、花样，胎盘的光滑清坚，可以看出"大食瓶"就是铜掐丝珐琅瓶。诗中明确的说这是从波斯（即现在阿富汗、伊朗等地区）来的物品。吴渊颖卒于元至元六年(1340)，这首诗说明这项工艺当时在中国还是一个新工艺。明朝初年曹明仲在《格古要论》里面，叙述烧造瓷器的窑别，曾说到"大食瓶"，是以铜作身，用药烧成五色花；又说云南人在南京，有以此为业的，制造瓶、盒、香炉、酒盏等。皇宫内制造的更细润可爱等语。从传世的实物来看，有年款的铜掐丝珐琅器，还未发现更早于宣德年制的。宣德年距离吴渊颖已近百年，这项工艺的制造技术已逐渐达到成熟的水平。

釉料，到此时变灰白，其他釉料亦缺乏玻璃感。但胎骨厚重不减于明代，镀金技术超过以前，掐丝细密、金碧辉煌的评语还是当之无愧的。

　　故宫博物院藏品中有"大明宣德年制"六字款和"宣德年制"四字款的铜掐丝珐琅器。器上的铜镀金装饰和当时一般铜镀金器的装饰相类。器物类型有：炉、瓶、盒、盘、碗等。釉料色彩多蓝地，在铜掐丝花纹轮廓内有红、黄、白、绿等花色。也有以白色为主的，如此件"宣德款掐丝珐琅缠枝莲纹碗"：白色地，上有红、黄、蓝、绿等色大花数朵，图案简练，色调鲜明，花朵饱满，枝蔓舒卷有力，是宣德时期比较突出的制品。这时期的仿古铜觚、尊等器和仿瓷形体的器皿居多。其中盈尺的重器，釉料坚实，镶铜浑厚，镀金灿烂悦目。

# 铜掐丝珐琅缠枝莲觚

076

明·景泰（1450—1457）

口径7.9厘米，高14.5厘米，尺寸原大

　　从体积尺寸来看，景泰年间的掐丝珐琅制造技术又进了一步。在瓶、盘、炉、花插、炭盆、面盆、花盆、薰炉、灯、蜡台、盒等器物上又出现了许多新花样。这时期的釉料与宣德时代相同的颜色有：天蓝（淡蓝色）、宝蓝（青金石色）、红（鸡血石色）、浅绿（草绿色）、深绿（菜玉色，有半透明的质感）、白（砗磲色）。宣德釉，光彩稍逊于景泰。新出现的、为宣德时代所未有的釉料有：葡萄紫（紫晶色，有玻璃质感）、紫红（玫瑰色）、翠蓝（在天蓝和宝蓝之间而色亮）。如景泰款"缠枝莲觚"，色彩夺目，光亮如有一层玻璃釉，器不大而体重，并且招丝匀实，磨光细润，在宣德时代基础上又提高一步。"景泰蓝"这个名词也随即著称于世。

　　景泰以后，有款识的器物，传世不多。故宫藏品中有嘉靖款的盘、"大明万历年造"宝蓝色地五色双龙、鼎式四足炉。炉盖不用铜镀金镂空，而用珐琅镂空，是这个时期的新做法。还有烛盘，淡青色地，只有黄、红、白色花苞。还有红、白、赭诸色花蝶炉，是这一时期的新图案花纹。赭色和淡青色是这个时期的新釉料。

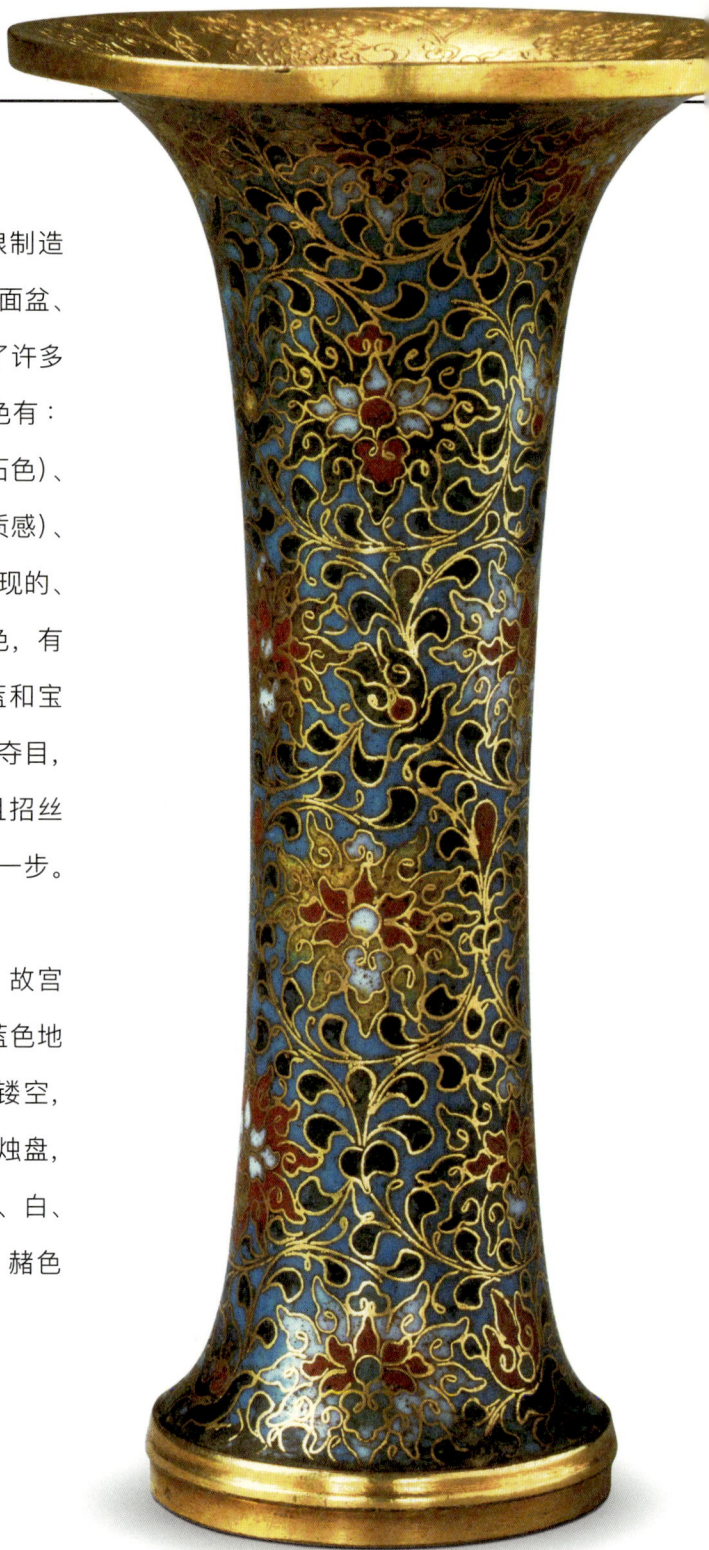

景泰年间，掐丝珐琅这项工艺更为繁荣，产品有高与人齐的大觚，高约二三尺的尊、罍、壶、鼎等仿古铜器的器物。

明代铜掐丝珐琅器，无年款的传世很多，也都是景泰以后的产品，其中有不少出色的。例如故宫藏品中有瓜形灯座，与真实的大南瓜尺寸相若，下有铜镀金枝蔓作足，上有铜镀金叶蔓以承灯颈，瓜色在黄绿之间，绿叶黄斑，似画笔烘染。景泰款诸器中尚未见有此种做法。还有些器物，形式仿古铜而纹饰用花鸟，都是前所未有的。在无款器物中有些胎骨轻薄，釉料滞暗，但也是明代的制品。

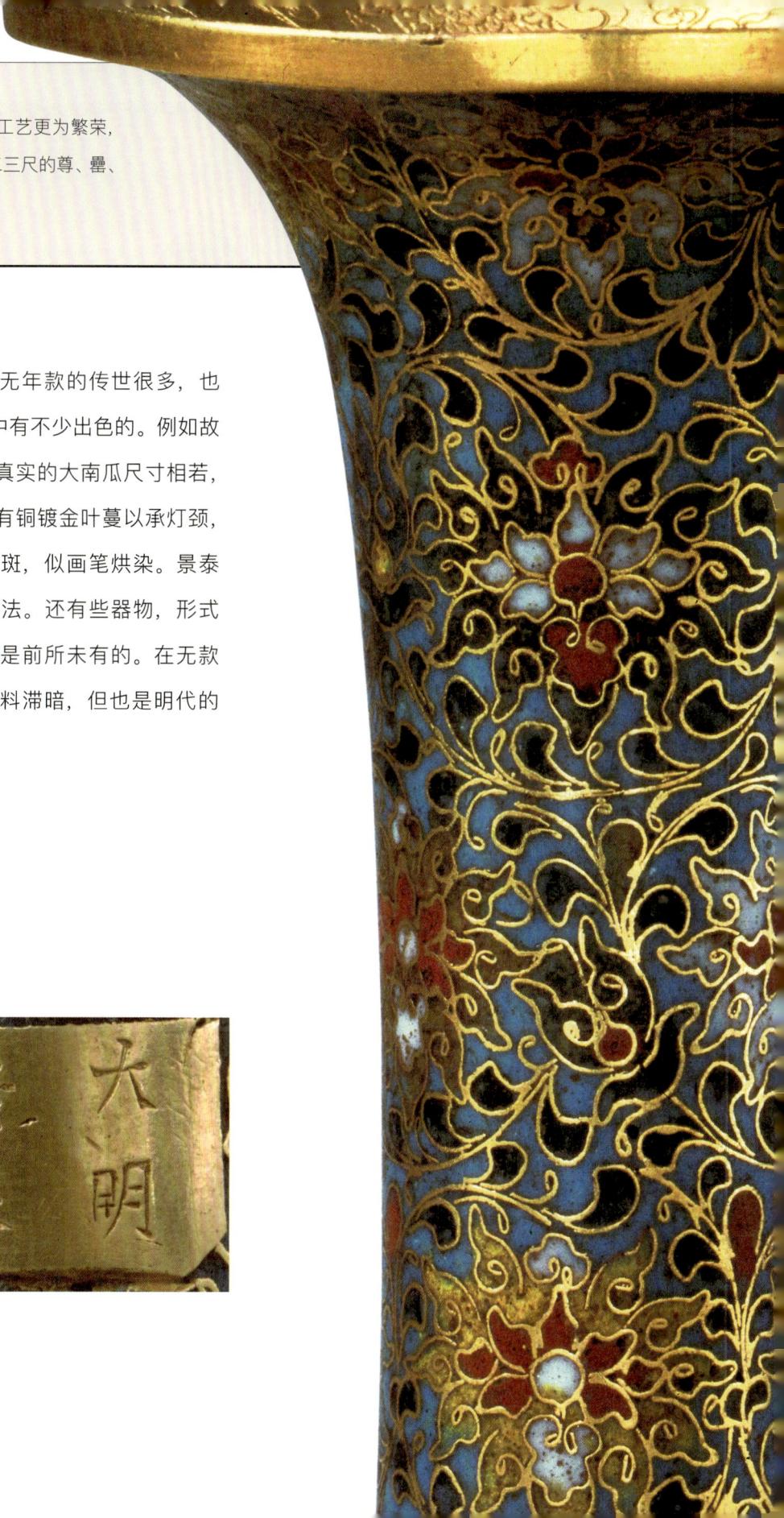

# 紫檀荷式大椅

明（1368—1644）

高115厘米，宽84厘米

古人席地而坐，没有椅子。床是卧具，也是坐具。五代画家顾闳中画的《韩熙载夜宴图》中已经有椅子和绣墩。到了宋朝，椅子已渐渐流行。而且椅子种类很多，有"金交椅""银交椅""白木御椅子""檀香椅子""竹椅子""黄罗珠蹙椅子"等。

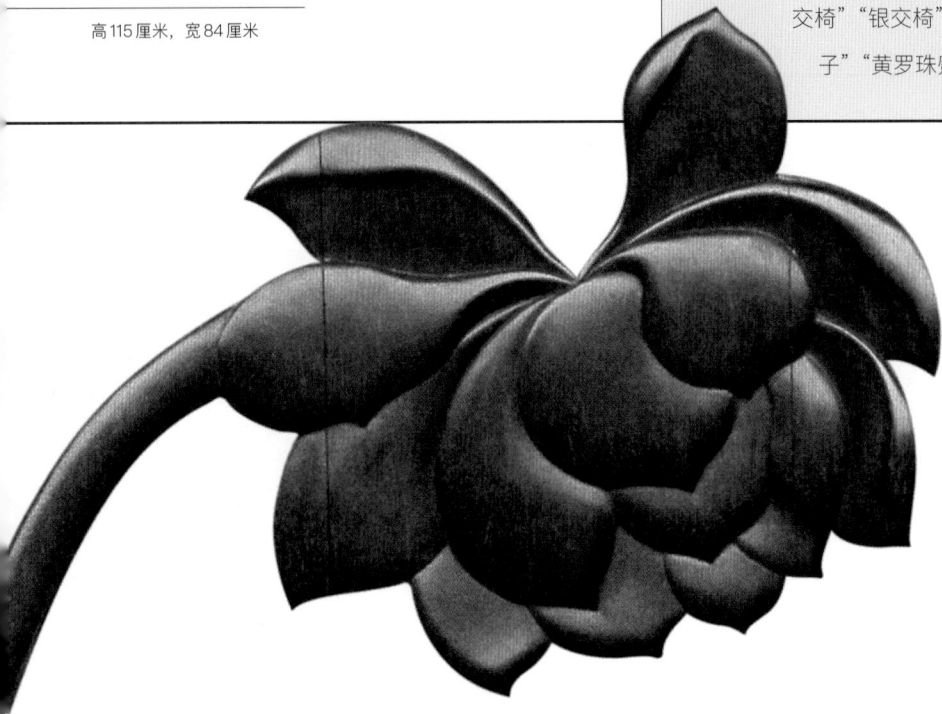

南宋前期，椅子虽然已经相当普遍，但可能只限于士大夫家里厅堂会客用。至于内室起居还习惯于坐床。宋、元时代椅子名目虽多，还没有用紫檀木制作家具。到了明代，紫檀木才开始盛行。紫檀椅子也有很多类型。这件"紫檀荷式大椅"，属于单独陈设类型的家具。没有成对的，可姑且称之为床式椅。这种椅子在皇宫中可以和屏风、宫扇在一起，设在屋宇明间的正中，成为便殿宝座的形式。在住宅或花园中，可以设在大书案的后面，当作写字看书用的，或设在面窗对景的地方。总之这种大椅在室内是有固定位置的，不轻易挪动。明朝人所谓"仙椅""禅椅"，都是为默坐凝神，可以盘足后靠。椅背上有一宽厚的横木，作枕头用的。

"紫檀荷式大椅"的制造，除座面是光素的以外，荷花荷叶布满整体。背上枕头处很巧妙的是一柄荷叶，整体的做工光滑圆润。凡家具上雕刻花纹，都是经过高度图案化的，而这件紫檀大椅上面的荷花、荷叶、梗、藕，自上而下，是以花叶的自然形态布满整体，很像元、明时代雕漆花卉盒盘一类的手法。在传世的明代家具中仅此一件。不仅雕饰上有如上的优点和特点，更主要的是取材厚重，木质精美，造型圆浑，舒适耐用。符合家具艺术的最佳标准。

# 黑漆嵌螺钿云龙纹大案

明·万历（1573—1620）

高87厘米，横长197厘米，宽53厘米

螺钿，就是在漆器上嵌蛤蚌壳作为装饰。1964年在洛阳庞家沟西周墓出土的镶嵌蚌泡的朱黑两色漆器托，是现在已经发现的最早的实物。到了唐代的漆背嵌螺钿镜，更是这项工艺比较成熟的器物。元至明初是

　　"黑漆嵌螺钿云龙纹大案"，平头式，四足缩进安装，不是位在四角，这是明代流行的一种最普遍的形式。案面嵌螺钿五龙，通体龙纹，"大明万历年制"款在案面下。故宫藏品中，有万历年款的大案只此一件，这是明代"御用监"的制品。

**御用监**

官署名。明代宦官司二十四衙门之一。掌理御前所用围屏、摆设器具等事。

螺钿工艺的大发展时期。元大都出土的嵌螺钿广寒宫图形残器，是平脱薄螺钿的做法，十分精致。这是唐、宋以来，从镶嵌较厚的螺钿的方法上，又开创了嵌薄螺钿的方法。厚螺钿有洁白如玉的，有微黄作牙色的。薄螺钿有青色闪绿光的，有淡青色闪红光的，有深青色闪蓝光的。嵌薄螺钿是在花纹画面的不同部位，采用不同色泽的螺钿，镶在漆器上，使它达到近似设色的效果。这件"黑漆嵌螺钿云龙纹大案"，属于厚螺钿的做法，又称硬螺钿；"黑漆嵌螺钿间描金职贡图长方盒"，属于薄螺钿，又称软螺钿。

## 079 黑漆嵌螺钿间描金职贡图长方盒

**清（1616—1911）**

高6.8厘米，长40厘米，宽30厘米

殿后还有重重的宫阙，天空用金勾出流云及卷云纹，云间露三龙头用螺钿嵌成。最上部为峰峦丛树，山顶用金作皴，也有以浑金作山，留出线条，作为轮廓。山壑布满石树。山石用钿片或钿沙嵌成，也有用赭色漆略微堆起，上面描金的。从

该盒长方形，盒面嵌薄螺钿间描金"职贡图"。画面下半部为三孔大石桥，用不同色的钿片嵌成"虎皮石"砌桥。桥上有二十七人，其中有驱象的，牵狮子的，曳骆驼的，有二人抬一大木笼的，手中捧珊瑚明珠的。内有高冠勾鼻虬髯的人。石桥尽端与栏杆相接，栏杆外，下临涧壑，内为平道，行人络绎成行。道路斜上，直通大殿，殿外在地上叩拜的十七人，左右有人侍立。

漆质、形制及图案来看，当是清康熙时代
所制。这是软螺钿加描金的做法，是色彩
艳丽的工笔金碧山水画都难以比拟的精品。

# 匏制蒜头瓶

### 清·康熙（1662—1722）

080

高13.8厘米，口径4.1厘米，足径7.2厘米

匏（音袍）器，又名葫芦器，是中国特有的一种人工与天然相结合的工艺美术品。这种工艺是把初生的嫩匏纳入模范中，使它长成各式各样的器物。天然果实的形态方圆悉随人意，不施雕琢而花纹款识胜过雕琢，宛若天成。

清代宫中范制匏器，始于康熙时期。故宫的藏品有年款的匏器尚未见到有早于康熙的。乾隆十二年丁卯（1747），御制《咏壶卢器》诗，序中说：康熙时命奉宸院种植葫芦，把不同器形的模子套在嫩葫芦上面，等待葫芦长大成熟，就可以做成想要做的碗、盂、盆、盒形匏器。乾隆还有诗咏康熙的一个葫芦碗。诗里面提到康熙在西苑（即中南北三海）丰泽园，曾经种植葫芦。这里是康熙亲自选择优良稻种的试验田，并且说所咏的这个葫芦碗，底有"康熙御制"的款识，色泽古穆，已是百年（距离乾隆题诗的时间）的物品了。

葫芦器的制造，虽然是用雕成的木模，包在嫩葫芦上等待它渐长渐满，天然长成，但千百件中仅成一、二完好的，很难得。所以葫芦器精品还是非常珍贵的。

康熙时的匏制盘碗，有相当多是光素的，通体只有弦文三道，黑漆里，足内有"康熙赏玩"楷书款。它们可能是早期初试范匏时的制品。后来的"六瓣碗""缠枝莲寿字盒""八方笔筒"上面模印唐人五言流水诗等器就和初期制品不同了。造型和纹饰都很妍美。这里介绍的

中国匏器这种工艺美术品历史悠久。日本法隆寺原藏有来自中国的"唐八臣瓢"，器形似盖罐，图像为人物三组。据文献记载，在明代有花纹和文字的匏器已是民间常见的一种工艺美术品。

蒜头瓶就是这类面貌。瓶肩有仰俯云纹，腹有莲纹，由于瓶身分瓣，显得花纹格外突出，而且色如蒸栗，莹澈照人，是匏器中的珍品。

## 081 尤通犀角槎杯

清（1616—1911）尤通

高11.7厘米，长27厘米，宽11.7厘米

照渚幸而遒温
氏刻杯仍此遇
尤家河源自在
人间世溪使詑
传星溪槎
乾隆御题

　　犀牛的角是非常珍贵的药材，再经名手雕成酒杯就更可贵了。这件槎杯的作者尤通，生于明朝末年，江南无锡人，是一位善于雕刻犀角、象牙、玉石玩器的名手。少年时期，他的亲戚家有一个宝爱的犀角杯，被他父亲借来赏玩。正值尤通家有一枝新犀牛角，于是就仿制了一个犀杯，款式、纹饰都与原物相同。但因为新的犀牛角颜色和旧犀杯不同，他捣凤仙花的汁，按照染红指甲的方法把新仿制的犀杯染成旧犀杯的色泽，拿给他的亲戚看，物主也

雕刻艺术，自宋朝以后有个新的风尚，就是牙、角、竹、木、金、石等材料雕刻的小型器物，当作几案上可与文房四宝一起陈设的清供。元、明两代这类工艺美术品异彩纷呈，灿然夺目。清代又有许多名家，出现了不少精心制作的作品。这里的"尤通犀角槎杯""吴之璠黄杨木雕东山报捷图笔筒"和"黄振效款象牙雕渔乐图笔筒"，就代表着明末到清前期的精品。

不能辨认是否原物，足见尤通少年时的技艺已经很高明。所以人称他为尤犀杯。后来到了清朝康熙年间，他被征召入宫内，为皇帝制作器物。年老回家以后说，在宫内曾在一个比桂圆还小的珠玉上刻《赤壁赋》。说明他老年的技艺更精进了。

这件槎杯是尤通的代表作之一。槎的解释已见前面朱碧山制银槎一文。这件槎杯和朱碧山所制是一个题材，但槎的式样、仙人的神态等都不同。就如画家们同画一题材，各有不同的表现方法就有不同的面貌是一个道理。相同的是它们的用途都是喝酒的杯。

082

# 吴之璠黄杨木雕
# 东山报捷图笔筒

清（1616—1911）吴之璠

高17.8厘米，口径13.5厘米

吴之璠，字鲁珍，别号东海道人，是清代刻竹名家之一。明以前没有专以刻竹著名的，自明中期以后，有嘉定的"三朱"（朱松邻、朱小松、朱三松），金陵的李、濮（李耀、濮澄），都是刻竹名家。所谓嘉定、金陵两派就是指他们而言。

吴之璠就是朱三松以后嘉定派第一名手。他刻竹年款多在康熙前期，也就是他创作最旺盛的时期。这件笔筒是黄杨木雕，但刻法与竹笔筒无异。刻竹的方法有两大类：一类为竹面雕刻，如笔筒、扇骨、臂搁等；一类为立体圆雕，如用竹根刻成立体形象及器物。竹面雕刻中有阴文、阳文之分。阴文、阳文中又各有若干具体不同的刻法。如这件笔筒，是属于阳文的高浮雕。此图的题材是晋朝的太傅谢安与客下棋。谢安的身旁是一个观局者，身后有几个侍者，对面是下棋的客，是一幅近景。为了使人、树、山石等格外凸出，所以高处要更高，低处就必须更低，这就是学"三朱"深浅多层的方法。高凸处接近立体圆雕的意味。对弈的客人注视着棋盘，而谢安和观局者正向客人有所询问，表现出谢安棋高一着，伸手就要胜几着棋的神态。另一面是飞骑报捷的人员，手持红旗，侍女们则互相窃说，彼此呼应。非常生动。署款"槎溪吴之璠"。有乾隆御题诗一首。

**嘉定"三朱"**

**朱松邻**　（生卒年不详），朱鹤，字子鸣，号松邻。嘉定（今属上海）人。活动于明代正德、嘉靖年间。刻竹擅长深刻法，为嘉定派竹刻的开山始祖。

**朱小松**　（1520-1587），朱鹤子。名朱缨，号小松。书法工小篆及行草，作画长于气韵，刻竹师承家法。有诗集《小松山人集》一卷传世。

**朱三松**　（生卒年不详），朱缨子。可能生于嘉靖三十八年（1559）前后，卒于明末。较全面地继承了家族的雕刻技艺。

**濮澄**　（1582—？），字仲谦，金陵人。竹刻金陵派创始人。明末作家张岱（1597—1679）在《陶庵梦忆》中专门记载："南京濮仲谦，古貌古心，鹑鹑若无能者，然其技艺之巧，夺天工焉。其竹器，一帚、一刷，竹寸耳，勾勒数刀，价以两计……"

**李耀**　（生卒年不详），名昭，字文甫，明代竹刻家，金陵派的先驱。濮澄刻扇，就是步李耀后尘。

# 黄振效款象牙雕渔乐图笔筒

清·乾隆三年（1738）黄振效

高12厘米，口径9.7厘米

此笔筒的作者黄振效是广东的名手。署款"小臣黄振效恭制"，年月是乾隆戊午，即乾隆三年（1738）。他由当地督抚保荐，被召入养心殿造办处，于乾隆四年（1739）正式在"牙作"当差。这件笔筒可能是初到造办处呈览供审查的样品。黄振效虽然是广东人，但他的作品却不是广东牙雕的风格，而完全是嘉定派竹刻的高浮雕方法。刻画

了傍山靠水的渔家乐图景。构图采取壁立山崖的三面，一面是水中一舟将从芦荡中撑出来，一舟前行，崖上刻乾隆御题诗一首。一面为岸上松荫下五人聚饮，一面为松坡，署款在坡下。这种高浮雕已接近立体圆雕，物象极为生动，是牙雕器物中的上品。

**浮雕**

塑造的形象依附于背景之上，适于单面观赏。大多采用形象凸起的形式，根据凸起的厚度，又可分为高浮雕和浅浮雕；也有将形象的轮廓线雕去的，称为凹浮雕。

## o84 青玉大禹治水图山子

清·乾隆五十二年（1787）

高224厘米，宽96厘米，座高60厘米
重约5 330千克

"青玉大禹治水图山子"用密勒塔山青白玉制成，下面承以铜嵌金丝、烧古色山形座。玉山雕刻着崇山峻岭、古木丛立、洞壑溪涧作背景，大禹在正面山腰上亲自劳作。追随他的民众，有人用锤打，有人用镐刨，有人用杠杆捶击，凿石开山，使水就下。这幅生动活泼的劳动图景，是按着玉材天然形势，给予精细的艺术加工而制成的，堪称稀世珍宝。

玉山背面刻有乾隆五十三年（1788）正月《题密勒塔山玉大禹治水图》御制诗。大意是歌颂大禹治水，四年之间走

据前人记述，从新疆运大玉到北京需要制作轴长三丈五尺的特大专车。车上有铜把，前用一百多匹马拉车，后用千名夫役扶把推运。逢山开路，遇水架桥，冬季则泼水结冰路面拽运，日行五至六里。据此计算自和阗至北京一万一千一百里，需时三年才能运到。玉料运到北京以后，乾隆皇帝选用《石渠宝笈》著录的《宋人画大禹治水图》轴为稿本，将原图发交内务

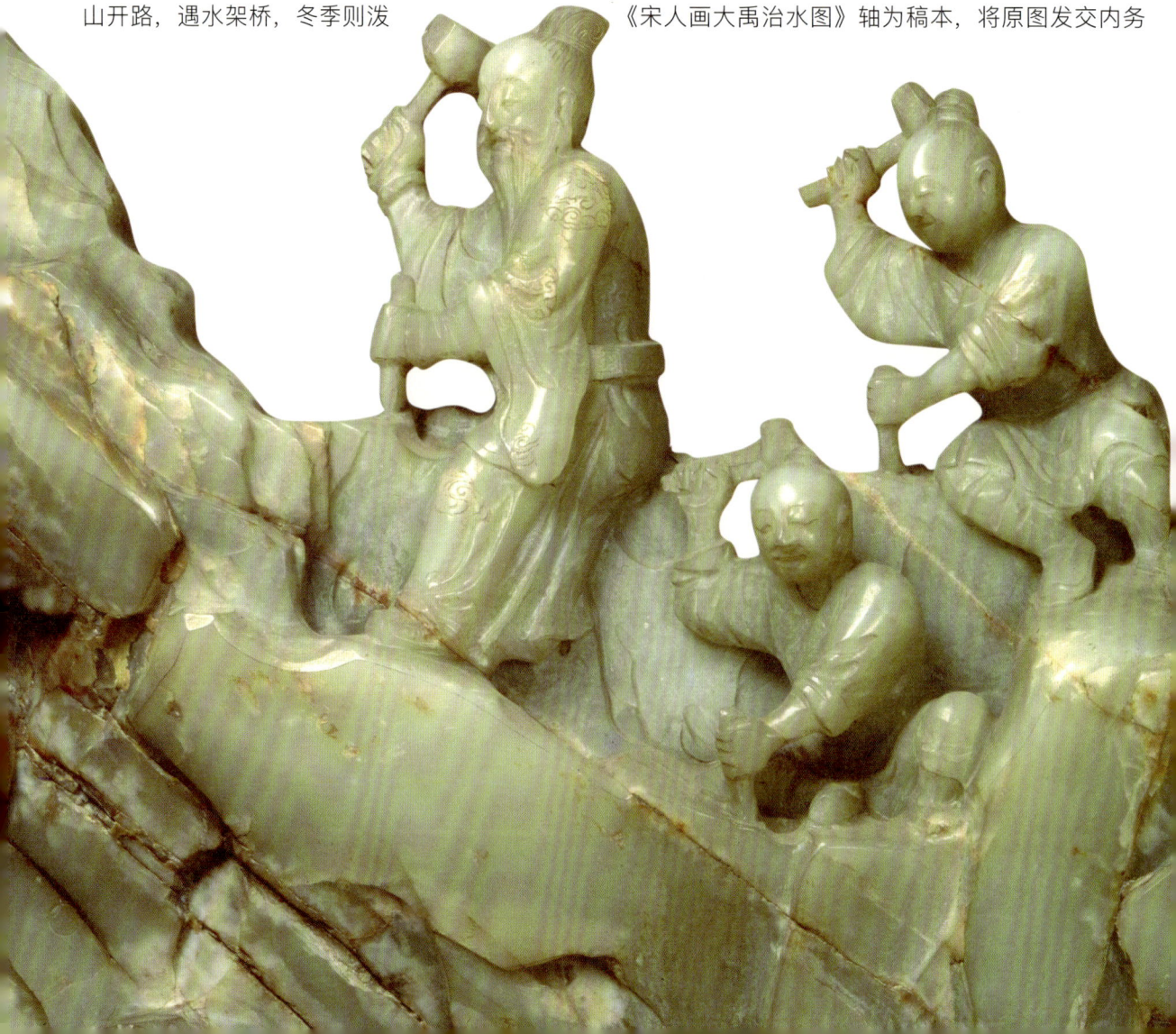

遍全国，开山凿石，疏通江河，使洪水就范不致为灾，大禹的功德是万古不朽的。这样一块像山峰似的大玉材，如果制造尊垒一类的器物，那就大材小用了。宫中所藏《宋人画大禹治水图》是一幅名画。把它体现在大玉山上，那将是永远不会被损坏的纪念物。也只有"功德垂万古"的圣迹刻在这样的大玉上才相称。现在玉山已制成，自从采玉开始，十年之久，耗费许多人力物力。乾隆还告诫子孙，如果仅仅为了追求珍玩，今后绝不允许再做这样的事。从诗中也可知道制造玉山的本末和目的。

府大臣舒文，命贾铨照图式样在玉上临刻。乾隆四十六年（1781）二月二十七日，拨得玉山蜡样及画得正背左右画样四张。同年五月初七日，乾隆批准蜡样和画样，经过运河把大玉载往扬州，交两淮盐政图明阿选玉匠照样制造。后来因恐蜡样日久熔化，又照样刻成木样。自乾隆四十六年九月在扬州开工，到乾隆五十二年（1787）六月完成，历时七年零八个月。同年玉山再经运河运到北京。九月间安设在宁寿宫乐寿堂。乾隆五十三年正月二十五日，命造办处如意馆的刻玉匠把御题诗刻在玉山的背面。

　　"青玉大禹治水图山子"所用的工时和造价，已无精确的资料可据。但根据另一件玉山，"秋山行旅图玉山"的制造资料可以推断大约的数字。此物造价约

……敬之以……
……無限……
……尊夫大川……
……故作歌……神……大橋……
……慎……長言……
……子免……
……治水……
……延……府……高七尺博三尺卓立如……
……疆爾食夫溪武之言……
……河源……都草見簡明……

是"秋山行旅图玉山"的四倍。根据"秋山行旅图玉山"的工时和造价，估计"青玉大禹治水图山子"从打坯到制造完成，不包括刻字工时，不包括在山上开采玉料，不包括从新疆运到北京、从北京运到扬州、再运回北京，一系列的运费都不计算在内，只计制造，大约工程量为十五万个工作日，需白银一万五千余两。按当时物价，可折合大米一万六七千担（一担约合六十公斤）。如果开采运输的工时和银两加在一起，将若干倍于此数。"青玉大禹治水图山子"的制成，在玉器工艺美术史上是一次伟大的创举，显示了中国人民的才能与智慧。

> **秋山行旅图玉山**
>
> 据档案记载，此玉山于乾隆三十一年（1766）十一月十三日开始制作。初期制作在北京，后因进度迟缓，遂被运往两淮，由扬州承做。告竣时间不晚于乾隆三十五年（1770）。清代大型玉雕作品有一个共同的特点：皆不以玉料的好坏作为衡量作品优劣的唯一标准。有些质地欠佳，但经工匠的精心设计后，成为珍品。

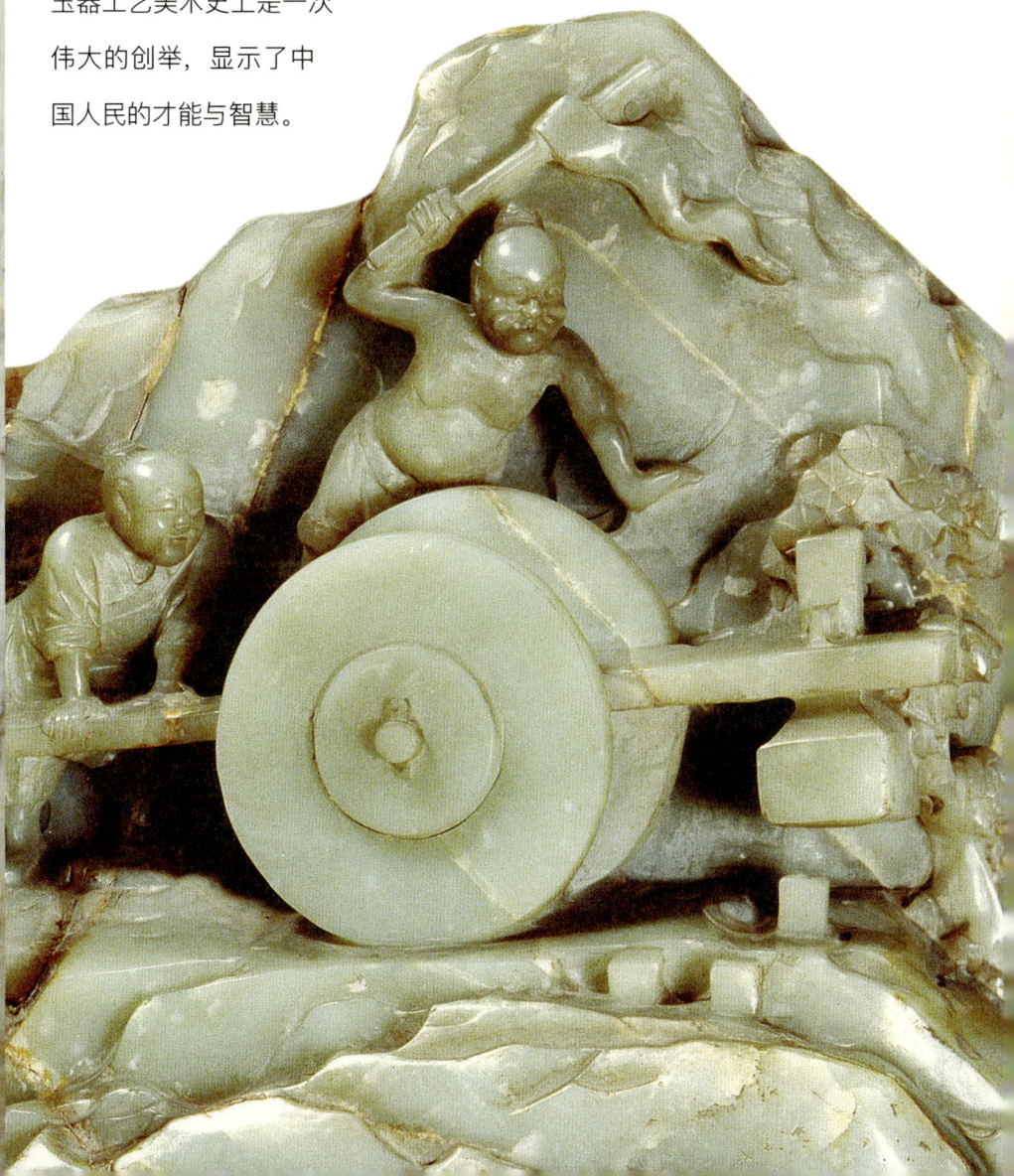

# o85 桐荫仕女玉山

## 清·乾隆（1736—1795）

高15.5厘米，长25厘米，宽10.8厘米

清乾隆时期，是我国琢玉工艺高度发展的阶段，"桐荫仕女玉山"就是当时的杰作。这是一块黄白色整材，本想雕成玉碗，但因其既有裂痕又有赭色玉皮子而被废弃，经苏州工匠化拙为巧

的鬼斧神工处理后，仿宫内油画《桐荫仕女图》而作。明清两代玉雕广受绘画的影响，许多清代宫廷画家都为玉雕进行过设计，给玉雕带来了更多的文化内涵，使其有了更为强烈的文人文化倾向。

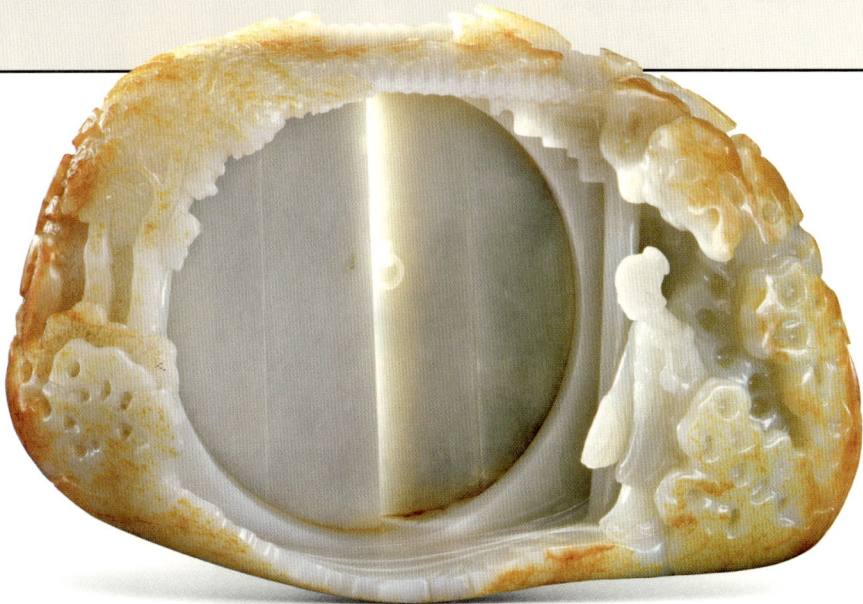

乾隆御诗拓片图

"桐荫仕女玉山"是用一块玉子就其天然形体琢成的。底有乾隆御制诗一首，并序："相材取碗料，就质琢图形。剩水残山境，桐簷蕉轴庭。女郎相顾问，匠氏运心灵。义重无弃物，赢他泣楚廷。"序中叙述，这是一块做玉碗取坯后剩下的废材，取其玉质温润，在造办处当差的苏州玉匠利用废材，精心设计制造的一个玉山子。在中间琢成一个洞门，四扇屏门，中间半掩，门外一人拈花，门内一人捧盒，内外相望。用玉子表面赭色的皮部做桐、蕉、山石。用洁白部分做石桌、石凳。是一件巧作的精品，是清代圆雕玉器的代表作。

o86

# 木胎海棠式盆
# 翠竹盆景

## 清（1616—1911）

通高18厘米，盆高6厘米
足距纵3厘米，横4厘米

　　清代养心殿造办处的"玉作""杂活作""牙作""嵌丝作""錾(音减)金作"合制的盆景，有许多从设计、选料、制造上说，都堪称是上乘的精品。这些盆景是雍正元年(1723)以来，造办处特有的。造办处主要的总设计人是从内务府员外郎出身后来做到内大臣的海望。当然每个制作环节还有许多设计者，同时也是作者。造办处所制盆景或瓶花，章法是画意的经营，色调显示其选料的质美。譬如造一棵凤仙花盆景，用牛角做梗，把充满水分、半透明的露出纤丝筋脉的凤仙花梗特点表现无遗。制造盆景的名手是在造办处当差的苏州能人施天章。

　　这件盆景主要是"玉作"和"嵌丝作"合制。由"嵌丝作"制铜凿花镀金盆，"玉作"制翠竹。景的内容是一丛经过砍伐的老竹，从根部又生出嫩叶。粗壮的竹根，充分表现翡翠的质美。章法疏朗有致。配上铜镀金盆，上下金碧相映，是一件精巧而又脱俗的案头清供。

o87

# 碧玉仿古觥

## 清·乾隆（1736—1795）

高18.7厘米，口宽7.4厘米，足距纵7.7厘米，横4.2厘米

清代养心殿造办处"玉作"制造的范围是：以玉为主，同时包括一切需要砣工制造的物料，如玛瑙、碧玺、翡翠等；还有天然的矿物和经过烧炼的各色玻璃料，都包括在内。当时的许多城市也有玉匠，如苏州、扬州和回部地区均是高手集中地，他们制造的玉器成为流通市场的高级商

这道谕旨很切中当时玉器制造的时病。这里所介绍的碧玉仿古觥（音公）是养心殿造办处造的所谓杜奇归朴的器物，属于纠正时病的器物。此器仿古铜器的饕餮纹觥，玉质的墨绿色很自然的呈现着青铜锈斑的色泽，是造办处的精品。当时造办处的工艺者，都是各地方选送的高手，待遇优厚，在制造时又有素养很高的专家设计。所以造办处制造的器物都是工精质良，在工艺美术史上占很重要的地位。

品。因商业竞争以致争奇斗胜。由于盐商竞出高价购买，乾隆时期扬州市场上曾出现大量玲珑剔透的玉器。当时的盐政和织造把这种玉器作贡品，遭到乾隆皇帝的申斥。乾隆五十九年（1794）八月十四日，曾有一道谕旨给扬州盐政和苏州织造，大意是说此后务须严行禁止镂雕这类玉器。

因为凡是容器，镂空之后没什么用处，即使不是容器，通体玲珑则玉质的美完全消失了。甚至回部地区也相习成风，致使完整玉料都成废器。

# o88 画珐琅花鸟纹瓶

## 清·乾隆（1736—1795）

高44厘米，口径14厘米，足径15.2厘米

铜胎画珐琅，这一工艺美术品种，在清代康熙、雍正、乾隆三朝空前的发展。雍正年间，养心殿造办处从原来采用西洋料发展为自己烧炼珐

当时铜胎画珐琅器的制造地点，有广东、扬州和北京。北京在当时还没有民间的作坊（康熙到乾隆时期），只是养心殿造办处有"珐琅作"。这个"珐琅作"内的人员，除从广东、江南挑选优秀工匠以外，还有江西烧造瓷器处送来的工匠，另外还有画院处的画家。所以这个品种在康、雍、乾三朝呈现着非常繁荣的景象。

康熙款的釉质，细腻温润而不以光亮取胜。有白釉地绘疏朗的工笔花鸟小瓶；有黄釉地图案化的花卉盘、碗、花篮等；还有一道釉的器物。雍正时期除原有的瓶、罐、盘、碗等，新的品种有冠架、鼻烟壶等；新的花色有黑地、百

琅料九种，是当时西洋料所没有的颜
色品种。后来又新增九种，连同原有
的西洋料十八种，共有三十六种颜色
的珐琅料。

花和皮球花等。到乾隆时期，制造范围扩大，
宫内陈设装饰和使用器物大至屏风，小至焖
壶无所不备，装饰性非常强。又吸取了瓷器、
漆器、织绣、铜器的图案组织而出现许多新
内容。釉色和花纹继承以往的优点以外，
盛行锦地开光人物、山水、花卉
等，并有胭脂水或青花的山水，
描绘生动精细，其锦地在一
个器物上常有几套几层不
同组织的花纹。釉色有无
光而细腻如凝脂的，有含
玻璃质感的。

　　这件花瓶就是属于玻
璃质感的，瓶面上有一层
坚脆的清光，笼罩着绚丽
的花卉。造型稳重，是大型
铜胎画珐琅瓶类中的珍品。

# o89 百宝嵌花果紫檀盒

清·乾隆（1736—1795）

纵22厘米，横27.5厘米，高6厘米

百宝嵌，这种工艺由来已久。据文献记载，汉朝已有之。本书所选的两件百宝嵌的做法则始于明朝。其法以金、银、宝石、珍珠、珊瑚、碧玉、翡翠、水晶、玛瑙、玳瑁、砗磲、青金石、绿松石、螺钿、象牙、蜜蜡、沉香等物作原

　　"百宝嵌花果紫檀盒"是乾隆时代的百宝嵌精品。百宝嵌的嵌物，有微凸如浮雕的，有表面齐平不见起伏的。紫檀盒的做法属于前者。

　　"百宝嵌花果紫檀盒"，长方圆角式，金星紫檀木。盒面上嵌藕、莲蓬、茨菇、白菊、黄菊、芙蓉、兰花等花果一簇。稿本当然仍是绘画，但效

果不同于绘画。藕的选料也说明制作手法的高妙。藕身用白玉，但露孔处的剖面用螺钿，虽然同是白色，而螺钿的亮度和白玉不同，这就显出藕身有皮色，剖面则白亮有水意。再有同是绿色的莲蓬用碧玉，而菊叶用孔雀石，又出现不同的效果。兰花用青玉，红果用红玛瑙，各有其质美。是百宝嵌中的珍品。

料，雕成山水、人物、树木、楼台、花卉、翎毛，嵌在漆、紫檀或花梨等器物上。大则屏风、桌、椅、窗槅、书架，小则笔床、茶具、砚匣、书箱都有这种做法。这种做法始于明嘉靖时的周柱（一说名叫周翥）。人们称这种做法为"周制"，等于说"周制"和"百宝嵌"两个语汇是一个含义。乾隆时以王国琛、卢映之的技艺为最精。

090

# 百宝嵌花卉漆挂屏

## 清·乾隆（1736—1795）

高98厘米，宽64.5厘米

"百宝嵌花卉漆挂屏"是乾隆时代的百宝嵌精品。百宝嵌的嵌物，有微凸如浮雕的，有表面齐平不见起伏的。这一对挂屏的做法属于前者。

挂屏一对，象牙嵌花包镶边框，本幅为天蓝色漆板，所嵌花卉一为白梅，一为红梅。树的枝干都是瘿鹅木嵌，取其木纹天然绞丝状，酷似树皮，白玉做白梅，红碧玺做红梅。白梅树下有红玛瑙做的山茶花，碧玉做叶。红

梅树下有碧玉做的兰
叶，青玉做的兰花，
红宝石做蕊。孔雀石
做地，墨玉做石，其
中以碧玺的经济价值
最高，每一方寸当时
即以千两银计值。从章法
来看，完全是两幅花卉的画。
制造本来也是根据画稿，但效
果却和绘画不同。从室内装饰角度
来看，如果室内是华丽浓艳的陈设，
则墙上挂纸绢绘画就显得薄弱；不如
百宝嵌的画面，再加象牙嵌花边框的
挂屏，才和其他陈设协调一致。

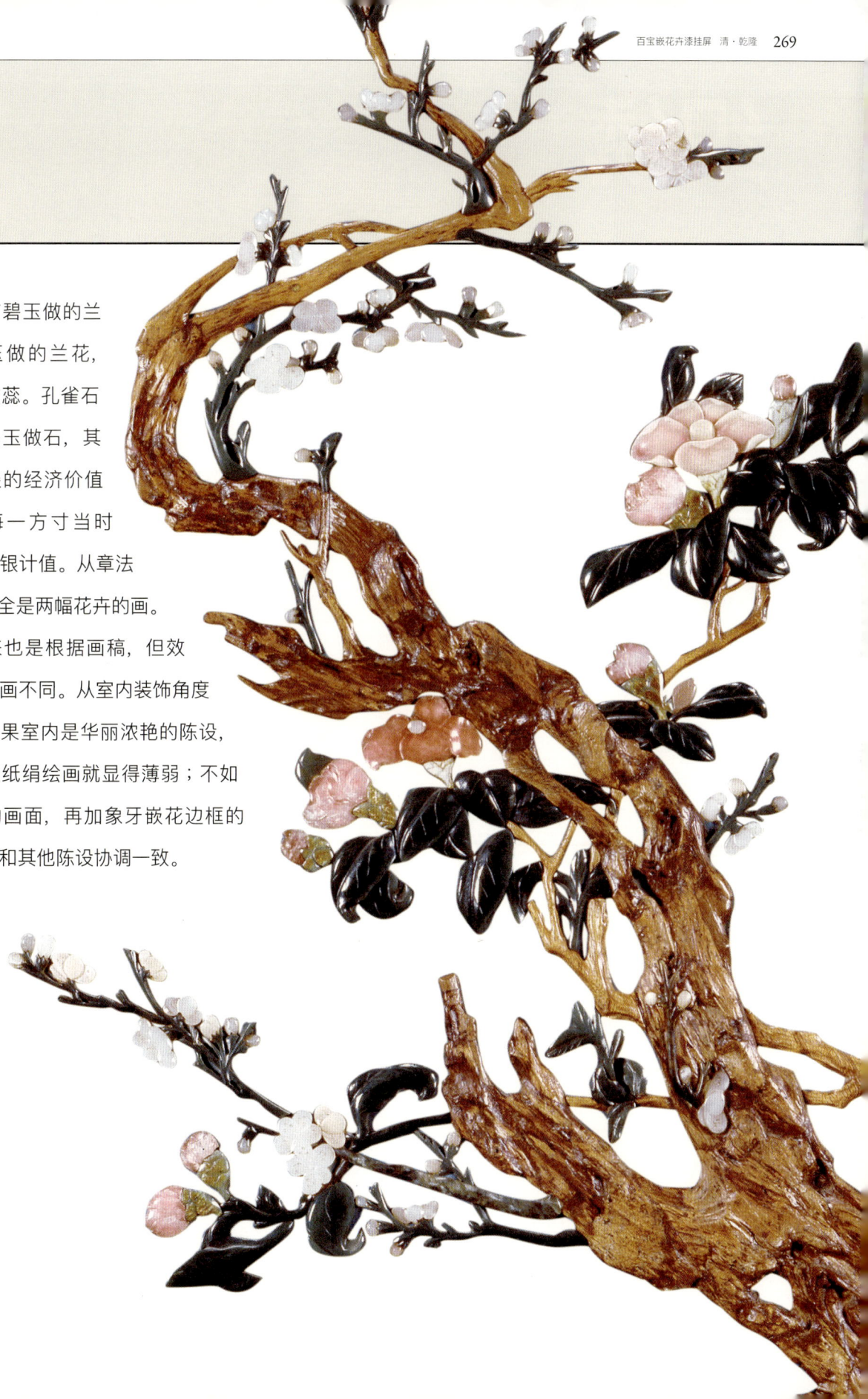

# 织绣

# 织绣

中国是丝绸的发源地。距今五千多年的原始时期，就开始利用蚕丝。考古工作者先后在山西、河北、河南、辽宁、江苏和浙江余姚等新石器时代遗址，发现过蚕茧、陶蚕蛹、石蚕蛹、黑陶蚕纹装饰、骨器蚕纹装饰等遗迹。1958年在浙江吴兴钱山漾新石器时代遗址发现了经纬密度每厘米达48根的丝绢，这些都表明了中国丝绸历史源远流长。

瑞典远东古物博物馆保存的从河南安阳出土带有回纹绮痕迹的商代铜钺和故宫博物院保存的带有雷纹绮残痕的商代青玉戈，更可证明商代已经揭开丝绸织花的序幕。到了周代，朝廷已对丝绸手工业设立专官和专业作坊进行管理和生产，当时织锦和刺绣已经具有较高的工艺水平。公元前770至公元前221年的春秋战国时期，中国兖、青、徐、扬、荆、豫等州都有丝绸的特产。丝绸的品种已有帛、缦、绨、素、缟、纨、纱、谷、绉、纂、组、绮、绣、罗等。高级的丝绸已成为诸侯朝见天子以及诸侯间互聘、会盟必用的礼品。在湖南长沙烈士公园和左家塘、河南信阳长台关、湖北荆州八岭山等地战国楚墓出土的锦绣，有的被贴裱在棺木上作装饰，有的用来做被褥衣服，有的成匹地

用来殉葬。荆州八岭山出土的战国织锦，织法精细，配色清雅，锦面龙凤图案穿插重叠，非常美丽。长沙左家塘出土的战国织锦，花纹格式多变，工艺上已采用牵彩条及增牵特殊挂经等各种方法。长沙烈士公园和荆州八岭山出土的战国刺绣的图案，龙游凤舞，猛虎瑞兽，活跃于穿枝花草之中。这些图案的形式及题材内容，还与20世纪60年代在苏联巴泽雷克公元前5世纪时期游牧民族部落贵族墓中出土的中国丝绸地凤鸟穿花纹刺绣鞍褥面纹样近似。中国丝绸在先秦时期，已由秦国运往北方，与北方游牧民族交换战马。通过巴泽雷克出土的中国丝绸刺绣，更足以说明中国丝绸刺绣，在公元前5世纪时已经通过北方草原运销到欧洲地区。

公元前138年，张骞出使西域，开通了从中国通往西域的南北两条大路。中国的丝绸就源源不断地运到欧洲，为东西方物质文化的交流做出了巨大的贡献。从此中国就被誉为"丝绸之国"。由中国西北通往西域的道路，也被历史学家称为"丝绸之路"。

张骞塑像　　　张骞邮票

**张骞**（？—前114），字子文，汉中郡城固（今陕西省汉中市城固县）人，汉代外交家、探险家，"丝绸之路"的开拓者。西汉建元二年（前139）奉汉武帝之命，由帝都长安（今陕西西安）出发，率领一百多人出使西域，打通了汉朝通往西域的道路。

汉、唐以来，中国的丝绸品种不断丰富，工艺技巧不断提高。例如汉代的起绒锦，在织物表面织有由经线织出来的绒圈形浮雕状的花纹。汉代的经锦，以多组彩色经丝起花，能织出构图十分复杂、色彩庄重富丽、带有吉祥含义铭文的山脉、云气、动物图案。唐代创造了纬丝起斜纹花的绫、锦、双面平纹锦、印经绸、夹缬、蜡缬、红线毯及缂丝等新品种。纹样构图宏伟，形象丰满，色彩鲜丽。

宋代织锦，将花纹组织与地纹组织分开，并开始运用小梭管挖织局部彩花的新技术，使得锦缎纹地清晰，花纹色彩更加富丽。当时还创造了具有写生风格花式的"宋锦"。例如：如意牡丹纹锦、宜男百花纹锦、穿花凤纹锦、百花撵龙纹锦、大百花孔雀纹锦、天下乐锦等，都是形象写实、生动的宋锦典型纹样。宋代织锦图案向来以典雅优美而称著，写生风格的图案多为后代织锦所仿效。明、清时期苏州所织著名的"宋式锦"，就是在这个传统的基础上发展起来的。宋代的刺绣和缂丝技艺已发展到

能够仿制画院工笔绘画，并足以乱真的高超水平，而且比画更有质感和光泽。史称"宋绣针路多变，用线细于发丝"。宋代缂丝则出现了像朱克柔、沈子蕃、吴煦等著名艺人。元代是金银线织物高度发展的时期。元代统治者最喜欢的"纳石失"，就是文质富丽的织金锦。明、清两代在江南三织造所在地区南京、苏州、杭州生产高级丝绸，如各种织金锦、妆花锦、织金妆花锦、重锦、宋式锦、匣锦、闪缎、织金缎、暗花缎、两色缎、妆花缎、加金妆花缎、遍地金妆花缎、孔雀羽织金妆花缎等，花色品种更是多不胜数。

缎是宋、元时期新出现的品种。明、清时期在缎组织地上提花的技术高度发展。明代生产多为五枚缎。明末新创，到清乾隆时期大量生产的入丝缎，缎面莹洁光亮，质地柔软，美观实用。在此基础上再以数种甚至数十种不同颜色的小管梭，用"挖花"技术织出绚丽多彩的花纹，这种织物就是妆花缎。并可按服装款式、床椅铺垫、幔帐等成品的形

式规格生产"织成"料。有的更在原料中加入片金、片银、捻金线、捻银线、孔雀羽线等，使织品更加高贵豪华。

明、清时期的缂丝，常常制织复杂的巨幅作品。织工细巧，戗色技法也有更多的变化。为了艺术效果更加逼真，有时也在某些主体花纹上加绣，或局部用彩笔加绘。刺绣自明代以来，在一些大城市出现了商品性生产的绣画。崇祯（1628—1644）时上海露香园韩希孟摹绣名人书画，以精巧著名，称为"顾绣"。和顾绣特点成对比的山东"鲁绣"（俗称衣线绣），常在暗花绫缎上用双股捻合的花线绣花，有厚重朴实的感觉。北方还流行用衣线在纱地上满地纳绣的"洒线绣"和用钉线法绣花的"缉线绣"，及用捻金捻银线盘钉绣花的"平金绣"。这三种绣法在北京定陵出土的文物中有大量发现。

清代大部分宫廷御用和上用

京绣

的刺绣品，均由宫廷如意馆画工绘制花样，发送江南三织造管辖的织绣作坊照样绣制，无不工整精美。同时在民间先后出现了以商品生产为目的的地方绣。最著名的地方绣，有以北京为中心的"京绣"和分别以苏州、成都、广州、长沙为中心的"苏绣""蜀绣""粤绣""湘绣"，它们各具地方艺术的特色。后来苏、蜀、粤、湘四种地方绣，被称为"四大名绣"。

京绣，图案结构严谨，装饰华丽。绣种多样，包括戳纱绣、铺绒绣、钉线绣、网绣、平金绣、堆绣、穿珠绣以及十字挑花等。

苏绣，继承和发扬了宋代绣画的传统，讲究以针代笔，突出针法效果。绣工细密不露针迹，丝理圆转自如，绣面平服。配色采用同类色或含灰对比的退晕方法，色彩沉静雅洁。并发展了一次绣作过程中完成双面图案的"双面绣"技艺，两面针法、色彩都相同。

蜀绣，是在当地民间绣的技艺基础上吸收明代顾绣艺术的长处，而发展成为著名的地方商品绣。绣品以厚重工整、色彩鲜丽、有针工的装饰见称。

粤绣，又称广绣。构图丰满，形象逼真。施针简快，针线重叠隆起。配色鲜丽明朗，光泽眩目，并常用孔雀羽线、捻金线配合绣花，生动活泼。

湘绣，擘丝细，所擘之丝，用荚仁溶液蒸后裹竹纸揩拭，以防丝绒起毛，故光细胜于发丝。这种绣品，当时被称为"羊毛细绣"。湘绣设色素净，要求符合物像本色。针法吸取苏绣的特点，渲染阴阳浓淡，晕色如画。

中国织绣源远流长，闪烁着东方文化艺术的光芒。故宫博物院收藏的传统织绣珍品非常丰富，收入本书的这十件织绣，是包括了织绣工艺各门类的极精品，有的还是举世无双的艺术珍宝。

苏绣

湘绣

蜀绣

粤绣

## 091 球路双鸟纹锦夹袍

北宋（960—1127）

彩织，身长 138 厘米，通袖长 194 厘米
袖口宽 15 厘米，下摆大 81 厘米

锦是中国著名的高级丝织传统品种。它的历史可追溯到西周时期。据考古发现，从西周到唐朝以前的锦，都是用经丝显出花纹的，称为"经锦"；唐代初年始见有由纬丝显现花纹的"纬锦"。以后纬锦就逐渐取代经锦。

这件用纬锦制作的夹袍，是在古代"丝绸之路"途经的新疆维吾尔自治区阿拉尔木乃伊墓出土的。锦袍为半掩襟，交领，窄袖；后身开裾，高于臀部。全袍以球路双鸟纹锦作面料，用素绸作里，鸂鶒团花锦镶领边，袖口镶接一段双雀栏杆锦袖头。领、袖、襟的外缘，镶着羊皮"出风"，出土时羊皮已残留无几。

所用锦地面料球路双鸟纹锦，经丝为黄色，纬丝有淡黄、黑、黄绿、白四色。由纬丝显花，基本组织是三枚纬向斜纹。花纹的骨格是圆形的交切与重叠。这种格式是宋代丝绸图案中流行的式样，称作球路纹。在球路纹的圆圈中，填充背向对称的双鸟。鸟的姿态举翅昂首，似在奋翼起飞，背靠直立的花树。圆圈的周边，饰以几何连钱纹和古波斯式的连珠纹。在圆圈的交切处和空隙部位装饰的连珠四叶和四鸟纹团花，也都带有波斯风格的影响，融合了中西方的装饰特色。袍领用的鸂鶒团花锦花纹，鸂鶒在圆形中间回旋穿花飞翔，团花外围以四面对称组合的花叶布地，是中国唐、宋间流行的图案格式。两袖口缝接的双雀栏杆花纹锦，也是唐以来工艺装饰花纹中常见的式样。

　　这件锦夹袍出土时穿在一个身高1.9米，头部蒙着白绡的男性木乃伊身上。死者是维吾尔族的一名武将。从袍长和木乃伊身长的比例看，夹袍比木乃伊身长短62厘米，与唐以来"胡人俑"服制比例相合。在唐阎立本《步辇图》所绘西域来使身上，可以看见和这件夹袍式样及图案格式十分近似的服装图像。

　　中国古代生产销往西方的丝绸，常常选取符合西域人习惯穿用的花纹。例如新疆吐鲁番阿斯塔那出土的北朝时期的"胡王锦"，在连珠纹中织着胡王牵骆驼；唐代有在连珠纹中织着两个胡人围着酒壶饮酒的"醉佛林锦"，都能说明这个情况。通过经济的交往，西方艺术也给中国的民族艺术带来了影响。这件球路双鸟纹锦夹袍，正是中西经济文化交流的象征。宋代的织锦衣物留存至今的很稀少，这件锦袍能够保存得这样完好，对研究宋代织锦技术、装饰花纹和兄弟民族的服装样式提供了珍贵的实物资料。

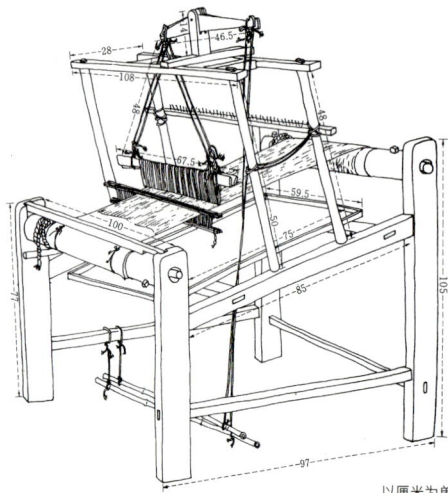

092

# 缂丝青碧山水图轴

南宋（1127—1279）沈子蕃

缂丝，高88.5厘米，宽37厘米

　　织锦和缂丝无论花纹、题材和形式设
计都有不同的要求。织锦多实用品，花纹布
局，一般是以一个花纹单位向四方连续扩展。
也有一些是按成品的形状和裁剪方法分布花
纹，连接成一匹匹料的。织造时，预先由专
门编织"花本"的"挑花匠"按设计花样编
成"花本"。将"花本"装到织机的"提花
楼子"上，由"挽花匠"坐在楼子上按顺序

以厘米为单位

**缂丝织机绘制图**

拉动经线，再由"织匠"配合着投梭织纬，
就能自动织出花纹。而缂丝不用"花本"，
主要由织工照着画稿在很简单的织具上从心
所欲地用双手缂织成花纹。无论尺寸的大小，

缂丝是著名的丝织技法。宋以来的著录中，也有写成"克丝""刻丝"的，其含义相同。缂丝从质地分析，既不同于织锦，也不同于刺绣。刺绣是在某一颜色的丝织品上，用绣花针穿引绣线，绣出高于丝织品表面的花纹。缂丝的花纹与底纹完全平齐。缂丝虽然和织锦都是经纬交织出花纹，但织锦用复杂的变化组织来织花，织物表面花纹清楚，反面有浮纬掩盖，花纹杂乱不清，织物厚实。缂丝用单层平纹组织织花，织物正反两面组织相同，花纹、颜色也完全相同，花纹边界有刻裂现象，织物匀薄。

颜色的繁复，书法、绘画、挂屏、围屏、服装、铺垫、椅帔、宫扇、荷包等各类型的东西都可以缂织。

缂丝所用的是普通轻便的平纹木机。缂织时，先在织机上装上经线，穿好平纹综片和竹筘；再在经线下面挟上图样，织工透过经线可以看清图样中的花形和颜色，用毛笔将花纹轮廓描到经线上，按花纹轮廓，以各色彩丝小梭子分块逐步缂织成表面平织的花纹。这种工艺，不像普通织物可以用大梭通幅到头织造，而是要按花纹轮廓和颜色交接的边界不断换梭，所以非具有高度熟练的技巧和艺术造诣的织工不能胜任。由于缂丝不用通梭，人们都称这种织法为"通经断纬"。日本则称作"缀织"。通经断纬形成花纹边界的刻缕效果，使缂丝的织纹如填彩，显现出特殊的装饰趣味。

通经断纬的织法，在新疆出土汉及南北朝时的毛织品中已出现。唐代的通经断纬织法的丝织品，即为缂丝。北宋时北方贵族妇女已用缂丝制衣服和被面。

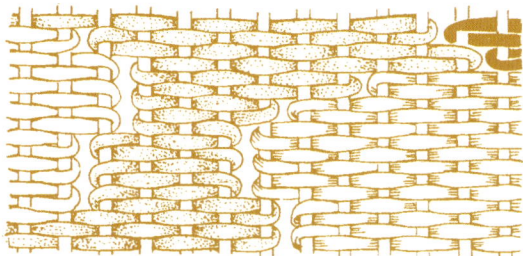

**缂丝组织绘制图**

沈子蕃《缂丝青碧山水图》轴采用了"渗和戗""长短戗""构缂""平缂""子母经"等方法。"渗和戗"是表现色彩由深到浅过渡的一种方法，其特点是深浅两色的交替不绝对平均，并且是在色彩由上向下或由下向上纵向变化其深浅时使用。本幅山纹就是用"渗和戗"法缂成的。"长短戗"是利用织梭伸展的长短变化，使深浅两种纬丝互相穿插，在两色相互穿插的地方显出晕色的效果。本幅"长短戗"缂法也见于山纹。"构缂"是在纹样边缘以另一颜色的丝线构缂出勾边线，使花纹界划清楚。本幅所有的轮廓勾边线都是用"构缂法"织出的。"平缂"用于所有的平涂色块。"子母经"用于缂织文字和图章。此外，在山、云、水等处局部还以淡彩渲染，使景物阴阳远近，层次分明。这件缂丝运梭如运笔，不失分毫，线条勾勒有力，设色明丽天成。它再现了江南大自然空灵开旷的情趣，又具有笔墨山水画所不能具有的工艺质感之美。是沈氏缂丝山水画的代表作之一，是珍贵的文物。

# 093 缂丝东方朔偷桃图

## 元（1271—1368）

缂丝，青地五彩织成，高58.5厘米，宽33.5厘米

《缂丝东方朔偷桃图》轴，是一件以宋代绘画为稿本的精品。画面内容是西汉武帝时，以诙谐滑稽闻名的文人东方朔，得道成仙之后在天上碰到西王母设蟠桃盛会，就大胆进去偷吃了蟠桃，被仙吏擒获，请西王母发落。因他申辩语言滑稽，逗得西王母开心。后来西王母赐他琼浆玉液，东方朔痛饮而归。因这个故事非常有趣，富戏剧性，又有吉庆长寿的含义，人们一直乐于用之作美术品和工艺美术品的题材。

这件缂丝图轴，画面上缂织着从彩云中露出来的结满仙桃的桃枝，彩云把天宫的地点环境巧妙地表现出来。画面下缂织着灵芝、水仙、竹子和寿石，隐寓"灵仙祝寿"的吉祥语。画面正中缂织着手捧仙桃、一边奔走一边回头偷看的东方朔，把"偷"的心理状态活生生地刻画出来。

这件缂丝的画面设计，采用填色、勾线、二色互相参差换彩等方法，发挥了缂丝工艺的特点。色彩配置鲜明而素静。在浅米色地上，以石青、宝蓝、浅蓝、月白为主色，稍配水粉、瓦灰，十分和谐。在近景灵芝草的茎部，采用石青、驼色相捻合的"合色线"，也是一种新的创新。敷色方法，完全采用块面平涂。在山石、衣服袖子及人物胡须处，二色相遇时，则用缂丝工艺特有的戗色过渡（即不同色的小梭子交错使用，使色彩自然过渡）。主要用"长短戗"的调色方法，使深色纬与浅色纬相互穿插，出现"空间调合"的晕色效果。再在花纹边缘，以石青色的丝线构缂出勾边线。这起着调和色阶，又使花纹界划分清楚的作用。这种缂法使整幅画面具有很强的质感和鲜明的装饰效果。

元代流传下来的织绣文物为数不多。以人物故事为主题的缂丝图轴为数更少。《缂丝东方朔偷桃图》轴是故宫博物院收藏的元代缂丝品中工艺水平最高的一件珍贵文物。《秘殿珠林》著录。本幅上钤"乾隆御览之宝""乾隆鉴赏""秘殿珠林""三希堂精鉴玺""宜子孙"诸玺。

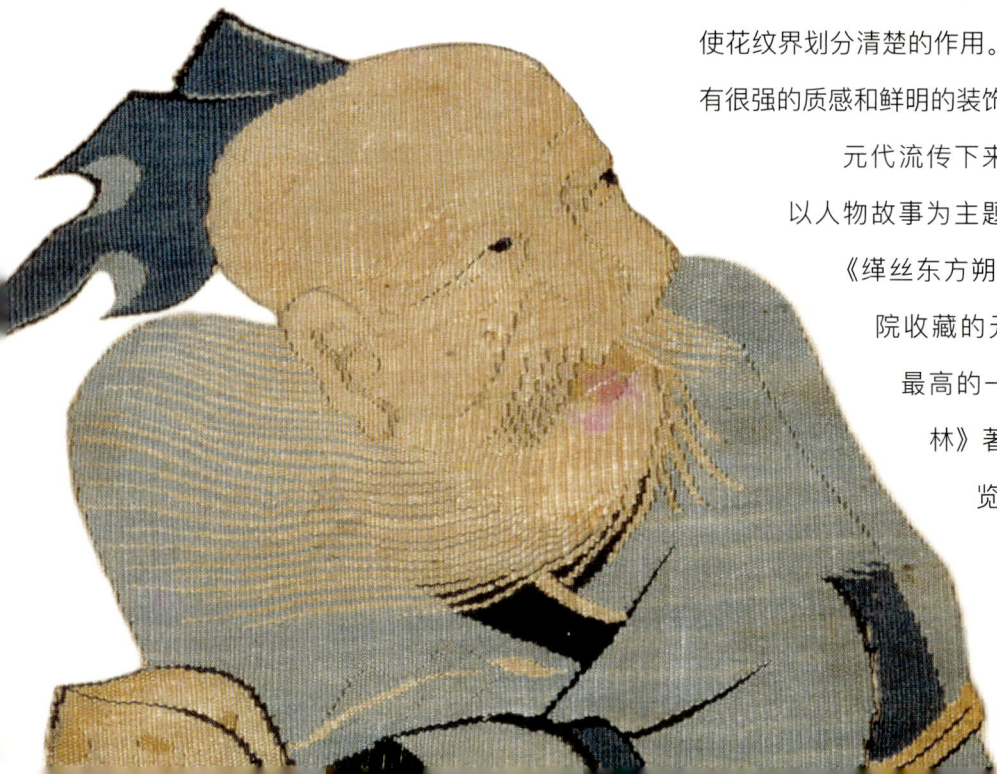

## 094 鲁绣芙蓉双鸭图轴

元（1271—1368）

缂丝，青地五彩织成，高140厘米，宽57厘米

这是一幅以芙蓉双鸭为主题的观赏性刺绣立轴，产于中国刺绣的传统产地山东。山东古属鲁国，在公元前5世纪，这一带桑麻遍地，已经是著名的丝绸产地。当地的妇女心灵手巧，普遍会刺绣精美的花纹。后来山东地区的刺绣就叫作

《芙蓉双鸭图》轴的构图，双鸭在画面正中偏下的位置亲昵地浮游，上半部满布五枝芙蓉花。双鸭和芙蓉占有绣面的主要地位，突出了主题。绣轴在左侧及下方填补芦苇、红蓼、秋海棠、山石、荷花、小草等，点缀出秋天的意境。绣面上没有大面积的堆铺，这能使绣品节用工料，而绣面则疏朗舒展，活泼丰满。

这幅绣轴用浅玉色折枝牡丹、月季暗花缎为底料，以较粗的双股合捻的衣线绣花，花纹苍劲有力，富于立体感，加以采用蓝绿、灰绿、暗红、月白等浓郁沉着的色线，使绣面气质浑厚，与江南闺阁绣细丝淡彩的风格形成鲜明的对照。这是北方及东北地区民间刺绣所具有的朴素雄健的特点。

"鲁绣"。元、明时期，鲁绣使用的绣线是用双股丝合捻起来的丝线，这种线叫"衣线"。用"衣线"绣成的作品，也有人叫它为"衣线绣"。"鲁绣"常以暗花绸、缎作为刺绣底料，用线粗，针脚长，丝理疏朗，坚固耐用，具有苍劲有力、爽朗豪放的独特风格。

这件含义吉祥的绣品，多在祝贺婚礼时张挂或作为礼品赠送。野鸭子是雌雄偶居不离的匹鸟。芙蓉在古代被当作贞洁的象征。把芙蓉和双鸭绣在一起，寓意爱情的坚贞和高洁。

根据不同的花纹影像施针是这件绣品的成功之处。如用长短参差的"擞和针"绣制芙蓉花、叶、石和鸭子；用线条绕成粒状小圈的"打子针"绣红蓼凸起的粟粒状花；用起针落针都在花纹边缘、线条平行排列的"缠针"绣芦苇及红蓼叶子；用针线穿绕成长约3厘米的辫子形线条的"辫子股针"绣芦花、小草和叶。这就使针工和丝理呈现出物像的质感，更加使形象真实生动，突破了绘画的平面效果，显现出浮雕状的立体感，表现了刺绣工艺的装饰趣味。这件绣品，堪称传世衣线绣中的珍品。

## 095 韩希孟宋元名迹册·洗马图

明·崇祯七年（1634）韩希孟

彩绣，白绫地，高33.4厘米，宽24.5厘米

中国刺绣历史悠久。据文献记载，最早起源于史前时期的帝舜时代。考古学家也发现了西周时期的刺绣实物。南北朝时期已出现大幅的刺绣佛像。宋代以刺绣摹制名人书画，把刺绣艺术推进到一个新领域。明代中叶上海顾家的"顾绣"就是在宋代绣画的基础上发展而来的闺阁绣。

韩希孟绣的《宋元名迹册》，是传世顾绣中的代表作。绣画册上有董其昌题赞，其夫顾寿潜的题跋。画册共八幅，《洗马图》是第一幅。

这幅绣《洗马图》，是以细于发的擘丝，纤甚于毫的绣针，根据画面不同的景物，选用多种色丝，采用长短线条参差排列、针针相嵌、整齐平铺的"擞和针"为主的多种针法，一丝不苟地绣出了原作的笔墨情趣，从而丰富了物像的质感。在局部山坡上，韩希孟还巧妙地施加了淡彩晕染，以画补绣，使其更具神韵。顾绣转为商品后，这种以染补绣的方法就成为顾绣的特点之一，故有人也称顾绣为"画绣"。但绘画毕竟是以笔墨在绢纸上挥笔，而刺绣则运用丝线的色彩，针法的疏密、轻重、逆顺，以丝理的走向和丝线的排列来表现物像的质感。既能把笔墨之趣摹绣得与画一般，又能显示出独特的工艺之巧。

顾绣最大的特点就是用线代笔，以摹真为能事。据记载，韩氏之摹临宋元名迹，绣作方册，覃精运巧，穷数年之心力经营，在风冥雨晦的时候，不敢从事。只在天晴日霁、鸟悦花芬的时刻，才摄取眼前景色，刺入吴绫。大画家董其昌对此赞叹不已，说非人力所能成。

　　韩希孟是17世纪中叶著名的刺绣艺术家。她夫家顾氏以闺阁刺绣而闻名。世以顾氏居所露香园，称其家刺绣为"露香园顾绣"，或称"顾氏露香园绣"，或简称"露香园绣"及"顾绣"。"顾绣"自嘉靖年间进士顾名世的长子顾汇海之妻缪氏开端，至名世次孙媳韩希孟时绣品最为珍贵著名，被称为"韩媛绣"。在这之前顾家绣品多为家藏玩赏或馈赠亲友之用。自名世死后顾氏家道中落，生活倚赖女眷的刺绣维持，于是顾绣从家庭女红向商品绣过渡。由于顾绣的闻名，行销畅通，清代晚期苏、沪等地经销刺绣的商店多以"顾绣"或"顾绣庄"冠其牌名。把当时苏绣和顾绣混为一谈，甚至把苏绣称为顾绣。实际这两种绣类各有不同的艺术特点。

## 096 柿红盘绦朵花宋锦

明（1368—1644）

长142厘米，宽32厘米

苏州在明代是江南织造所在地，为当时著名的丝织生产中心。苏州生产的宋式锦，以图案色泽模仿宋代风格的优美秀丽而闻名。

"盘绦"纹是一种大、中型几何花纹的名称。在唐代就生产"盘绦"花纹的"缭绫"，当时"盘绦"绫为珍贵的丝织产品。这件明代"盘绦四季花卉宋式锦"，是唐、宋几何骨架内填以自然形的传统花式基础上发展而来的。如图所

织锦是丝织品中最高级的品种。古时把锦字写成"綅"字，是表示织作费工，其价如金，故字从丝从金或从帛从金。从公元前8世纪以来，中国的锦就是先把丝精炼，染好色后，再用来上机织造，这种织法现在称为"熟织品"，是织造高档丝织品的工艺方法。古时织锦有以经丝显现花纹的"经锦"和以纬丝显现花纹的"纬锦"两类。"经锦"是早期的品种，一般为平纹变化组织的织品；"纬锦"始于初唐，一般为斜纹变化组织的织品。这件宋式锦的组织，是以"三枚纬向斜纹"显现花纹，以"三枚经向斜纹"织成地纹。

经丝分为一组专织地纹的"地经"和一组专织花纬的"特经"。地经可用"综绞"控制提沉运动，特经专由"花本"控制提沉，就能自动织出花纹。这种工艺设计可以提高生产效率，使锦面花纹清晰突出，是明代苏州丝织技术上的一种进步发展。按花色要求，生产这件宋式锦花纹需配置六把梭子织纬，其中以三把梭织长纬（一般多用来织锦纹的几何骨架、花卉的枝干和纹

样的勾边线），另外三把梭每织到三至四厘米长的距离之后，就换三把其他色的梭子再织；这样，实际上是用六把梭子，织出了十六种不同颜色的花纹，而且织物不致过厚。

示，锦纹以同心圆斜差作为图案骨架。同心圆的外围缺刻成六出形，与相邻的花纹重叠交切，构成六出形外层的几何纹装饰区。区内嵌以连钱、锁子、龟背、万字曲水、双矩、菱格等细小的几何纹。这些几何纹都有吉祥的含意，如连钱象征富裕；锁子、龟背象征长命；万字曲水、双矩、菱格象征万事顺利或长命不断等。它们都是唐、宋以来一直流行的传统花纹。在各个

同心圆的中心部位，分别填充梅花、水仙、牡丹花等花纹，这也是宋以来流传的装饰模式。把不同季节的花卉与抽象化、理想化的几何纹组合成一个画面，这种设计构思是非常巧妙的。这件宋式锦花纹的造型简练规整。色彩在桔黄地子上，配置大红、墨绿、明黄、石青等色的花纹。色彩处理上采用淡色相间，金线勾边的方法，即在花纹的边缘都镶上一层淡色，外面再勾上金线，以缓冲对比关系，统一主调，达到了富丽和谐的效果。

这分段换色的三把梭子，叫作"短跑梭"，用来织锦面上的主体花纹。使用短跑梭分段换色的配色方法，叫作"活色"。这种工艺在现代化的纺织生产中也一直在继续使用。

"柿红盘绿朵花宋锦"花纹完整，色彩和谐，含义吉祥，织工精巧，质地匀细柔软；适合做服料、被面、幔帐、垫面等，是苏州生产的明代宋式锦中的代表作。

# 石青地极乐世界织成锦图

## 清·乾隆（1736—1795）

彩织，高448厘米，宽196.3厘米

彩织《石青地极乐世界织成锦图》轴，是根据佛教经变故事画用彩色丝织成的。内容出自"西方净土变"。

敦煌莫高窟的唐代壁画，不少是以"西方净土变"为题材的。例如初唐二百二十窟，盛唐一百七十二窟、二百一十七窟，中唐一百一十二窟，晚唐一百五十四窟及

这幅图的原稿是清乾隆时期画家丁观鹏所作。他擅长画人物山水，功力深厚，具有经营复杂场面构图的能力。这一幅继承了唐以来的宗教画的传统画法，把佛教理想中西方佛国的宏伟、庄严、繁华、富丽的景象表现得极为得体。

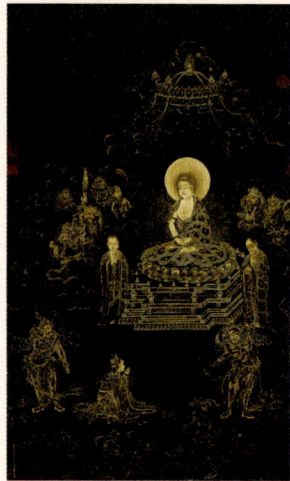

丁观鹏《无量寿佛图》

**丁观鹏**　（生卒年不详），清代顺天（今北京）人。画家，活动于康熙末期至乾隆中期。

榆林千佛洞二十五窟都有"西方净土变"。该图以丰富的想像力形象地描绘西方佛国的种种情景。它的构图与盛唐以来的"西方净土变"画一样，采取以佛祖阿弥陀佛为中心的对称形。在阿弥陀佛佛像前面稍下的位置，左右各有一菩萨。这一佛两菩萨，织在画面中心，显示画面的稳定感。

围绕着一佛两菩萨，还对称地织有许多菩萨、天王、金刚、罗汉、比丘和伎乐。在祥云缭绕、宏大庄严的宫殿场景中安排了二百七十八个神态不同的人物，并配有宝池、树石、奇花异鸟。在画幅下面，画的是七宝池、八功德水、荷叶和九朵莲花。

彩织《石青地极乐世界织成锦图》轴，从本幅到装池的上下边和绶带部分，均为通幅贯梭织成。全幅用十九种不同颜色的彩色纬丝同时织制。在石青地上以红、蓝、绿、橙、水红、香色为主色，形成青蓝基调上的鲜明对比。在对比色相接的地方，采用浅色相间，墨线勾边，三层退晕或四层退晕等方法，外浅内深，逐层过渡，使对比的强度缓和。退晕色一般取同类色的明度变化。例如以木红、粉红配水红；以深蓝、月白配玉白；以葵黄、香色配米黄等。再在人物头部、建筑装饰等重点部位，用赤金和黄金两种捻金线点缀，使主题更加突出。繁华富丽的主体纹样与深邃幽静的底色，使世俗的气息与神移的幻觉交织，既有现实生活的缩影，又有精神上所追求的境界。

制作这样内容复杂、形象丰富、色彩多变、结构严谨的巨幅绘画性的织成彩锦，工艺技术上的难度是很大的。这件织成彩锦图轴需要有精通画理的"挑花"

工人挑制"花本"，由"机工"装配专用织机上的提花装置，再由"挽花"工人与织工配合制作。织作时又因幅度太宽，不能由织工一人单独操作，而需几个工人并排坐着互相传梭接梭，其技术水平确乎是出类拔萃的。据记载，苏州在明宣德年间就织造过这类画轴。《石青地极乐世界织成锦图》轴，从成品特点分析，是清代苏州织造府管辖下的"高手"和"巧匠"的杰作。

该图轴在清代原藏乾清宫。本幅钤有"乾清宫鉴藏宝""五福五代堂古稀天子宝""八徵耄念之宝"等八玺。见《秘殿珠林》续编著录。现仍藏故宫博物院，举世仅此一幅。

## 098 缂丝加绣九阳消寒图

清·乾隆（1736—1795）

高 213 厘米，宽 119 厘米

《缂丝加绣九阳消寒图》轴，是清代宫中新正前后悬挂的装饰图轴。按中国历法，从冬至第二天起算，历八十一天称为"九九"，是一年中的寒冷时节。这幅《缂丝加绣九阳消寒图》轴，用九只羊隐喻九阳，三个太子隐喻三泰，再以青松、梅花、茶花、月季表示腊尽春回的景象。图轴装潢玉池中乾隆御

这幅图轴的底色和衬景是缂丝。主景人物、动物是缂丝上加绣的。图轴上半幅以深蓝色作天空，衬托出五彩祥云和青松、梅树、山石。下半幅以浅秋香色作路石表面和水面，衬托出九羊三太子和花树。上半幅蔚蓝的天空和下半幅明朗的地面色彩相

映，显现出春日载阳的意境。运色方法，主要是按块面平涂，并以由深到浅四个色阶层次的四晕过渡等便于缂丝工艺制作的手法。又在花朵部分，用苏绣传统的"套针"和"抢针"绣出晕染效果。在几处树干上，采用缂丝加绘或刺绣加绘的办法，描画出树皮的质感。在地面路石的边界上，用八道彩色的晕条作为包边线，使画面呈现出富丽的装饰效果。

这幅图轴在工艺制作上综合运用了缂丝、刺绣和局部加绘等手段。大面积的天空、彩云、地石、水池和一些花叶、小草运用了"平缂""勾缂""结缂"等缂丝方法。人物、羊、花朵、松针采用了"套针""抢针""施毛针""齐针""钉线""钉金""网绣""扎针""打子""松针"等多种绣法，其中以套针和抢针为主。苏绣的针法很多，

书七言律诗："九羊意寓九阳乎？因有消寒数九图；子半回春心可见，男三开泰义犹符。宋时期作真称巧，苏匠仿为了弗殊。慢说今人不如古，以云返朴却惭吾。"

其基本原理，都是顺着花纹形体的结构，变化用针，使丝理排列的方向、疏密、长短、曲直、聚散等都用来充分表现物像的真实感。这是苏州刺绣的传统特点。而这件图轴上的梅树、茶树、松树、树干则在缂丝或刺绣的地上以墨笔加染。将三种方法综合运用制作大件织绣工艺珍品是清代织绣工匠的新创。

本幅见《石渠宝笈三编》著录，原藏宁寿宫。钤"三希堂精鉴玺""宜子孙""嘉庆御览之宝""嘉庆鉴赏""石渠宝笈三编"诸玺。玉池款署"辛丑嘉平御题"，钤"古稀天子之宝""犹日孜孜"二玺。

099

# 孔雀羽穿珠彩绣云龙吉服袍

清（1616—1911）

身长 143 厘米，肩通袖长 216 厘米，胸围 134 厘米
下摆宽 124 厘米，袖口宽 18 厘米

这件夹袍款式为圆领、右衽、大襟、马蹄袖、左右开裾直身袍。以蓝色缎作面料，全身以孔雀羽线、米珠、珊瑚珠、捻金线、捻银线、龙抱柱线、五彩绒丝等高贵原料绣成花纹。花纹分布严密有序：在前胸和后背及两肩各绣正龙一；前后襟绣行龙四；底襟绣行龙一，共绣龙九。

龙是封建皇族专用的服饰纹样，对照清代宫廷中帝王冠服格式所规定，此袍应为"吉服"。九是最大的极数，都是皇族最高地位的象征。绘龙要画出"三亭九似"。所谓三亭，即脖亭、尾亭、腰亭，这三个地方要画得稍细，有曲折变化；所谓九似，即角似鹿、头似驼、眼似鬼、项似蛇、腹似蜃、鳞似鱼、爪似鹰、掌似虎、耳似牛。此外在两袖头绣小正龙各一，领袖小正龙二，行龙四。九条大龙是这件夹袍的主要装饰。

围绕着龙纹的主要装饰，间以各种吉祥含义的副装饰纹。如五色彩云、蝙蝠（寓意洪福齐天）等。八种佛教的法器，轮、螺、伞、盖、花、罐、鱼、肠，通称八吉祥。八仙人持八件器物，渔鼓、宝剑、花篮、扇、笛、荷花、葫芦、板。以渔鼓代表张果老，宝剑代表吕洞宾，花篮代表蓝采和，扇代表钟离权，笛代表韩湘子，荷花代表何仙姑，葫芦代表李铁拐，板代表曹

国舅，这八样器物合称暗八
仙。折枝桃、石榴和佛手寓
意长寿、多子、多福，合称
三多。折枝竹、灵芝与仙鹤，
寓意灵仙祝寿。

　　在前后襟下幅部位，绣有
平列式的潮水和直立式的水纹以
及寿山纹，寓意寿山福海。中间
散织象征财富的金锭、银锭、珍珠、
犀角、如意、方胜、珊瑚、金钱、
合称八宝。另有折枝荷花、蝙蝠等。
这些装饰花纹中的龙、鹤、蝠都是
用米珠、珊瑚珠串联钉绣全身的，
并以状如串米珠的"龙抱柱线"绣
制龙的腹、鳍、角、口、尾，以捻
金线和捻银线绣制龙髯；以各色彩
绒绣制其他花纹；再以孔雀翎羽和
丝线捻合而成的孔雀羽线盘钉所
有花纹空隙的地方，形成以翠绿
为主调，五彩缤纷、豪华富丽而
具有高贵质感美的色泽效果。

　　这件夹袍，按制度虽是亲王
穿用的五爪蟒袍，比起皇帝正规
服用的十二章九龙纹的"吉服"
袍，在技术加工上更为独出心裁。

　　夹袍在工艺技术上继承了中
国传统刺绣成就的高度。孔雀羽

用于织物，出现很早，在南北朝时代已有记载。明代定陵出土万历皇帝所穿的龙袍，有几件也都是用孔雀羽线织绣龙纹的。清代《红楼梦》描写晴雯为贾宝玉织补孔雀金裘，也是孔雀羽线制成的衣服。现在这件袍大面积的用孔雀羽铺地，是孔雀羽工艺上的一种发展。这种工艺，称为"铺翠"。

夹袍所用的串珠绣是在古代以珍珠为饰的衣服、珠履、珠帘的技艺基础上发展起来的。据记载，南北朝梁武帝时，曾造五色绣裙加朱绳珍珠为饰。《明宫史》记载万历三十二年（1604）冬，宫中曾发生因丢失一件珍珠袍而造成冤狱的事件，都足以说明它的价值。

此外，绣制这件夹袍所使用的"钉线""套针""齐针""打子""滚针""钉金银线"等针法也是传统技艺的综合反映。它用针严整平齐，配色洁净高雅，在运用红、黄、蓝、绿、茄紫五种色相的彩绒时，一方面采用色度比较柔和的颜色，一方面采用由深到浅三晕过渡的方法，再加以金、银线勾边，使色彩效果华丽、典雅，充分表现了苏绣的艺术特色，称得起是清代苏绣袍服中的典型杰作。

# 白缎地广绣三阳开泰挂屏心

清·光绪（1875—1908）

彩绣，米色缎地，高67厘米，宽52厘米

"三阳开泰"，隐喻吉兆。图案上，一般都画太阳、三羊。以太、泰同音，羊、阳同音，寓意"三阳开泰"。这件《三阳开泰图》上左角绣着太阳，正

这件广绣以"辫子股""洒插针"（近似苏绣的"擞和针"）、"扭针"（苏绣称"滚针"）、"齐针""风车针"（类似苏绣的"松针"）、"渗碎针""刻鳞针""勒针"（苏绣称为"扎针"）、"打子针"等九种针法绣制。其中"洒插针""渗碎针""扭针"为主要针法。与苏绣针针重叠、不漏针眼的套针和线条排列均齐、层层衔接的"抢针"为主是不同的。"辫子股针"是中国最古的普遍使用的传统针法。唐、宋以来为使丝理和刺绣花样的物像结合，创造了多种多样的针法。

这幅广绣利用"辫子股针"围环圈转而凸起的丝理来表现羊身上的毛，巧妙地把羊毛的质感表现得很逼真，这是绘画手段绝不能达到的效果。山石用"洒插针"的长短参差、错落变色的丝理，根据山石的块面，分区配以沉香色、驼色、淡驼、灰色、湖色、驼黄色、白色等色块，表现了山石的明暗立体关系；再以石青"铁梗线"钉边，使山石界划清楚醒目。树干部分除用"洒插针"外，又配以从花纹外缘起落、丝理排列均匀的"齐针"，表现出树干的质感。为了表现鸟的嘴、爪、背、腹、翅等不同的形象特征，往往在一只小鸟身上使用"勒针""刻鳞针""扭

针""扎针""洒插针""施针"等多种针法。其他例如以"扭针"绣太阳、云、水、草，以"风车针"绣松树叶，以"打子针"绣凸起的花蕊等，使丝理与物像浑然结合。针线的起落，用力的轻重，丝理的排列和走向，都用来表现物像的真实感。刺绣艺术的这种特色，是其他艺术作品难以比拟的。此件绣品，配色鲜丽，艳而不媚；针脚平齐，丝路分明；疏密有致，平坦伏贴，堪称广绣中的珍品。

作为"四大名绣"之一的广绣有着悠久的历史，唐朝广东南海人卢眉娘，就是一位著名的刺绣能手。广绣铺针细于毫芒，又以马尾毛缠绒作勒线，花纹轮廓自然工整，色泽异常艳丽。广绣的题材以鸟、兽、花卉、博古为主，如"百鸟朝凤""丹凤朝阳""孔雀开屏""三阳开泰"等题材的构图最为常见。

中绣着三只羊；再在四周点缀一些飞禽和树、石、花草、蝴蝶，使画面严谨丰满，生动活泼。在色彩配置方面，以米色缎作绣底；山石和羊选用沉香、古铜、驼色、淡驼等色为主调，再以石青、蓝、湖色、黄绿、灰、白、大红等色作点缀，达到静中有动，艳丽多彩的效果。

**卢眉娘** （792—？），唐代南海（今广州番禺）人。顺宗永贞时入宫。性聪慧，工巧无比。能于尺绢绣《法华经》七卷。

# 名词索引

# 后记

《国宝》是1983年2月由故宫博物院与商务印书馆香港分馆商定编印的。画册内的文物都是故宫博物院所藏的精品。

本书主编由北京历史学会理事、故宫博物院研究员朱家溍先生担任。院出版工作委员会副主任、《故宫博物院院刊》及《紫禁城》双月刊总编辑刘北汜先生和出版工作委员会副主任兼院办公室主任吴空先生协助主编工作，设计成书。研究室唐复年、杨臣彬、杨新、李毅华先生和陈娟娟女士参加编写。胡锤先生摄制照片。周苏琴女士组织拍摄文物和搜集资料工作。故宫博物院研究室、陈列部、保管部和群众工作部的一些同志也分担了部分工作。

全书共分五辑。第一辑"青铜器"概说及每件文物的文字说明由唐复年先生撰写；第二辑"书画"概说由杨新撰写，其中法书文字说明及绘画作品中的21、24、27、30、31、36、37、38、39、40、41、42、48、52及54图的文字说明由杨臣彬先生撰写，其余绘画作品的文字说明由杨新先生撰写；第三辑"陶瓷"、第四辑"工艺美术"及第五辑"织绣"的概说及每件文物的文字说明分别由李毅华先生、朱家溍先生及陈娟娟女士撰写。

香港的陈万雄先生、温一沙先生和尤碧珊女士，在本画册的编辑过程中，从内容、摄影到编排设计，也提供了不少有益的建议和协助，才使本画册得以较快编成。

故宫博物院

1983年6月16日

# 编辑
# 说明

　　1982年至1985年，商务印书馆（香港）有限公司陆续推出8开本繁体中文版《紫禁城宫殿》《国宝》《清代宫廷生活》，轰动港岛；2006年，经香港商务印书馆授权，三联书店（北京）出版上述三书16开本简体中文版；2014年，该16开简体中文版由香港商务印书馆转授人民美术出版社继续出版。由此可证，此三书历久弥新，成为介绍故宫建筑、皇家生活和历代文物珍品的经典读本。2021年，距此三书面世近40年之际，其编撰的专家、学者多已离世，书中许多文物遗迹也很难再拍到，此次仍由香港商务印书馆授权，活字国际（北京）编辑部联合广西师范大学出版社根据当下时代阅读方式的演变，在完全保留原书核心内容的前提下，对书稿进行重新编排设计，并修正了之前版本中的部分讹误。具体工作大概如下：

　　一、将画册模式改造为图文书模式，使之更方便阅读；

　　二、为突出关键内容，抠除部分建筑、器物等图像的背景和环境；

　　三、调整部分内容顺序、补充部分内容信息、增加索引内容；

　　四、部分文物名称按新颁布的名称标注。

活字国际　编辑部

2021年3月

本书由商务印书馆（香港）有限公司授权简体字版，限在中国内地出版发行。
著作权合同登记号桂图登字：20-2021-250 号

图书在版编目（CIP）数据

故宫国宝 100 件 / 朱家溍主编. --桂林：广西师范
大学出版社，2021.11
　　（故宫三书）
　　ISBN 978-7-5598-4257-2

　　Ⅰ．①故⋯ Ⅱ．①朱⋯ Ⅲ．①故宫博物院－历史文
物－中国－图集 Ⅳ．①K870.2

中国版本图书馆 CIP 数据核字（2021）第 184435 号

故宫国宝 100 件
Gugong Guobao 100 Jian

选题策划：活字国际
特约编辑：汪家明　陈碧村
设计制作：气和宇宙　陈小娟
特约营销：廖　琛
封面题字：鲁大东

出 版 人：黄轩庄
出版统筹：冯　波
项目统筹：廖佳平
责任编辑：邹湘侨
助理编辑：成　能
营销编辑：李迪斐　陈　芳
责任技编：王增元
出版发行：广西师范大学出版社
　　　　　广西桂林市五里店路 9 号　邮政编码：541004
网　　址：http://www.bbtpress.com
印　　刷：天津图文方嘉印刷有限公司印刷
　　　　　天津宝坻经济开发区宝中道 30 号　邮政编码：301800
开　　本：787 mm × 1 092 mm　1/16
印　　张：20.75　　字数：576 千
版　　次：2021 年 11 月第 1 版　　2021 年 11 月第 1 次
定　　价：138.00 元

■如发现印装质量问题，影响阅读，请与出版社发行部门联系调换。

故宫国宝 100 件

# 故宫国宝100件

朱家溍　主编

Treasures of
the Palace Museum

GUANGXI NORMAL UNIVERSITY PRESS
广西师范大学出版社
·桂林·

# 中国历史年表

**夏** 前 2070—前 1600

**商** 前 1600—前 1046

**周** 前 1046—前 256

西周 前 1046—前 771

东周 前 770—前 256

春秋 前 770—前 476

战国 前 475—前 221

**秦** 前 221—前 206

**汉** 前 206—220

西汉 前 206—25

新

刘玄

东汉 2

① 辽建国于 907 年，国号契丹，938 年（一说 947 年）改国号为辽，983 年
　复称契丹，1066 年仍称辽。

② 蒙古孛儿只斤·铁木真于 1206 年建国。1271 年忽必烈定国号为元。

③ 清建国于 1616 年，初称后金，1636 年始改国号为清。

| | | | | | | | | | | | | | | | | | | | |
|---|---|---|---|---|---|---|---|---|---|---|---|---|---|---|---|---|---|---|---|
| 100 | 200 | 300 | 400 | 500 | 600 | 700 | 800 | 900 | 1000 | 1100 | 1200 | 1300 | 1400 | 1500 | 1600 | 1700 | 1800 | 1900 | 2000 |

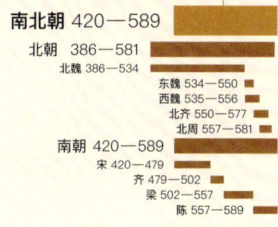

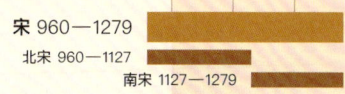

国 220—280

魏 220—265

蜀 221—263

吴 222—280

晋 265—420

西晋 265—317

东晋 317—420

**南北朝** 420—589

北朝 386—581

北魏 386—534

东魏 534—550

西魏 535—556

北齐 550—577

北周 557—581

南朝 420—589

宋 420—479

齐 479—502

梁 502—557

陈 557—589

**隋** 581—618

**唐** 618—907

**五代** 907—960

**宋** 960—1279

北宋 960—1127

南宋 1127—1279

**辽**① 907—1125

**金** 1115—1234

**元**② 1206—1368

**明** 1368—1644

**清**③ 1616—1911

# 目录

## 导言

## 陶瓷

## 青铜器

## 书画

# 工艺美术
222

# 织绣
270

# 导言

故宫，原是明、清两代的皇宫。宫殿建筑本身，就是文化艺术史上的重要遗物。

1911年的辛亥革命推翻了清王朝。1914年在明、清故宫的前部成立了古物陈列所，后部宫殿仍由清逊帝溥仪居住。1924年溥仪出宫后，成立了清室善后委员会。1925年10月，后部成立故宫博物院。抗日战争胜利后，古物陈列所撤消，并入故宫博物院，开放至今。

故宫博物院现藏文物九十万余件，大多数为明、清两代宫中遗留的历代艺术品，少数为近年来征集到的。这些艺术品有历代名画、法书、碑帖、青铜器、陶瓷、织绣及其他工艺美术品。这部书中的国宝就是从故宫博物院现藏珍品中选出的，共一百件。

中国历代皇宫内都收藏有许多珍贵文物。《宣和书谱》《宣和画谱》《宣和博古图》是记载宋朝宣和内府收藏的书、画、鼎、彝等珍品的目录。《西清古鉴》《西清续鉴》《宁寿鉴古》《石渠宝笈》（初、重、三编）、《秘殿珠林》（初、二、三编）、《天禄琳琅》和《四库全书总目》等是清乾隆、嘉庆时期由翰林官们编辑的宫中所藏古铜器、字画、图书的目录。见于著录中的很多古代文物早已散失，现在只能从文献中见到名称而已。但也有不少宝物几经聚散，历尽沧桑，保存到今天。

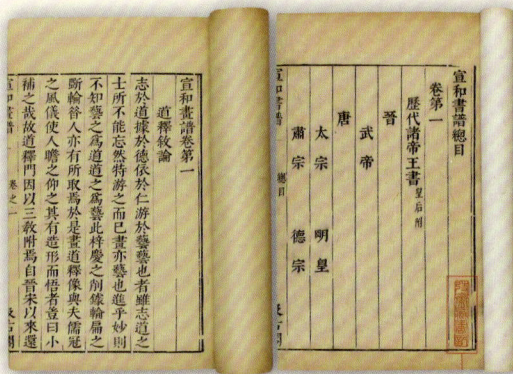

**宣和书谱、宣和画谱**

《宣和书谱》成书于北宋宣和二年（1120），是由官方主持编撰的宫廷所藏历代书法作品的目录，包括197人的1344件作品。《宣和画谱》是北宋宣和二年由官方主持编撰的宫廷所藏绘画作品的著录著作，包括231人的6396件作品。

**宣和博古图**

宋代王黼编纂，宋徽宗敕撰。书中著录皇家收藏的自商代至唐代的青铜器839件。

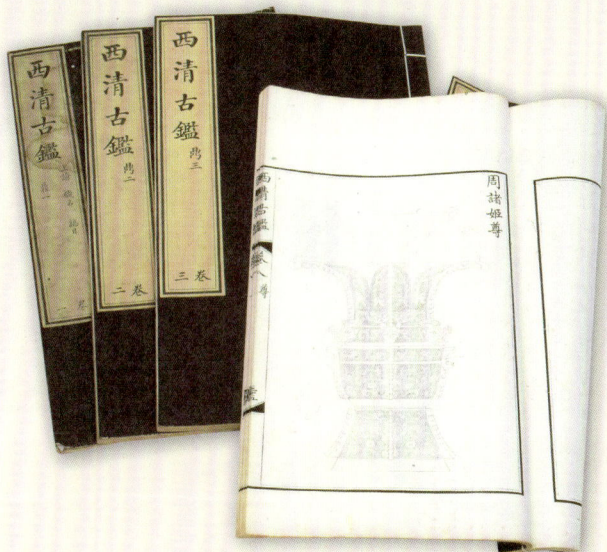

**西清古鉴**

著录清代宫廷所藏古代青铜器的大型谱录。收商周至唐代铜器1529件。清梁诗正等奉敕纂修，乾隆二十年（1755）完成。

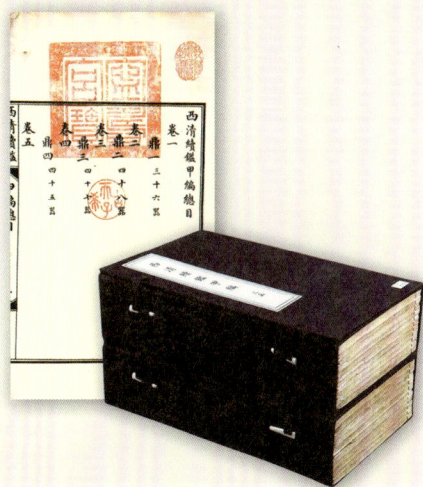

**西清续鉴甲编、乙编**

乾隆五十八年（1793）王杰等奉敕编成，甲编收录清宫藏商周至唐代铜器944件，又唐宋以后铜器、玺印等31件，总计975件。乙编收录盛京（今沈阳）清宫藏商周至唐代铜器900件。

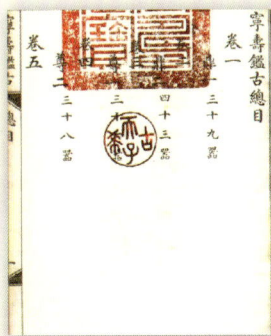

**宁寿鉴古**

清梁诗正等奉敕编纂，成书于乾隆四十四年（1779）。著录宁寿宫藏商周至唐代铜器701件。

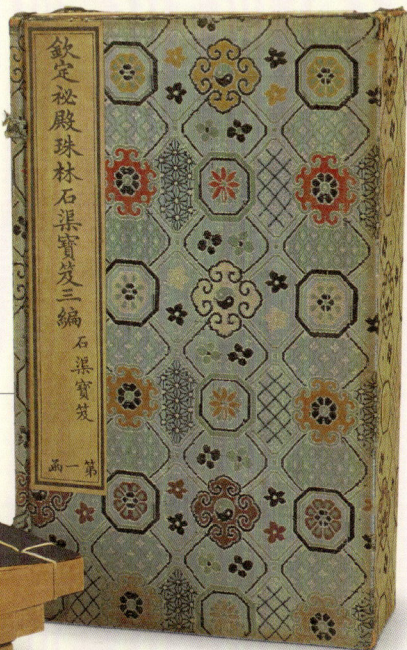

**石渠宝笈**

清代乾隆、嘉庆年间的大型书画著录文献，初编成书于乾隆十年(1745)，重编成书于乾隆五十六年(1791)，三编成书于嘉庆二十年(1815)。著录了清廷内府所藏历代书画。

**秘殿珠林**

著录清内府有关佛教、道教之书画藏品。

**天禄琳琅**

清代皇家藏书楼。藏有清乾隆帝的藏书精华，
包括现仍存世的清廷所藏善本珍籍。

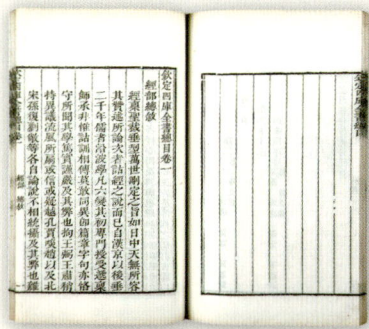

**四库全书总目**

又名《四库全书总目提要》，清代纪昀
总纂。著录图书3461种，存目6793部，
基本上包括了清乾隆以前中国重要的古
籍，特别是元代以前的书籍。

庙。经过五代的兵乱，十鼓失散。到了宋朝，司马池在凤翔做官时，收集到九鼓，安置在府学。皇祐四年（1052）十鼓才收齐。大观二年（1108），被移到当时的京都开封。皇帝命以黄金填嵌石鼓的文字，先陈设在太学的辟雍，后来移到保和殿。金人破开封，把石鼓运到北方，安置在大兴府学（即现在的北京）。元皇庆年间（1312—1313），移到文庙戟门内。明、清两朝相继把石鼓陈列于国子监、文庙大成门内。辛亥革命后仍在原处陈列，任人参观。抗日战争时期，北京的部分古物南迁，石鼓也随之运到南京，后经武汉运到四川。抗战胜利后，又经原路运回北京故宫博物院，保存至今。又如晋王珣的《伯远帖》，曾载于《宣和书谱》，清朝又载于《石渠宝笈》；隋展子虔的《游春图》、唐韩滉的《五牛图》、五代顾闳中的《韩熙载夜宴图》等名画，也都曾载在《宣和画谱》中，到清朝又载在《石渠

> **府学**
> 行政区划府级的学校。
> 府比县高一级，例如开封
> 府、济南府和顺天府。

例如石鼓，原来发现于陈仓的野地，共十鼓。唐朝韩愈为博士的时候，曾请求把石鼓移到太学，没有得到允许。后来郑余庆把石鼓迁到凤翔孔子

宝笈》中。这类法书名画，从宋宣和内府失散出来，有些由私家收藏，有些曾经元、明内府征集收藏。明隆庆年间（1567—1572），内府所藏唐、宋书画有一部分作价归成国公朱希忠、朱希孝兄弟所有。朱希忠于万历元年（1573）死后，他所收藏的最精品归张居正所有。万历十年（1582）张居正死后，家被抄，这部分书画又

收回到宫中。又如本书所载的宋张择端《清明上河图》，曾经很多人收藏，明嘉靖时为权相严嵩所得。严嵩父子获罪被抄家，很多法书名画又都收入宫中，《清明上河图》也是其中之一，但不久被太监冯保窃为己有。清乾隆时整理宫中旧藏的文物，有不少是明朝遗留下来的。乾隆酷爱古

**国子监**
中国古代最高学府和教育管理机构。

安岐《墨缘汇观》

**安岐**
（1683—1745），字仪周，清代书画鉴藏家。所藏甚富，如顾恺之《女史箴图》、展子虔《游春图》，及李思训、李成、范宽、董源、王献之作品等。后家道中落，所藏精品大部分入清乾隆内府，其余部分散落在江南者，多已不存于世。所著《墨缘汇观》，著录其所藏书画。

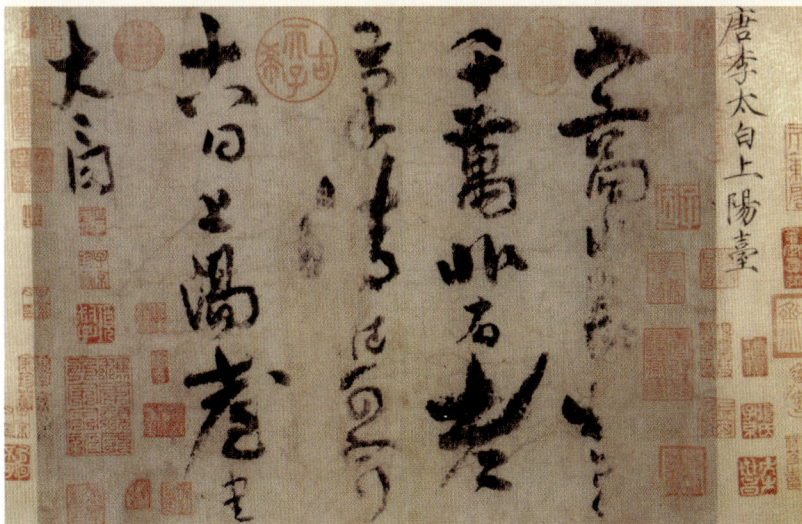

梁清标收藏的《上阳台帖》

**梁清标**（1620—1691），清初大臣，藏书家，有"收藏古书画甲天下"之誉。

**毕沅**（1730—1797），清学者，收藏家，曾官至湖广总督。编纂《续资治通鉴》。

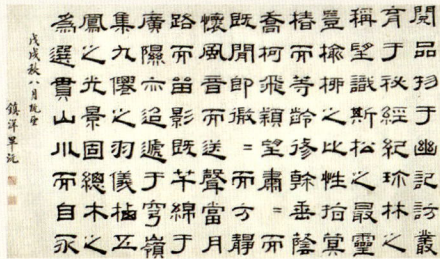

毕沅书法

代书画及器物，注意收集。如大收藏家安仪周、梁清标、高士奇、毕沅等收藏的法书名画，通过多方面渠道，后来都被收集到皇宫里。《石渠宝笈》《秘殿珠林》所载浩如烟海的书画就是这样被收集起来的。

乾隆、嘉庆以后，宫中不甚重视古书画，但仍继续收藏。咸丰十年（1860）及光绪二十六年（1900）外国军队两次入侵北京，圆明、清漪等园囿里珍贵的文物不少遭到掠夺破坏。从辛亥革命后到1924年溥仪出宫前十三年间，宫中珍

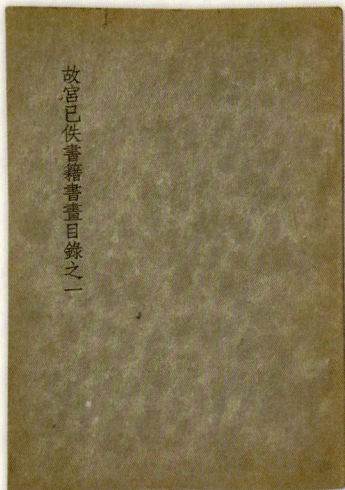

**故宫已佚书籍书画目录**

原稿计有四种：一、《赏溥杰书画目》；二、《溥杰收到书画书籍目》；三、《诸位大人借去书画玩物等糙账》；四、《外借字画浮记薄》。1934年故宫博物院印行。

贵文物又散失不少。故宫博物院成立后，曾根据《石渠宝笈》核对尚存的书画，编印过一本《故宫已佚书籍书画目录》。1949年以后，故宫博物院按照这本目录大力收购，多方征集，已佚书画绝大部分陆续收回，包括本书所刊载的晋、隋、唐、宋的法书名画在内，其中《中秋帖》《伯远帖》《五牛图》等还是从香港重金购回的。

除了上述几经聚散，失而复得，终归保存在故宫的珍贵文物外，未经颠沛流离，一

直安稳地收藏在宫中的法书名画仍占大多数。至于家具陈设器物等属于工艺美术领域的珍贵文物，始终未离开故宫的就更不胜数了。有的器物，从制成进呈以后就再没有移动过。如本书所刊载的"大禹治水玉山"，于乾隆五十二年（1787）八月安设在宁寿宫乐寿堂以后，到今天一直没有挪动过位置。故宫藏玉除传世古玉以外，现存清代的玉器也都是制成进呈以后一直保存在宫中，有的还是养心殿造办处"玉作"制成的。本书刊载的瓷胎"珐琅彩雉鸡牡丹纹碗""画珐琅花鸟瓶""象牙雕渔乐图笔筒""百宝嵌花卉漆挂屏"，由造办处"珐琅作""牙作""杂活作"制成，向皇帝进呈以后，也都一直贮藏在宫中，这类工艺品的数量是相当多的。瓷器，由江西景德镇烧造瓷器处历年进呈而遗留在宫中的就有十余万件。本书所载康熙、雍正、乾隆三朝的瓷器，就是从中选择的。宫中还藏有江宁、

苏州、杭州三织造历年进呈的大量锦、缎、绫、罗、纱、绸、绉等整匹织品和缂丝、刺绣的衣物，以及由养心殿造办处设计、交"织造"特制的作品。本书选载的彩织重锦《石青地极乐世界织成锦图》

轴、"孔雀羽穿珠彩绣云龙吉服袍"、《缂丝加绣九阳消寒图》轴，就是从中选择的。

书中载明代宫中遗留的工艺美术品，有永乐、成化、万历年款的瓷器；宣德、景泰年款的铜掐丝珐琅器；万历年款的黑漆嵌螺钿大书案等。这些器物都是制成以后供使用的，经历明、清两代一直贮藏在宫中。

本书内容分属青铜器、书画、陶瓷、工艺美术品和织绣五类。每类每件各有解说。所选文物总数虽只百件，但自商、周以迄明、清，显示着中国文化艺术的发展过程和成就。

朱家溍
1983年识于北京故宫博物院

故宫珍宝馆

# 青铜器

# 青铜器

中国青铜器向以造型优美、纹饰华丽、制造精巧著称，并以其独特的艺术形式在世界艺术史上占有极重要的地位。

青铜器种类繁多。所谓青铜器，广义来说，是指所有用青铜制造的器具，除礼、乐器外，还有兵器、工具、车马器及其他生活用品；狭义地说，也是一般的说法，只称礼、乐器两项而已。

本书所选的十件铜器中，鬲、簋是食器；尊、罍、斝、觚、盉是酒器；镈是乐器。

中华民族的祖先很早就发现了铜，至迟是在新石器时代晚期就已开始使用青铜制品。

青铜制品和其他制品一样，先出现的是一些小件工具和其他器物。1977年在甘肃马家窑文化东乡林家遗址中，出土了中国最早的一件青铜制品——青铜刀（前3000）。1972年在河南省偃师县二里头文化遗址中，又发掘出大批的工具、兵器、装饰品和四件青铜爵。这几件青铜爵是目前所能见到的中国最早的一批使用合范铸造的完整青铜容器。

**仰韶文化、马家窑文化**

仰韶文化是黄河中游地区新石器时代彩陶文化（前5000—前3000），因1921年首次在河南省三门峡市渑池县仰韶村发现，故名。马家窑文化1923年首先发现于甘肃省临洮县的马家窑村，是仰韶文化向西发展的一种地方类型，出现在公元前3700年的新石器时代晚期，历经了1000多年的发展。

青铜器中的礼器、乐器主要是在各种祭祀和宴飨的礼仪场合下使用的。各级贵族必须使用和他们的地位相当的礼器和乐器，不能僭越，否则就是非礼。所谓"礼"，主要体现在许多具体的仪礼和典章制度中，而"礼"的一个重要组成部分是祭祀。当时的贵族都笃信天命，崇敬祖先，在祭祀祖先的活动中，礼乐的规模是极为庞大的，要杀殉奴隶和多种牲畜，所以礼器中的很大一部分是祭器。1975年在河南省安阳市妇好墓出土的四百余件铜器中，竟有二百一十件是祭器。

**二里头文化**

中国青铜时代的文化，该文化因发现于河南省洛阳偃师二里头而得名。年代约公元前2000—前1600年。主要分布在河南中、西部的洛阳附近和伊、洛、颍、汝诸水流域以及山西南部的汾水下游一带。

二里头出土的青铜器

青铜器的造型，反映了匠师们具有极高的艺术造诣。商中期至西周早期的风格，端庄、厚重，代表着中华民族的气质。模仿鸟、兽等动物形态的器物和高浮雕的纹饰，更是生动活泼。周中期以后的器物，偏重于实用，比较朴素。春秋以后又出现了一些玲珑剔透、体态优美的铜器。

青铜器的花纹装饰，在商、周两代，不仅保留和发展了新石器时代彩陶上用得较多的几何纹，而且出现了以夸张形式或以幻想中的动物头部为主体的兽面纹、龙凤纹。又能将很多上古时代的神话传说融进花纹图案中。到了春秋和战国时期，风尚精细繁缛的构图，一改商、周以来对称、规整

的风格。这时也出现了反映社会现实的图像内容，如宴乐、攻战、狩猎等，开汉代画像石（砖）之先声，对后代绘画艺术的发展也产生了极大的影响。

铜器花纹装饰中，还有一种形式是镶嵌工艺。早在二里头文化中就出土过镶嵌绿松石的器物。但早期的镶嵌不外乎红铜及绿松石之类。随着采矿、熔炼、铸造技术的发展，在器物上镶嵌其他金属以增加其价值的情形愈来愈多，尤其是把金银丝镶嵌于铜器上，使纹饰益发光彩夺目，绚丽多姿。

中国青铜器还有一个突出特点是很多铜器上铸有铭文。这些铭文字数或多或少，形态各异。铭文的出现始于商晚期，代表了氏族的徽

铭文
指在青铜礼器上加铸铭文以记录铸造该器的原由、所纪念或祭祀的人物等。

号或图腾，字数较少，主要是为了识别，近似于图形的文字居多。至商末才开始出现多达四五十字的较长铭文，而且内容日益丰富。有的是为自己或祖先歌功颂德，有的是记载当时的重大事件，有的是记载土地交换的情况、诉讼的结果，有的是反映帝王诸侯对臣属的册命和赏赐等，为研究中国古代社会、文化、典章制度等提供了可靠的实物证据，以补充古文献史料的不足。春秋以后，随着社会的变革和生产的发展，文化比以前普及了。文字的记载转移到石片、竹（木）简、丝织品上，铜器铭文也就逐渐失去记载历史的主要功用，而日趋简化。

中国青铜器不仅有着极为珍贵

妇好墓
妇好是3000多年前商王武丁的王后。妇好，好（古音子）是姓，妇为尊称。她是中国历史上有据可查（甲骨文）的第一位女性军事统帅，同时也是一位女政治家。1976年在河南安阳小屯西北发现妇好的完整墓葬。

的历史价值，而且每一件器物都是出色的艺术品。早在三千多年前的能工巧匠，就已熟悉并能灵活地运用艺术造型的技巧，创造出众多的工艺美术杰作。这等器物，对称平衡，节奏明快，质感强，体态饱满，玲珑精巧，纹饰与造型和谐一致，各方面的配合达到高度的统一，给人以美的享受。以酰亚方尊和师趛鬲为例。方尊是一件祭祀重器，口径较大，但在颈部用大弧度内收，腹部外鼓，显得格外丰满；下部采用高方圈足，给人以稳重的感觉；器身运用了八条扉棱，上至口沿，使人联想到中国古建筑上的飞檐斗拱，很有气魄，益发加重了庄严肃穆的感受。师趛鬲也是祭祀重器，却运用与方尊迥然不同的处理方法，在器物上使用了三点成面的原理，以三个巨大款足（对于袋形腹足的习惯称谓）支撑丰满的器身。还配有两足对称的附耳，既实用又增加了美感。纹饰与造型配合，达到和谐统一的效

酰亚方尊

果。如袋形腹纹用凸起的兽纹，更显得饱满，而内收的短颈则采用横向拉长的目形纹，使人既感觉到颈部的存在，又不会喧宾夺主，整体上仍然使人感到肃穆庄严，合乎祭祀重器的身份。

中国青铜器，不仅历史悠久、风格独特，而且具有鲜明的时代特色，展现了中国自商至春秋战国时期高度发展的文化艺术水平。

师趛鬲

**001**

# 乳钉三耳簋

商（前 1600—前 1046）

高 19.1 厘米、圈足高 7 厘米、口径 30.5 厘米
足径 25 厘米、腹深 13 厘米
重 6.94 千克

器名簋（音轨），是一种盛食器，相当于现在的"饭碗"。
簋之制来源于陶器。陶簋原无耳，早期的铜簋也和陶簋一样是无耳的。后来，由于用铜造的簋比较重，比较大，就加上了耳，实际就是把手，方便取用。古人宴飨时是席地而坐的，簋放在席上，用手在簋里取食物，至今还有些

这件铜簋，侈口，深腹，高圈足；以回形纹为地，主纹采用斜方格乳钉纹及兽面纹、目形纹，这些都基本上保持了商代无耳簋的造型与纹饰特征。所不同者是制造者装饰了三个兽形耳，把口沿下及圈足上的纹饰分隔为三组相同的画面，是这件簋的突出特点。回形纹，是一种出现较早的几何纹饰，以连续回转的线条构成，旧称云纹（圆形）、雷纹（方形），或统称云雷纹。有时单独使用在器物的颈部和足部，自商代晚期开始用作青铜器主体纹饰的地纹。目形纹，中间为一目形，左右有延长的尾，或许是以后出现的窃曲纹的原始形态。乳钉纹，以乳状凸起为纹饰。乳钉位于斜方格的中心，周围填满回形纹，称为斜方格乳钉纹。

有耳簋出现在商晚期，大多无垂珥（即耳下部坠形饰）。垂珥簋大约出现于商末周初，而盛行于周以后，所以本器的时代上限应为商末。由于斜方格乳钉纹装饰是商器的一种主要纹饰，至周代已较少见，故把这件簋定为商器比较适宜。

自有耳簋问世以来，双耳簋最多，也最常见。呈"十"字型对称布局的四耳簋也时有发现，唯有三耳簋极为罕见。

少数民族保留着这种生活习惯。所以簋就需要造得大些。以后又出现了三耳簋、四耳簋、方座簋等多种形式。这时的耳当然不仅是起把手作用了，还包含有造型装饰的意义。

簋是盛装黍、稷、稻、粱等食物的用具。古代的贵族，在祭祀或宴飨时，往往准备多种饭食，需要同时使用几只簋，所以古文献中记载用簋的情况，少则两只，多则十二只，一般都是成双数的，如四只、六只、八只等。

斜方格乳钉纹

**侈口** 主要指口沿向外延伸，与敛口相对应，区别是敛口内收，侈口外溢。

**窃曲纹** 西周中期（约前900）以后，器物上的装饰逐渐抽象化，形成一种新的主导性的纹饰：窃曲纹。窃曲纹的基本特征是一个横置的"S"形。

**目形纹** 指在圆形或方框中部加一点或一横，构成目形纹。流行于商中晚期至周初（约前1300—前1046）。

**圈足** 是指器物底部承制一个圆形圈来托器身。圈足大量出现在唐代的瓶、壶、盘、碗等器具上，但不普遍，宋以后盛行。

002

# 酗亚方尊

## 商（前1600—前1046）

高45.5厘米，宽38厘米

口径纵33.6厘米，横33.4厘米

足径纵横均为22厘米，腹深33.6厘米，重21.5千克

尊是盛酒器，也是酒器的共名。铜尊有两种形制：一种侈口，体近圆筒状（也有方体圆口形者，但极少，应是此种尊的变体）。腹多微凸，下有圈足，多出自商代晚期以

酗亚者（诸）妇（后）吕

大（太）子陕（尊）彝

酗亚方尊铭文

后，中期以前则少见。另一种是大口广肩型，侈口，束颈，广肩，腹与肩相接处为最大径，向下则渐收，高圈足。有方形和圆形两类。最早见于商代中期，盛行于晚期，周初尚存，却已不多见。广肩型尊体形比较高大。本器就属于这种类型的方形尊。

醜（音序）亚方尊通体饰花纹，肩部四角饰四象首，额上以二夔（音奎）龙为角，长鼻高举，口边伸出二巨大象牙。四面中间亦饰四兽首，额上伸出二枝权形冠，似为鹿首形。器身装饰了八条扉棱，上端出于口沿外，更显得雄伟。本器是采用分铸法制成的。所谓分铸法，是指器物不是一次铸成的。基本铸法有两种：一种是先铸好器物的某一部分，然后将已铸好的部分（或附件）嵌入器体范（模型）中，再浇铸，使之与器体合成一体，如铜斝的柱、大型铜方鼎的器壁等都是采用这种方法铸成的；另一种是先铸成器体，在器体的相应部位预先铸出凸起物或铸出孔，然后将附件的陶范和泥芯附着在器上浇铸，使附件与器体合在一起，如乳钉三耳簋的鋬（音盼，就是把手）和本器上的八个兽首，都采用这种方法。

醜亚方尊原是完全相同的一对，现藏故宫博物院的这件较完好，另一件足部残损较重的现藏台北故宫博物院。

## 003 酗亚方罍

商（前 1600—前 1046）

通盖高 60.8 厘米，总宽 37.6 厘米
口径横 16.9 厘米，纵 15.5 厘米
足径横 19.4 厘米，纵 16.4 厘米，重 20.8 千克

　　酗亚方罍，广肩，口微敛，屋顶形盖上立一四阿式钮。全器共八条扉棱，肩部左右各有一兽首衔环，系绳后即可将器物提起，也可以直接当作把手使用。正面腹下部有一兽首形鋬。通体饰以回形纹为地的夔龙兽面纹。夔是传说中的一种动物，似龙而一角，一足，

多张口卷尾，一般称夔纹，也作夔龙纹。兽面纹旧称饕餮（音滔帖）纹，是一种夸张了虎、牛、羊、猪等兽的正面头像的纹饰，如酗亚方尊就是；另一种则是以二夔龙纹相对组成兽面，本器即是。

　　方尊和方罍都有铭文九字。"酗亚"是一个氏族的名称。目前已知有这一氏族徽号的铜器多达五六十件。酗亚族当为商代的一个地位较高

罍（音雷）是贮存液状物体的容器。汉代以前，把罍定为尊的一种，称为山罍或山尊。宋人为铜器定名时，因有的器物上有自名，称为罍，故而把它单列为一类。罍的形制，似瓮而小，似罐而小颈广肩，最突出的特征是下腹部正面有鋬，可以提起，使罍倾斜，对于倒出贮存的液体较为方便。罍也有方圆二形，圆形多见，方形罍较少。

大　隐　者　醓
子　彝　姤
曰　亚

**醓亚方罍盖铭**

的大族，大概生活在以益都（今山东青州）为中心的地区。

　　与这二器同铭的铜器，见诸于世的约十件。铭文中有"者姤"二字，据原故宫博物院副院长、学者唐兰先生考定，"者姤"就是"诸后"，指历代先王。这组铜器既然用以祭祀历代先王及太子，说明这一氏族与殷王朝关系密切，或许就是殷商帝王之宗族后裔。1975年河南安阳五号墓出土了一大批铜器，据考证是商代武丁时的后，名叫妇好的墓。铜器中也有大型的尊、罍多件，进一步证明这种大型祭祀重器非一般贵族所能铸造。

　　同时，由于铭文已由简到繁，说明这两件铜器应晚于妇好诸器，是商晚期的器物无疑。

## 004 四象觚（象纹觚）

商（前1600—前1046）

高26厘米，口径15.3厘米，足径9.5厘米
腹深18.2厘米，重0.92千克

## 005 九象尊（友尊）

商（前1600—前1046）

高13.2厘米，口径20.7厘米，最大腹径18.7厘米
足径15厘米，腹深10厘米，重2.72千克

觚（音姑）是饮酒器。铜觚最早见于商中期，是来源于陶器的器型。大汶口文化和龙山文化遗址中都出土过陶觚，型式均与铜觚相似。早期的觚一般可分为细腰体高型与粗腰体矮型二种。后者较实用；前者既细又高，用来饮酒不大方便，可能只是作为礼祭器而存在的。觚的型制西周时已渐渐减少至消失，可能与周代禁酒有关。

象现在是热带地区的动物。可是商周时代，中原地区

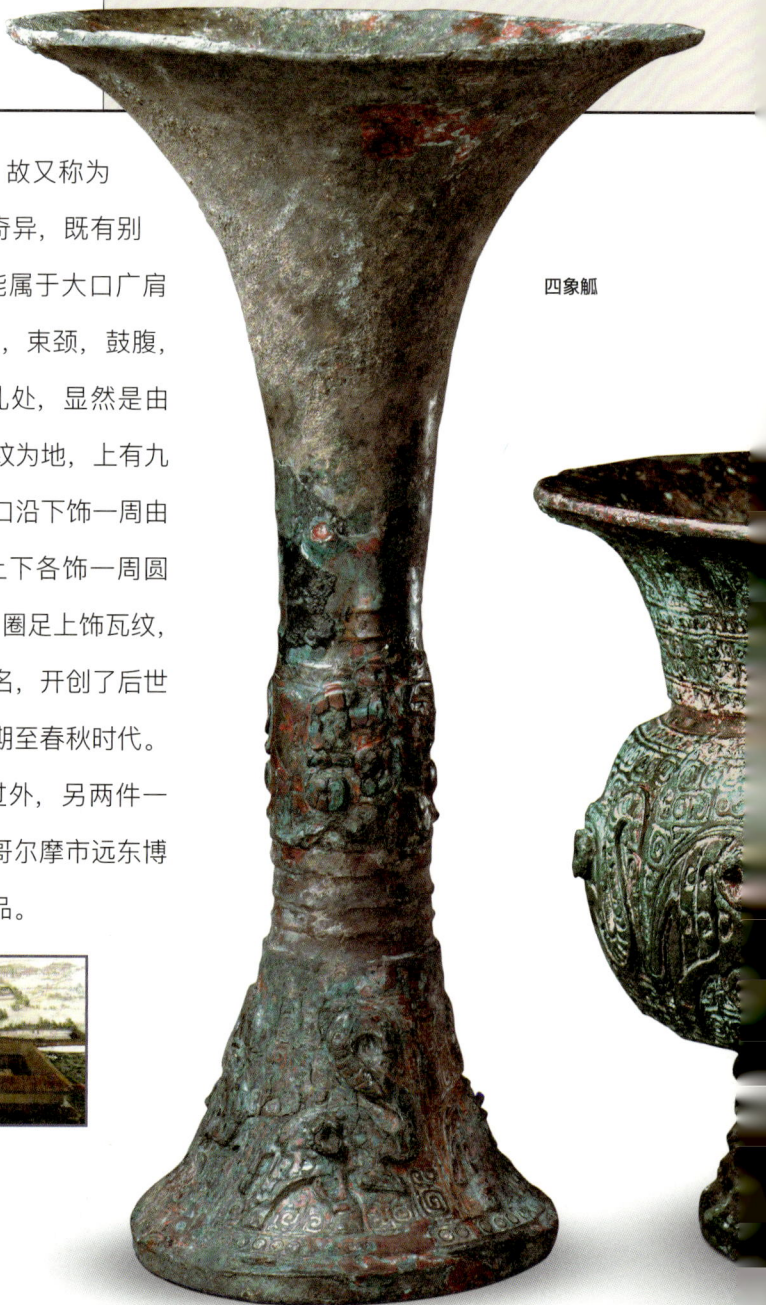

**四象觚**

九象尊因器腹内有一铭文"友"字，故又称为"友尊"。"友"应是氏族徽号。本器造型奇异，既有别于大口广肩尊，又不同于圆柱形尊，可能属于大口广肩型的一种特殊变体。此尊大口圆形，侈口，束颈，鼓腹，圈足上有三个十字形孔，范合缝于十字孔处，显然是由三块外范（模子）合铸而成。腹部以回形纹为地，上有九只象形纹饰。颈部饰一道复合回形纹带，口沿下饰一周由二十四只蕉叶纹组成的纹饰，颈腹纹带上下各饰一周圆圈纹（或称作连珠纹）。最值得注意的是，圈足上饰瓦纹，这种纹饰以其与旧式房屋上瓦垄相似而得名，开创了后世瓦形纹饰的先例。瓦纹主要盛行于西周晚期至春秋时代。

四象觚存世三件，除本器未曾发表过外，另两件一存美国古董商手中，一藏于瑞典首都斯德哥尔摩市远东博物馆。而九象尊却是国内外仅有之绝代珍品。

### 殷墟遗址

殷墟是商朝晚期（前1300—前1046）都城遗址，位于河南省安阳市。1928年开始考古发掘，出土了大量都城建筑遗址和以甲骨文、青铜器为代表的文化遗存，系统地展现了中国商代晚期辉煌灿烂的青铜文明，确立了殷商社会作为信史的科学地位。

**大汶口文化**

属新石器时代文化，因山东省泰安市大汶口遗址而得名。分布地区东至黄海之滨，西至鲁西平原东部，北达渤海北岸，南到江苏淮北一带，基本处于汉族先民首领少昊氏的地区。年代为公元前4500—前2500年。

**龙山文化**

源自大汶口文化，因首次发现于山东省济南市历城县龙山镇（今属济南章丘）而得名。年代为公元前2500—前2000年。分布于黄河中下游的河南、山东、山西、陕西等省。

确是有象存在的。古文献上说"商人服象"，殷墟侯家庄西北岗殷代大墓中曾发现过两具象的遗骸；周以前的铜器上常以象的形状做成装饰附件，如象耳、象形足等，还有的制成象尊。大概是因为气候的改变，以及后来人口增多、生产发展，使象赖以生存的生态环境发生了变化，才逐渐南迁。

这两件铜器的主体纹饰均为象纹，长鼻上卷，象牙与象耳明显。尊上的九只象和觚上的四只象，似是象群在行进移动中。制造者不是把象的形状作抽象化的描绘，而是以一种生动真实的形象表现。

觚之器全无自名，故以其主体纹饰为名，称为四象觚（也可称为象纹觚）。本器侈口，口径较大，体高，腰细，腹前后饰二兽面纹，高圈足上除象纹外，亦以回形纹为地，腹足纹饰上下也各有一周圆圈纹。

觚这种铜器在其造型上尽管是上大下小，但由于制造者的高超技巧，在结构上采用了宽边喇叭口形的高圈足，使重心安排在器物的中下部。在花纹装饰上，颈部多采用狭长形纹饰，如蕉叶纹等，而在足部则用兽面纹或垂鳞纹等纹饰，使整个器物的结构和纹饰巧妙地结合成一体，充分体现静态的平衡与和谐。

九象尊

**006**

# 册方斝

## 商（前1600—前1046）

通柱高28.5厘米，口径纵11厘米，横13.3厘米
总宽16.2厘米，重3.12千克

商斝

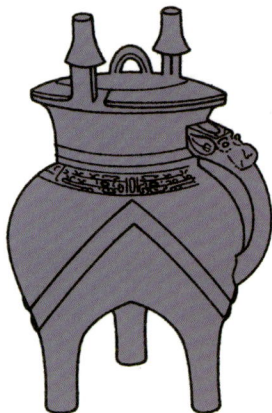

周斝

**分裆斝的型式示意图**

器名斝（音甲），是一种既可盛酒又可加温的酒器。这种铜器的铭文，一般字数很少，没有自名。

铜斝最早出现于商中期，亦源于陶斝。早期的铜斝多为圆形。商迁殷（安阳）后，铜器制造得多了，型式亦发生变化，出现了方斝。青铜酒器在商代之所以最盛行，是因为商朝人嗜酒。王公贵族的生活风尚是日夜狂饮。尤其到了商代最后一个皇帝纣王，因"好酒淫乐，嬖于妇人"而亡国。西周初期的帝王，吸取了商朝因酗酒而亡国的教训，严厉禁酒。由于这个缘故，很多在商代盛行的酒器，到西周以后便逐渐消失了。

这件册方斝，体方，有盖，颈部略收，鼓腹，底微凸。腹一侧有鋬，与鋬相邻两侧口沿上立二方伞塔形柱，腹下四足外撇。盖平而薄，正中有二鸟构成之拱形钮，二鸟相背而立，鸟头向外，冠相连。盖上饰二兽面纹，鋬上饰一兽首。腹部每面之主纹为一组大兽面纹，回形纹为地。腹上颈部及伞塔形柱帽上均饰三角纹，角尖向上，四足饰蕉叶形夔纹。本器是一件装饰华丽、造型优美的珍品。

本器铭文只有一"册"字，铸在器内底上。这种单一的铭文，大都是作器主人名或氏族徽号。

像本器这样束颈鼓腹的四足斝大都出自安阳，且绝大多数已流散至国外。这件现为国内仅存，于1975年安阳妇好墓出土的一件有盖小方斝，与本器近似，据此，本器也应是商晚期铸造的。铜斝还有另一种型式，就是商晚期出现的分裆斝。这种型式延续到西周初期还在铸造，以后就绝迹了。

**007**

# 堇临簋

周初（约前1046）

高16.7厘米，口径21厘米，总宽33.5厘米，重3.66千克

这件铜器腹内铸有八个字的铭文"堇临作父乙宝尊彝"。根据铭文，这件簋是堇临为了祭已死父亲"父乙"而做的。商朝人的习俗，每天都要按既定次序祭祀各祖先。"父乙"是排在乙日祭祀的，也就是排在一旬中第二天，但"宝尊彝"

堇临簋属双耳簋，侈口，腹微鼓，圈足，附珥，是传世的"熟坑"，即曾经过酸洗、去锈和打磨等加工。腹前后饰两组大兽面纹，无地纹。兽面纹的耳、目、口、鼻、角等略凸出于腹面，上面还饰有一层较浅的花纹。颈部和圈足也各有一道纹饰，用蟠曲的龙纹和圆涡形纹相间布置，在颈部纹带中间前后两面各饰一小兽首，而圈足上就简化成只剩一个鼻子的形象。显然这个簋身是由四块

则是周代的用语。再从铭文的书法特点以及这件簋的形制和
花纹来看，应定为周初器。周初的书法特点，一般称作波捺
体，即字中有肥笔，首尾两端出尖锋，端严工整，典雅优美。
"董临"则可能是商代的一个遗民或贵族。

外范合铸的，两侧的范缝为耳部所掩，前后的范缝就以兽面
或鼻形的装饰来掩盖。

　　这件簋耳部的装饰最为突出。一般簋耳，都只做成一种动物
的形象。这里却把龙和鸟的形象结合在一起。设计这件簋的两千多
年前的工艺师，巧妙地把这个略具椭圆形的把手上部做出一个龙头，上面
峥嵘地耸立两个方角，在凸出的上唇下面，露着两颗锐利的巨牙，带着鳞的
一段龙身和簋体结合起来。把手的其他部分则做成
一只鸟，鸟头连接在龙的颊下，凸出的鸟喙像
钩子一样向下弯曲，鸟身和两翼略作弧形后
掠，因而构成把手的下半部，鸟尾与
簋体相结合，而把手下面，在长方
形的珥上，则刻出鸟足和长长的
羽毛。在一个簋耳上，出现这样
复杂、生动，又几乎是独立的图
雕，是极少看到的。

董临作（作）父乙
宝陝（尊）彝

董临簋铭文

# 虎戟镈

## 西周（前1046—前771）

通高44.3厘米，钮高10.5厘米，总宽39.6厘米
铣间距27厘米，鼓间距20.4厘米，重16千克

青铜乐器在青铜器中占有相当的比重。如果说礼器代表当时社会森严的等级制度的话，那么，乐器也具有同等的效用。使用乐器的多少同样能反映出当时贵族地位的高低。按周代的礼制，天子用钟四组，诸侯三组，卿大夫二组，士一组。进入春秋时代以后，

铙发展到西周，转变为钟，初为甬钟。最早见于西周中叶，其形制如图所示，就好像是倒悬的钲铙，悬于架上敲击，多为成组出现（即今谓"编钟"）。每组三件以上，多至十余件。春秋以后出现钮钟。湖北随县出土的曾侯编钟有六十四件，分为八组，每组数量有多有少。音色优美，音域宽广，可用来演奏现代音乐，说明中国古代音乐艺术水平之高超。

镈（音博）为钟的一个分支，与钟小有差别。一般是以造型来区分，即下口呈桥形者为钟，平口者为镈。镈的出现要晚于甬钟，而早于钮钟。早期

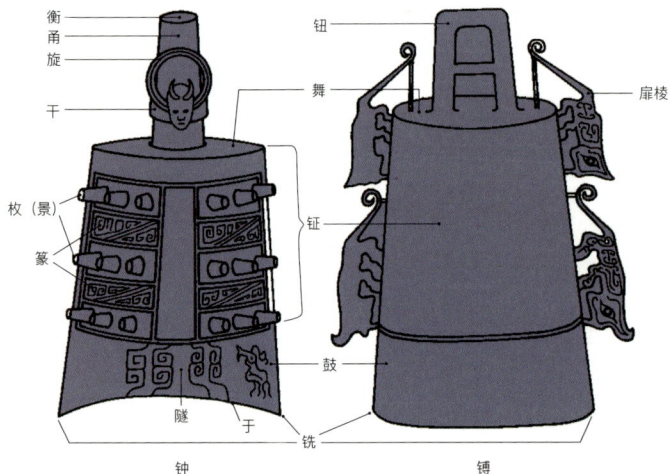

衡
甬
旋
干
枚（景）
篆
隧
于
铣
钟

钮
舞
扉棱
钲
鼓
铣
镈

**钟、镈各部名称示意图**

就出现了孔子所见到的"乐坏礼崩"的局面。所以,我们所见到的钟的数量,远远超出上述的等级制度的标准。

乐器和礼器一样,随着时代和地域的不同,也有很大变化和差异。商代有铙无钟,也有称为钲的,是中国迄今所知道的最早的打击乐器。河南安阳出土的这种乐器,形制体扁短阔,上大下小,口朝上有柄在下,中空可装木把,编铙一般较小,三五个一组;大铙多单个出土,上饰兽面纹或象、虎等纹饰。春秋战国时代的徐、楚、吴、越等地盛行一种称为句镈的乐器,实际就是钲铙的变形。

的镈是单个使用的,到春秋以后才出现了编镈,如陕西省宝鸡市出土的秦公镈、故宫博物院藏的蟠虺纹镈,都是三件一组的编镈。与一般钟镈相比,本器装饰比较奇特。前后两面钲部各饰以一组大兽面,中间凸起一道镂空的扉棱(已残,似应为一鸟),好像是兽面的鼻。兽面两旁各有一条倒立的夔龙,兽面上下各有一以圆涡纹为主体的条带形纹饰。制作者还匠心独具,在镈身上饰有四只张口卷尾、形态极为生动的扁形立体虎,两两相对,构成镈两侧的扉棱,使动与静有机地结合,给人以一种美的享受。由此可见中国古代的民间艺术家,对于造型装饰艺术研究之精深,构思之奇巧,已达到了相当高的水平,从而使这件铜器具备了文物和艺术品的双重价值。

与本器相似的镈有三:一、宋代《宣和博古图》著录的"周虎钟",今不知落于何处;二、现存日本的"虎钟";三、上海博物馆藏"四虎镈"。其中仅上海四虎镈钲部纹饰与另三器差异较大。

# 师趛鬲

西周（前1046—前771）

通耳高50.8厘米，高至口沿42厘米，口径47厘米
总宽57.6厘米，重48.8千克

我们通常所说的鼎，就是指两耳、三足圆腹的容器。但也有例外。如：扁足圆鼎、三足分裆鼎、代盘鼎、独柱鼎等，都是普通圆鼎的变体。商代中期至西周早期，还流行一种四足方鼎，著名的重达八百七十五公斤的"女妌戊"（或释"司母戊"）大方鼎，就是这种形制的代表作。商代的鬲（音立），立耳，袋形腹较深，足短，到商末周初体形已由

本器自名鬻（音辱），是一种大型鬲鼎。本器是传世"熟坑"。侈口折沿，颈附耳，分裆袋形腹有扉，蹄状足。全器纹饰以"鼓花"（即半浮雕）为主，地饰回形纹，腹部饰六只巨大的回首夔龙纹，造型上三附耳，蹄足。从这些特征以及铭文风格与内容来看，本器是西周晚期制作。

本器腹内壁铸有铭文五行二十九字。铭文大意是：在九月初庚寅这个吉祥的日子里，师趛为其已故的父母铸造了这件大鬲鼎。愿其子孙万代永世宝用。本器是师趛（音引）为其父母所铸祭器，因此称为师趛鬲。

师趛鬲造型雄伟，是一件祭祀重器，饰有巨大兽形花纹，呈现出庄严肃穆的形象。本器是迄今所知铜鬲中最大也是最华丽的一件。

高变低。西周后期至春秋前期，体形更矮，分裆已近于平底，但有一圈很宽的唇边，且多无耳。但是这时也出现了一些袋形腹的鬲，可能属于一种返祖现象。鼎之大者，往往有专名，如镬鼎、鼎升等。不过鬲和鼎虽有分别，但功用很相似，同为煮食器，相当于现代的锅。鬲和鼎在古时代可能同出一源，后来才分家。鬲这种器型到战国晚期就消失了。

佳（惟）九月初吉庚
寅师趛作（作）文考
聖公文母聖姬
陕（尊）簋（鬲）其萬年子
孫永寶用□

师趛鬲铭文

# 螭梁盉

**010**

战国（前475—前221）

通梁高24.2厘米，总宽24.2厘米，重3.52千克

盉（音和）是一种酒器，与今天使用的酒壶相类。从这类铜器的大小和腹下多具三足或四足来看，似是既可装酒，又可以加热的器皿。但也有一些圈足盉（或无足盉），则只能装酒而不能温酒了。从出土情况来看，盉往往与盘同出，有人据此说它是水器，可能有一定道理。

早期盉的造型与晚期的盉有很大差别。

本器流为鸟首形，口微张作鸣状，以扁圆形盉体为鸟腹，流的根部为鸟的后掠形双翅和后收的双爪。鸟首上卧一虎，作为鸟之冠。提梁为螭（音吃）形，双足分立于器肩，螭首前伸近鸟冠，尾下垂，身作弓形，隆起部分的两侧各由互相绞结的九条小螭镂空而成，二足近身部各饰一对飞状的短翼。盉直口微敛，有盖，上有猴形钮，颈套链环与梁内侧相连，左上肢搂在后腿上作蹲坐状，右肢扶着环链。盉腹下有三异兽形足，人面，鸟嘴，四爪，有尾。头两侧二角下卷，身被鳞斑，裸露双乳。二后爪并立，腿略前屈，二前爪各紧抓一蛇，蛇首贴于腹部上昂于乳下，蛇身缠绕异兽腹及肩部，尾下垂于腰侧。中国古籍《山海经·中次八经》里曾介绍：骄山之神，名䮖（音驼）围，其状如人面，羊角，虎爪，与此异兽特征大略相合，疑此异兽即是䮖围。

全器除圜形底为素面外，通体遍布以粟纹为地的纹饰。器身花纹三层，中间为二宽弦纹（单线条

的纹饰，较宽），上下二层，主纹为勾连云纹（连续性的云形纹）；中层主纹由八组花纹组成，每组由一首二身的蟠螭（传说中无角的龙）与二首一身的异鸟相缠绕组成，异鸟昂首垂尾，螭首向下，螭身绕异鸟一颈后回转至首下。盖沿由互相勾连的二十条双头蟠螭组成花纹带，盖顶一周宽弦纹内为细线勾勒的六片叶状纹及三角纹。鸟形流颈部、异兽形足的身上缠绕之蛇均饰鳞纹。

　　本器造型奇特，装饰繁缛，在战国铜器中是较为突出的。特别是器身上既有写实的鸟、虎、猴、蛇等动物形象，又加上一些想像中的神怪，充分显示了战国时期铸造水平的先进与技艺之高超。这件铜盉可称得起古代工艺美术品中的一件不可多得的杰作。

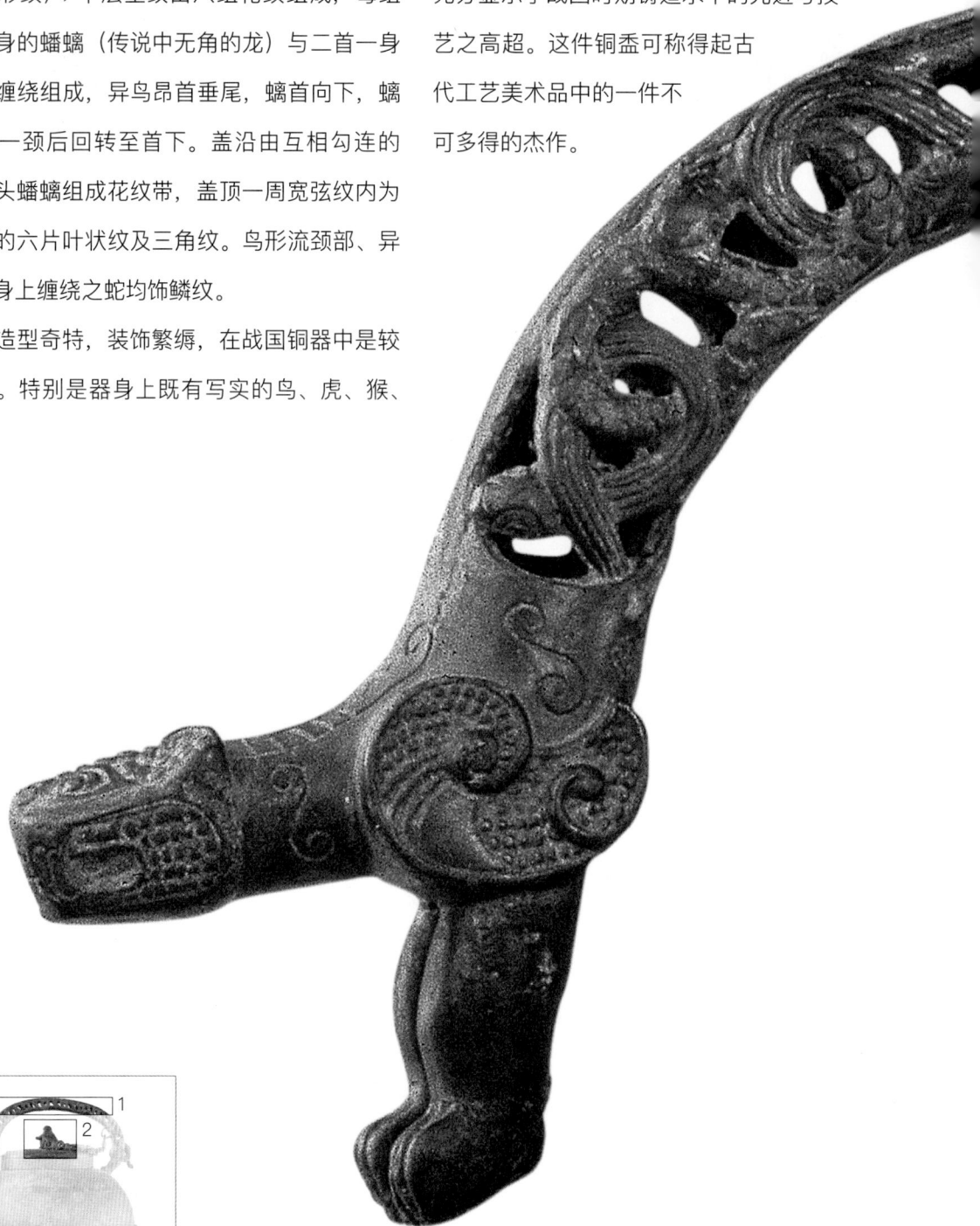

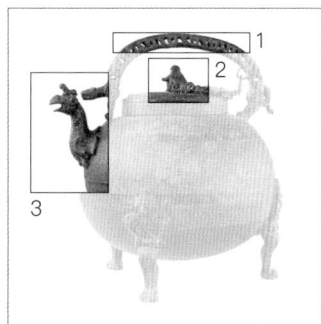

1 | **提梁** 螭形，双足分立于器肩，螭首前伸近鸟冠，尾下垂，身作弓形，隆起部分的两侧各由互相绞结的九条小螭镂空而成，二足近身部各饰一对飞状的短翼。

2 | **猴形钮** 盉直口微敛，有盖，上有猴形钮，颈套链环与梁内侧相连，左上肢搂在后腿上作蹲坐状，右肢扶着环链。

3

**流** 流为鸟首形，口微张作鸣状，流的根部为鸟的后掠形双翅和后收的双爪。鸟首上卧一虎，作为鸟之冠。

# 书画

# 书 画

中国绘画和书法历史悠久，源远流长。仅从长沙楚墓出土的战国帛画来说，距今也有两千余年了。中国文字的发端，可以溯源到原始时代陶器上的刻画符号，而把文字作为书法艺术的创作，也至少产生在春秋战国时代。

战国帛画是用笔蘸墨画出的线条来塑造形象的，然后再敷以色彩。这种以线描作为绘画造型的基本手段，一直沿袭到今天，成为中国绘画的一个特色。以后画家们在追求用线条表现客观物像真实感的同时，也不断地追求线条本身的美感，因而产生出各种不同流派和风格。东晋顾恺之是有作品可考的最早的一位知名大画家。他的人物画创作代表了当时的最高水平。他最先提出"以形写神"的理论，以后中国绘画对"神"的表现的追求，由人物画发展到山水画和花鸟画。在这一要求下，中国绘画既重视对自然的师法，同时又不为自然所役，其造型原则始终是"妙在似与不似"之间。

隋、唐之间，中国山水画开始脱离作为人物画背景的附属地位，逐步走向独立发展和成熟。画家展子虔的《游春图》是现存最早的一幅山水画作品。这幅画所取得的成就，既是六朝山水画发展的总结，同时也是唐代山水画的开端。李思训、李昭道父子正是继承了展子虔的风格和技巧，把具有唐代特点的金碧山水画推向了新的创作高峰。

唐代的人物画创作是中国绘画史中人物画创

**吴道子**（约 680—759），阳翟（今河南禹州）人。唐代画家，画史尊称他为"画圣"。所作已不存。

**张萱**（生卒年不详），长安（今陕西西安）人，唐代画家。所作已不存，但有两件摹本，即《虢国夫人游春图》和《捣练图》。

李昭道《明皇幸蜀图》

**李昭道**（生卒年不详），李思训之子，唐代画家，擅长青绿山水。李思训（651—716），陇西成纪（今甘肃秦安）人，唐代画家。明代董其昌推其为山水画"北宗"之祖。

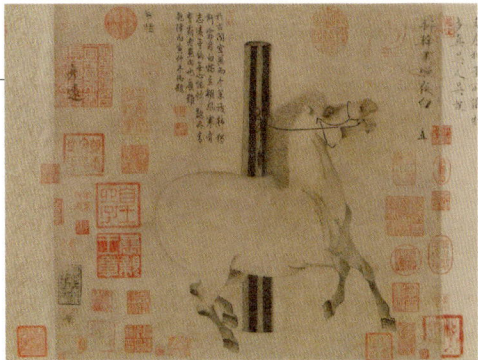

韩幹《照夜白图》

**韩幹**（约706—783），京兆（今陕西西安）人。唐代画家，以画马著称，初师曹霸。天宝年间，在宫廷写玄宗内厩"玉花骢""照夜白"等名马，肥壮雄骏之状，独步当时。

**曹霸**（约704—770），谯县（今安徽亳州）人。唐代画家，擅画马。成名于开元间，天宝间曾画"御马"。

**周文矩**（生卒年不详），江宁句容（今江苏镇江）人。南唐后主时的宫廷画家。工画人物，尤精于仕女。

作的繁荣兴盛时期。最有代表性的画家有阎立本、吴道子、张萱、周昉等。被称为"画圣"的吴道子的作品，到今天无法见到真迹了；而代表了初唐人物肖像画成就的阎立本《步辇图》和代表中唐风格的周昉《挥扇仕女图》我们都能看到。唐代的其他画家如曹霸、韩幹、韩滉、韦偃等，以专门画牛、马等畜兽闻名于世，说明绘画分科发展越来越细。可信为韩滉的真迹，目今只有一件《五牛图》。韦偃的原作早已绝迹，但我们可以从宋代高手李公麟所临摹他的《牧放图》中想象其气概。

人物画在五代南唐也很兴盛。在为皇家服务的翰林图画院里，有顾闳中、王齐翰、周文矩、卫贤等名家。顾闳中的作品在刻画人物内心活动方面极为细腻，生动传神，《韩熙载夜宴图》是其代表作。卫贤的作品，至今只有《高士图》一件，是海内孤本。

唐末五代是山水、花鸟画飞跃发展时期。在山水画中新出现的水墨画法，逐步取代了金碧山水的画法。山水画家

在"外师造化，中得心源"的创作思想指导下，深入到自然山水中观察体验，探索各种表现方法，努力创造意境。中原地区的荆浩、关仝，以勾斫皴染的笔法，表现北方雄峻的山峰，裸露的岩石，气势雄浑壮美；南唐地区的董源、巨然，以披麻皴和点子皴，表现南方山水的草木葱茏，烟云变幻，优美抒情。他们的山水画创作技法及其风格式样均成为后世的楷模。《潇湘图》可以说是山水画所取得成就的代表作品。

花鸟画在唐末五代时期也同样由于地区的不同而有两种不同的风格。以黄筌为首的西蜀画派，多取材于宫廷中的奇花异鸟，珍

王齐翰《勘书图》（局部）

**王齐翰**（生卒年不详），江宁（今江苏南京）人。南唐后主李煜朝（961—975）宫廷画家。工画佛道宗教画，兼擅山水、花鸟，以画猿獐出名。

禽瑞兽，笔法工细，敷色妍丽，被誉为"黄家富贵"；南唐徐熙则多取材于农村中常见的虫鸟花草，而画法以突出墨线为主，设色雅淡，被誉为"徐熙野逸"。可惜的是，这两位不同风格的花鸟画开宗立派之祖的作品，现今已难于

**关仝**（约907—960），长安（今陕西西安）人。五代后梁画家。工山水，早年师法荆浩，后形成个人风格。所画颇能表现关陕一带山川的特点和气势。

**荆浩《匡庐图》**

**荆浩**（约 850—911），沁水（今属山西）人。五代后梁画家，是北方山水画派之祖。常画山中古松，创制云中山顶，浑厚峻拔。与董源、巨然、关仝并称五代北宋四大家。

**巨然《层岩丛树图》**

**巨然**（生卒年不详），江宁（江苏南京）人。五代宋初画家，僧人。专画江南山水，与董源并称"董巨"，对元明清以至近代的山水画发展有极大影响。

**吴镇《渔父图》**

**吴镇**（1280—1354），嘉兴（今属浙江）人。元代画家、书法家、诗人。与黄公望、倪瓒、王蒙合称"元四家"。

一睹。徐熙的画久已绝迹人间；而黄筌的作品仅留下一件《写生珍禽图》。

　　宋代是皇家画院最盛时期，许多著名的画家都被吸收入宫廷。北宋时代最有名气的山水画大师郭熙，就是直接奉宋神宗皇帝的征召入宫的。《窠石平远图》是他入宫以后的代表作。他在山水画上的贡献除创作了大量的作品之外，还有山水画论著《林泉高致》传

**夏圭《溪山清远图》**

**夏圭**（生卒年不详），临安（今浙江杭州）人，"南宋四家"之一，以山水著称。他与马远同时，并称"马夏"。

**徐熙**

（？—975），金陵（今江苏南京）人，五代南唐画家，善画花竹林木、蝉蝶草虫。

李唐《采薇图》

**李唐** (1066—1150)，南宋画家。擅画山水，创"大斧劈"皴，开南宋水墨苍劲、浑厚一派先河。兼工人物，又以画牛著称。与刘松年、马远、夏圭合称"南宋四家"。

世。张择端是宋徽宗时代的宫廷画家，《清明上河图》是一幅惊人之作。南宋的四大家李唐、刘松年、马远、夏圭，全都是宫廷画家，他们的作品不但技巧熟练，而且很有新意，具有高度的概括性。马远的十二幅《水图》只画水纹的变化，就能表现出多种的意境。

北宋的中后期，由苏轼、文同、米芾、李公麟、王诜等人掀起了一股"文人画"热潮。他们更加重视绘画中"神"的表现，发展了水墨画法中的写意技巧。

"文人画"经过南宋的酝酿和实践之后，到了元代则成为了画坛的主流。赵

**刘松年**
(约 1131—1218)，南宋画家，多写茂林修竹，山明水秀之西湖胜景。所作屋宇，界画工整。

**文同**
(1018—1079)，梓州永泰（今属四川绵阳）人。北宋画家、诗人，善诗文书画，尤擅墨竹，主张"胸有成竹"。

孟頫是元初士大夫画家中最为重要的一位。他一方面主张恢复古法，反对南宋晚期院画陈陈相因的积习；另一方面则托古改制提倡"文人画"的创新。《秋郊饮马图》即是他师法唐人青绿画法而具有文人气质的一件代表作品。在赵孟頫的影响下，元代的山水画出现了四大名家：黄公望的浅绛山水，浑厚圆润，笔墨潇洒，境界高旷；吴镇、王蒙师法董源和巨然，笔力雄劲，墨气浓厚，郁勃深秀；倪瓒则笔墨简淡，境界超脱。他们各创造了自己的独特风格面貌，达到了文人山水画的新高峰。

明代的前半期，宫廷画院的画家与浙派画家占了画坛主要地位，山水、花鸟、人物均以宋代画院为模范。浙派大师戴进是最

有影响和最有成就的画家，他的山水画主要继承马、夏风格并参以元人笔法，雄健豪爽。明代中期以后，苏州地区的绘画创作特别活跃，沈周、文徵明、唐寅、仇英并称"吴门四家"，名震江南。沈、文擅山水，上追董、巨，下法元代诸家，各成一格；唐、仇近师周臣，远学李唐、刘松年等，山水之外，尤工人物。

水墨写意的花鸟画，经过长期的酝酿，到明代中后期得到了突飞猛进的发展。沈周、唐寅开拓于前，陈淳、徐渭继起于后，更加发挥了水墨性能和写意的特色。尤其是徐渭的大写意，墨渖淋漓，奔放狂纵，其影响直到今天。

明末清初的画坛，名家众多，灿若群星。人物画中，陈洪绶是

其代表；山水画中，髡残、石涛、王翚，堪称巨匠，弘仁、项圣谟则别具风格；花鸟画中，八大山人淋漓奇古，恽寿平典雅和平，都是一代大师。清代中期的华嵒和"扬州八怪"诸家的艺术，清新活泼，以崭新的面目呈现在人们面前，直接开创了中国近、现代绘画画风。

中国的书法和绘画，主要工具同是笔和墨，也同样是一种线的艺术。自古而今，书家代不乏人，各有创造。在中国绚丽多彩的文化艺术中，绘画和书法的关系最为亲密，所以在收藏中，"法书名画"总是相联在一起的。先人收集和珍藏绘画和书法中的名家名作，把它们看得比黄金、珠玉还要珍贵。在唐代，像顾恺之的一件作品，会被认为是"稀世之珍"而"不可论价"的。与他同时代的画家吴道子的一片屏风，"值金二万"。历代以来，除了皇室不遗余力庋藏古书画外，还有许多私人收藏家，如宋代的米芾、明代的项元汴、清代的梁清标、安岐等，都是以富于书画收藏而著称于世。清代乾隆皇帝的收集更为大观。他曾得到三件王氏一门的墨迹，专辟一室以贮之，名曰"三希堂"。有两件今在故宫博物院，其一即本书所收的王珣《伯远帖》。

周臣《春泉小隐图》（局部）

周臣（1460—1535），明代画家。吴县（今江苏苏州）人。字舜卿，号东村，擅画山水，唐寅和仇英曾从其学画。

陈淳《竹兰石图》

陈淳（1483—1544），明代书画家。字道复，号白阳山人，与徐渭并称"青藤白阳"。

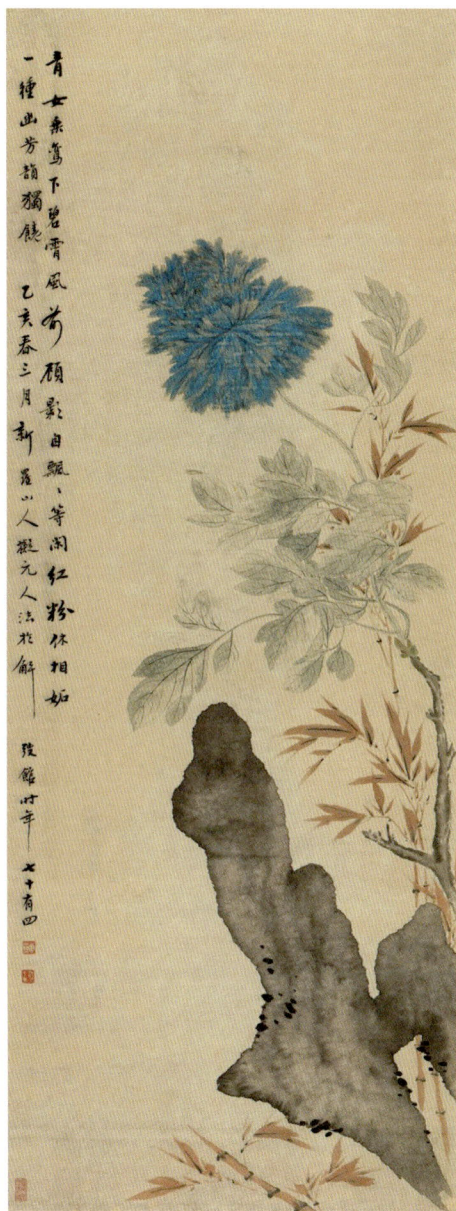

华嵒《牡丹竹石图》

**华嵒**（1682—1756），清代画家。字秋岳，号新罗山人等。上杭（今属福建）人，后寓杭州。写动物尤佳，为小写意花鸟画的代表画家。

项元汴收藏章

**项元汴**（1525—1590），明代收藏家、鉴赏家。字子京，号墨林等，嘉兴（今属浙江）人。毕生潜心收藏古今书画名迹、金石遗文，为当时私家收藏之冠。顾恺之《女史箴图》就是他的藏品。

**扬州八怪**

清康熙中期至乾隆末年（约 1690—1790）生活于扬州地区的一批书画家总称，美术史上也称为"扬州画派"。一般指金农、郑燮、黄慎、李鱓、李方膺、汪士慎、罗聘、高翔八人。他们大多出身贫寒，清高狂放，书画成为抒发心胸志向、表达真情实感的媒介。

# O11 秦石鼓

## 秦·献公十一年（前374）

共十块，花岗岩质，高约90厘米，直径约60厘米

东周初秦国刻石，形略像鼓，共十块。石鼓自公元7世纪初在陕西雍县发现后，其书法受到了当时书法家虞世南、褚遂良、欧阳询等人的推崇。唐、宋以来，杜甫、韦应物、韩愈、苏轼都为石鼓作过诗。从欧阳修的《集古录》起，后世都把它作为石刻中最重要的宝物。从石鼓可以

石鼓文在书法史上的重要地位表现在它继承了籀文的传统，开创了小篆的先河。它是籀文发展到小篆的过渡，是小篆之祖。唐初苏勖（音序）说："虞、褚、欧阳共称古妙。"张怀瓘《书断》在谈到大篆时说："折直劲迅，有如镂铁，而端姿旁逸，又婉润焉。"这是指石鼓文的书法特点。石鼓文结字较为方整，大小匀称，布局紧密，笔法圆劲，不露锋芒，历来为学篆书者所共宗。

但是石鼓的好拓本很难得，唐代初年刚发现时原石就已有剥泐（音勒）。传世的北宋拓本有四本，四明范氏天一阁藏有一本，清末发现明安国十鼓斋中的三本，但安国三本均流往日本。北宋末年石鼓原石被金人劫掠北上，金章宗时将石鼓"金封"，因而南宋不可能有拓本。入元以后直到明、清，其拓本文字损坏更多。故宫所藏拓本原为朱文钧先生藏本，明中期拓。

**明中期拓本（局部）**

### 石鼓文

东周初秦国的刻石文字，因文字刻在鼓形石上而得名。在十块巨石上分刻十首四言诗，分别是："吾车""汧殹""田车""銮车""霝雨""作原""而师""马荐""吾水""吴人"。用大篆写成，共五百多字。诗中记载的是周王派使者到秦，秦公和他一起到汧河一带去游猎的盛况。

看出其时的铭刻、文学、文字、书法的发展。所以石鼓文无论在历史考古、文学史、文字发展史，以及在书法艺术史上都占据着重要的地位，是一件极珍贵的重器。

这组国宝曾历尽沧桑。唐初发现后，一直在原地风吹日晒，任人损毁，宋代才移入凤翔府学。宋徽宗时收到汴京，先由蔡京放在辟雍，后入内府稽古阁。金人破汴京劫掠北上，安置在大兴府学（即现在北京）。入元，石鼓放在国子学庑下，后又迁到另立的国子学大成门内，在那里经过了六百多年。抗战期间曾被南迁，辗转万里，胜利后运回北京。现由北京故宫博物院辟专室收藏。

# 明初拓东汉张迁碑

O12

汉·中平三年（186）

拓本为原碑尺寸大小（原碑高314厘米，宽106厘米）

隶书出现于秦，盛行于汉，是一种很美观的书体。它在篆书的基础上加以损益，结体由圆变方，比起篆书不仅具有"规矩有则，用之简易"的特点，而且特别适宜于毛笔书写。其笔法的变化具有浓厚的装饰趣味，因此在书法

碑文书体端整朴茂，古厚雄强中时出矫健奇宕之姿，笔致刚劲挺拔而又凝练典雅，富于变化。其用笔往往方折入笔，出以铺毫，结体趋于方长，但字体的大、小、长、短、扁、方及笔画的粗细互参，变化无穷。碑阴书体更加纵肆、自然。此碑与《衡方碑》及《鲜于璜碑》相近，开辟了魏晋书风的先河。《张迁碑》可以说是东汉末年隶书的代表作之一，在书法史上有其重要的地位，因此自从出土以来，广为人们重视并传习。

《张迁碑》好拓本存世不多，而出土初拓本"东里润色"四字完好者，所见唯此一本。此本拓工精良，墨色浑厚，字口清晰，是一件铭拓珍品。

此拓本曾经宝熙等人题签，桂馥、郭绍高、陆士等跋六段，又褚逢春、王云、汪大燮、翁同龢、刘廷琛、陈宝琛等人观款。此拓本最后的收藏者是萧山朱文钧，1954年捐献给故宫博物院。

初拓本册页封面

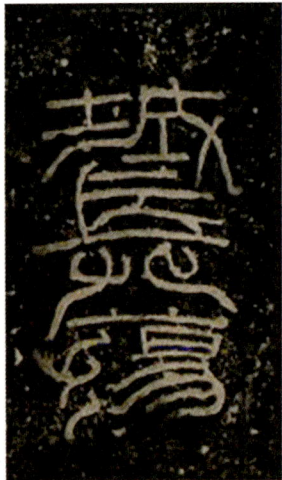

《张迁碑》碑额（局部）

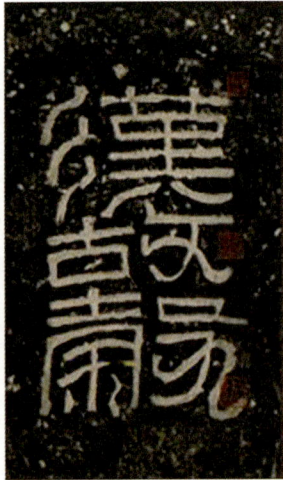

史上是重要的书体。其中《张迁碑》又被视为汉隶中雄强风格的典型之作。

《张迁碑》立于东汉灵帝中平三年（186），明代初年出土。原石在山东东平，现保存在山东泰安岱庙。碑文十六行，每行四十二字，碑额篆书"汉故谷城长荡阴令张君表颂"。碑文内容记载了张迁的生平事迹及其为人。碑阴刻有捐款立碑人的姓名。

**张迁**

（生卒年不详），字公方，陈留郡己吾县（今河南宁陵境内）人。曾任谷城长、荡阴（汤阴）县令。碑文系故吏韦萌等立，未署书写者姓名，刻石人为孙兴。

013

# 伯远帖

### 晋 王珣（350—400）

纸本　纵25.1厘米，横17.2厘米

晋代书法继承汉魏，名家辈出。不但诸体皆备，而且自得新裁，可以说是书法史上盛况空前的时代。其中以王羲之、王献之等一门书法艺术成就最著，影响最大，为后世所宗法。但"二王"手书墨迹真本，世早失传。存世所谓"二王"书均系唐宋人摹本。唯一属"二王"系统书法真本的只有王珣所书《伯远帖》，所以历来都当作稀世之珍。

　　《伯远帖》是王珣写的一封书信。五行共四十七字。其文云："珣顿首顿首，伯远胜业情期，群从之宝。自以羸患，志在优游。始获此出，意不克申。分别如昨，永为畴古。远隔岭峤，不相瞻临。"此帖笔法削劲挺拔，锋棱毕现，结体严谨，笔画疏密有致，书势略微向左方倾侧，险峻而端肃，可以看出晋人书法的风度神韵。是研究晋代书法极为宝贵的墨迹原件。

　　此帖曾经北宋内府收藏，著录于《宣和书谱》。明、清又经董其昌等人递藏，《书画记》《平生状观》《墨缘汇观》有著录。乾隆年间入内府，乾隆皇帝弘历极为珍视，将此帖与王羲之《快雪时晴帖》、王献之《中秋帖》藏于养心殿西暖阁，专门为此三件墨宝设"三希堂"，常常赏玩其中。清亡后由溥仪携出故宫，复流落民间。1949年后，此帖与《中秋帖》流落香港，1951年底，国家以重金将两件国宝收购回来。

王珣（349—400），字元琳，琅琊临沂（今山东临沂）人。东大臣、书法家。其祖父为丞相王导。王羲之之从侄。幼从家学，饶有书名。

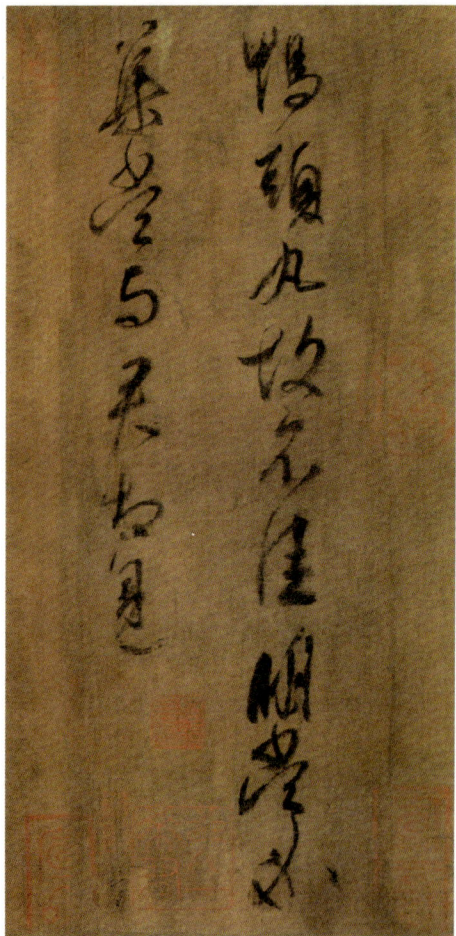

王羲之（303—361），字逸少，号澹斋，原籍琅琊临沂（今山东临沂），后迁居山阴（今浙江绍兴），东晋书法家、官员，被后人尊为"书圣"。

董其昌（1555—1636），字玄宰，号香光居士。松江华亭（今上海市）人。明朝晚期大臣，书画家。在书画理论方面主张"南北宗"，对晚明以后的画坛影响深远。创作讲求追摹古人但不泥古。

王献之《鸭头丸帖》

王献之（344—386），字子敬，小名官奴。东晋书法家、诗人、画家、官员，王羲之第七子，父子并称书法"二王"。

珣頓首頓首伯遠勝業

期群從之寶自以羸患

志在優遊

不剋申其別如昨永為疇

始獲此出意

遠隔嶺嶠不相瞻臨

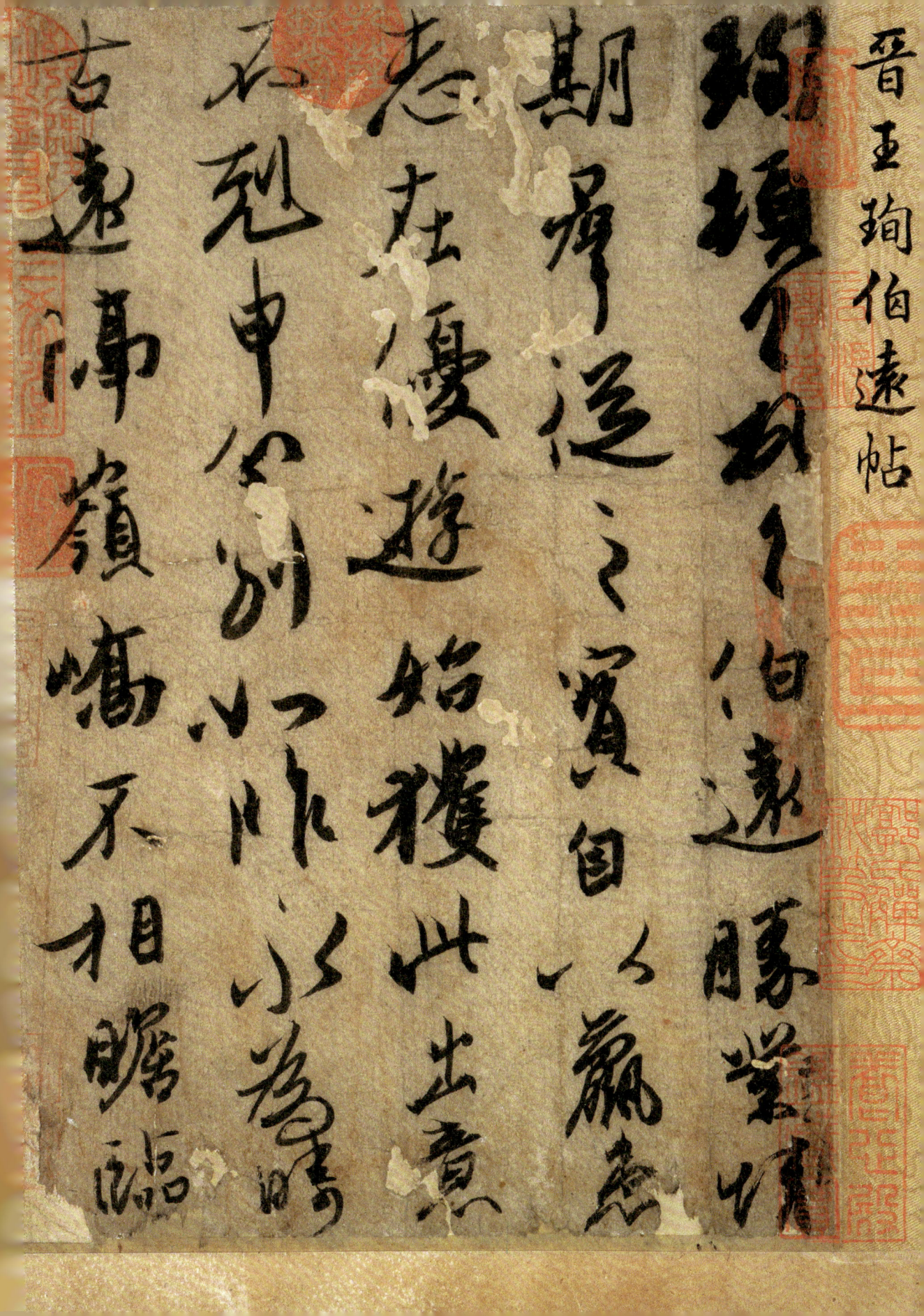

古

知
越
申

古
遠
萬
嶺

好頃勿

期

陽遂

湛甚

014

# 张翰帖

唐　欧阳询（557—641）

纸本，纵25.1厘米，横31.7厘米

欧阳询，字信本，潭州临湘（今湖南长沙）人。在隋代曾任太常博士，入唐官至太子率更令，弘文馆学士，封渤海县男。他博通经史，是唐代大书法家。书法师法"二王"，自

《张翰帖》亦称《季鹰帖》。行楷书十行，每行九至十一字不等。此帖是欧阳询为张翰写的小传。字体修长严谨，笔力刚劲挺拔，风格平正中见险峻之势，是欧书中的精品。

此帖本幅无名款，后纸有宋徽宗赵佶题一则："唐太子率更令欧阳询书《张翰帖》，笔法险劲猛锐长驱，智永亦复避锋。鸡林尝遣使求询书，高祖闻而叹曰，询之书名远播四夷。晚年笔力益刚劲，有执法廷争之风，孤峰崛起，四面削成，非虚誉也。"

此帖曾经北宋宣和内府、南宋内府、清内府收藏，《宣和书谱》《墨缘汇观》《大观录》等书著录，清乾隆年间刻入《三希堂法帖》。是一件流传有绪的书苑之珍。

张翰　西晋吴郡（今江苏苏州）人，为人舒放不羁，旷达纵酒。他追随贺循至洛阳做了齐王的官，但他并不快乐，时常思念江南故乡，于是萌生退隐山林，远离乱世之念，后终弃官回乡。

褚遂良　（596—658），字登善。钱塘（今浙江杭州）人。唐朝政治家、书法家。

虞世南　（558—638），越州余姚（今浙江省慈溪市）人。南北朝至隋唐时期书法家、文学家、政治家。

**《张翰帖》释文**

张翰，字季鹰，吴郡人。有清才，善属文，而纵任不拘，时人号之为"江东步兵"。后谓同郡顾荣曰：天下纷纭，祸难未已。夫有四海之名者，求退良难。吾本山林间人，无望于时。子善以明防前，以智虑后。荣执其（疑缺"手"字）怆然，翰因见秋风起，乃思吴中菰菜鲈鱼，遂命驾而归。

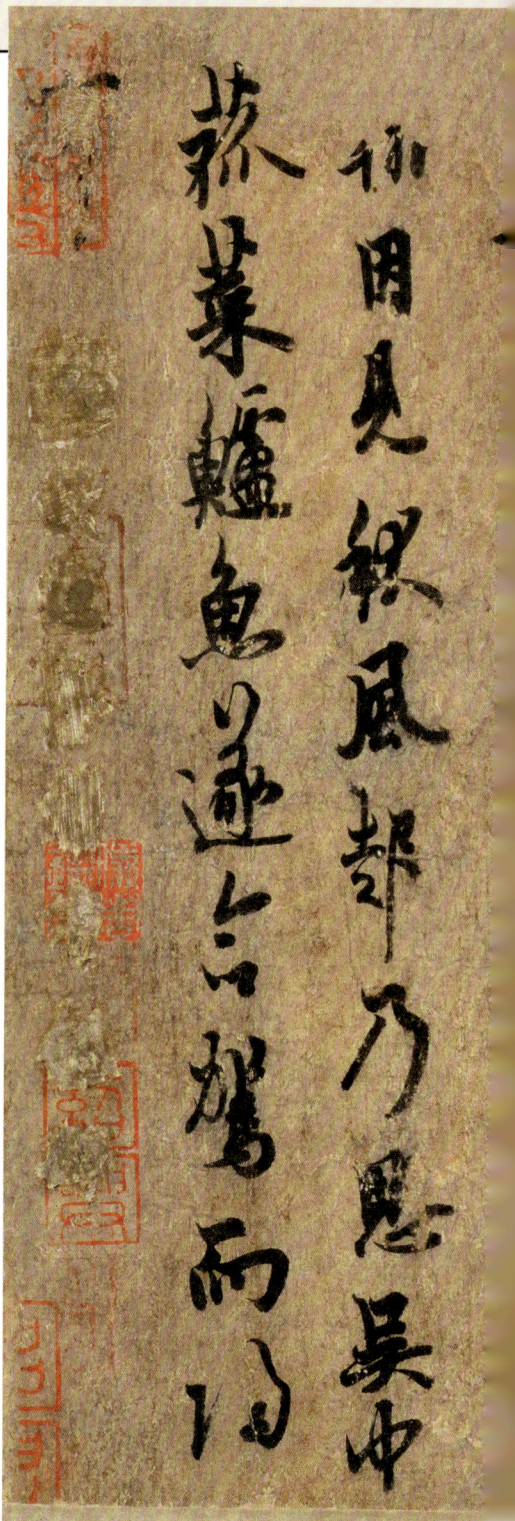

成面貌，人称“欧体”，对后世影响很大。欧体以其结构严谨，书体方正，笔画中时出隶意为特征。他的书法是六朝书体到唐代之间的过渡，开创了唐代楷书的先端，起承前启后的作用。他与虞世南、褚遂良、薛稷并称为唐初“四大书家”。碑刻有正书《九成宫醴泉铭》《化度寺碑》《虞恭公温彦博碑》《皇甫诞碑》等。存世行书墨迹有《卜商帖》《梦奠帖》《张翰帖》等。

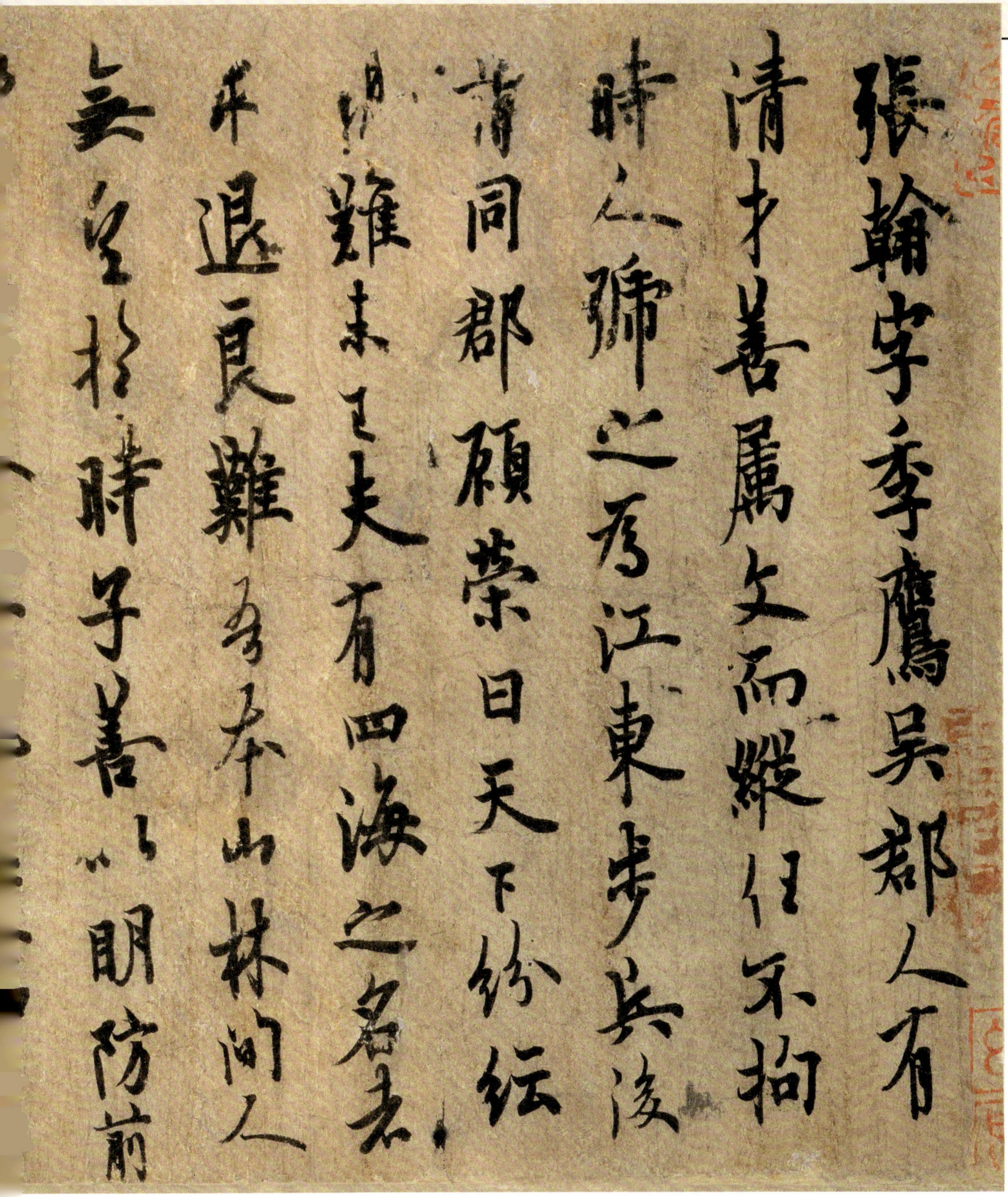
張翰字季鷹吳郡人有
清才善屬文而縱任不拘
時人號之為江東步兵後
謂同郡顧榮曰天下紛紜
禍難未已夫有四海之名者
求退良難吾本山林間人
無望於時子善以明防前

# 015 蔡襄自书诗

宋　蔡襄（1012—1067）

纸本，纵28.2厘米，横221.2厘米

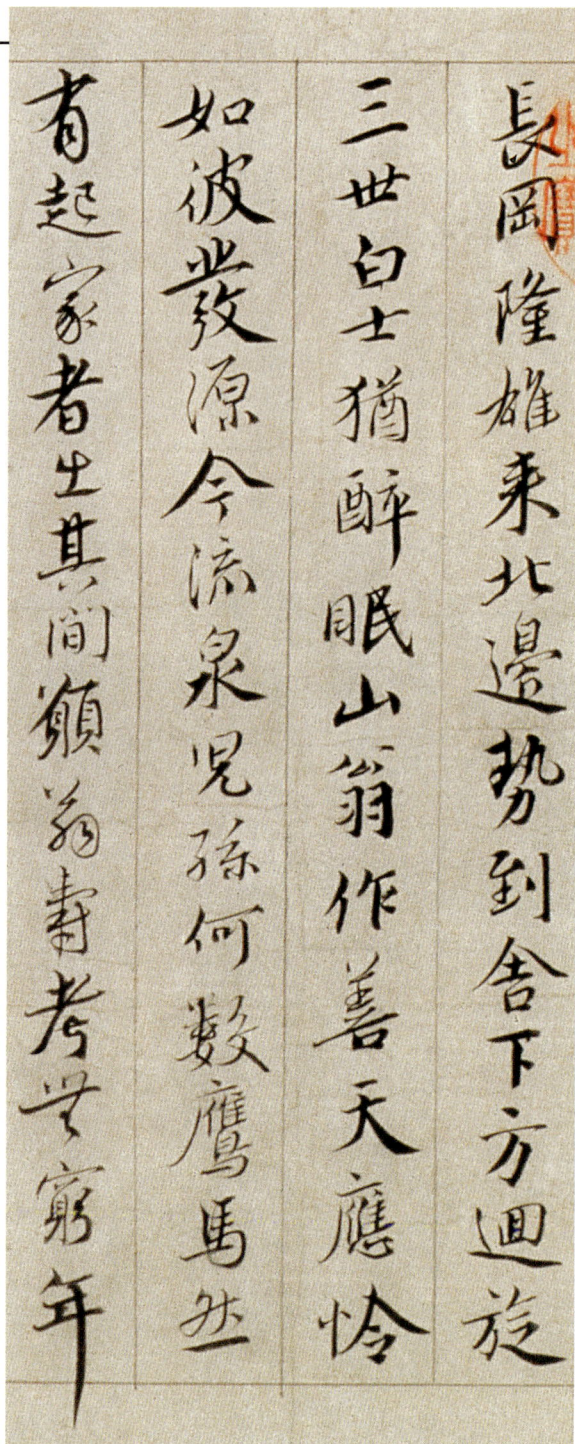

在书法史上，苏轼、黄庭坚、米芾、蔡襄被称为"宋四家"。其实，苏、黄、米之后原是蔡京，由于蔡京当权时祸国殃民，很受世人疾视，因此便以蔡襄来代替蔡京。

蔡襄在四家中年岁最长，字君谟，兴化仙游（今属

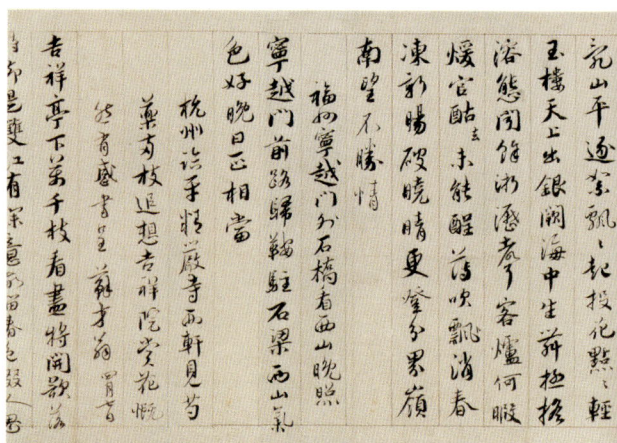

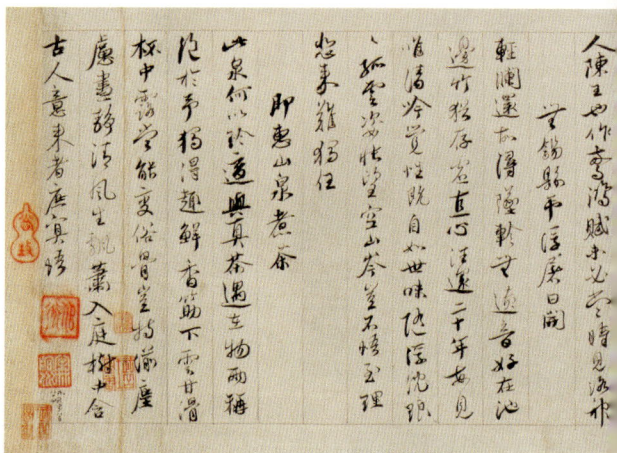

皇祐二年（1050）十一月，蔡襄罢福建转运使，召还汴京修《起居注》，遂从福州一路北行，历时半年多。沿途见闻有感于怀者皆成诗章，此卷所书五言、七言诗十一首即为途中所作，大约于皇祐三年四十岁时所书，是他中年趋于成熟时期的行书代表作。

运笔沉着圆润，结体严谨稳健，书势端丽逾劲。

福建）人。他的书法取法晋唐，隶、楷、飞白、行、草均工，尤以行、楷书著称。对钟繇、王羲之及颜真卿书法的学习下过很深的功夫。他严守法度，仿王羲之能做到"形模骨肉，纤悉俱备，莫敢逾轶"，并且最得"唐人形似"。宋徽宗赵佶曾说："蔡君谟书包藏法度，停蓄锋锐，宋之鲁公（颜真卿）也。"苏轼也曾称赞他的书法"天资既高，积学深至，心手相应，变化不穷，为宋朝第一"。不过他的书法在"出古入新"方面不及苏、黄、米三家，但在北宋前期师古风靡的时代，他能集唐名家之长，"备众体而后能自成一体"，其书法艺术的成就在书法史上还是比较突出的。

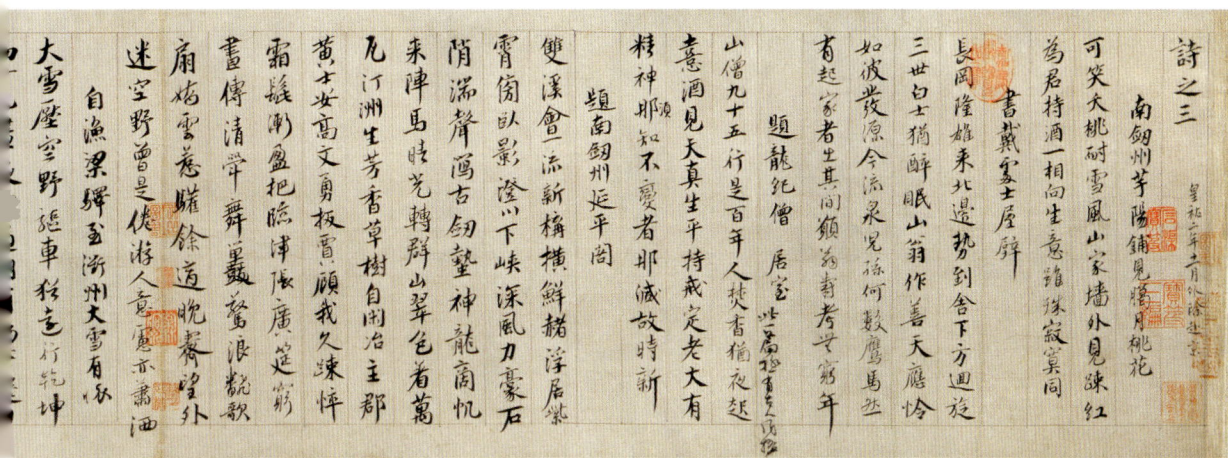

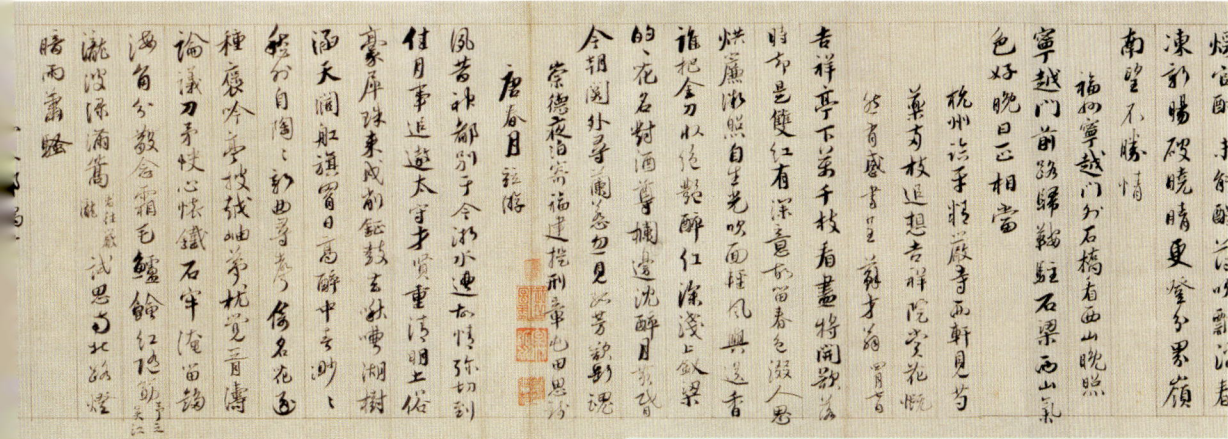

开始行中带楷，逐渐流畅，变为行草，后来挥洒自如，变为草书。但整个风格潇洒俊美中不失端重冲和。

　　此卷后部有宋、元诸名家题跋，曾经宋贾似道、清梁清标等收藏。《珊瑚网》《吴氏书画记》《平生壮观》《石渠宝笈三编》等书著录，也曾刻入《秋碧堂帖》。

**《蔡襄自书诗》释文（部分）**

诗之三　皇祐二年十一月外除赴京

南剑州芋阳铺见腊月桃花

可笑夭桃耐雪风，山家墙外见疏红。

为君持酒一相向，生意虽殊寂寞同。

书戴处士屋壁

三世白士犹醉眠，山翁作善大应怜。

如彼发源今流泉，儿孙何数鹰马然。

有起家者出其间，愿翁寿考无穷年。

题龙纪僧·居室

山僧九十五，行是百年人。

焚香犹夜起，嘉酒见天真。

生平持戒定，老大有精神。

须知不变者，那减故时新。

霜鬟亂盈把臨津張廣延賞

畫傳清賞舞單鸞驚浪當歌

扇搞雪態驄餘道晚春望外

迷空野曾是俟游人意虛市蕭洒

自漁梁驛至浙州大雪有懷

大雪壓空野踞車狐遠行乾坤

初一色晝夜忽通明有物比還白

題南劍州延平閣

雙溪會流新檝橫鮮蠐浮居鼈

霄衡臥影澄川下峽深風刀豪石

隄潏聲鴈古劍蟄神龍高帆

来陣馬晴芒轉群山翠色著萬

兀汀洲生芳香草樹自閒治主郡

黄土安高文勇扳賈顧我久鍊悴

016

# 新岁展庆帖

宋 苏轼（1037—1101）

纸本，纵30.2厘米，横48.8厘米

苏轼，字子瞻，号东坡居士，四川眉山人。他是北宋文学家、诗人、书画家，文学史上旧称"唐宋八大家"之一。行、楷书取法李邕、徐浩、颜真卿、杨凝式，并上溯"二王"与智永，吸收各家之长，创立新意，自成一体，与黄庭坚、米芾、蔡襄并称为"宋四家"。

**陈慥**

（生卒年不详），字季常，北宋眉州青神（今四川眉山）人，清官、文学家陈希亮之子，苏东坡好友，人称方山子。苏东坡作《方山子传》记其生平。

《新岁展庆帖》是苏轼行书佳作。用笔畅快淋漓，苍劲灵秀。书体的笔画比较丰腴，结字在险中求平稳，这是苏轼的特点。唐代的书法，如颜真卿、柳公权等人，以平正、稳重和庄严而见长；到宋代，苏轼、黄庭坚、米芾等人则是追求奇险、活泼和灵秀，因而创造了新意，形成了宋代的书风。《新岁展庆帖》可以说是这一新书风的代表作品。全篇十九行，二百四十余字，一气呵成。虽是一封书信，并无半点草率或凝滞，笔随意转，自然天成。正如苏轼自谓"书初无意于佳乃佳尔"。

此帖是苏轼写给好友季常（陈慥）的，其内容主要是约陈慥到黄州一会。从内容来看当书于元丰四年（1081）农历正月初二，当时苏轼四十四岁，是他贬官黄州的第二年。元丰三年，苏轼请得黄州城东营地数十亩并躬耕其中，在此构筑新居，第二年正月初新居尚未落成，故苏轼在信中写道："窃计上元（正月十五）起造尚未毕工，轼亦自不出，无缘奉陪夜游也。"望陈慥于正月末到黄州来会。由此可知苏轼东坡雪堂大约竣工于是年正月下旬。此帖不仅是苏轼书法佳作，也是研究他的生平及交游的重要史料。

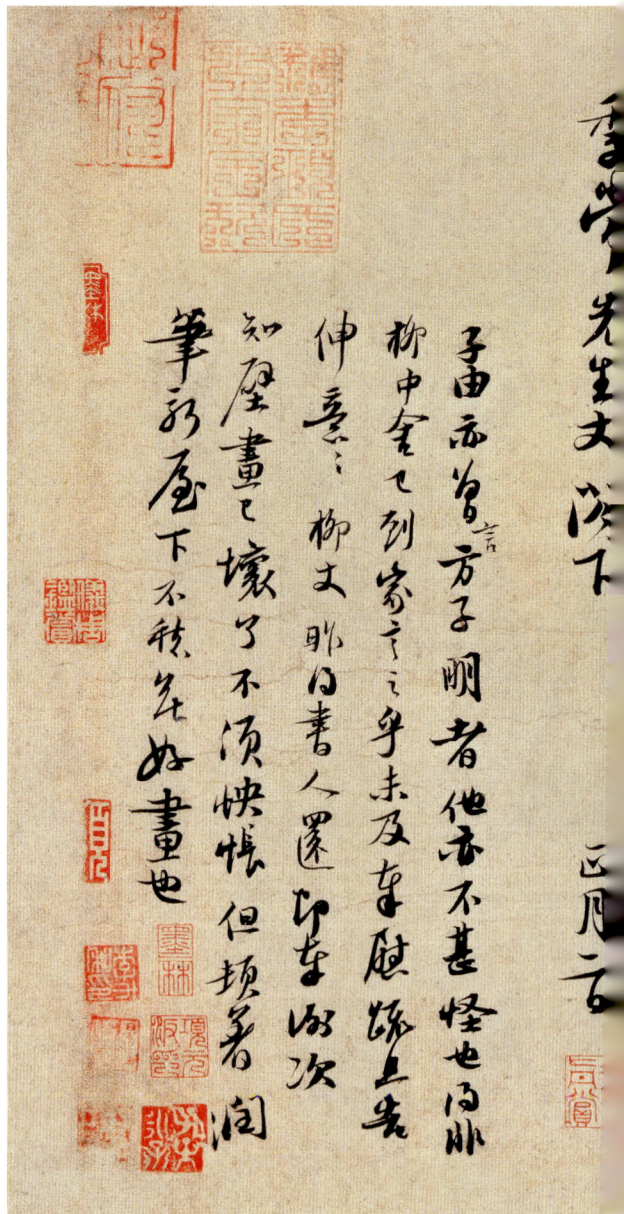

李邕（678—747），字泰和。鄂州江夏（今湖北武汉）人。唐朝大臣、书法家。

颜真卿（709—784），字清臣。京兆万年（今陕西西安）人，祖籍琅玡临沂（今山东临沂）。唐朝名臣，书法家。楷书四大家之一，其楷书号称"颜体"。

柳公权（778—865），字诚悬。京兆华原（今陕西铜川）人。唐朝书法家、诗人。"楷书四大家"之一，其楷书号称"柳体"。

杨凝式（873—954），字景度，号虚白，华州华阴（今陕西华阴）人。唐末五代时期宰相、书法家。

智永（生卒年不详），僧人，南朝人，本名王法极，字智永。书法家。王羲之七世孙。

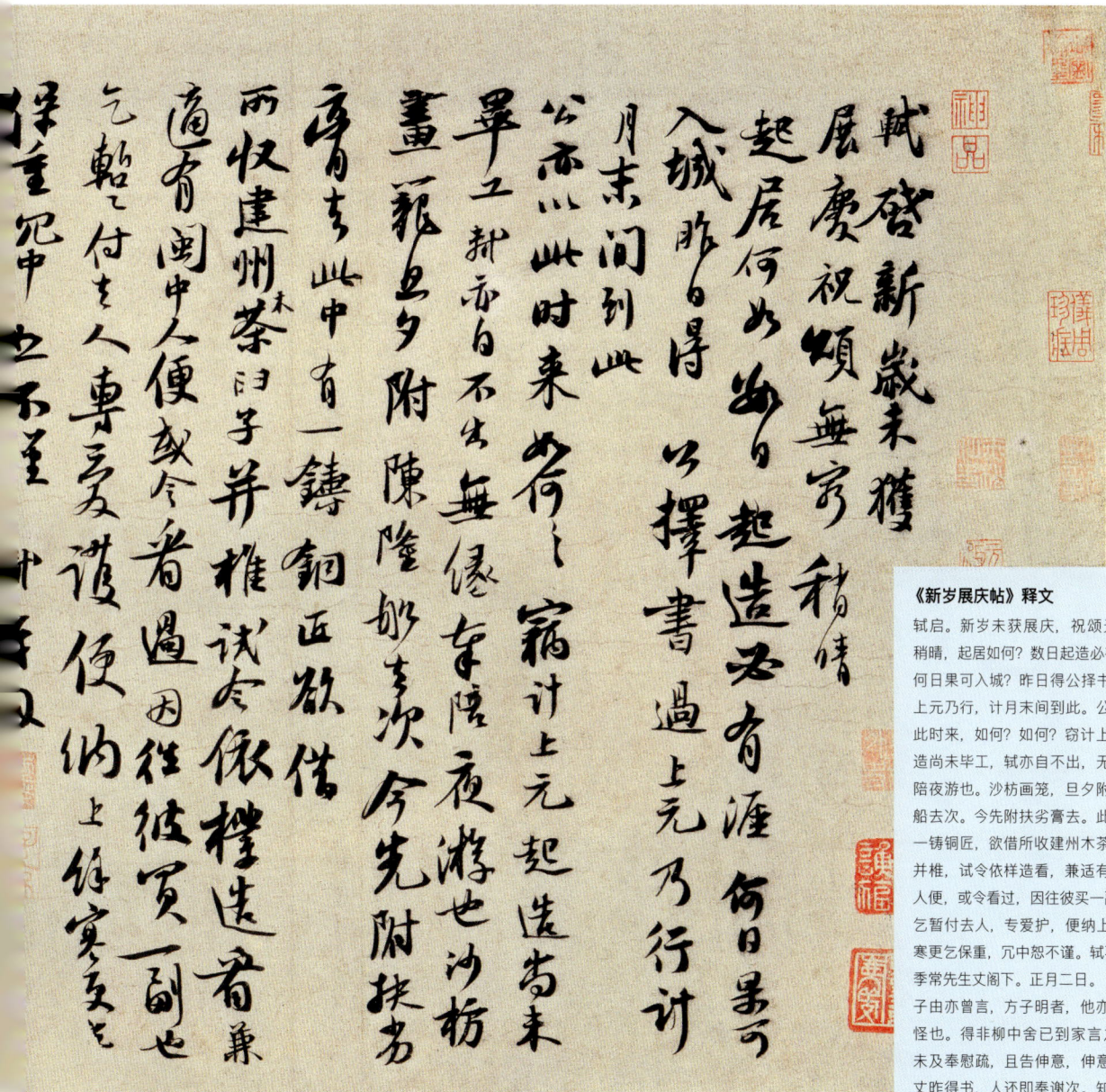

**《新岁展庆帖》释文**

轼启。新岁未获展庆，祝颂无穷。稍晴，起居如何？数日起居必有涯。何日果可入城？昨日得公择书，过上元乃行，计月末间到此。公亦以此时来，如何？如何？窃计上元起造尚未毕工，轼亦自不出，无缘奉陪夜游也。沙枋画笼，旦夕附陈隆船去次。今先附扶劣膏去。此中有一铸铜匠，欲借所收建州木茶臼子并椎，试令依样看看，兼适有闽中人便，或令看过，因往彼买一副也。乞暂付去人，专爱护，便纳上。余寒乞保重，冗中恕不谨。轼再拜，季常先生文阁下。正月二日。

子由亦曾言，方子明者，他亦不甚怪也。得非柳中舍已到家言之乎。未及奉慰疏，且告伸意，伸意。柳丈昨得书，人还即奉谢次。知壁画已坏了，不须快怅，但顿著润笔，新屋下不愁无好画也。

O17

# 诗送四十九侄帖

宋 黄庭坚（1045—1105）

纸本，纵35.5厘米，横130.2厘米

黄庭坚，字鲁直，号山谷道人，分宁（今江西修水）人。英宗治平四年（1067）举进士，绍圣初以修实录不实的罪名被贬。徽宗即位后召还，又因文字招罪，再被贬。后死在宜州（今广西宜山），卒年六十岁，私谥文节先生。

黄庭坚是北宋诗人兼书法家。他的诗文出于苏轼门下，

在黄庭坚的大行楷书中，《松风阁诗》《诗送四十九侄帖》最能代表他的风格，因而引起学书者的广泛重视。

《诗送四十九侄帖》内容表达了黄庭坚与其侄初见又别，举觞以"奋发"，"轩昂"共勉的情景。全篇十三行，四十六字，首书标题，后为五律一首。结字险侧奇崛，笔法苍老劲健，体势挺拔、纵横、舒展，浩然之气溢于纸墨，给人以"快马入阵"之感。这是黄庭坚在吸取《瘗鹤铭》、颜真卿、杨凝式等人书法的基础上取精用弘，自创的一种

新的书体。这种新书体最大特点体现在中宫敛结、长笔四展的"辐射式"结构上，如"奋发""修"等字，突破了晋、唐楷书方正的外形，以其点画借让与夸张的手法，使中宫收敛处显得坚实茂美，长笔伸展处风神俊逸。黄庭坚晚年行楷书均具有此种特点。

此帖著录于《石渠宝笈初编》，是宋元宝翰册中之一，曾刻入《三希堂法帖》第十三册，是一件流传有绪的书法珍品。

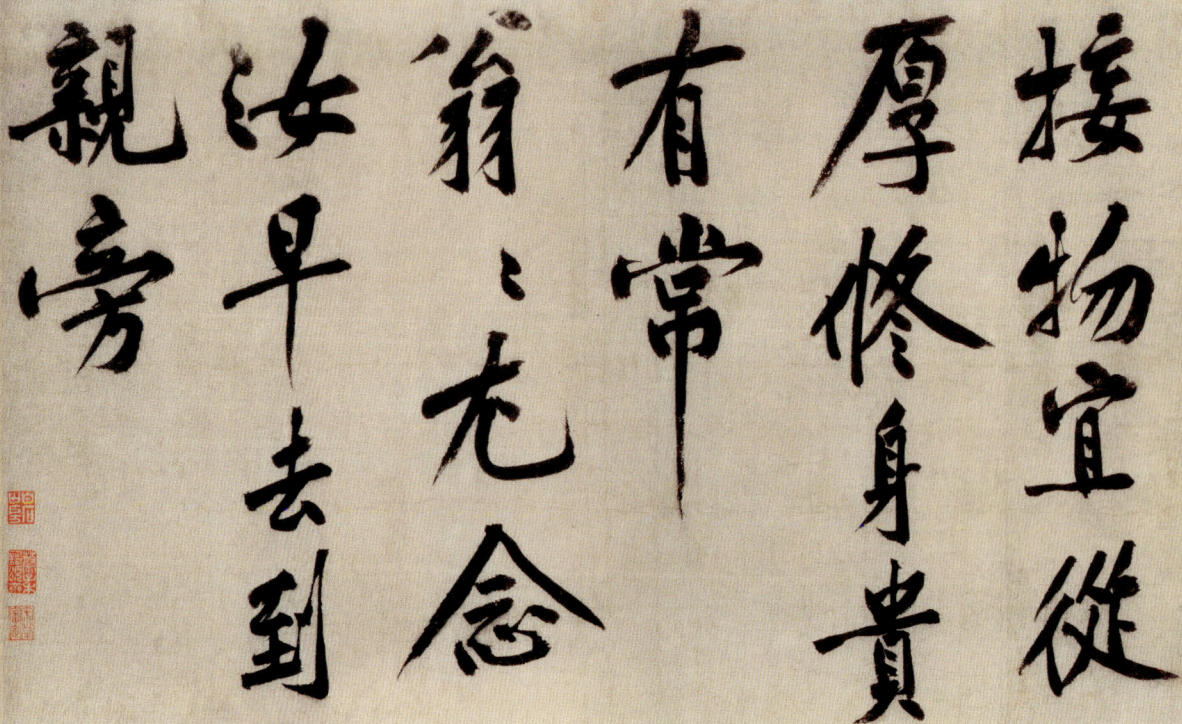

与苏齐名，开江西诗派，兼擅行、草书，初以周越为师，后取法颜真卿、怀素，并受杨凝式的影响，尤得力于《瘗鹤铭》而自成一家。

奋发

修身

《诗送四十九侄帖》释文

有妩财相见，何堪举别觞。
共期同奋发，更勉致轩昂。
接物宜从厚，修身贵有常。
翁翁尤念汝，早去到亲旁。

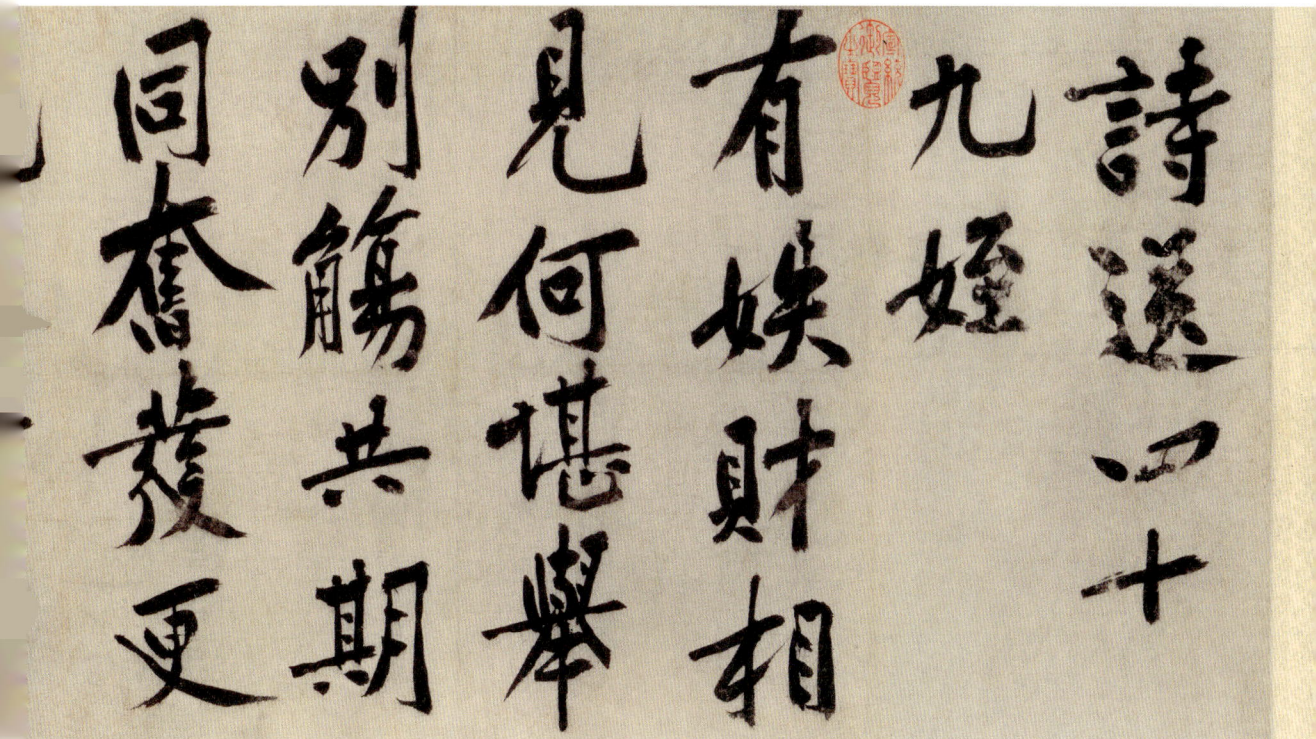

诗送四十九侄

有妩财相见何堪举别觞共期同奋发更

# 018 苕溪诗

## 宋　米芾（1051—1107）

纸本，纵30.3厘米，横189.5厘米

米芾（初作黻），字元章，号海岳外史、襄阳漫士等。祖籍山西太原，后迁襄阳，晚定居润州（今江苏镇江）。徽宗朝曾官至书画学博士、礼部员外郎等。他是北宋末年最著名的书画家之一，在书法史上占有重要地位，其影响及于宋、元、明、清以至现代。

米芾的书法继承晋、唐传统，特别对于"二王"和欧阳询、褚遂良书法的临学下过很深的功夫，并能吸收诸家之长，融会贯通，自立门户。正如他自己所说："壮岁未能立家，人谓吾书为'集古字'，盖取诸家之长总而成之。既老，始成家，人见之不知以何为祖也。"道出了他在继承和创新问题上的必由之路。因此他能"每出新意于法度之中，而绝出笔墨畦径之外"（孙觌语）。所以他的书法在当时就被评为："如快剑斫阵，强弩射千里，所当穿彻，书家笔势亦穷于此"（黄庭坚语）。

《苕溪诗》是米芾中年书法代表作，书于元丰三年（1080）八月，当时米芾三十八岁。从诗句内容得知，那时他在太湖一带漫游，经苏州、无锡等处而舟行抵达吴兴，此卷是在无锡将要出发去吴兴之前写的。行书五律诗六首，共三十四行，通篇一气呵成，行气疏朗中见严密，错落参差而又浑然一体；书势奇险中见稳重，虽结字多有倾侧，但字字都能把握重心而"追险得夷"。用笔秀劲中见苍浑，笔笔不同、重轻不同，千变万化，达到了"瘦不露骨""肥不剩肉"、天真、自然的最佳境界。可以说它是米芾书法艺术中的杰作，代表了米书的典型风格。

此卷原为清内府藏，溥仪出宫时携往长春，伪满覆灭时散出。卷中"念养心功不厌"六字残失，"载酒"二字半损，原有李东阳篆书大字引首和卷末项元汴题记均已失去。1963年故宫收得此卷，重装

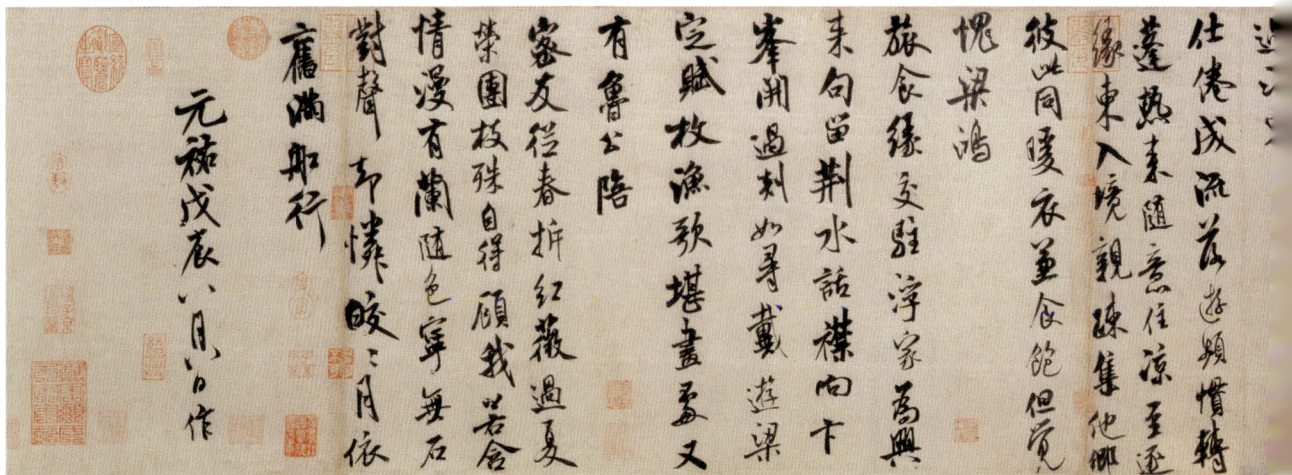

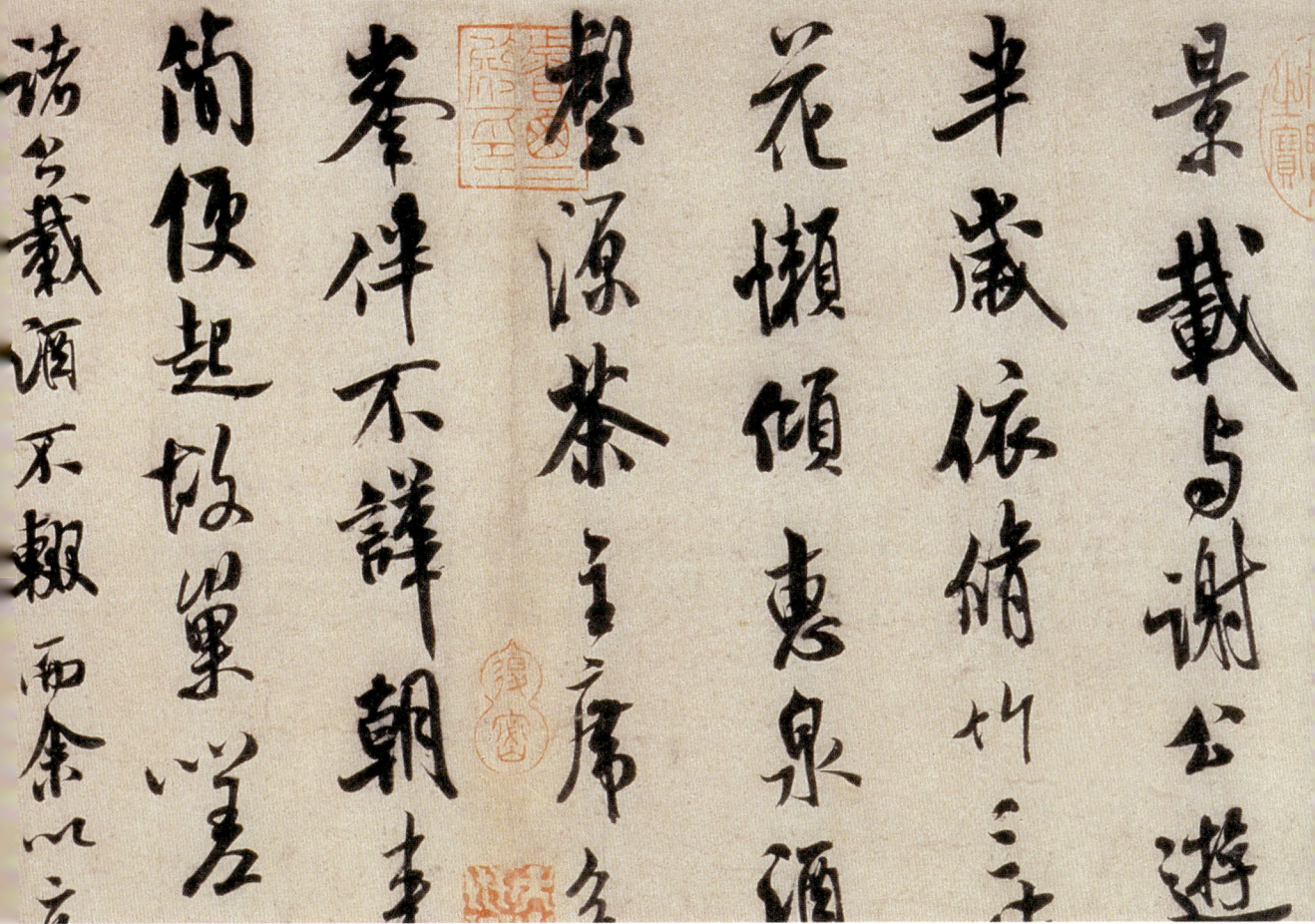

时由故宫博物院郑竹友先生根据未损时的照片将米书缺字补全。

《苕溪诗》释文（部分）

将之苕溪戏作呈诸友 襄阳漫仕黻

松竹留因夏，溪山去为秋。久赓白雪咏，更度采菱讴。

缕玉鲈堆案，团金橘满洲。水宫无限景，载与谢公游。

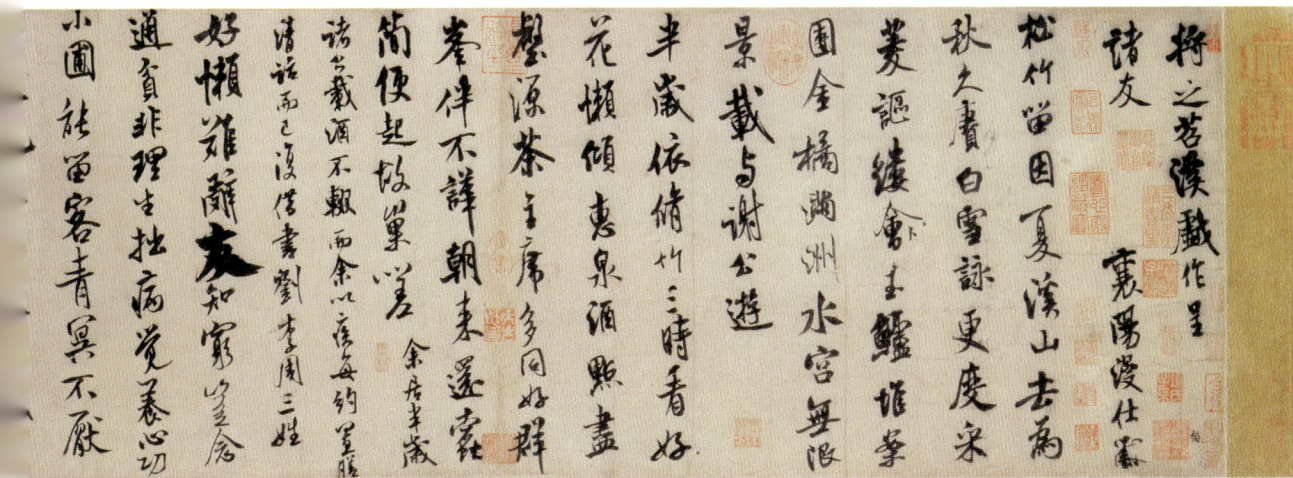

019

# 洛神赋图

晋 顾恺之（345—406）

绢本设色，纵 27.1 厘米，横 572.8 厘米

顾恺之是中国绘画史上第一位有作品可考的大画家。他多才多艺，除擅长绘画外，还工诗赋、书法，而且为人风趣、大度，故一时誉为"才绝、画绝、痴绝"。

顾恺之最善画人物，兼及山水、禽兽，曾创作过不少道释壁画。他的画法被称为"密体"，特点是线条"紧劲

《洛神赋图》取材于三国曹植的《洛神赋》。原作运用神话寓言的手法，描写诗人在洛水边与洛水之神的邂逅，以寄托他对不能相结合的情人的伤怀和思念。顾恺之采用了手卷的形式，主要人物——洛神和曹植在画中反复出现，以一幅幅连续的画面，展现了故事的全过程。整卷《洛神赋图》不但准确恰当地表达了原赋的内容，而且在艺术手法上，也和原赋精神一致，通过画面的形象，成功地表达了赋中

联绵, 循环超忽", 如 "春蚕吐丝" "春云浮空, 流水行地", 轻盈、流畅、优美、动情。

　　这卷《洛神赋图》, 虽为宋人摹本, 但其画法, 仍然保持着顾氏原作的特点及六朝遗意。自宋以来, 流传有绪, 是了解顾恺之艺术成就极为可贵的资料。

的思想感情。这是一种在文学作品基础上的再创造。

　　画卷开首, 描绘曹植在侍从簇拥下, 来到洛水边。遥遥望见他所苦恋的、美丽的洛水之神出现在泛起微波的水面上。洛神梳着高高的云髻, 衣带被

风吹起，迈着轻盈的步履，回首反顾岸边，似欲去还留，欲行还止。其形体刻画优美，恰如赋中的描写"秾纤得中，修短合度"；其动态情思，正是"步蹑躅于山隅"的再现。洛神的周围，水中盛开荷花，岸上是青松秋菊，天空有日月、游龙、鸿雁，这些都是赋中用以比喻洛神美丽的事物，顾恺之在画中一一描绘出来，使赏画者及时联想起赋中的句子；同时，也取得了画面的装饰效果，增添了故事的神话色

彩和梦幻气氛。此后按赋的叙述发展，洛神反复地在画中出现。最后，她驾着六龙云车，消失在云端。这一段的描写很铺张，富于想像；顾恺之的描绘也很精彩，云与水相间相联，各种神话中的动物形象奇异，赋色华丽，洛神坐在云车之上，仍然反顾着后方，表现着依依不忍离别的神情。最后，画面描绘曹植御舟去追赶洛神，继之坐在岸边秉烛待旦，以期洛神的再现，终竟无可奈何驾车归去。

《洛神赋图》在技法和形象创造上，继承了汉代的传统，尤其是画中那些神话中的形象，如太阳中的三足乌鸦，水中的游鱼等，自然会令人联想到西汉帛画和汉代的墓室壁画。但是《洛神赋图》线描的精细，造型的准确，通过人物间的相互关系和环境的渲染所表达的感情色彩，却又大大超过了汉代的绘画水平。当然，在山水画方面，"水不能容泛""树如申臂布指"，不及后来的进步，代表着六朝的时代风格；而这一点正使我们相信它的原作是顾恺之所创造的。

**曹植**（192—232），字子建，沛国谯县（今安徽亳州）人，是曹操的第三个儿子。三国时期（220—280）文学家，建安文学的代表人物之一与集大成者。

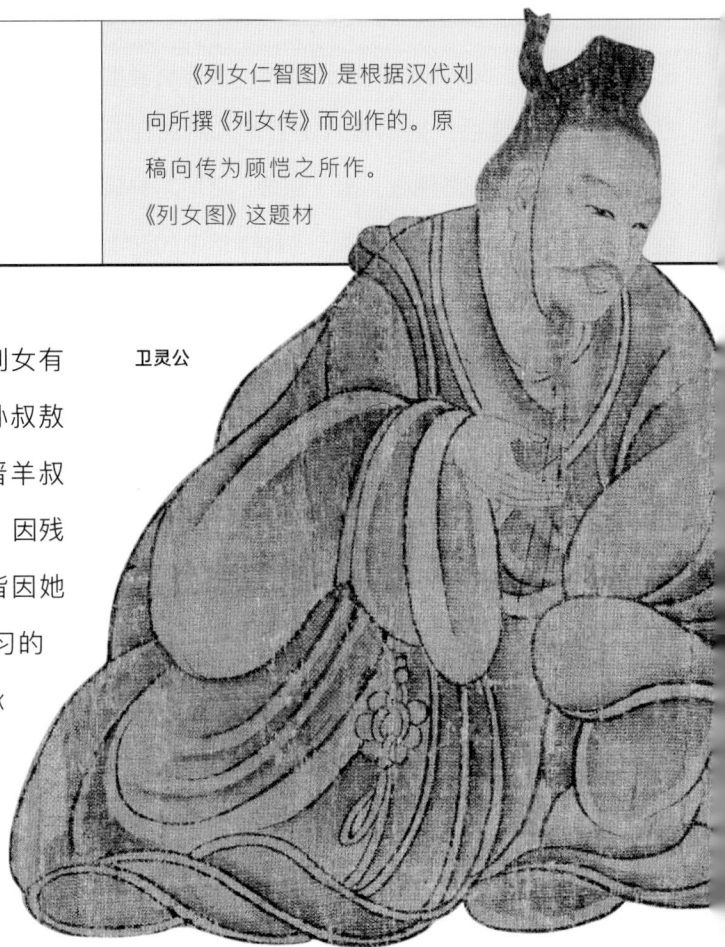

卫灵公

## 020 列女仁智图（部分）

晋　顾恺之（345—406）

绢本淡设色，纵25.8厘米，横417.8厘米

《列女仁智图》是根据汉代刘
向所撰《列女传》而创作的。原
稿向传为顾恺之所作。
《列女图》这题材

　　《列女仁智图》上现存二十八个人物。列女有
楚武王夫人邓曼、许穆夫人、曹负羁妻、孙叔敖
母、晋伯宗妻、卫灵公夫人、鲁漆室女、晋羊叔
姬等八名，按理还应有齐灵仲子和晋范氏母，因残
损不存。这些古代妇女之所以受到表彰，皆因她
们的道德或才能卓识，可为其他妇女作为学习的
榜样。顾恺之在表现这一题材内容时，继承
了汉代的同类题材的平列构图布局法。除
少数道具外，没有任何背景，这一点更多
地保存了"古法"。但是在人物的面像和
姿态上，却加强了动势和内心活动的刻画；

由来很古，在汉代画像石和出土的北魏漆画中，都可以见到。这卷《列女仁智图》为宋人摹本，中有缺损。此卷虽是摹本，却依然保存着六朝时代风韵。而且在一定程度上反映了顾恺之的艺术水平。

列女传（仇英插图）

**《列女传》** 西汉刘向（前77—6）著。一部介绍中国古代妇女事迹的史书，全书共七卷，其中第三卷是《仁智传》。

在人与人的关系上，加强了故事的内在联系。如卫灵公夫人一段，就非常生动。卫灵公和他的夫人南子夜坐，突然听到阙门外有车子的声音，南子说这是伯玉来了，灵公问何以知之，南子答道："君子不为冥冥堕行，伯玉，贤大夫也，是以知之。"等人进来一看，果然是蘧伯玉。画中卫灵公坐于屏风内，身子向前倾斜，右手抬起，正是问话的姿态。南子一边侍候，端正姿势，正准备回答问题。从姿态的动势和面部表情，可以看出她对自己的判断充满着信心。又如孙叔敖母一段，描写孙叔敖杀死两头蛇自知必死，哭着向母亲叙述，其神态有着孩子受了委屈的幼稚特点。其母则刻画得不唯外表美丽，衣着华贵，而且面相慈祥、和善。这就把一个有身份和有贤德远识的妇女，表现得十分充分。

在中国古代绘画理论中，顾恺之首先提出了"以形写神"的观点，在其著作中，总是反复地强调人物画表现人物的精神状态和性格的重要性。这表现在这一卷画中，他在创作的实践中努力追求这一主张，并且成绩突出。

# 游春图

O21

隋 展子虔（581—618）

绢本青绿设色，纵43厘米，横80.5厘米

展子虔，渤海（今山东阳信）人，生卒年不详。历仕北齐、北周和隋。善画道释、人物、鞍马，尤长画宫观台阁和山水。是一位承前启后、继往开来的绘画大师，与晋顾恺之、刘宋陆探微、梁张僧繇并称为"顾、陆、张、展"。他

**宋徽宗赵佶**

（1082—1135），宋朝第八位皇帝。书画家，艺术造诣非常高。他利用皇权推动绘画，使宋代的绘画艺术有了空前发展。他还自创一种书法字体被后人称为"瘦金体"。

《游春图》是一幅描写自然景色为主的青绿山水，表现人们春天出游的情景。画家在不大的绢幅上以妥善的经营、细劲的笔法和绚丽的色彩，画出了青山叠翠、花木葱茏、波光粼粼的湖山佳景。湖

的山水画为初唐李思训、李昭道的"金碧"山水开创了端绪；人物画被视为"唐画之祖"，在画史上占有突出的地位。

《游春图》曾经北宋宣和内府收藏，由徽宗赵佶题签"展子虔游春图"，后又经元、明、清诸名家的题跋递藏或著录。是一件流传有绪的稀世之珍。在体现早期山水画的形成和发展方面具有极为珍贵的艺术价值和历史价值。

心一艘高篷游艇在碧波中游弋，三位女子据舱而坐，在欣赏湖山佳趣；一梢公从容不迫地摇橹，船缓缓前进。湖边数人，或乘游骑，或漫步山间小道，或袖手停于湖边。

画家通过对各种自然景物和人物细致生动的描绘，成功地突出了"游春"这一主题，使画面洋溢着煊炽活泼的气氛，具有诗一般的境界，给人以强烈的艺术感受。

《游春图》的艺术表现手法，具有明显的早期山水画特点。构图已摆脱了魏晋以来"或水不容泛，或人大于山，率皆附以树石映带其地，列植之状若伸臂布指"的布景方式，而是以山水作为主体，人物作为点景的纯山水画的手法处理画面。图中各种物像的形态及互相关系、大小比例、远近透视、前后层次以及空间关系等处理得都较妥

陆探微 （？—约485），吴县（今江苏苏州）人。南朝刘宋时期画家，在中国画史上，他是正式以书法入画的第一人。

张僧繇 （生卒年不详），吴中（今江苏苏州）人，南朝画家。主要活动于6世纪上半叶，与顾恺之、陆探微、吴道子并称为中国画家四祖。成语"画龙点睛"传说就是张僧繇的故事。

张彦远 （815—907），字爱宾，蒲州猗氏（今山西临猗）人。唐朝大臣、画家、绘画理论家，著有《历代名画记》《法书要录》等。左图为张彦远作品《历代名画记》。

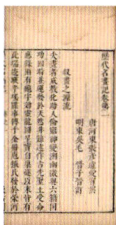

贴。画家把作为画面重心的主要山峦、树石、建筑及人物活动安排在绢幅的右部偏上方，山势随着山脉的自然走向逐步往左展开，愈远愈小，消失在水天之际；一潭湖水，随着微风拂起鱼鳞般的细浪向左上方延伸，愈远愈淡，直与遥天溟然相连。为了使画面更具稳定性，又在左下角布置了一处山庄，加以承接，做到了首尾相应，开合有度，意境深远，给人以"咫尺千里"之感。在笔墨技巧上，还保留了魏晋南北朝绘画的某些遗风。如画山石只勾勒烘色，而无斫和皴的运用；画树干只用空勾两笔而不画皮鳞；画松叶不细写松针，只以细线勾出轮廓再以苦绿审点；山间花木多用鹿角枝而缺乏穿插、交错和掩映等。正如唐张彦远所说："杨（契丹）、展精意宫观，渐变所附。尚犹状石则务于雕透，如冰澌斧刃；绘树则刷脉镂叶。"这表明早期山水画家虽已改变了前代的表现手法，将山水画推向独立的阶段，但由于画家对自然物像的观察和艺术表现能力还受到艺术本身发展规律的制约，因此在笔墨技巧上很自然地显现出早期山水画的稚拙和古朴。然而，从《游春图》中也可以看出山水画从它的幼年

开始向青壮年时期转化的一些迹象，注意了物像的不同形质而采用不同的表现笔法。

在设色方面，也保留一些古雅朴拙的风格，但已经注意到各种色彩的合理使用。整个画面古朴典雅，金碧辉映。明代鉴藏家詹景凤说，此画"始开青绿山水之源，似精而笔实草草，大抵涉于拙未入于巧，盖创体而未大就"。山水画后经唐李思训父子及吴道子、王维等人的继承和发展而日趋成熟，达到了"诸体皆备"的程度，历经五代、宋、元，发展到高峰，这与早期山水画家开辟的途径是分不开的。

# O22 步辇图

### 唐 阎立本（601—673）

绢本设色，纵38.5厘米，横129厘米

阎立本是一位以丹青驰誉的唐代宰相。他的绘画，在初唐时期有着特殊的地位，是盛唐画风的开创者，被评为"六法该备，万象不失"，"位置经略，冠绝古今"。他擅长人物画，曾为当时皇宫画过不少的画，如《秦府十八学士图》《凌烟阁功臣图》《异国来朝图》等。可惜这些图画早已湮没无存，幸而有《步辇图》传世，得以略窥阎氏的艺术风格和成就。

《步辇图》描绘的是贞观十五年(641)正月，唐太宗会见吐蕃(今西藏地区)赞普松赞干布派来迎娶文成公主的使者禄东赞的情景。文成公主远嫁吐蕃，在多民族的大唐，表现了民族友好关系，是一件有历史意义的大事。

画的右方，唐太宗坐在由六位宫女抬着和扶着的步辇上，另有三个宫女掌着伞、扇。画的左边共有三人：红衣虬髯者可能是宫中的典礼官，白衣年少者或为译员，二人中间则为禄东赞。

《步辇图》最突出的是生动而具体地表现了因人物的身份、性格不同而不同的精神气质。典礼官沉着老练；译员因地位低微显得有些拘谨惶恐；其中，尤以唐太宗和来使禄东赞刻画得最成功。

卷中的唐太宗李世民的形象，先用墨线勾出轮廓，眉、须、发都一根根描出，然后用色渲染。眼睛向前平视，表情庄重。衣纹用笔简练沉着，渲染不多。整个形象魁武、英俊。阎立本和唐太宗长期相处，对他比较了解。参照有关李世民的历史记载，可以看出画家不仅描绘了李世民的外形特征，也表现了他的气质和风度。禄东赞身穿小团花藏族服装，拱手肃立，宽阔的前额有着深刻的皱纹。不但表现他远道而来，仆仆风尘的状态，也刻画了他的民族面貌特征。他表情严肃、诚恳，既表现了他对唐太宗的崇敬，也刻画出他自我意识到所肩负的使命的重要。

此画绢地重设色，用笔沉着，恰到好处地表现了这一庄重的场面。流利的铁线描，表现了绸缎衣裳的质量感。团花的描绘真实而华丽，也使禄东赞这一人物在画面上突出。

**松赞干布** （617—650），西藏吐蕃王朝立国之君。在位期间（629—650）迁都逻些（今西藏拉萨），平定内乱，统一吐蕃，定都拉萨。禄东赞（？—667）是吐蕃王朝重要政治家，曾任大相官职，辅佐松赞干布后代。

**唐太宗李世民** （598—649），陇西狄道（今甘肃临洮）人。唐朝第二位皇帝（626—649 在位），中国历史上最有作为的皇帝之一。

# O23 挥扇仕女图

## 唐　周昉（生卒年不详）

绢本设色，纵 33.7 厘米，横 204.8 厘米

周昉，字仲朗，京兆（今陕西西安）人。擅长宗教壁画、人物肖像画和仕女画。他画的宗教壁画在当时被称为"周家样"。仕女题材的绘画则继承了张萱的传统，所描绘的贵族妇女形象，体态丰腴，反映着唐人的审美

趣味,《挥扇仕女图》即代表这一种风格的作品。

《挥扇仕女图》共画九个有身份的宫廷贵妇,另两个侍婢,两个内监,共计十三人。她们或两个、或三个为一组。这些妇女穿着华贵的衣服,有内监和宫女们侍候,从物质生活来说,可谓身在"天堂"。然而她们个个愁眉不展,百无聊赖,度日如年,从精神生活来说,却是极端贫乏的。画家正是通过这些宫廷贵妇的群像刻画,揭示了这种矛盾,对这些妇女的不幸,寄予无限的同情。

《挥扇仕女图》中宫廷贵妇的形象刻画极为生动传神。细腻地通过面部和动态,以表现人物内心的活动。例如卷首第一位坐在椅子上的妇女,她的身子好像一摊软泥,那困倦慵懒的神态,似乎午睡犹未足。手中的小扇闲置不用,却教内监给她挥动着大扇。这一切说明她身份的高贵,享受着人间的富贵尊荣,然而却也极度的精神空虚与苦闷。

**仕女**

最初指宫女,宋代以后才被广泛使用,延伸为美丽聪慧的女子的通称。中国绘画有"仕女画"的分类。

那位坐在刺绣棚架一端的妇女，右手持扇倚靠着棚架，左手抱着扇头托着香腮，微弯着身子，低头不语，双眉紧锁，显然是陷入了极度的苦闷之中。宫廷妇女的刺绣，本来并不是为了生产，只不过借以消磨岁月，打发光阴，连这一点她都缺乏兴趣，懒于拈针引线。卷末

两个妇女的刻画，更是神来之笔。其一只见背影，微仰着头，随意摇动着手中的小扇，这扇子也是她们用来消愁解闷的工具。这扇子的晃动，似乎体现出她将这宫中的一切已经看透，已经看惯，因而泰然处之的心境。所以画家从背影去表现动作，显得

好像是那么"潇洒"，那么"超脱"。与这个妇女形成鲜明对照的是那个倚靠着梧桐的妇女。她显得那么嫩弱，心绪十分焦燥不安，对目前的一切，她实在难以忍受了。画史上记载，周昉曾与韩干同时都为郭子仪的女婿赵纵画了一张肖像，都画得很像，一时难以分出优劣。后来郭子仪的女儿回来，郭子仪问她哪一幅好，她当然最熟悉自己的丈夫，便说周昉画的不但形似，而且兼得神气，这样才判明了谁画得更好。我们从《挥扇仕女图》中，完全可以体会到周昉当时为赵纵所画的肖像是如何的精彩了。

024

# 五牛图

唐　韩滉（723—787）

纸本设色，纵20.8厘米，横139.8厘米

唐代是中国绘画艺术空前繁荣的时代，在继承晋、隋优秀传统的基础上，大胆创新，各种流派和风格应运而生，题材的广泛和反映内容的深度，都达到了一个新的高峰，一时名家辈出。如阎立本表现重大政治、历史事件的人物、肖像画；李思训父子的"金碧"山水画；王维的水墨山水画；吴道子的人物佛像画；张萱、周昉的宫廷仕女；曹霸、韩幹的马；戴嵩、韩滉的牛；

边鸾的花鸟等。但唐代传世作品至今已很少。韩滉《五牛图》卷是少数几件唐代传世纸绢画作品真迹之一，也是现存最古的纸本中国画，因而受到广泛的重视。

韩滉，字太冲，长安（今陕西西安）人，宰相韩休之子。贞元初，官检校左仆射同中书门下平章事、两浙节度使等职。封晋国公。政治上主张国家统一，奖励农耕。曾参与平定藩镇叛乱。韩氏兼工书画，草书得张旭草法，绘画远师宋（南朝）陆采微。其绘画作品的主要内容，多为描绘农村生活的风俗画，写牛、羊、驴等尤佳。他的风俗画在接触生活的广度和深度上，比之张萱、周昉所表现的绮罗人物截然不同。他把选材重点从宫廷、豪门生活扩大到农村，这在中国风俗画发展中是一大进步。

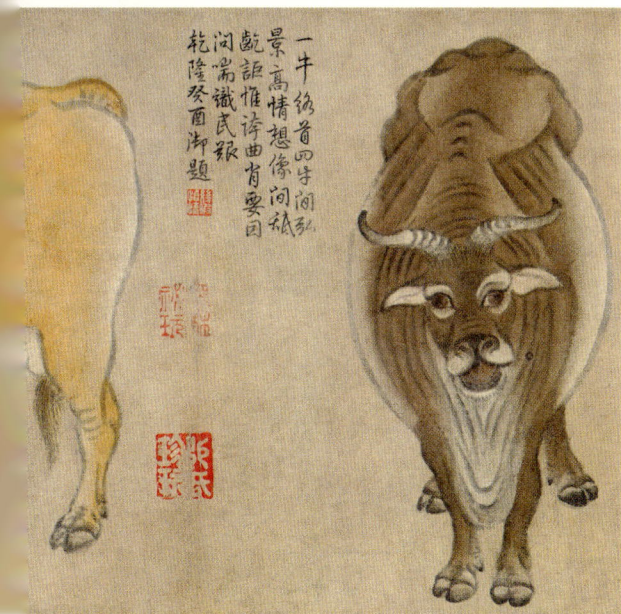

《五牛图》画在一幅窄而长的白麻纸上，五牛姿态各异，神形逼肖。画家表现了牛的左右前后各面的形象以及常见的动态。用极为简洁的近景构图，除了一丛荆棘之外，不设任何背景。着重于突出牛倔犟又温顺的性格。其次在笔法上用粗壮雄健而富于变化的线描以表现牛的骨骼和筋肉，只在牛头生角处及牛尾用轻柔的笔法画出根根细毛。以赭、黄、青、白等颜色表现五头牛毛色的不同。而且牛体凹凸浑然、深浅不同的颜色还有很强的立体感。顾恺之曾有"传神写照，正在阿堵中"，他指的是画人像，"点睛"是牵动全局的关键。而韩滉把这一理论用于画牛，他把牛眼适当的加以夸大，着意加以刻画，五牛瞳全都炯炯有神，达到形神兼备的

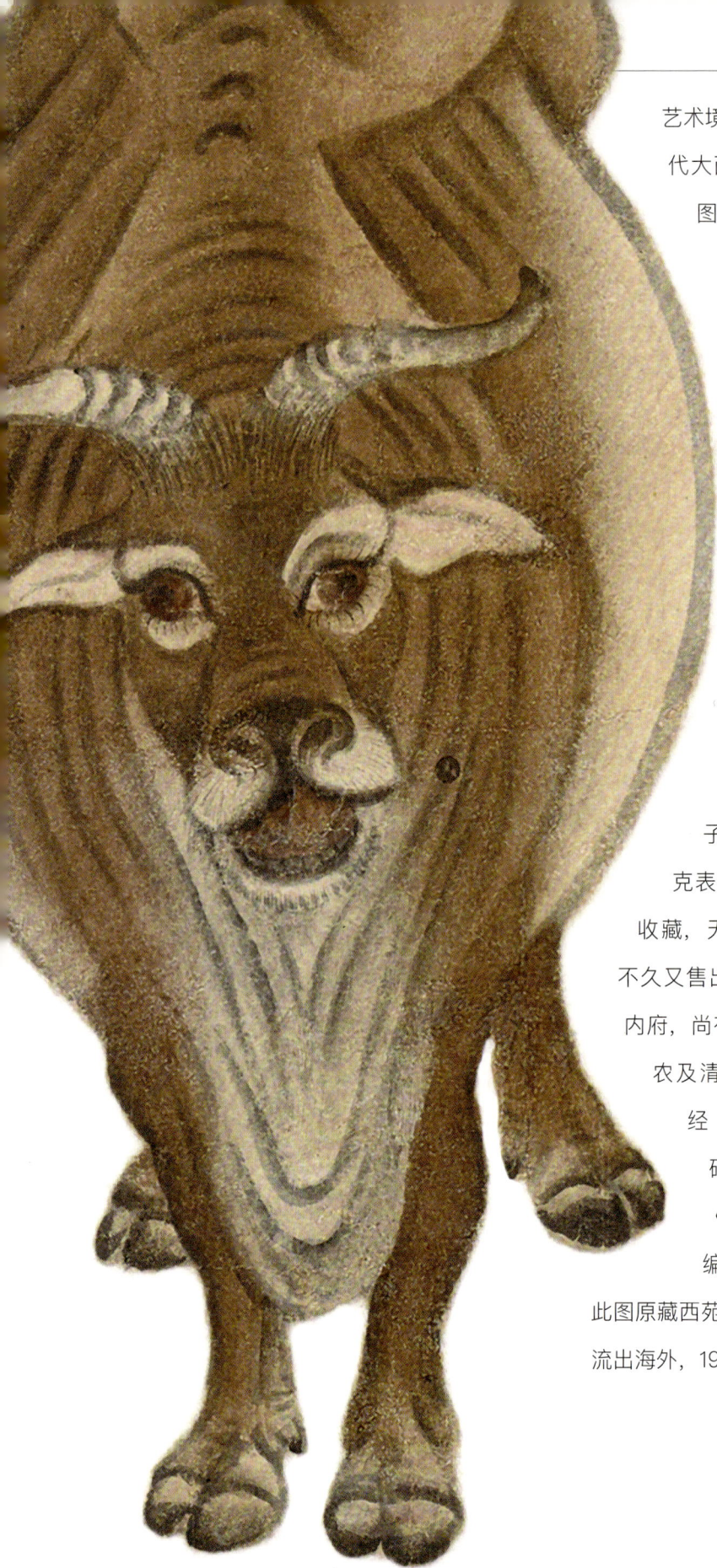

艺术境界，给人以强烈的艺术感染。因此元代大画家赵孟頫在后幅的题跋中称"五牛图神气磊落，希世名笔也"。元孔克表在题跋中称此图"天机之妙宛若见之于东皋西垄间，亦神矣哉"！明李日华在《六研斋笔记》中也誉此卷"神气溢出如生，所以为千古绝迹也"。这些评论绝非过誉。韩滉之所以得到这样的评价，不仅是技法高超，还因为他对牛的生活非常熟悉才能得心应手地留下这样的神品。

此图曾经南宋内府收藏，元代初为赵伯昂藏，旋归赵孟頫，后有赵氏三跋，延祐间归元内府太子书房，至正间有孔克表题。明代为项元汴收藏，天启四年归汪珂玉，不久又售出。清乾隆年间收入内府，尚有项元汴、世钰、金农及清高宗弘历等跋。曾经《清河书画舫》《六研斋笔记》《珊瑚网》《大观录》《石渠宝笈续编》著录。1900年八国联军占领北京时，此图原藏西苑（即中南海）春耦斋，在动乱中辗转流出海外，1950年以后由国家以重金从香港收回。

025

# 韩熙载夜宴图

五代 顾闳中（生卒年不详）

绢本设色，纵28.7厘米，横335.5厘米

南唐中书舍人韩熙载是个很有才干而不拘礼法的人，好声色，家里蓄养了许多歌舞伎，常邀集宾客，专为夜饮。后主李煜想了解这一情况，就派画家顾闳中到他家中去窥探。顾氏通过目识心记，回来后画了一张画向后

第一段"听乐"，是全画出场人物最多最全的一段。长髯戴高纱帽盘膝坐于榻上者即韩熙载。他微低着头，手无力地置于膝。他在听乐却未全神贯注，显得心事重重，这和坐在他身边穿红衣服的状元郎粲呈鲜明的对照。郎粲年轻，姿态潇洒，既在听乐，也在欣赏演奏者。熙载身前一正面和一侧坐的两个宾客，大约就是太常博士陈致雍和紫微朱锐。他们完全投入乐曲所创造的意境中。从他们那深锁的双眉和紧闭的嘴唇来判断，演奏着的决不是一首轻快的消遣曲调。弹琵琶的女子是教坊副使李家明的妹妹，与她相邻而回首反顾的是李家明。李家明旁边一个身材瘦小的少女名王

主交差，这便是传世有名的《韩熙载夜宴图》。

《韩熙载夜宴图》采用了顾恺之《洛神赋图》的表现手法，主人公韩熙载在画中反复出现五次，也就是通过五个场面来叙述夜宴的全过程。

李煜（937—978），徐州彭城（今江苏徐州）人，南唐（937—975）末代国君。精书法、工绘画、通音律，尤以词的成就最高，对后世影响深远。

屋山。王屋山擅长跳六幺舞，与李家明的妹妹最受熙载的宠爱。另外两青年中有一位是熙载的门生舒雅。其他女子为歌舞伎。这段画面的构图安排，将演奏者置于一边，听众集中另一边，突出地描写一个"听"字。刻画出在听同一首乐曲时，不同身份地位性格的人的不同心理反映，体现出画家观察生活的细致及高超的造型手段。

第二段"观舞"。韩熙载亲自击鼓为王屋山伴奏。郎粲仍是那种沉醉于欣赏舞姿的神态。其他的人，或拍板，或击掌，都在欢乐中。唯独那个和尚，双手抱于胸前，低头不语，若有所思。以他的身份，在这样的场面出现，已经是很不协调，何况这副严

肃的表情。画家把他描绘下来，是颇含深意而发人深思的。据记载，韩熙载有一个最好的和尚朋友叫德明。当李后主要请熙载出来为宰相时，德明曾问他何以躲避国家的命令？熙载回答说："北方的势力正在强大，一旦正主出来，江南就会弃甲不暇，我不能去当这个亡国宰相为千古笑端。"画中很可能就是这位德明和尚。文献没有记载德明对韩熙载回答的反应，从画中的形象来看他显然对韩熙载的生活方式是有所规劝的，面对此情此景，他的沉思也许是想到，南唐真的快要灭亡了。

以后各段，分别是"休息"，画韩熙载洗手休息；"清吹"，画韩熙载坐听众伎吹奏；"送别"画

韩熙载宾客与诸伎调笑的情状。

　　作者采用分段叙述的布局，段落之间，利用室内陈设之一的屏风作为间隔，又以人物顾盼作为联系，使之既有分段又成为不可分割的整体，自然而又巧妙。整个画面用精细的铁线描，笔力劲健，准确地塑造了各种物像的外形和质感。设色明丽，匀薄和厚重错综变化，五光十色，恰到好处地表现出夜宴场景的豪华奢丽和欢乐气氛。

　　《韩熙载夜宴图》在人物塑造和心理刻画上，在线描技巧、构图布局和设色上，都代表着五代时期人物创作的最高水平。

4 清吹

3 休息

1 听乐

5 送别

2 观舞

全画中 5 次出现韩熙载

## 026 高士图

五代　卫贤（生卒年不详）

绢本淡设色，纵134.5厘米，横52.5厘米

卫贤，南唐宫廷画院画家，擅长画楼台殿宇、盘车水磨及人物山水等，初学尹继昭，后师法吴道子。《高士图》是卫贤流传至今的唯一作品。

《高士图》描绘的是东汉梁鸿与孟光"相敬如实，

这幅画虽然以历史人物故事为主题，但人物在画中并不占主要部位，而是以山水为主体。整个山峰树石和房屋的布置，紧凑严密。坡石、树干的皴法，带有某些北方画家如荆浩、关仝的特点，卫贤原是长安（今陕西西安）人，受他们的影响是有可能的。

对卫贤画的山水，《宣和画谱》的作者批评"其为高崖巨石，则浑厚可取，而皴法不老，为林木虽劲挺，而枝梢不称其本，论者少之"。拿这段话与《高士图》中的山水树石相比较，似乎批评过当。此画中的房屋及其台基和篱笆、栅栏，是界画手法，非常精细合度，代表了卫贤在绘画中的擅长。关于这一点，孙承泽在《庚子销夏记》中说："画家言宫室入画，须折算无差，乃为合作，束于绳矩，笔墨不可以逞，稍涉畦珍，便入庸匠，故自唐前不闻名家，至贤始工，今观其画信然。"

举案齐眉"的故事。不过画面内塑造孟光的形象并非如文献所说的丑陋，当然也不是位美人，这是既不脱离史实而又符合人们审美意愿的艺术处理。

**举案齐眉**
东汉（25—220）学者梁鸿回老家时，有许多女子想嫁给他，他都谢绝了。有个叫孟光的女子虽然生得又矮又胖，但品行修养很好，他们结婚后，孟光总是把准备好的饭菜用托盘举到跟眉毛平齐的高度侍候丈夫用餐。

**尹继昭**
（生卒年不详），唐僖宗（873—888）时期画家。工画人物、台阁，冠绝当世。

## 027 潇湘图

五代 董源（?—962）

绢本设色，纵50厘米，横141.4厘米

五代时期，中国山水画的发展已进入成熟期。许多画家在继承唐代山水画传统的基础上，通过深入观察真山真水，创造了具有鲜明特色的山水画作品。代表画家有北方的荆浩及其弟子关全；南方则有董源及其弟子巨然。荆、关以太行及关中一带的山水为依据进行创作，

董源，字叔达，钟陵（今江西进贤）人，五代南唐后院副使，人称"董北苑"。他创造了具有独特风格的"江南画派"，为我国山水画的发展开辟了新的蹊径，对后代特别是元、明、清的影响极为深远。在画史上占有极为重要的地位。

董源《潇湘图》，画面上重山复岭，林峦深蔚，烟水微茫，扁舟荡漾；几处沙碛平坡，其间芦荻丛丛，水草簇簇，显现出一片江南景色。画中还有不少人物活动：江流一舟正在徐徐靠岸，舟中六人，身份各异；岸上有人迎接，前面是五人乐队，面对来舟各奏笙管箫瑟；后面平坡处女子三人，二人着紫衣伫立，一人携筐回顾。远处有渔艇数艘，往来于沙汀芦渚间，对岸数人正在拉网捕鱼，人物虽小但意态生动。这些都使画面具有浓厚的生活气息。

善于以全景式的构图描绘大山大水，嶙岩陡壑，层峦叠嶂，表现了北方山水雄伟峻厚的气势。他们根据北方山水少土多石的特点创造了"勾""皴""浑""点"并用的笔墨技法。其作品给人以博大、雄厚的感觉。荆浩传世作品《匡庐图》、关仝传世作品《关山行旅图》即是其典型。董、巨则描绘南方山水，善于表现草木葱笼、秀润多姿的江南湖山平远景色。他们根据南方多土、多树的特点，创造了细长的"披麻皴"和"点子皴"，其作品给人以"平淡天真"的感觉。董源的《夏山图》《夏景山口待渡图》《潇湘图卷》，巨然的《秋山问道图》是他们的传世代表作。

此画的内容，据明末董其昌在题跋中说，是根据"洞庭张乐地，潇湘帝子游"这两句诗来画的。构图用平远法，近水远山，天真平淡中略有幽深之趣。画山石以花青运墨，人物施以重彩，峦头及树木多用"点子皴"法，坡岸山角多用"披麻皴"画成，整个画面显现出一种奇古浑厚的气氛。其远近明晦处更是趣味无穷，画家用他那高超技艺，恰当地表现了江南山川的容姿。面临此画，宛如置身于吴山楚水之中。

《潇湘图卷》辗转流传。清代入内府，溥仪出宫时带往长春，抗战胜利后流落民间。1952年以重金从香港收回。

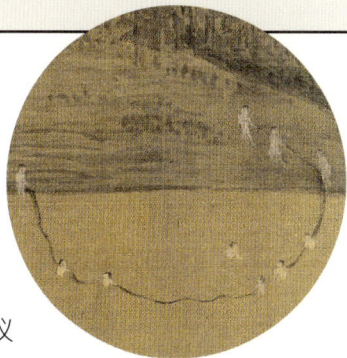

江流一舟正在徐徐靠岸，舟中六人，身份各异

岸上有人迎接，五人乐队
面对来舟各奏笙管箫瑟

平坡处女子三人，二人着紫
衣伫立，一人携筐回顾

028

# 写生珍禽图

## 五代  黄筌（约903—965）

绢本设色，纵41.5厘米，横70.8厘米

中国的花鸟画，经唐代而成为独立画科，到五代已成熟而且蓬勃发展。这期间，黄筌可说是一个划时代的人物，他的花鸟画是五代新水平的代表。

黄筌，字要叔，四川成都人，五代

《写生珍禽图》是目今存世的惟一可信的黄筌作品。画面上共画有十只品种、动态不同的鸟，两只龟，十二只昆虫。它们均匀地散布于绢素上，互相之间没有情节和构思

时西蜀王、孟两家宫廷中的重要画家。他的画能广收博采，集众所长。"花竹师滕昌祐，鸟雀师刁光胤，山水师李昇，鹤师薛稷，龙师孙遇；然其所学，笔意豪瞻，脱去格律，过诸公为多。"他作画态度谨严，"所画，不妄下笔"，并且善于构思。他的花鸟画的内容，多数是宫廷苑围中的珍禽、瑞鸟、奇花、怪石，所画各种禽鸟形象，生动而真实。画法勾勒精细，设色秾丽，与同时期南唐的另一花鸟画家徐熙的作品，从题材内容到技法风格，形成了鲜明的对照，被评为"黄家富贵，徐熙野逸"。这两种风格，一直影响着以后的中国花鸟画的发展。

上的内在联系。可能是一幅画稿，或者是作者收集的创作素材。其画法都是细笔淡墨先勾勒轮廓，然后再用色彩（包括淡墨）渲晕，层次很多，很细致，设色华丽，基本盖住墨迹。其风格特点是用笔工稳精细，重在赋色。蝉和蜜蜂翅膀画得透明，虫子前面两根触须细而有弹性，而展翅的麻雀和飞动的蜜蜂尤为精细。龟鸟、昆虫的造型十分准确。不但画出了它们的不同体态特征，而且还表现了它们处在不同位置的角度变化，因而非常真实生动。画史上记载黄筌的花鸟作品，在逼真这一点上，有着许多传说。例如他在孟蜀宫中画了六只仙鹤而招来了真鹤立于画侧，使得蜀主非常叹赏，将殿改名为"六鹤殿"。又在八卦殿画上四时花鸟，真鹰见到画中野雉，连连掣臂，要去捕捉，为此蜀主遂命翰林学士欧阳炯作记。如此等等，无非是要说明黄筌笔下的各种禽鸟所达到的真实程度，反映了这一时期画家在花鸟画上的主要追求所在。从《写生珍禽图》来看，恰好表现了这种写实的追求所达到的最高艺术水平。

# 029 窠石平远图

北宋　郭熙（生卒年不详）

绢本墨笔，纵120.8厘米，横167.7厘米

郭熙，字淳夫，河南温县人。早年似是一个职业道士。没有正式从师学画，靠自己苦心学习钻研，终成一个杰出的画家。曾为御画院艺学，后提升为"翰林待诏直长"的画院最高地位。生卒不详，创作活动旺盛时代是宋神宗在位的熙宁、元丰间。创作态度非常严肃认真，

《窠石平远图》画面近景，溪水清浅，岸边岩石裸露。石上杂树一丛，枝干蟠曲，有的叶落殆尽，有的画出老叶，用淡墨渲染。远处，寒烟苍翠，荒原莽莽，群山横列如屏障，天空清旷无尘，是一派深秋的景象。在郭熙的山水画理论中，主张深入真山实水作观察体验为创作的先决条件。在深入实际体察时，他采用了对比的观察方法。在《林泉高致》中，有许多文字谈到各地山水的特点和差异：同一地点的山水在不同季节、气候下的变化；同一季节的山水在早晚、阴晴、风雨等不同情况下的区别；同一情况下的山水在不同的角度和距离下的不同姿态，等等。通过这样仔细深入的对比，去捕捉自然山水可视形象的微妙变化，使作品的内容丰富充实，构图形象变化多端，感情表达生动细腻，达到情景交融，神形兼备的境界。

《窠石平远图》画的是北方的深秋。从对比观察中，他体会到"西北之山多浑厚"，"其山多堆阜，盘礴而连延，不断于千里之外，介丘有顶而迤逦，拔萃于四遂之野"。画中的窠石和远山，正体现了这些特点。窠石用卷云皴法，以表现北方山水的浑

他的画直到晚年，不但毫无习气，反愈见精神。

郭熙被誉为是李成、范宽之后"独步一时"的山水画大师。同时，他还是一个美术理论家，由他儿子郭思记录整理的《林泉高致》，是中国第一部完整而系统地阐述山水画创作规律的著作。

现今能见到的郭熙作品并不多，真正可信的不过六七幅。《窠石平远图》即是其中署有年款的一幅，创作于元丰戊午年（1078），是他晚年的杰作，也是欣赏他的艺术成就和理解他的美术理论的绝佳作品。

李成《寒林平野图》

**李成**（919—967），长安（今陕西西安）人。擅画山水，多作平远寒林，好用淡墨，有"惜墨如金"之称，对北宋山水画发展有重大影响。

范宽《溪山行旅图》

**范宽**（950—1032），华原（今陕西铜川）人，山水初师李成，继法荆浩，后感"与其师人，不若师诸造化"。代表作《溪山行旅图》为台北故宫博物院"三宝"之首。

厚和盘礴，是郭熙的创造。而秋天，他的感受是"秋山明净而如妆"，"秋山明净摇落人肃肃"，画中没有萧瑟和悲凉，从构图的气势，用笔的利爽，给人以肃穆、庄重、清神的美感。特别是曲折的溪水，明澈澄鲜，不激不怒，且清且浅，与历历的窠石相联系，给人以"水落石出"的感觉。这一深秋景色富于神韵，是一般画家难以察觉和表现得出的。

中国山水画取景构图的"三远"法则，是郭熙首先总结出来的。"三远"即高远、深远和平远。《窠石平远图》所采用的是"平远"法。郭熙解释说"自近山而望远山，谓之平远"。画中取景，视平线在下部约三分之一处，平视中使景物集中。自前景透过中景而望远景，层次分明，表现出纵深的空间距离，画面虽着墨不多，但境界阔大，气势雄壮，因而给人精神以振奋。

# 临韦偃牧放图

## 北宋　李公麟（1049—1106）

绢本设色，纵46.2厘米，横429.8厘米

马是中国古代重要的征战、交通、耕作工具，也是传统绘画的重要题材。汉、唐两代由于注重耕战和马政，画鞍马特别盛行。唐以来画马名家很多，最著名的画家有曹霸、韩干、韦偃等人。宋代以马为题材的绘画逐渐减少，其中以李公麟画马成就最高。

李公麟，字伯时，号龙眠居士，安徽舒城人。以善"白描"画法著称，是北宋末年极有影响的大家。他擅长画人物、佛像，也能画山水花鸟，尤好画马。史载，李公麟初学画马时学韩幹而略有增损。他也广泛吸收前人长处，"凡古今名画，得之必临摹蓄其副本"，并且以真马为师。他熟

悉马的生活，"每欲画必观群马"。苏轼曾有"龙眠胸中有千驷，不惟画肉兼画骨"来称赞他能综合曹霸、韩幹二家之长，发展了传统的画马艺术。在朝中为官时，"每过天厩纵观，图马终日不去，几与俱化"。以至御厩圉人怕李公麟把马的精神夺走，而恳求他不要对马作画。

　　《牧放图》是唐代画马名家韦偃所作，描绘当时牧场放马的盛况。李公麟奉敕临摹了这件作品。此图为长卷。全卷共有一百四十三人，一千二百八十六匹马，场面浩大，气魄宏伟。画面从右向左展开，在平原、坡陀、溪水、树石之间牧人驱赶马群，或奔驰，或跳跃，或缓行，或寻食，或就饮，或嬉戏，或吻啄，或伏卧，或滚尘。牧人有骑马前进的，有徒步的，有依树休息的；或衣冠整齐，或赤足敞怀，极自然生动。

　　此卷构图疏密相兼，主要人物、马匹多集中于前半部，后半部逐渐疏朗。结构上的最大特点是恰当地运用层层土丘为背景，把群马有条不紊地安排其间，显得繁而不乱，密中有疏；而且适当地注意了远近大小的比例关系，做到了层次分明，虚实相生。图中人物马匹以墨线勾勒，坡陀树石勾括后，略加皴擦烘点，笔法挺劲，工而不板。设色也变化多端，各种颜色的搭配使

用，显得色彩极为丰富而清雅。总之，像这样的庞大场面，复杂而富于变化的布局结构，若非技艺高超，运思缜密，很难收到如此完美的艺术效果。韦偃真迹早已不传，从此图可以窥见韦偃原作《牧放图》的规模。同时也看出李公麟临摹本高深的艺术造诣。画家在临摹此图时实际上是艺术的再创造。

　　此图曾经宋宣和内府、绍兴内府、明内府、清内府收藏；也经南宋贾似道、明孙承泽、清梁清标等私人的递藏。后幅有明太祖朱元璋题跋，又清高宗弘历题于本幅及隔水。《庚子销夏记》《石渠随笔》《石渠宝笈续编》等书著录。

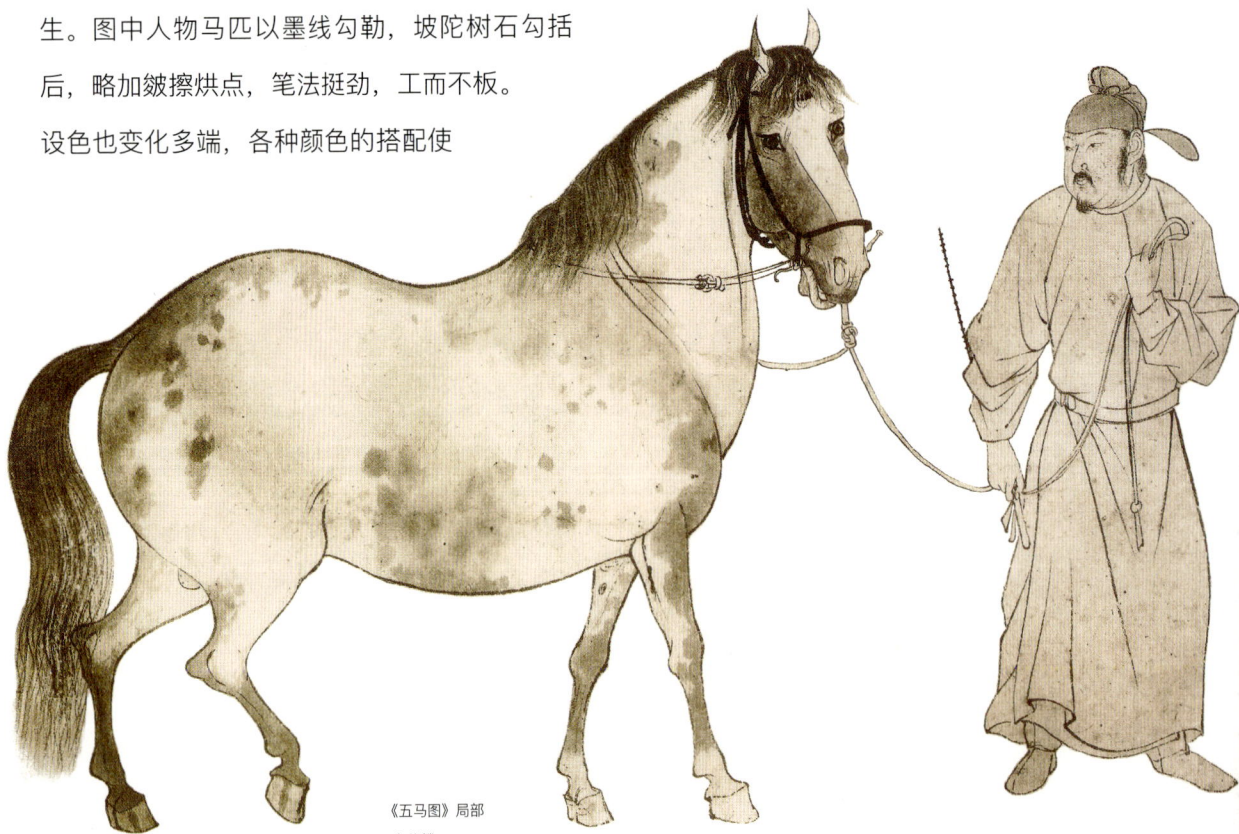

《五马图》局部
李公麟

031

# 渔村小雪图

北宋 王诜（1048—1104）

绢本设色，纵44.5厘米，横219.5厘米

山水画在北宋时期已发展到了一个新的高峰，表现技巧日趋成熟，一时名家辈出。最著名的开派画家有李成、范宽、郭熙等。王诜在师法李、郭的基础上，广泛吸收唐、宋诸名家之长，独自成家。

王诜，字晋卿，山西太原人，为英宗时驸马。诗词、琴、棋、书、画无不精通，与苏轼、黄庭坚、米芾等人相友善。

《渔村小雪图》是一幅以渔民生活为题材的雪景山水画卷。幅中奇峰秀岭，巉岩陡壑，险崖绝涧，岗阜平滩，清溪曲港，沙渚汀湾，飞瀑流泉。其间布设虬松翠柏，老树枯藤，疏柳乔柯，古寺渔村，及舟楫、木桥、城关。数渔父或张网于水中，或搬置于坡岸，或垂钓于舟首，或对坐于舱中。山坡小道上有人策杖携琴寻幽，群群水鸟振翅飞翔于烟波林木之间。景色优美，人物生动，整个画面充溢着浓厚的生活情趣。画面景物笼罩在薄云轻雾之中，一派初冬季节的萧索气氛，面对此图，顿觉凛凛寒意，其趣无穷。此图成功地运用了"深远"构图法，把近景、中景、远景有机地加以结合，有条不紊地

王安石变法时，因他与"元祐党人"有牵连而被贬，后忧郁而死。他生前大量收集古今法书名画，藏于"宝绘堂"。他有较好的条件借鉴诸家名迹，加之深厚的文学修养和对生活的体验，在山水画方面艺术造诣之深非一般画家所能比拟。正如《宣和画谱》所说，他"写烟江远壑，柳溪渔浦，晴岚绝涧，寒林幽谷，桃溪苇村，皆词人墨卿难状之景，而诜落

笔思致，遂将到古人超轶处"。现存于世的王诜山水画作品除《渔村小雪图》外，尚有《烟江叠嶂图》和《瀛山图》，三件作品风格各不相同，以《渔村小雪图》最能代表王诜的艺术水平和特点。

处理画面各种景物。远近、大小比例关系大致都与自然形态相吻合。布势奇巧，开合有度，结构严谨而又虚实相生。给人以"咫尺千里"之感。笔墨设色也颇具特色，笔法精练，墨色清润，整个画面以墨笔勾皴和水墨晕染为主，又在山石、树木及芦荻顶端敷粉描金，表现了小雪后的渔村寒意之中尚有阳光的浮动。水天之际以水墨加螺青烘染，表现了寒溪的清澈和天色的空蒙，显现一种江天寥廓似晴非晴之意。作者将李成、郭熙的水墨山水画法与唐李思训的金碧山水画法加以结合，这在当时无疑是一种新的创造，所以当时人们对他有"不今不古，自成一家"之评。

此图曾经宋宣和内府和清内府收藏。《宣和画谱》《大观录》《石渠宝笈初编》著录。溥仪后携出宫，流落在长春。1950年惠孝同先生购得，后捐赠给故宫博物院。

**元祐党人**

北宋元丰八年（1085）宋神宗去世，年仅9岁的哲宗继位，第二年，年号改为元祐，司马光任宰相，全面废除王安石变法，恢复旧制。支持变法的政治派别，被称为"元丰党人"，反对变法的一派则被称为"元祐党人"。

032

# 清明上河图

北宋·政和、宣和年间（1111—1125）
张择端（生卒年不详）

绢本淡设色，纵 24.8 厘米，横 528 厘米

张择端的《清明上河图》，以独特的风格，高度概括的技术，真实生动地描写社会生活各个方面，在画史上赢得了崇高的地位，成为举世闻名的不朽杰作。

《清明上河图》描绘的是清明时节北宋都城汴京（今河南开封）东角子门内外和汴河两岸的繁华热闹景象。

全画可分为三段：首段写市郊景色，疏林薄雾，茅檐低伏，阡陌纵横，杨柳新绿；其间人物往来，有进城送炭的毛驴小队，有出城的旅人，以及扫墓归来的轿乘等。画出了特定时间内特有的风俗，直接点醒了题目。

中间那座规模宏敞、状如飞虹的木结构桥梁，概称"虹桥"，正名"上土桥"。中段以上土桥为中心，另画汴河及两岸风光。汴河是宋代的国家漕运枢纽。画面上那满载货物的巨大漕船，一艘紧接一艘；码头上装卸货物，繁忙而紧张，正是汴河所担负的重任的形象写照。桥上车马来往如梭，商贩密集，行人熙攘。桥下一艘漕船正放倒桅杆欲穿过桥孔，艄公们的紧张工作吸引了许多群众围观。画家在这一水陆交通的汇合点，安插了许多戏剧性冲突情节，使人看来饶有兴味。

**张择端**　字正道，东武（今山东诸城）人。宋徽宗赵佶时期的画院待诏，擅画市桥、郭径、舟车等，作品有《西湖争标图》《清明上河图》，都为时人选为神品。

后段描写的是市区街道。其中心有一座高大的城门楼，名叫东角子门，位于汴京内城东南。门外第一座桥便是上土桥。城门两侧，街衢交错，房屋鳞次栉比。有各种商店，大店门首还扎结着彩楼欢门；小的铺子，仅只是一个敞棚。此外还有公廨寺观等。街上行人，摩肩接踵，车马轿驼，络绎不绝。行人中有绅士、官吏、仆役、贩夫、走卒、车轿夫、作坊工人、说书艺人、理发师、医生、看相算命者、贵家妇女、行脚僧人、顽皮儿童，甚至还有乞丐。他们的衣冠有着等级，同在街上，而忙闲不一，苦乐不均。城中交通运载工具，有轿子、驼队、牛、马、驴车、人力车等。车子有串车、太平车、平头车等诸种名目。全卷画面，内容丰富生动，集中概括地再现了12世纪北宋全盛时期都城汴京的生活面貌。

此画用笔兼工带写，非常老练。设色淡雅，不同一般的界画，即所谓"别成家数"。构图采用鸟

瞰式全景法，真实而又集中概括地描绘了当时汴京东南城角这典型的区域。作者用传统的手卷形式，采取"散点透视法"来组织画面。画面长而不沉，繁而不乱，严密紧凑，如一气呵成。画中所摄取的景物，大至寂静的原野，浩瀚的河流，高耸的城郭；小到舟车里的人物，摊贩上的陈设货物，市招上的文字，丝毫不失。在多达五百余个人物的画面中，穿插各种情节，组织得有条不紊，同时又具有情趣。

作者善于观察生活，同时也善于从生活中发掘那些富于诗意、富于戏剧性矛盾冲突，并将它化为艺术形象，其概括和组织才能是令人惊异的。整个画面步步变化，使观者目不暇接，而且每看每异，每次都有新的感受和发现，觉得画幅后面，还有更加广阔的天地，画有尽而意无穷。

正店

香

# 水图

**033**

南宋　马远（1190—1224）

绢本淡设色，共十二段，每段纵 26.8 厘米，横 41.6 厘米

山水画在南宋时期是一大变化。画家以强烈而集中的艺术形象表现单纯而完整的意境，突破了"全景式"的构图，创造出新的构图技巧。笔墨较前更为放纵泼辣，形成了南宋的时代特点。其间李唐、刘松年、马远、夏圭是突出的代表，被誉为"南宋四大家"。

《水图》共有十二段。除第一段因残缺半幅而无图名外，其余图名分别是："洞庭风细""层波叠浪""寒塘清浅""长江万顷""黄河逆流""秋水回波""云生沧海""湖光潋滟""云舒浪卷""晓日烘山""细浪漂漂"。这十二段作品，专门画水，除个别幅有极少岩岸之外，其他没有任何别的景色，完全通过对水的不同姿态的描写，表现出种种不同的意境。作者对水观察的细致入微，以及创造出来的形态美感和笔墨技能，都令人惊叹不已。如"洞庭风细"，波浪如鳞，不激不怒，近大远小以至于水天一色，彷佛微风习习，轻轻掠过了那开阔的湖面，使人心旷神怡，宠辱皆忘。"层波叠浪"是以

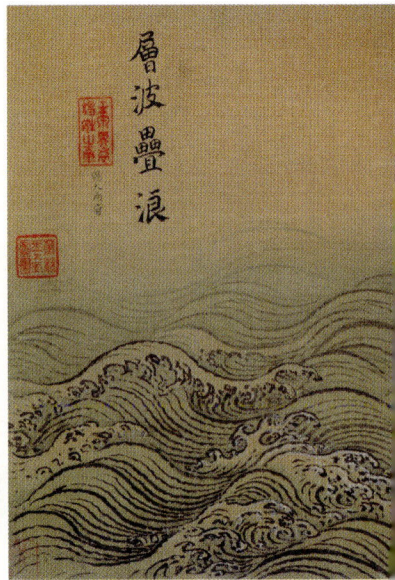

马远，字遥父，祖籍山西永济。任南宋光宗、宁宗朝的画院待诏。他出身绘画世家，又兼收李唐等人技法，形成自己的风格，以擅长山水、人物、花鸟而"独步画院"。在山水画方面，笔法好作大斧劈皴；构图取景，好以边角和一角之树石为主体来概括全景，简练而集中，形式十分新颖，人

称他为"马一角"。他在画院里创作的作品，不少有宁宗赵扩或皇后杨氏的题字。这一卷《水图》就是有杨氏题字的马远作品之一。

颤抖的笔法，描写浪涛的起落，彷佛其下有蛟龙蛰伏，那汹涌澎湃的气势，使人精神振奋而感到豪壮。"湖光潋滟"一幅，画家以轻快流畅的笔法，画出水波的跳动，浪峰无规则的排列，显然受到乱风的吹荡，即使画家不染上红色，也使观者感到阳光明媚，不由令人想起"水光潋滟晴方好"的杭州西湖景象来。"云舒浪卷"一幅，却又是另外一番境界。画家以凝涩的笔触，画出一个浪头，它彷佛咆哮着要腾空而起，天空中黑云滚动，与水相接，更增加冲锋陷阵的气概。画面虽小，而气魄宏大壮观。其他各幅，都各有不同的笔法特点和意境，就留待读者自己体会。

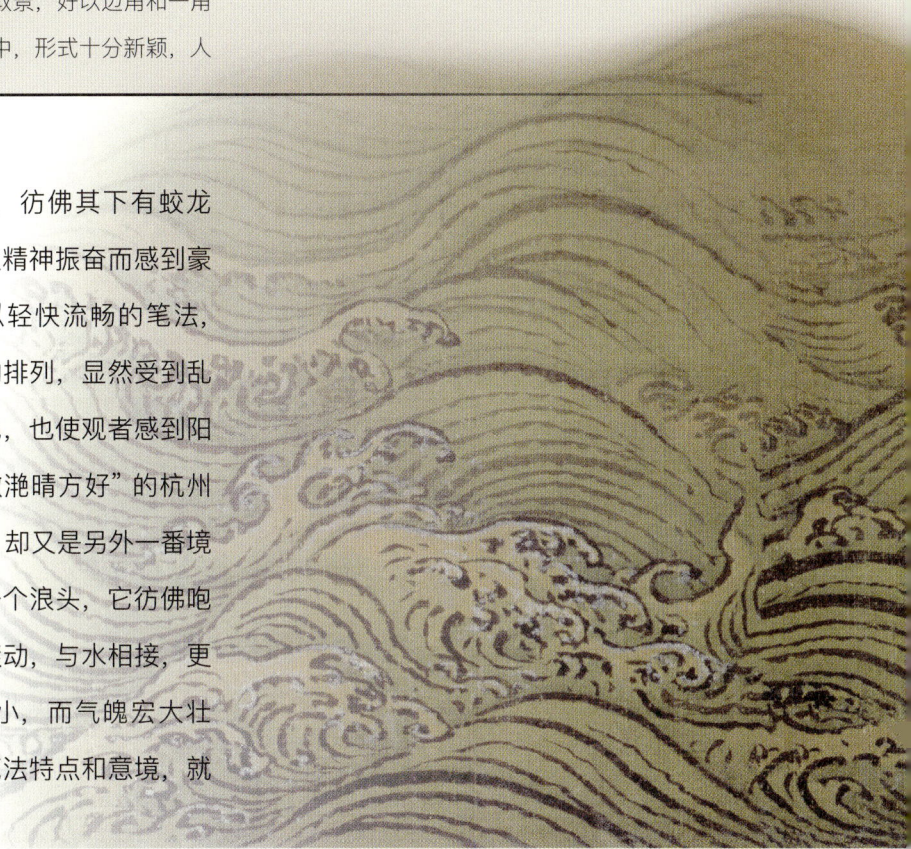

長江萬頃

黃河遊流

秋水廻波

雲生蒼海

湖光潋滟

雲舒浪卷

晚日烘山

红浪漂漂

## 034 大傩图

宋　佚名

绢本设色，纵67.4厘米，横59.2厘米

描写民间风俗习惯的绘画在宋代得到特别发展，《大傩图》就是一幅风俗画。画面上共画有十二个人。他们都穿着奇异的服装，戴着各式的帽子和花枝。帽子的式样毫不重复，除了斗笠、巾和冠之外，有的带着粗角的兽头，有的是农家场院器具斗、箩、箕之属。他们的手中或身上携拿着鼓、铃、檀板等乐器，或为扇、篓、帚等用具，或为花枝、瓜之属。所有人的面部都化了装，也可能戴的是假面具。十二个人团团围住，手舞足蹈，充满着欢乐的气氛。

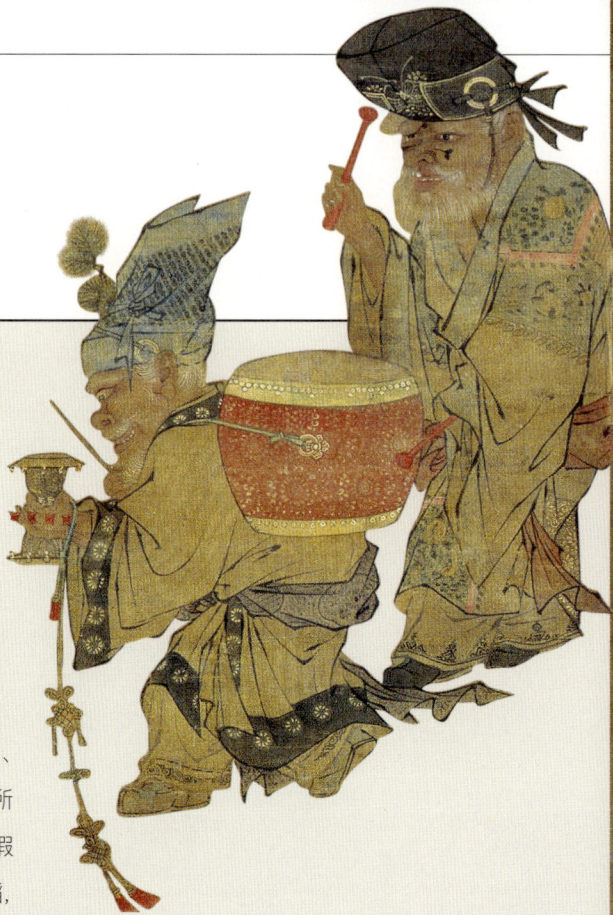

傩（音挪），是一种古老的驱除疠疫的民间习俗。《论语》中就有"乡人傩"的记载。《后汉书》记载："先腊一日，大傩，选中黄门子弟，十岁以上十二岁以下百二十人为侲子。"唐代《乐府杂录》中描写说："用四方相，戴冠及面具，黄金为四目，衣熊裘，持戈扬盾，口作傩傩之声，似除也。侲子五百，小儿为之，朱褶青襦，戴面具，晦日于紫宸殿前傩，张宫悬乐。"这些描述与画上的情况基本相似。当然到了宋代，傩时的具体情形和细节，又会有许多的发展变化。从画面情形来看，其中增加了许多农具，可见这种古老的习俗，到了宋代除了驱除邪祟之外，还有祈求丰收的意味，同时也是一种民间娱乐活动。所以此幅画，从艺术到内容，都值得珍视。

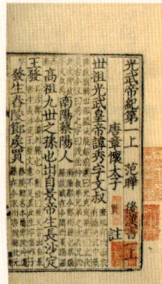

**《后汉书》**

记载东汉历史的书，由南朝刘宋时期的历史学家范晔（398—445）编撰。与《史记》《汉书》《三国志》合称中国"前四史"。

# 搜山图（部分）

宋　佚名

绢本设色，纵 53.3 厘米，横 533 厘米

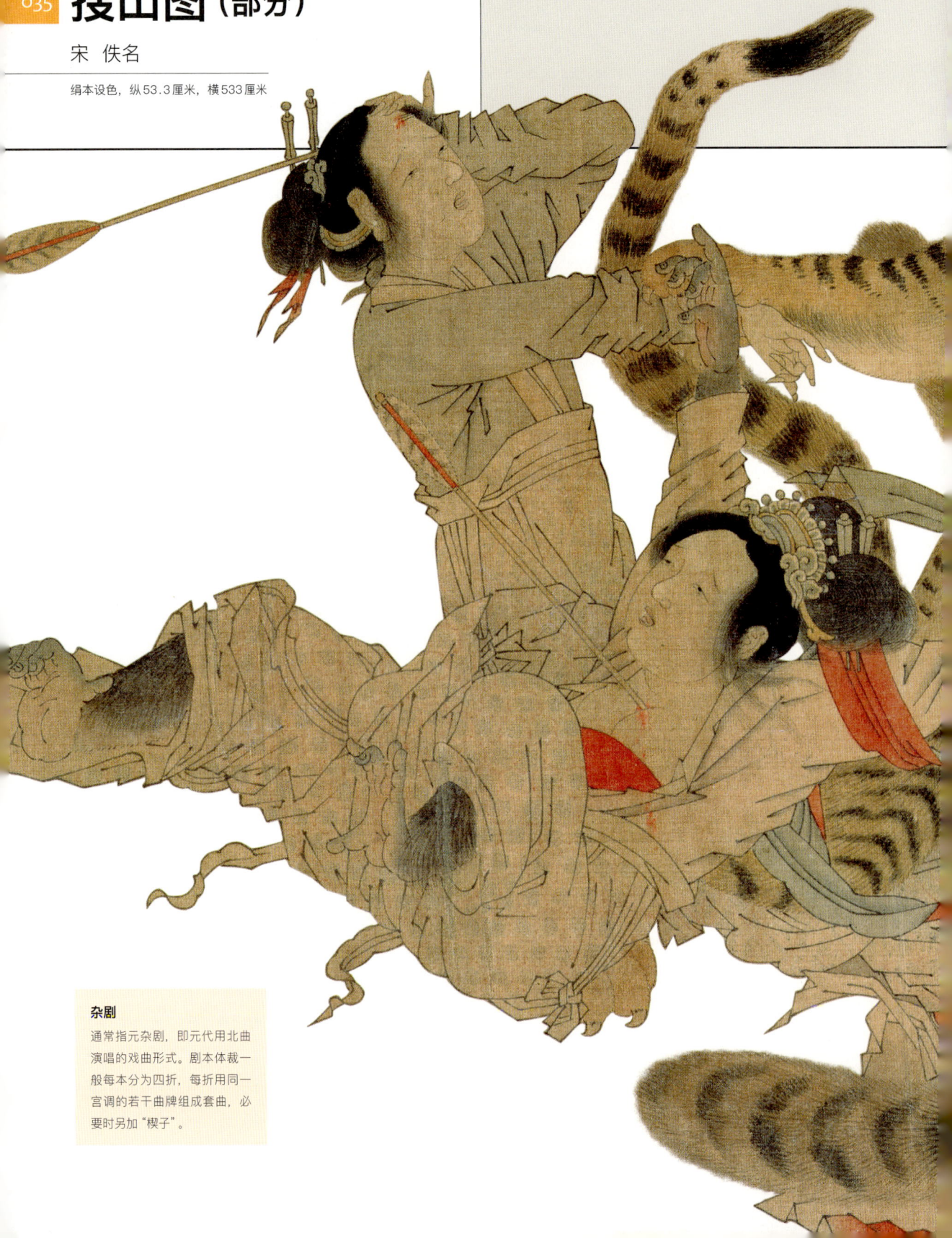

**杂剧**

通常指元杂剧，即元代用北曲
演唱的戏曲形式。剧本体裁一
般每本分为四折，每折用同一
宫调的若干曲牌组成套曲，必
要时另加"楔子"。

《搜山图》表现的是民间传说二郎神搜山降魔的故事，所以也称为《二郎神搜山图》。二郎神的故事在民间广泛流传，在许多文艺作品中也有反映。元代有《二郎神醉射锁魔镜》的杂剧，描写二郎神与九首牛魔王、哪吒及金睛百眼鬼比试高低，最后拿住二洞妖魔。据记载，最早有北宋画家高益画的《鬼神搜山图》，受到皇帝的重视。以后明、清两代，不断有传本出现。

这一卷《搜山图》是南宋末或元初人的手迹。人物用工笔重彩，衣纹用铁线描，刚劲有力，形象刻画生动传神，非凡手可及。山石树木皴法豪纵，风格近乎南宋刘松年。与同一题材的各种不同本子比较，此卷是个残本，其中缺少主神即二郎神部分，但是其绘画技巧却高出其他各本。图中描绘神兵神将们耀武扬威地搜索山林中各种魔怪。魔怪们均是各种野兽变的，有虎、熊、豕、猴、狐狸、山羊、獐、兔、蜥蜴、蛇及树精木魅等。这些妖怪，或是原形，或化为女子，他们都在神将们追逐下仓惶逃命，或藏匿山洞，或拒绝受擒。而那些神将们则手持刀枪剑戟，纵鹰放犬，前堵后截，使妖怪无处逃身。本来，二郎神是作为正面人物来歌颂的，然而在此卷中，却得到了一个相反的形象，那些神兵神将，一个个凶神恶煞，使人们憎恶，而那些妖怪们却面目和善，那种惊怖逃生的内心刻画，使人们心生同情。不知作者是有意还是无意，使观者自然地就会联想到，在当时社会官兵对老百姓的欺压情形。

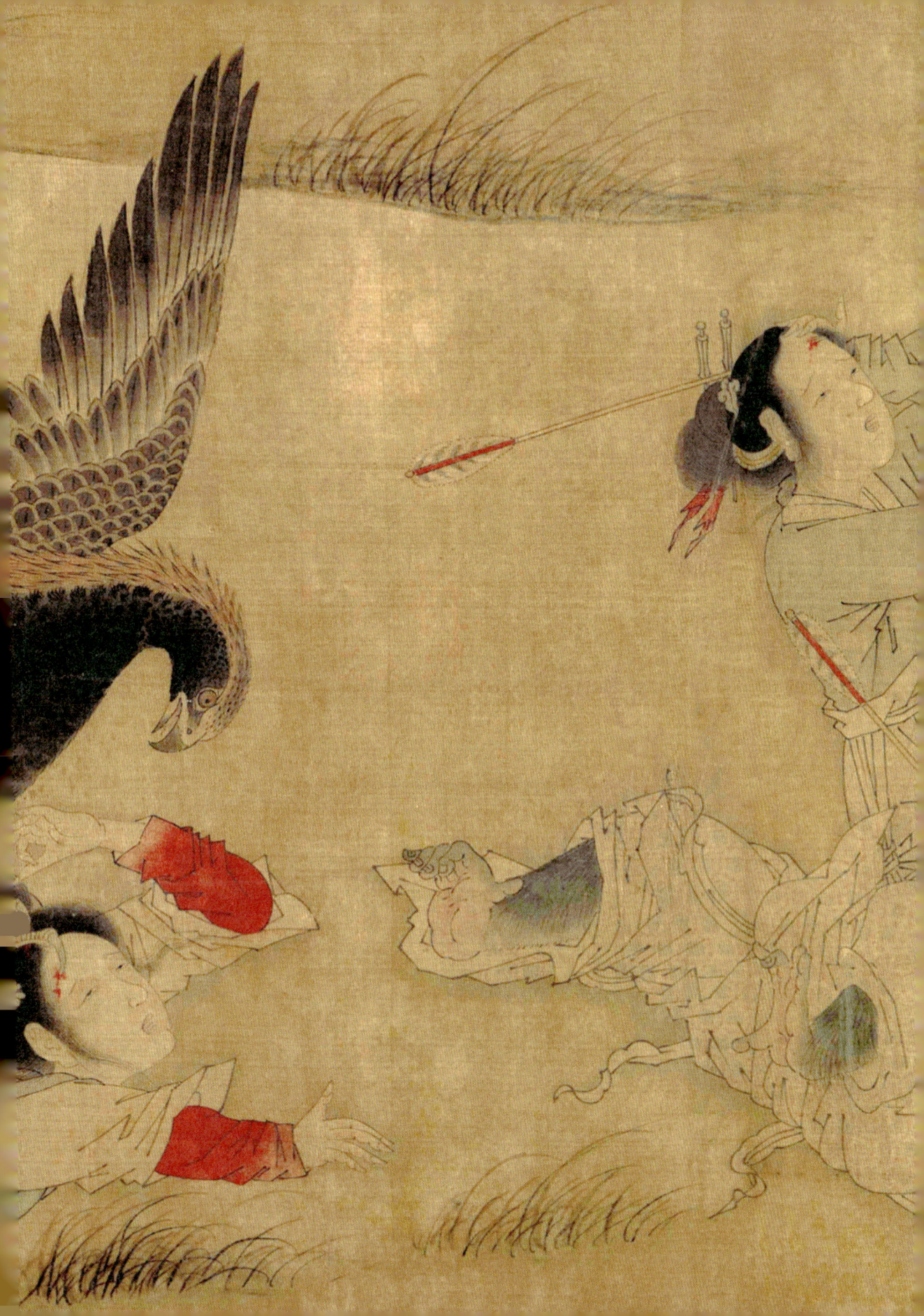

**036**

# 秋郊饮马图

## 元 赵孟頫（1254—1322）

绢本青绿设色，纵23.6厘米，横59厘米

赵孟頫，字子昂，号松雪，浙江吴兴人，是元代初年最有影响的大书画家。他是赵宋宗室，宋亡时闲居家中，以布衣文人著名于时。三十四岁时奉元世祖忽必烈之召出仕元朝，受到元朝皇帝的优厚待遇。

《秋郊饮马图》是赵孟頫五十九岁时所画。描绘秋天郊外放牧的情景。图中野水长堤，绿坡清溪与秋林疏树，丹枫红叶相映成趣。一红衣人跨马挽缰执鞭，驱十数匹骏马来到溪边，马的神态各不相同：或奔腾追逐，或踏步缓行，或低首就饮，或回首顾盼，或引领长嘶。虽人马不大，却极为真实生动。

此图恰当地利用有限的绢幅，以中景"露地不露天"及右开式构图，把平视、仰视、俯视三种造景方式有机地结合；灵活地处理画面景物，恰当地安排画面藏与露的关系。画家把主要林木、坡石、人马画在右部起手处，人马由右往左走向，把来处藏于画外；左上方只露稀疏的树干，把树梢及远山远水藏于画外；左下方是一潭清溪，隔溪堤岸依溪向左延伸适可而止。通过对岸二马的奔驰追逐，点出境外尚有无限景物，画似尽而意犹未竟，既突出主题，又给人回味的余地。

此图的笔墨设色，表明了画家既师法唐人传统，又有他自己的特色。他纯熟地将书法应用于绘画之中。人和马线描

赵孟頫博学多才，诗词、书画、音乐造诣均深。他的绘画继承晋、唐、五代、北宋的优秀传统，博采众家之长，形成了独特面貌。题材广泛，风格多样，山水、人物、佛像、鞍马、竹石、花鸟均"悉造其微，穷其天趣"。在元代画史上起了继往开来的作用。赵孟頫一生画鞍马很多，现存于世的主要有《人马图》《人骑图》《浴马图》《秋郊饮马图》等。

用较为工细的笔法，犹如篆籀，古朴谨严而中蕴清新俊逸。树石、坡陀、砂碛用行草笔法，勾、皴、擦、破、染并用，苍劲中含清润。背景用传统的青绿画法，根据物体的不同，或朱填枫叶，或绿染坡堤，意味着尚未进入深秋，严霜还没有夺去小草的生命。用白、红、黄、橙诸色画出骏马颜色各异。设色丰富浓郁又清丽明快，且色不掩笔。从此图可以看出画家成功地把青绿山水与水墨山水、唐人鞍马与宋人鞍马、画工的熟练技巧与士大夫的精神气质熔铸一炉。如果说他四十三岁画的《人马图》和《人骑图》尚未脱离唐、宋传统，而《秋郊饮马图》则明显地已经形成了自己的风格，代表了他晚年鞍马的典型风貌，称得上是一幅形神兼备、妙逸并具、风格高雅的艺术珍品。所以当时著名鉴赏家柯九思推崇它与韦偃《暮江五马图》、裴宽《小马图》"气韵相望"，"其林木活动，笔意飞舞，设色无一点尘俗气"。赵孟頫自己也曾声称他画鞍马与宋代画马名家李公麟"并驱"。

## 037 九峰雪霁图

元　黄公望（1269—1354）

纸本水墨，纵117厘米，横55.5厘米

元代山水画的代表性画家除赵孟頫外，以黄公望、王蒙、吴镇、倪瓒最为突出，被称为"元四家"。四家在赵孟頫绘画实践与理论的影响下，充分发挥了笔墨技巧，形成了以"文人画"为主流的水墨山水画派。其最大特色是把笔墨趣味在绘画中的作用提到了一个新的高度，丰富了中国画的

《九峰雪霁图》是黄公望雪景山水杰作。图中奇峰秀拔，丘壑幽深，枯树、草堂都笼罩着皑皑白雪。观此图，顿觉凛凛寒意，如置身于冰雪中。

此图章法严谨，险中见稳；结构缜密，虚实相生。采用高远、深远相结合的构图方法，表现出九峰高耸和岩谷的深邃。画家把九峰画在正中，左右断崖，岗、阜下面的坡陀相揖，后以群峰相伴，达到了主次分明又脉络相连的效果。山脚

表现技法。对明、清两代画坛的影响极大。黄公望被推崇为"元四家"之首。

黄公望本姓陆，名坚，常熟人，出继永嘉（今属浙江）黄氏为子，因改姓名，字子久，号一峰、大痴道人等。做过中台察院掾吏。曾坐过牢，出狱后入全真教，往来于杭州、松江等地卖卜。工书法，善散曲，通音律，最精于山水画，常随身携带笔墨，在虞山三泖、富春等处领略自然胜景，随时模记。其水墨画有"峰峦浑厚，草木华滋"之评。设色多用浅绛。他还总结前人及自己的创作实践经验，写有《画山水诀》一文。

下溪涧自然延伸和山顶上渺溟的天空，使得画面增强了空间感，避免了拥塞，做到了实处更实，虚处更虚。

此图用笔也极为精湛凝练，树木房屋多用篆籀笔法，圆健而劲挺，山石多用草书笔法，疏秀清润中含苍茫浑厚，做到了笔无虚发，逸趣无穷。

此图画法是在一幅素绢上，用笔墨轻轻勾出景物的轮廓，并用深浅不同的墨色皴、擦、点、捽，或以很淡的墨色晕染山石，以加强山石的层次和立体感，再用破墨晕染天地，于是未染墨色的绢地便呈现出晶莹洁白的雪景。这就是黄公望的名言——"冬景借地以为雪"的画法。《九峰雪霁图》采用这种画法而达到极佳的境界。他存世的另外两本雪景山水《快雪时晴图》（故宫博物院藏）、《剡溪访戴图》（云南省博物馆藏），也是用的这种画法，有同样好的效果。

此图右上方自题云："至正九年春正月，为彦功作雪山，次春雪大作，凡两三次，直至毕工方止，亦奇事也。大痴道人，时年八十有一，书此以记岁月云。"知此图作于1349年，是画给元代著名文人班惟志的。

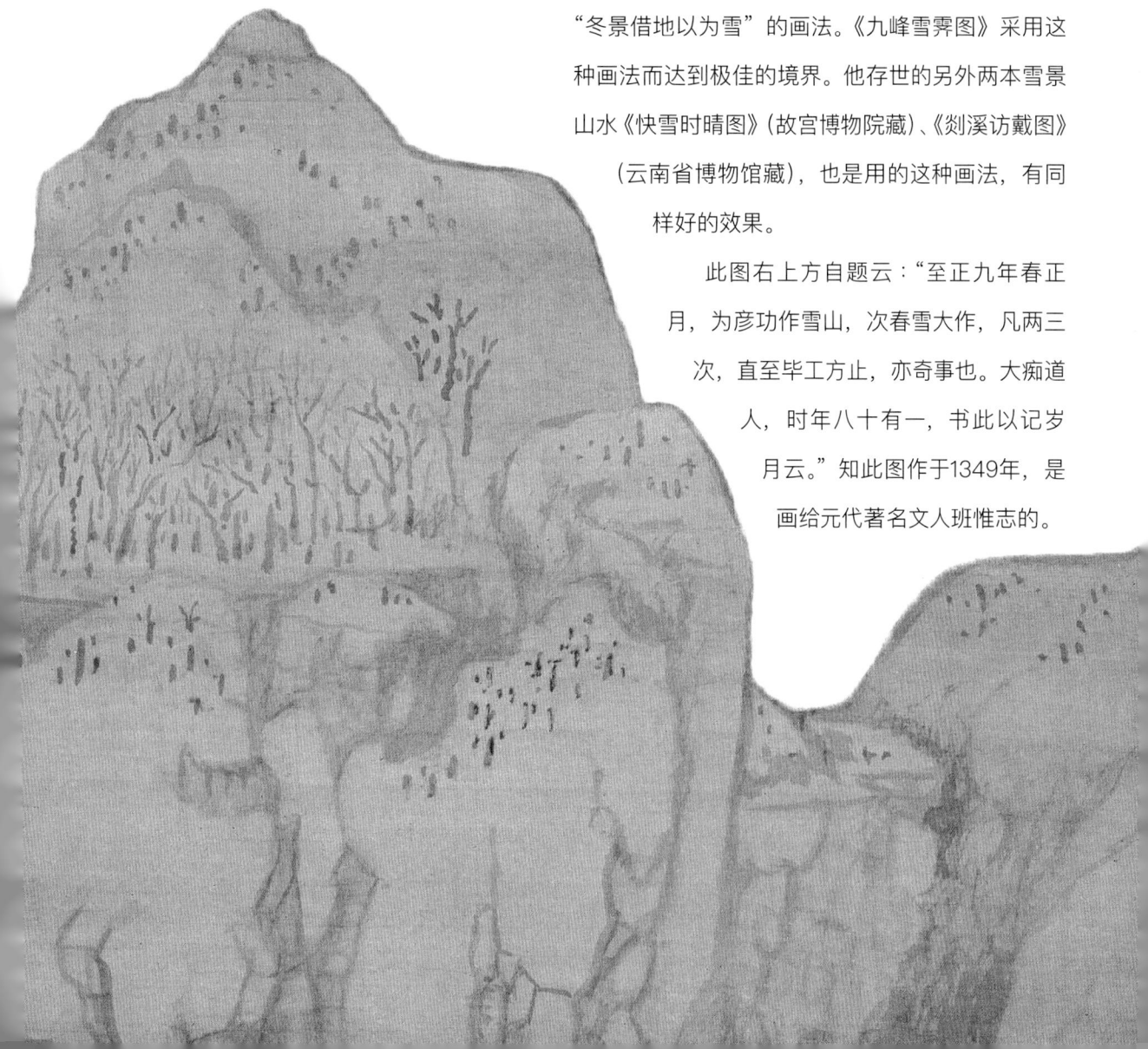

# 038 秋亭嘉树图

元　倪瓒（1301—1374）

纸本墨笔，纵134厘米（包括诗塘），横34.3厘米

在"元四家"山水画中，倪瓒以"幽淡简劲"的画风而著称。元以后的许多文人画家和评论家把他的绘画视为"逸品"，加以师法和推崇。当时江南文士家中以有无悬挂倪画而分雅俗。

倪瓒，字元镇，号云林、幼霞等，无锡（今属江苏）人。其家为当地豪富，雄于资财，喜与名士往来。因元末社会动荡，卖去田庐，散其家资，浪游于五湖三泖间，寄居村舍、寺庙，因而有"倪迂"之称。工诗、书，擅长画山水竹

《秋亭嘉树图》是倪瓒晚岁之作。幅中近岸坡陀平坂间画嘉树三株，木叶凋零，树下茅亭一座，修竹数竿。对岸画遥岭远山，中间是广阔的湖面，湖心有隐隐浅滩。整个画面表现了深秋季节的萧索气氛。结合画幅自题诗，明显地反映了画家避俗遁世、浪迹江湖、寄情山水的思想感情。而且还带有几分禅意。

石，多以水墨为之。山水画初宗董源，后参荆浩、关仝法创用"折带皴"，写山石、树木则兼师李成，所作大都取材于太湖一带的景色。好作疏林坡岸，浅水遥岭之景。意境幽简萧瑟，简中寓繁，似嫩实苍的风格，给文人水墨山水画以新的发展。他画墨竹自称"逸笔草草，不求形似"，以"聊寄胸中逸气"。他存世绘画代表作品主要有《水竹居图》《安处斋图》《渔庄秋霁图》《江岸望山图》《赠周伯昂溪山图》《幽涧寒松图》《梧竹秀石图》《竹枝图》《春山图》及《秋亭嘉树图》等。

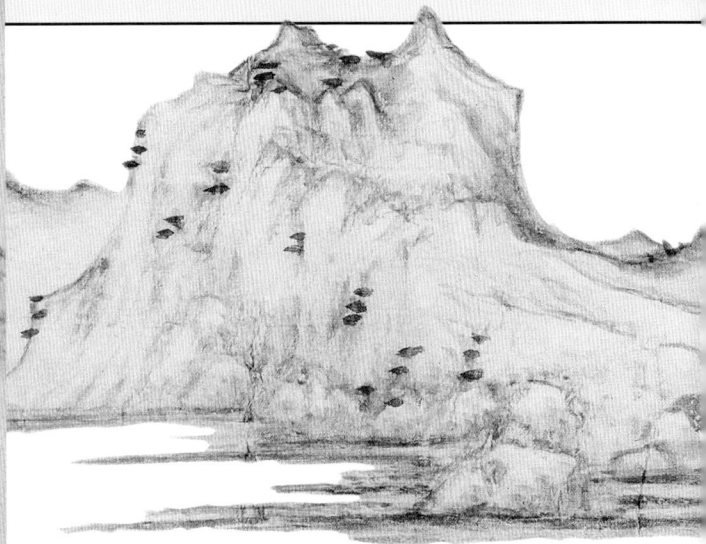

此画以平远两段式构图，把近景放在画幅最下端，中间留下大段空白，而把远山提到中上方，显得意境特别清远。他的许多传世作品都采用这种方法，如《江岸望山图》《赠周伯昂溪山图》《紫芝山房图》等，有的作品甚至把远山提高到了画幅顶端，如《渔庄秋霁图》等。这种构图法是倪瓒的创造。

此画笔墨劲健苍润，山石"披麻""折带"两种皴法并用，枯笔干擦与湿墨浑染并用，并以焦墨画苔点及树叶，使得画面层次分明，浓淡适中。正像明代吴宽在诗塘题跋所说，此图是倪瓒"得意笔也"。明朱果在诗塘题跋中也赞赏不已。

**039**

# 夏日山居图

元　王蒙（1308—1385）

纸本水墨，纵118.4厘米，横36.5厘米

**王蒙**

字叔明，号黄鹤山樵，自称香光居士。吴兴（今浙江湖州）人，赵孟頫的外孙。元末明初曾作过官。明洪武年间因胡惟庸案受株连，冤死狱中。

《夏日山居图》画的是隐士理想的幽居处所。图中奇峰秀岭，叠嶂重峦，山间长松繁茂，翠柏森森，汀溪曲回，山径蜿蜒。一所村坞隐现于山脚崖畔嘉树林荫之间，环境宁静清谧。此图章法严谨，逼而不塞，结构缜密，繁而不乱。左边的山峰高耸，以右边的溪涧汀渚和丘陵岗阜来做反衬，这样就突出了主峰的奇险，避免了画面的拥塞，使境界开阔。此图笔墨非常精练，山石皴法，有细皴，有浑染，

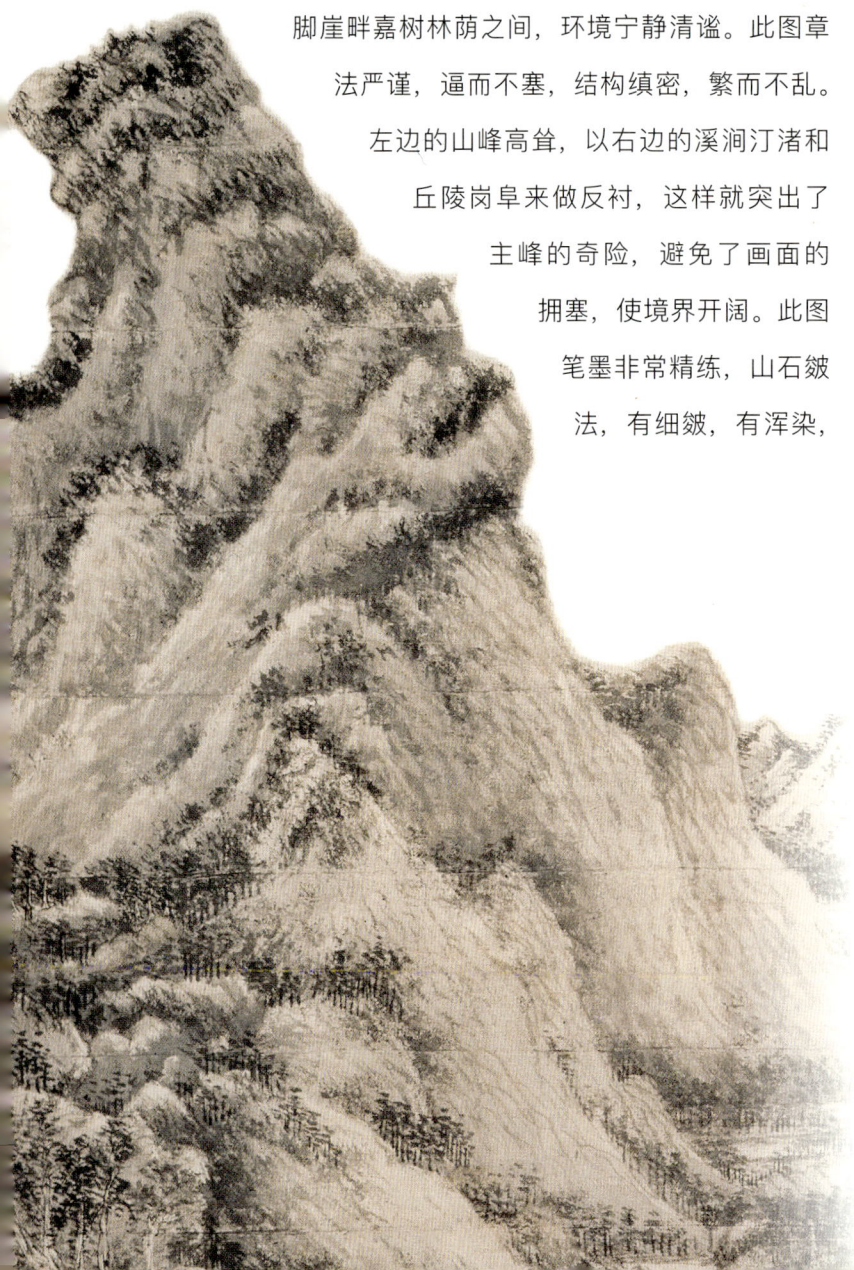

王蒙画风别具一格。他比黄公望、吴镇、倪瓒年岁都少，但艺术成就并不亚于三家。其水墨山水画在元以后被奉为范本，广泛传模，影响至今不绝。

王蒙的绘画早年受外家影响，又泛学唐、宋名家。山水以王维、董源、巨然为宗，跳出赵孟頫风范，自成面貌。常用"解索皴""牛毛皴"，并兼用"数家皴"法。多用枯笔，渴墨皴点。所画山水苍茫深秀，纵逸多姿。其内容大都是"山居""隐居"之类。传世作品最著名者有《葛稚川移居图》《夏山高隐图》《青卞隐居图》《林泉清集图》《太白山图》《丹山瀛海图》《夏日山居图》等。

山间林木分别远近大小，或精勾，或漫点，笔法苍逸，墨色清润，整个画面阴阳向背，层次分明。可以看出王蒙运用笔墨技巧的高度成就。此图画法是王蒙晚年山水画的代表性风格，与《林泉清集图》《青卞隐居图》等画法相近；也是他传世山水画作品中不可多得的精品。

本幅右上方王蒙小楷自题三行："夏日山居，戊申二月，黄鹤山人王叔明为同玄高士画于青村陶氏之嘉树轩。"可知此图作于明洪武元年（1368），时王蒙六十一岁。

# 三顾草庐图

## 明 戴进（1388—1462）

绢本设色，纵172.2厘米，横107厘米

戴进，字文进，号静庵，钱塘（今浙江杭州）人。初为金银首饰制作工匠，后改学绘画。宣宗时曾入值仁智殿。因画《秋江独钓图》，钓者着红袍而触犯皇帝，被逐。放归后，长期生活在民间以卖画为生。各种题

戴进传世绘画作品较多，既有山水，也有人物、花卉。《三顾草庐图》是他山水人物故事画代表作之一。此幅以三国故事为题材，描绘刘备带同关羽、张飞到隆中敦请诸葛亮出山的情景。幅中峻岭奇险，绝壁陡峭，飞瀑流泉，山间苍松盘虬，翠柏秀拔，山坳中修竹茂密，山草茸茸。柴扉敞开，茅庐隐现于山崖竹林中。门首四人，刘备躬身向一童子施礼，关、张站立备后似在交谈，童子以手示，请客人进庐。

茅庐中诸葛亮身着鹤氅，手执羽扇，正襟危坐，正在恭候客人的到来。整个画面情景交融，人物画得栩栩如生。刘备的和蔼谦恭，关羽的英武通达，张飞的猛悍坦率，诸葛亮的智慧超脱，童子幼年谨慎的性格特征，都刻画得较符合历史故事的内容情节。

此图构图和笔墨设色，基本上沿用马远、夏圭的画法。采用近景高远左开一角景画法，山石用大"斧劈皴"，人物衣纹用"镢头描"笔法。豪放刚健，墨色沉厚清润，代表了戴进继承马、夏传统的典型风格。也是戴进山水人物故事画中不可多得的精品。

材无所不精，尤擅长山水人物，用笔豪放，设色沉厚。

戴进是明代前期重要画家。在追踪南宋李唐、刘松年、马远、夏圭等山水画风的诸画家中，他的成就比较突出，能自成面貌，开画史上的"浙派"。戴进用笔，比马远更加放纵。这种放纵的笔墨和表现在画面上的强烈的动感，是戴进对马远传统的发展，也是"浙派"画风的重要特色。戴进之后的吴伟就更加突出地发展了这一特色而开创了"江夏派"。

# 仿黄公望富春山居图

041

明　沈周（1427—1509）

纸本设色，纵36.8厘米，横855厘米

明中叶，在苏州地区，出现了新的画派"吴门派"。此派创始于沈周，形成于文徵明。"吴门派"的出现、形成和发展，逐渐取代了明代宫廷院体和"浙派"绘画的地位，"吴门派"绘画最大特点，是恢复和发展了注重笔墨的书法韵味这一传统，反映了文人士大夫的情趣和爱

《富春山居图》卷，是黄公望历数年才完成的杰作。曾经沈周珍藏，沈周请人题跋时被其子藏匿。他儿子后来拿出售卖，沈周因无力购回复归己有，常常思念不忘，便根据自己的记忆背临了一本，就

是这卷《仿黄公望富春山居图》卷。

仿本既然是背临，就不可能完全忠于原作。正如沈周自题所云："思之不忘，乃以意貌之，物远失真，临纸惘然。"沈周仿本在布局上除了尾部增

好，推动了文人画的进一步发展。

　　沈周，字启南，号石田，长洲（今江苏苏州）人。出身于世家。诗、文、书、画无所不工。他常以诗文交结权贵，本人却过着超然在野的生活。他的书法学习宋代黄庭坚，笔法苍劲挺健；绘画除受业于当代名家外，则从多方面摹习古人，尤其对师法董源、巨然以及元代黄、王、吴、倪四大家有较深的造诣。他曾游历太湖流域各地，接受大自然的启迪。

在继承传统的基础上变化出入于诸名家法度，形成自己的独特风格。尤其是晚年善于用粗笔中锋，笔力圆润挺健，设色厚重凝练，风韵雄浑苍劲，为"吴门派"山水画的形成和发展奠定了基础。他还擅长花卉杂画，写意兼工，亦颇有意致，且为白阳山人陈淳的写意花卉开创了先河。沈周一生创作了大量绘画作品，至今仍有不少精品存世，《仿黄公望富春山居图》卷就是其中之一。

加了一段山峦平冈树石外，与原作大致相仿，但局部结构也略有分别，笔墨却完全不同，且着了色彩，纯属于沈周自家面貌。实际是沈周根据黄氏《富春山居图》的规模进行了艺术的再创造。画家在八米

多的巨幅上画出了层叠起伏的山峦，辽阔浩渺的江天，依势又布置了冈阜平滩，汀渚港汊，楼阁亭榭，平桥曲径，农舍渔舟。所画人物不多，三五幽人策杖于小桥、山径，二三渔父垂钓于舟中，还有一人

在水边茅亭观鹅。整个画面充分表现了富春江两岸明媚秀丽的景色。

　　沈周仿作此图时是六十岁，对于这位长寿的画家来说这是他的中晚年时期，也是他绘画生涯最盛期的作品。其时沈周自家风格已经形成，因而此图在笔墨设色方面具有沈周绘画成熟时期的面貌。画面从起手到收尾，树、石、建筑、人物多用秃笔中锋，山石多用长短相兼的"披麻皴"，坡岸处偶用侧锋皴、擦。用卧笔画苔点树叶，干湿浓淡都掌握得恰到好处，在水墨画基础上又审施丹青。根据景物的远近形质不同，或浑以花青，或敷以淡赭，天空与江水多留下空白，不施墨色，整个画面笔力圆浑苍健，设色沉厚凝练，气势博大，不愧为开派名家的大手笔。所以董其昌在题跋中称此图"信可方驾古人而又过之"。此言并非过誉。

042

# 绿荫长话图

明 文徵明（1470—1559）

纸本墨笔，纵131.8厘米，横32厘米

明代中期画坛，沈周之外，文徵明是成就最突出、影响最大的文人画家。可以说沈周是"吴门派"画风的奠基者，文徵明则是形成"吴门派"画风的主将。

文徵明，原名璧，字徵明，后以字行，改字徵仲，号衡山。长洲（今江苏苏州）人。出身仕宦之家，早年学文于吴宽，学书于李应祯，学画于沈周。诗、文、书、画同名一时。绘画方面与沈周、唐寅、仇英并称为"吴门四家"。擅长画山水、人物、兰草、竹石等。他的山

文徵明勤于创作，由于他长寿，一生中留下了大量作品，他的绘画精品存世者就很多。《绿荫长话图》是他晚年水墨山水画代表作之一。

此图是窄而长的立幅，画家以巧妙的构思，缜密的经营和细劲的笔墨描绘出盛夏季节的山林景色。图中山岭巍峨，岩崖险峻，长松挺秀，翠柏森森，飞瀑倒泄，叠泉涌流。在山水树石之间，小桥横跨溪涧，沿着盘环的山径有水阁草堂和茅屋村舍，还有寺观一所，屋顶隐隐可见。画面充满了清幽静谧的气氛。图中三人，一童子携琴过桥，池旁树荫之下的平坡对坐两位文人，一人手中握轴，一人正在双手展卷，似在朗读卷中的诗文，或赏玩书画。人物虽小，但使观者一眼就可看出他们的身份。图中作者自题诗："碧树鸣风涧草香，绿荫满地话偏长。长安车马尘吹面，谁识空山五月凉。"诗的

水除师法沈周外，又对宋、元名迹悉心研习，在继承传统的基础上能独具面貌。而且风格多样，无论是青绿、水墨、粗放、精细都具功力。用笔劲健细密，墨色清润淡雅，风格纤细秀逸。其创作题材多表现文人雅士的闲情逸趣。他长期生活在工商业较为发达、文人荟萃的苏州，交往名流，与他们诗文书画来往，一时成为"风雅"之士的中心人物。他的子孙弟子数十人，均从事书画创作，成为"吴门派"的中坚和后劲。

内容是画家厌恶官场、寄情山水、避俗自逸的思想感情的表露，反映了当时一部分在野文人的生活思想情趣。

此图在表现技巧上用"高远"构图法，并根据窄长立幅的特点，采用纵向散点透视，前后数层景物尽收于图，使得画面境界纵深，山势高耸，但又不是一览无余。通过对天空、池水、平坡、山径以及山石突兀处的留白不皴或少皴，使得画面结构复杂严谨中又疏秀虚灵。画家还巧妙地利用山势的延伸，树石、崖坡、曲径等的掩映，把观者的视线逐步引入层层幽境。使观者忽而如置身于深山峡谷，忽而如登临高岭云表，忽而如漫游于溪畔、泉边。此图笔墨极为精细劲健，山石树干多用枯笔干擦，松针细写，柏叶精点，纹理清晰，层次分明，细而不纤弱，繁密而不杂乱，勾、皴、点、染、捽等，笔笔都交待得十分清楚，真正做到了笔不虚发，墨不妄施，笔笔恰到好处的艺术佳境。面对此图，不能不对文徵明的绘画艺术造诣感到由衷的钦佩。

# 事茗图

**043**

明 唐寅（1470—1523）

纸本设色，纵31.1厘米，横105.8厘米

唐寅，字伯虎，一字子畏，号六如居士、桃花庵主等，吴县（今江苏苏州）人。少时以文学闻名乡里，与文徵明、祝允明、张灵、徐祯卿等并称为"吴中俊秀"，风流自赏。后无辜受科举舞弊案牵连，被终身取消考试资格。从此专事诗文书画创作，优游林下，玩世不恭，终其一生。

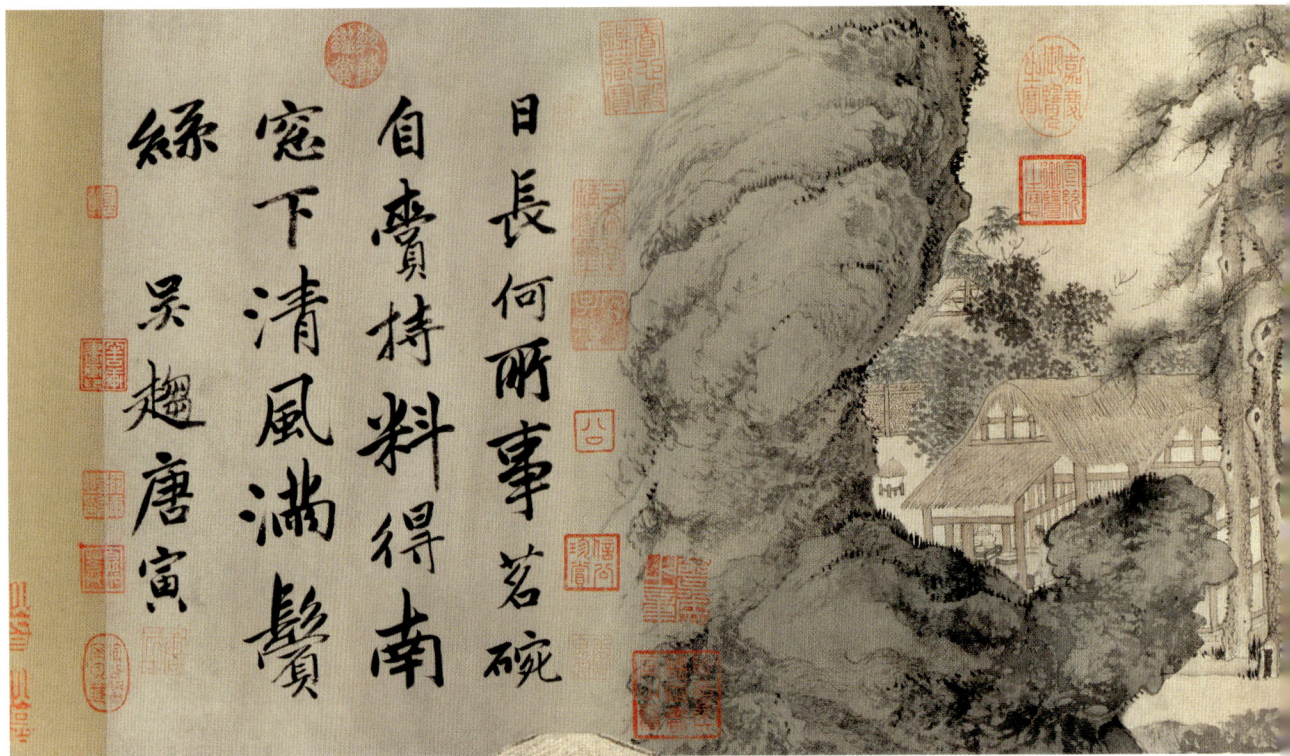

绿窗下清风满鬓　自赍持料得南　日长何所事茗碗　吴趣唐寅

唐寅早年曾从同郡老画师周臣学画，不久他的技艺就超过了老师，名声远扬。他的画既有传统，又有创造，清新秀逸，风流洒脱，富有书卷气。山水树石，取法李唐，而不在全似，善师法古人。创作中，他是一个全才，山水、人物、花鸟，皆精绝，为"吴门四家"之一。

《事茗图》是一幅不可多得的唐寅作品。近处山崖陡立，巨石箕踞。山崖巨石间，溪流曲折，细浪潆洄。岸边茅屋数椽，屋前双松挺立，苍翠凌云。屋后绿竹成荫，回环掩映。远处烟霭之中，峰峦秀起，山间飞瀑鸣溅，山下泉水潺湲。整个景物的布置，井然有序，层次分明，清幽舒畅，雅静宜人。在茅屋正厅倚墙书籍画轴满架，一人正对案读书，案上置壶盏。后厅侧室内，童子在烹茶。屋外有板桥横过小溪，一人策杖来访，身后童子抱琴相随。

画后余纸有行书五绝一首，诗意与画境相结合，所表现的正是当时士大夫们"不求仕进""优游林下"的理想生活情趣，是一幅主题鲜明的创作。在画法上，用笔瘦劲，沉着活泼。人物虽着墨不多，而神态生动。松树和山石的造型及皴法，明显受到北宋李成和郭熙的影响，可见他对前人经验的继承不限于李唐。但具有这种笔法特点的作品，在唐寅众多的作品中并不常见。

## 044 明妃出塞图

明 仇英（约 1505—1552）

绢本设色，纵 41.4 厘米，横 33.8 厘米

仇英，字实父，号十洲，原籍江苏太仓，寓居苏州。据说仇英早年曾当过漆工，到苏州后为名画师周臣收为弟子，遂以绘画作终身职业。他曾在大收藏家项元汴家长期从事临摹复制和修补古画的工作。所复制的古画往

《明妃出塞图》是仇英所作十开《人物故事图册》中之一幅。内容是关于王昭君的故事。工笔重彩，用线极为工细，人物形象的塑造十分优美，可说是仇英的代表作品。

**明妃**

指西汉宫女王昭君（前 54—前 19），为安抚匈奴国，她被远嫁匈奴为王者之妻（和亲），对维护边塞和平起到不小作用。

往可以乱真。由于他的天份和勤奋努力，加上临摹和观赏了大量的古代名画真迹，所以他的创作，于山水、人物、花鸟、楼台等各种画科，无不擅长；工笔、写意、设色、白描等各种画法，都绝妙。尤其他画的妇女形象，为一代典型。在当时和后代，极受鉴赏家所推重。他以微贱的出身，在生前就能享有大名，并与沈周、文徵明、唐寅并列，称为"吴门四家"，完全是由于他有着非凡的绘画天才与成就。

## 墨花九段图

**045**

明　徐渭（1521—1593）

纸本墨笔，纵 46.6 厘米，横 622.2 厘米

齐白石老人题画诗云："青藤雪个远凡胎，缶老当年别有才，我愿九泉为走狗，三家门下转轮来。"老人最崇拜的这三位中国写意画大师，头一名便是徐渭。

徐渭，字文长，号青藤、天池，别署田水月等，浙

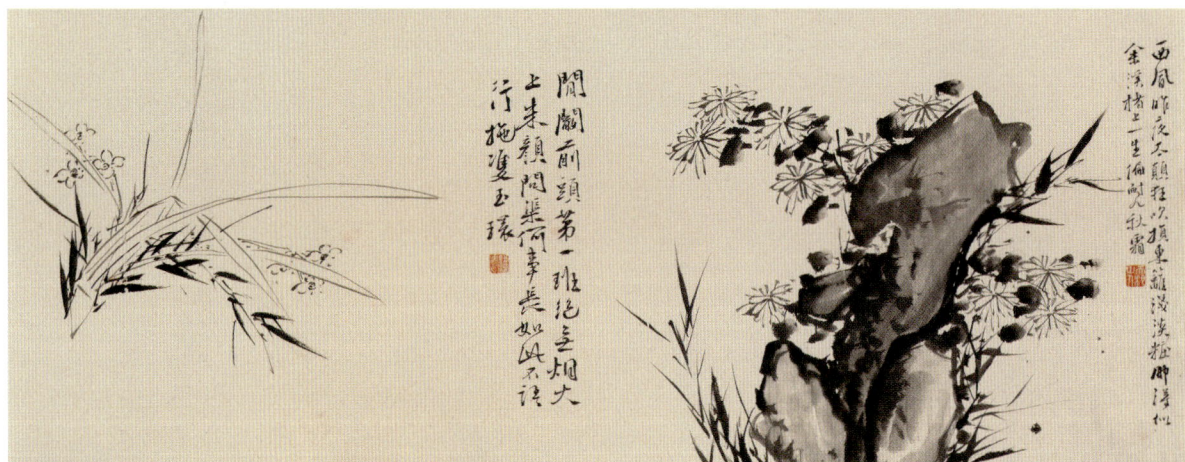

江山阴（今浙江绍兴）人。一生遭际坎坷，离奇曲折，是悲剧性的人物。他在文学、戏剧、诗歌、书法、绘画等方面的辉煌成就，在死后才为人所发现和重视，并且愈到后代，愈显光芒。

**青藤、雪个、缶老** 分别指徐渭、八大山人、吴昌硕。吴昌硕（1844—1927），书画家，别号老缶、缶道人。

吴昌硕

徐渭绘画的杰出贡献，在继承沈周、陈淳的基础上，将中国水墨写意画推向了一个新的高峰。他的画风豪爽泼辣，简洁洗练，运笔走墨，自由奔放，不拘于一枝一叶的形似，而着重于"意"的表现，将自己的思想感情直接从笔端流露出，因而给人以沉着痛快、酣畅淋漓、一泻千里、毫无阻碍的美感享受。

《墨花九段图》正是这一风格的典型代表作。全卷共分九段，每段有一主体花卉，再夹以竹、石、草为衬托。九种主要花木依次为：牡丹、荷花、秋菊、水仙、梅花、葡萄、芭蕉、兰花、修竹。笔致老劲，墨色苍润，挥洒自如，随意布置，可谓达到炉火纯青的地步。每段又题以诗句，借物抒怀，表达了他的思想。所画葡萄如写草书，藤蔓纠结，似龙蛇起舞。题诗云："昨岁中秋月倍圆，海南蚌母不成眠，明珠一夜无人管，进向谁家壁上悬。"显

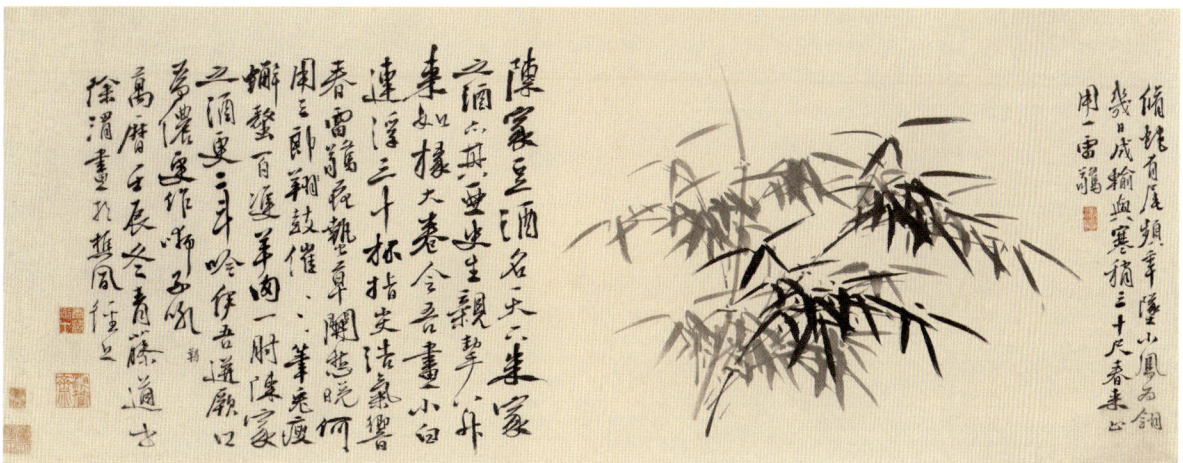

昨岁月秋月倍圆海南蚌
毋不成眼明珠一夜亚人爱避
向谁家壁土之县十

然是作者自感"托足无门"的心情写照。在一块奇石下，丛菊盛开，夹以劲利的小竹，题句云："西风昨夜太颠狂，吹损东篱浅淡妆，那得似余溪渚上，一生偏耐九秋霜。"表现出他不甘屈服的精神。此卷作于明万历壬辰（1592）冬，离徐渭死前仅数月，是他极晚的作品。从画和题诗来看，这位老人临终还是那么倔强不屈，始终保持他那充沛旺盛的艺术生命活力。

046

# 升庵簪花图

明 陈洪绶（1597—1652）

绢本设色，纵143.5厘米，横61.5厘米

陈洪绶，字章侯，号老莲，诸暨（今属浙江）人。明末诸生，崇祯时以擅长绘事被召入禁中为舍人，使临历代帝王图像。明亡入寺为僧，号悔迟。自幼喜好书画，从蓝瑛学习，于山水、花鸟、人物无所不精，尤以人物为世所称。所画人物躯干伟岸，造

《升庵簪花图》画的是杨慎的故事。杨慎（1488—1559），字用修，号升庵，四川新都人。曾以殿试第一名受翰林院修撰，嘉靖时起充经筵讲官。因议大礼哭谏宫门，使嘉靖皇帝震怒，被贬谪到云南。从三十七岁起，到七十二岁病死为止，一直过着被流放的生活，其心情郁闷可想而知。据记载："用修在泸州，尝醉，胡粉傅面，作双丫髻插花，门生舁之，请伎捧觞，游行城市，了不为怍。"画面所画的就是杨慎的这一怪诞生活行径，不过没有画他由门生抬着游行街市的形象。画中杨慎体态丰满，身着宽袍大袖，头戴五色花枝，昂首鼓腹，两手垂肩，双眸下视，小步迟迟，状貌似歌似吟，似醉非醉，把这位失意文人放浪形骸、玩世不恭的精神行貌表现得淋漓尽致。杨慎身后，有两个捧盂持扇、身体瘦

型多夸张变形；而线条细劲清圆，富于装饰趣味。这种风格是在李公麟、周昉等用笔基础上的发展变化，在明末清初人物画中独树一帜。曾创作有《水浒叶子》《西厢记》插图等，于中国传统版画也作出了特殊贡献。

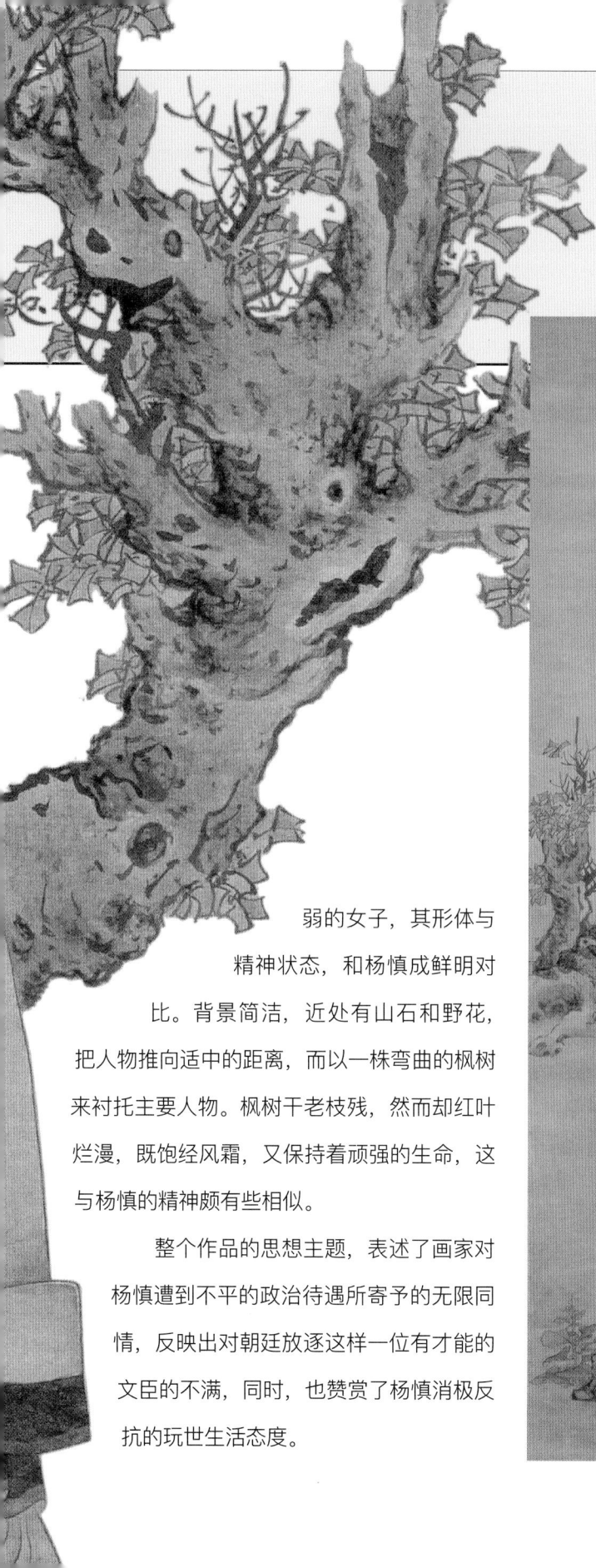

弱的女子，其形体与精神状态，和杨慎成鲜明对比。背景简洁，近处有山石和野花，把人物推向适中的距离，而以一株弯曲的枫树来衬托主要人物。枫树干老枝残，然而却红叶烂漫，既饱经风霜，又保持着顽强的生命，这与杨慎的精神颇有些相似。

整个作品的思想主题，表述了画家对杨慎遭到不平的政治待遇所寄予的无限同情，反映出对朝廷放逐这样一位有才能的文臣的不满，同时，也赞赏了杨慎消极反抗的玩世生活态度。

# 放鹤洲图

### 明　项圣谟（1597—1658）

绢本设色，纵65.5厘米，横53.7厘米

项圣谟出身于书画世家，自少习书画而淡于仕途。清军入关，国破家亡使项圣谟悲痛欲绝。他创作了大量的诗画，寄怀故国之思，以示不甘屈服于清王朝。

项圣谟的画风独树一帜，于明末清初画家林立之中，他既不同于松江、太仓的董其昌、王时敏、王鉴等人，也不同于南京地区的诸大家，与他所在的浙江地区蓝瑛的风格也迥异。他的画没有直接的师承，是领略自古人的。这与他的家

《放鹤洲图》是项圣谟的一幅实景写生画。放鹤洲在嘉兴鸳鸯湖畔。是唐代裴休（字公美）的别业旧址，久已荒废，明末朱葵石加以修葺整理，成为一处园林。清顺治十年（1653）朱氏邀请项圣谟到此赏景，泛舟吟诗，之后便创作了这幅画。

画面绘的是放鹤洲秋天的景色。笔法细腻，设色雅逸，布置平淡天真。近处平湖港岔，沃野田畴，岸边杂树丛生。远处村庄低伏，城廓隐现。田埂上，人们劳作后欢乐地归来；河港中，妇女忙着采菱，充满着浓郁的生活情趣。一切使人看来既平凡又亲切。作者所要表现的"林泉之乐"，恰恰是在这种平易之中没有釜凿痕迹，可谓达到妙夺造化，独会生机的境地。

庭富于收藏有关。所以前人评价他的画"取法于宋，而取韵于元"。即是从宋人那里学习到谨严的章法和周密的用笔，又从元人那里吸取精神来丰富画中的逸趣。所以董其昌认为项圣谟的画是"士气作家俱备"。更难能可贵的是，他坚持自己的作品反映现世，表现时代。与同时代的许多画家视书画为玩赏之乐，大为不同。

**048**

# 陶庵图

## 清 弘仁（1610—1664）

纸本墨笔，纵 99.1 厘米，横 58.3 厘米

清代初年，除了以"四王"为代表的正统派文人山水画家之外，"四僧"山水画是最富创造性的，他们是弘仁、髡残、八大山人和石涛。"四僧"大都是前朝的遗民，不满于清朝的统治而隐居山野，寄情山水。由于他们都经历了明、

"四僧"中以弘仁最为年长，他本姓江名韬，安徽歙县人。弘仁是他的法名，自号渐江上人，死后人称"梅花古衲"。他的绘画早年学孙无言，亦师宋、元，在艺术上受元代倪瓒的影响尤深。笔墨瘦劲简洁，风格冷峭秀逸，笔墨形象具有倪瓒凝练的特点。但由于他居住黄山，并常来往于雁荡、黄山白岳间，所以他的山水画作品多是表现层岩陡壑、奇险秀丽、老树虬松、千姿百态的黄山白岳真景，与倪瓒作品所表现的疏林远山、平淡秀逸的太湖景色迥然不同。画风独具，成为"新安画派"或"黄山画派"的代表人物。

《陶庵图》是弘仁晚年之作，画于清顺治十七年（1660），是画给子翁居士的。"陶庵"是子翁的室铭，即子翁幽居之所。幅中画垂柳五株，翠竹丛丛，柳荫下草堂一幢。凉亭一座，堂前池水一泓，池中土堤，堤上单板石桥，从土堤穿柳行过石桥，可至堂中。堂后山峦起伏，秀岭叠翠，山下泉水流入池中仿佛潺潺有声，山

清之际"天崩地解"的时代，思想上受到了很大的冲击，因而在艺术上也有明显的反映。他们的绘画艺术在画坛上地位重要，其影响所及直至现代。

**"四王"**

指清朝初期四位画家：王时敏（1592—1680）、王鉴（1598—1677）、王原祁（1642—1715）和王翚（1632—1717）。他们在艺术思想上的共同特点是仿古，把宋元名家的笔法视为最高标准，受到皇帝的认可和提倡，因此被尊为"正宗"。"四王"以山水画为主，影响后世三百余年。

上松石乔柯疏疏落落，池中拳石墩墩，蒲草簇簇，池边柳树扶疏。整个画面宁静清幽，展现了一处幽居的佳境。临图，如置身于水村山郭之中。

此画在构图上采用中景"高远"法，以左开右合的格局，将大部分景物安排在画幅的左半部，右边只以高低不同的三两山峰及坡石水草衬托，把远景留在画外，大片池水与天空留白，清旷中不失严谨，给人以天高水阔、山秀亭幽之感。

此图笔墨清劲古雅，沉着稳静，用笔以枯笔为主，多用"披麻皴"，偶亦用"摺带皴"法，以卧笔点苔。虽全用水墨画成，但画家极为熟悉笔墨本身所包含的各种色调，以墨的浓、淡、润、燥表现出各种物体在画面中的层次关系。表明弘仁不仅有极深的功力，而且不拘泥于古法，在传统山水画的技法基础上，把自然景物当作他绘画创作之源。因此他的作品既不背传统山水画之法，又合自然景物之理。《陶庵图》代表了弘仁晚年山水画艺术的基本特色，是一幅不可多得的佳作。

# 仙源图

清　髡残（1612—约1673）

纸本淡设色，纵84厘米，横42.8厘米

在明末清初的画坛上，髡残先是与青谿道人程正揆齐名，称为"二谿"。画家龚贤曾比较"二谿"的艺术，认为石谿的画"粗服乱头"，好似王铎的书法；青谿的画"冰肌玉骨"，好似董其昌的书法。在书法上首先应当推崇的是王、董二人，而在画法上则应当推崇"二谿"了。后石涛崛起画坛，为一代大师，于是"二石"并称 。而石涛本人也非常崇敬石谿。

所谓"粗服乱头"，是比喻不事修饰雕琢，任其纯朴自然的艺术风格。石谿的山水画创作，学习了元代王蒙、黄公望的笔法和章法而加以变化。他的章法特点是繁密复杂，构图妥贴平稳，不以新奇出胜，而以浑厚严谨见长；笔法苍劲、凝重，欲去还留，欲收还放，如绵裹铁，似锥画沙。所以欣赏石谿的山水画，如读苏东坡的"大江东去"，雄壮，豪迈，深沉，痛快，有一泻千里之势。其画面高山巨壑，叠嶂层峦，烟

程正揆《深谷幽居图》

**程正揆**（1604—1676）别号青谿道人、青谿老人等，孝感（今属湖北）人，明末清初画家、书法家。

髡残，俗姓刘，武陵（今湖南常德）人。出家为僧后法名髡残，号石谿、石道人等。他是一个具有强烈民族思想感情的和尚画家。清兵南下时，曾参与抵抗运动，失败后逃入桃源深山，过着异常艰苦的生活。后云游四方，来到南京定居。先后挂锡报恩寺、栖霞寺、天龙古院，最后落脚牛首祖堂山幽栖寺。他为人性格耿直，寡交游，所与往还者，尽是明代遗民。由于他的爱国热情始终不衰，在遗民中威望很高，受人敬重。

云氤氲，草木蓊郁，雄浑壮阔，气象万千。所以评论家张庚认为，他的作品"奥境奇辟，缅邈幽深，引人入胜"，并慨叹"此种笔法不见于世久矣！"

《仙源图》作于顺治十八年（1661），髡残时年五十岁，正是他艺术创作精力最旺盛时期。画名"仙源"是摘录自他画中题诗的头两个字，其实他画的并非仙境，而是黄山风景的概括描写。画面近处树色莽苍，远处崇山耸峙，中间烟云缭绕，隐约中露出琳宫梵宇。笔法苍老粗豪，墨与色浑然一体。画前还有一条小溪，一人正划船欲出，画中题诗有句云："我今一棹归何处，万壑苍烟一泓玉。"显然是石谿自己的写照。诗中表达了他对山水的无限热爱，而画面所体现的祖国山河无限壮丽的美景，正是他寄托"老去不能亡故物，云山犹向画中寻"的民族思想感情。

050

# 猫石图

## 清 朱耷 (1626—1705)

纸本水墨，纵34厘米，横218厘米

朱耷，谱名统鋆，明宗室后裔。明亡后出家为僧。五十九岁开始在书画作品上签名"八大山人"，自此"八大山人"之名盛行于世，卒年八十岁。

国破家亡之悲痛，高压政策下的逼害，使八大山人经常佯装疯癫于市上。然而所作书画，却异常冷静。

八大山人最擅长的是泼墨淋漓的水墨写意花鸟画。笔致潇洒，作风泼辣。在掌握生宣纸的性能和控制水分发挥水墨写意特长上，是在继承陈淳、徐渭的基础上进行了进一步的发展创造。其笔墨圆浑、滋润、厚实、精练简括而富于变化，使后学追随者难以企及。其鱼鸟造型多夸张，题句多冷涩难解。可见其人孤傲不群，倔强不屈的性格。

《猫石图》作于清康熙三十五年（1696），时年七十一岁。画面开首画玉簪一枝，接着

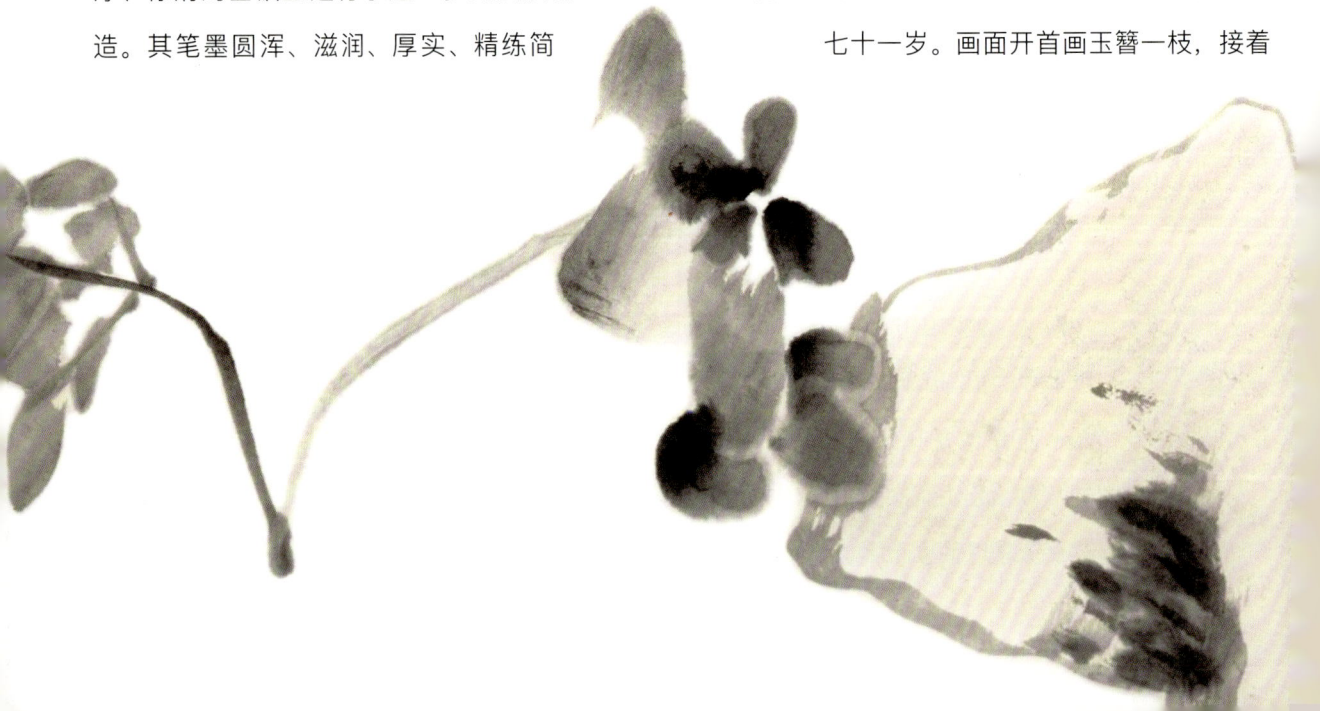

其山水，笔法源出于明末董其昌，意境荒寒萧瑟，凄凉
满目，曾有题句"一峰还写宋山河"，寄意深远。所签署
"八大山人"四字，笔画勾连，猛然视之，既似"哭之"，
又似"笑之"，可谓"哭笑不得"，满腔悲愤的家国之痛，
由此可知一二。

八大山人（靳尚谊作）

画荷花、荷叶，再画岩岸块石，有兰花数茎，石上卧一
花猫，闭目俯伏，寥寥数笔，其颟顸慵懒，憨态可掬。
末尾写茶花一枝。整个画面所画各种事物，极为概括简
略，用笔几乎可数，然而却无空阔疏简之感。无论花石，
还是睡猫，均生动有趣，堪称八大山人的佳作。

# 051 巨壑丹岩图

## 清 石涛（1642—1718）

纸本淡设色，纵104.5厘米，横165.2厘米

石涛，俗姓朱，明室后裔。清兵过江，南明灭亡时，年幼的石涛为人携走逃匿，后削发为僧，法名原济，字石涛，别号苦瓜和尚。晚年定居扬州，以卖画为生。

石涛是山水画大师，不但有丰富的创作经验，而且有自己的创作理论。著有《苦瓜和尚画语录》。主张深入自然

山水中去"搜尽奇峰打草稿"，反对死守前人成法，重视自己的创造。因此，他的山水画，用笔轻快流畅，挥洒自如，不为法缚，无所拘束；章法新奇险巧，富于变化，气势开张，景象郁勃。与同时代稍长的另一山水画大师石谿并称"二石"。秦祖永比较他们的作品不同风格说："清湘老人道

[原]济，笔意纵姿，脱尽画家窠臼，与石谿师相伯仲，盖石谿沉着痛快，以谨严胜；石涛排荟纵横，以奔放胜。"从这幅《巨壑丹岩图》，我们可以看到石涛的这些风格特色。

《巨壑丹岩图》近处苍崖斜出，极为险峻。崖上长松离树，苔草繁茂。稍后山间，有飞泉数重。远处林木蓊郁，青峰插天。中间有水湾，一人坐船头垂钓，童子在船尾烹茶。整个画面，烟云弥漫，莽莽苍苍，淋漓磅礴。其上有石涛自作长诗七古一首，从诗中更可体会到当时石涛创作此画时那种解衣磅礴的激情。其诗云："非痴非梦岂非癫，别有关心别有传。一夜西风解脱尽，万峰青插碧云天。即此是心即此道，离心离道别无缘。唯凭一味笔墨禅，时时拈放活心焉。人间宫纸不多得，内府收藏三百年。朝来兴发长至前，狂涛大点生云烟。烟云起处随波澜，树头树底堆成团。崩空狂壑走天半，飞泉错落高岩寒。攀之不可极，望之徒眼酸。秋高水落石头出，渔翁束手谢书闲。丹岩倒影澄巨壑，洗耳堂悬一破颜。"

藏三百年斯其興蔡
垂至前狂濤大點生雲
煙々雲々趍處隨波瀾樹
頭樹底堆成圜崩見狂
巒走天半飛泉鎗落
高巖寒攀之不可極望
之徒眼酸秋高水落石
頭出漁翁束手謝
書開母咽倒影
澄巨壑洗耳
堂懸一破額
過天地吾廬呈
叔翁先生大士博咲
清湘瞎尊者原濟苦識

非凝非夢豈非
顯別有關心別
有傳一夜西
風解脫書
萬峰青插
碧寅示天即
此是心即
悟道離懸離
漸別無緣
唯憑一味
筆墨禪時
拈放活心為人間

052

# 岩栖高士图

### 清　王翚（1632—1717）

纸本墨笔，纵122.7厘米，横31.5厘米

清初画坛上出现了以王时敏、王鉴、王翚、王原祁、吴历、恽寿平六大家为代表的山水画派，合称"四王吴恽"。其中王翚在山水画方面功力最深，成就也最为突出。

　　王翚，字石谷，号耕烟散人、剑门樵客、清晖老人等，常熟（今属江苏）人。擅画山水，偶亦画花鸟。先后师王鉴、王时敏。"二王"时出家藏名画供其临习，他还随时敏遍游大江南北，观摹著名收藏家所藏宋、元秘本，广泛吸收诸家技法之长，冶为一炉，形成自家风格。自从董其昌提出"南北宗"的理论，把历代画家分为"南宗"与"北宗"两大派以来，褒南贬北的风气笼罩了明末清初画坛。"二王"是董其昌这一理论的积极拥护者和实行者。而王翚能突破这种理论的藩篱，在艺术实践中排除门户之见，综合南北之长。正如他自己所说："以元人笔墨，运宋人丘壑，而泽以唐人气韵。"这是他有选择地学习传统山水画法的经验总结，也是他在山水画方面独步一时的重要原因。

　　王翚六十岁时，奉康熙帝诏到北京，任绘制《康熙南巡图》的主笔。历经六年，完成了总长约二百五十米的历史画卷。自此，更声震南北。四方求售者接踵而来，追随者众多，为"虞山派"之开山祖，死后有"画圣"之称。但他七十岁以后的绘画多为应酬之作。

　　《岩栖高士图》作于康熙十一年（1672）十月，时王翚四十一岁。本幅上方王翚自题七绝一首，并笪重光、恽寿平题和。从笪、恽二题中知此图作于毗陵（今江苏武进县）舟次。时三人聚首毗陵，研讨绘事达四十余日，建立了深厚的友谊，尝以诗、书、画互赠，被当时艺坛称为盛事。此图就是王翚画赠笪重光的。图中峰峦秀拔，岩壑幽深，山间双松并茂，乔柯疏落，叠叠山泉涌出夹谷，流入平静的湖中。夹谷间依山布置阁、榭数幢，或半隐于崖畔，或高架于流泉之上。崖壁下有石阶磴道或可通入幽处。近岸平坡松荫之下，一人仰

**吴历《消夏图》**

吴历（1632—1718），字渔山，号墨井道人、桃溪居士，常熟（今属江苏）人。清初书画家，天主教传教士。

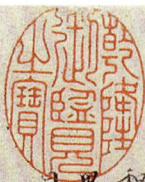

高卧何須萬戶侯人間別有
一林丘雲中泉瀑深無盡
上松濤聽未休
　和江上先生題畫詩惲壽平
　書于楓林舟次

高士巖棲趣自幽白雲天半讀書
樓銀河落向千峰裏長和松濤萬
壑秋
　　石谷王翬畫并題

烏目峯頭睨五庾尋
閒墨戲過營丘人間作業
錢多少得似青山賣不休
　右作和石谷先生松嶝備
　　崑陵舟次題併書 壬子十月張後一

坐，正在观赏湖光山色。画面展现了一幅宁静清幽的境界，结合图中诗题内容，可以体会到笪、恽、王寄兴山水的"幽情逸趣"。

此图采取"高远"构图法，表现出高山大岭的气势。结构严谨而不拥塞，中部的一潭湖水和天空的留白，使得画面具有很强的空间感。冲天的长松又把近坡与远山加以连接，增强了画面的整体感。画家不拘泥一种笔法，如山石的皴法，斧劈、披麻、摺带诸皴并用，枯、湿、浓、淡兼施，使得画面富于层次感和立体感。由此更可以看出画家传统功力的深厚，代表了画家中年时期典型的风格，是中年山水画中的精品。此图曾收入清内府，有乾隆、嘉庆诸玺，曾著录于《石渠宝笈》。

# 哨鹿图

清　郎世宁（1688—1766）

绢本设色，纵267.5厘米，横319厘米

　　郎世宁（Giuseppe Castiglione）生于意大利米兰，康熙五十四年（1715），二十七岁的他来中国传教，召入内廷，在画院处当差。卒于中国，享年七十八岁。葬于北京西郊石门教堂，建碑，刻御制文。赠工部侍郎。郎世宁的后半生五十余年在皇帝的左右作画，他适当地改变欧洲画法，不用投影，减弱明暗对比，保留立体效果和焦点透视法等；并和中国画家合笔作画，使中西画法逐渐融为一体，创造了一个新的画法。传世作品有人物，鸟兽，花卉的大小画幅、卷、册、轴，样样俱全。多数作品是反映皇帝政治、文化艺术等生活情景。有不少是表现民族团结和统一巩固的多民族国家政治活动的图画，《哨鹿图》就是其中之一。

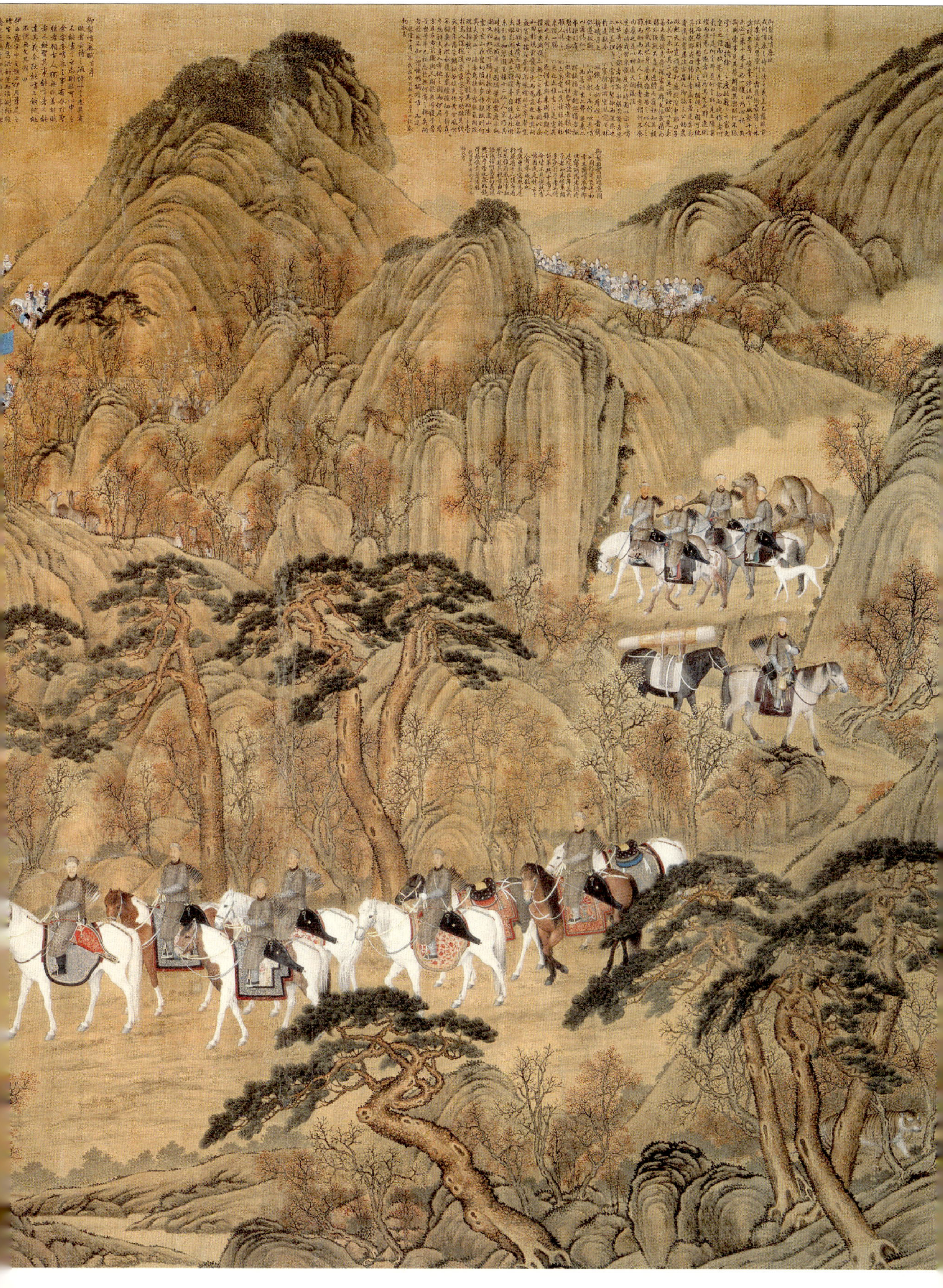

《哨鹿图》的内容是乾隆六年（1741）皇帝到木兰行围（即打猎）的实况记录。画面最前行列的第三人，佩带红锦"撒袋"（即装弓的袋）骑白马的就是乾隆皇帝，这一年他三十岁。乾隆三十九年（1774），他曾为这幅画作了一首赋。在《御制题写照哨鹿图》中说这幅是辛酉年（即乾隆六年），他第一次到木兰行围，命郎世宁画的。当时扈从的大臣们，比他年长的有来保等，还有很多人。比他年少的傅恒等，共有十二人，而今天这些人都已死了，所以很有感慨。按来保在乾隆六年时，是总管内务府大臣。傅恒在六年时是御前侍卫。来保于乾隆二十九年（1764）卒，是武英殿大学士。傅恒后来官居保和殿大学士，封忠勇公。前列中没有胡子的一人可能是傅恒，至于来保就无法指出了。

木兰在热河北部。这个地方周围一千三百里，南北二百里，东西三百里，是一个原始森林的山岳地带。兽类很多，鹿尤其多。从康熙四十八年（1709）建造避暑山庄行宫，到嘉庆二十五年（1820），皇帝每年（其间也有间断）率领王公大臣、八旗护军、内外蒙古和北方各少数民族到木兰行

围四十余日。哨鹿是预先命人吹号角仿效鹿鸣，可以引来很多鹿。在行围期间，哨鹿是活动之一。这幅画是描绘行围的全体行列刚刚进入木兰山区的景象。乾隆和近景的一些主要人物，都具有西法肖像画的特点。可以看出是写生的作品，衣物马匹刻画精细入微，立体的质感很强，但明暗的反差相当柔和，与纯粹中国画法的背景山树统一和谐。大队人马在行进中的气氛生动逼真，由于远近人物的比例适中，就更增加了画面的

深远。乾隆皇帝和领侍卫内大臣、御前侍卫等一行近景人物，当然是郎世宁画的。但这样的大画不可能一人完成，当时画院常有通力合作的画。这幅画也不例外，必定有中国画家以及法国画家王致诚等人在内，是一幅中西画家合作的巨画。

## 054 蓼汀鱼藻图

### 清　恽寿平（1633—1690）

纸本设色，纵135厘米，横62.6厘米

恽寿平，初名格，字寿平，后以字行，更字正叔，号南田，别号东园生、白云外史等，武进（今江苏常州）人。擅画山水花卉。山水风格超逸，小品尤佳。其灵秀之气非一般画家所能及。他的花卉画比之山水画成就更为突出。他继承和发展了北宋徐崇嗣的"没骨花"法，并吸收明代画家沈周、文徵明、唐寅、陈淳等人花卉画法的长处，加之他自己对各种花草的仔细观察和体会，创造了一种笔墨秀逸、设色明净、格调清雅的"恽体"花卉画风。在清初画坛上别开生面，一洗时习，使得明代末年以来占据画坛

《蓼汀鱼藻图》是恽寿平晚年花卉代表作。画中清池一泓，游鱼三尾，水底荇藻隐约迷离，似乎在随着水底暗流浮动旋转。近水坡岸秀石玲珑剔透，石后竹枝吐翠，芦荻花黄，两枝盛开的红蓼低垂水边，与池水鱼藻相掩映。左

的"勾花点叶派"末流几乎为之一扫。他所开辟的花卉画新途径，被称为"写生正派"，其影响遍及大江南北，历经康、雍、乾三朝而不衰。遂有"常州派"之目。

恽体"没骨花"法的特点是画花卉不用墨线勾勒，全以彩色挥洒点染，表现出各种花卉的阴阳向背，使其更合乎于自然形态。这种画法被称为"写生之极致"。

上方自题："青山园池蓼花汀上得此景。"说明此图是作者在对自然景物深入观察的基础上构思创作的，因此能尽得造化之意，把画面描绘得富有浓厚的生活情趣。此图全以色彩点染而成，不加勾勒。石以花青为主调，略加淡墨浑染。竹、芦、蓼叶、荇藻均用浓淡不同的花青，每叶一笔，只蓼叶以深色画叶筋，芦花与蓼花分别以淡赭、淡红二色点成。游鱼以浓淡相兼的墨色寥寥数笔，便曲尽其态。笔不虚发，色不妄敷，灵变不滞。整个画面秀洁淡雅，灵气四溢，清新可爱，这是恽寿平"没骨花"法的典型之作。

# 055 桃潭浴鸭图

## 清 华嵒（1682—1756）

纸本设色，纵271.5厘米，横137厘米

偃素循墨林巽弇澂洞覽
叩緗無垠趣理神可感剖靜
汲動機披輝曁掏闇洪桃其屈
鹽炫燁平蟄鋏布護廉間踈麗
苓欲擦歙羽汎悦清淵貌象媚
漵灘純碧棃游情嫈嬉亦羮攬晴
坰溫淥溫靈照薄西崦真會崇優
明脩禜懚嚮奄
壬戌小春寫于淵雅堂
新羅華嵒并題

清代中期的扬州地区经济繁荣，交通便利，文化生活活跃，因而吸引了很多画家。

华嵒，字秋岳，号新罗山人，福建汀州人。年轻时离家居杭州，后寓扬州，以卖画为生。他贫而好学，天分极高，才华横溢。除绘画外，还善诗词，有《离垢集》传世。为人平生不慕荣利，以技为稳。由于他起自民间，据说早年曾为两庙画过壁画。后来读书求学，成为文人。所以他的绘画艺术，既有着民间绘画那种纯真、质朴、通俗的特点；同时又具有文人画的雅致、诗情、深幽的长处。在当时的画坛上，既受到一般市民们的欢迎，又赢得了社会高层人士的赞赏。

在绘画分科越来越细的明、清时代，华嵒是一个不可多得的全才。他的人物画，不唯造型生动准确，而且构思布局奇巧妙绝；山水画清新秀逸，笔致洒脱；花鸟尤其擅长，兼工带写，所创造的形象活泼可爱，富有人的性格情调，生趣盎然。《桃潭浴鸭图》是他得意之作，花鸟画中的精品。

这幅画创作于清乾隆七年（1742），其时华嵒年六十一岁，正是他艺术成熟之后愈见炉火纯青的时候。画的上部画着盛开的桃花和倒垂的柳枝。桃花用没骨法随意点染，深浅相间，繁密灼烁，远视如喷火蒸霞一般，灿烂夺目。其下画池塘，碎石细草，水波荡漾。中间有一只鸭在嬉水游泳。鸭子用小笔写意，非常生动活泼。十分有趣的是，鸭子似乎是在绕着垂到水中的柳丝嬉游。通过这一细节的描写，不但情趣顿生，而且使整个画面上下贯通，联为一气。华嵒就是这样一位善于观察生活，并把这种生活的细节化为艺术形象的大画家。

# 陶瓷

# 陶　瓷

中国是世界闻名的陶瓷古国，素有"瓷国"之称。

早在一千八百年前的东汉时期，浙江上虞已烧出成熟的青瓷。这种瓷器以铁为着色剂经高温烧成，色如碧玉、光似海天。在悠久的瓷器烧造历史中，青瓷烧造延续的时间最长。六朝时期，是浙江地区青瓷的发展阶段，瓷窑广布，瓷器质量提高。如绍兴出土的吴永安三年"青釉坛"，是一件富于装饰意趣的早期青瓷代表作品。南北朝时，由于佛教的传入影响，青瓷纹饰出现了莲瓣纹、忍冬纹等具有外来文化因素的纹饰，经过长期的吸收融合，逐渐发展变化，后来成为中国的民族形式。

隋、唐、五代是中国社会的重大发展时期，出现了继汉代而兴起的经济、文化发展高潮。陶瓷工艺方面也取得了辉煌的成就。白瓷经隋代的发展到唐代而成熟，形成了唐代瓷业"南青北白"的局面。唐代瓷业，南方各窑仍以继续烧造青瓷为主，出现了唐人陆羽在《茶经》中所称述的越州、鼎州、婺州、岳州、寿州、洪州等名窑。唐代白瓷以北方邢窑最有名，其他产地还有河北曲阳、河南巩县、密县等处。负有盛名的三彩陶器，以及绞胎、花釉、釉下彩等新兴品种的出现，使陶瓷装饰艺术别开生面。唐代陶瓷的装饰特点在于向多样化发展，色彩绚烂的唐三彩，是利用釉质流动的特性制作而成的铅釉陶器。湖南长沙窑釉下彩的发明，首创了在胎上画彩，然后上釉烧成的技术。它是绘画艺术与陶瓷工艺相结合的产物，成为宋代磁州窑釉下彩绘以及后来的青花、釉里红的先导。在唐代陶瓷品目繁多的造型、釉色之中，河南一带的花釉装饰别具一格。鲁山窑花瓷拍鼓，在黑釉上泼出大块蓝斑，利用釉的流动使之呈现类似窑变的艺术效果。唐、五代陶瓷业的发展为宋代瓷业的繁荣提供了良好条件。

入宋以后，官营、民营陶瓷业同时发展。到北宋中期，陶瓷工艺进入鼎盛阶段，出现了定、汝、官、哥、钧五大名窑。其中定窑创立较早，始烧于唐代。汝、官、哥、钧各窑以造型和釉色作为美化瓷器的手段，惟定窑运用刻花、划花、印花纹样装饰。本书所选的定窑"孩儿枕"即是一件形象生动的雕塑艺术品。北宋民窑中河北磁州窑最有代表性，产品以浓郁的民间色彩见称。它的白釉划花、白釉剔花、白釉釉下黑彩等品种有

## 釉下彩、釉上彩

釉下彩用色料在已成型晾干的素坯（即半成品）上绘制各种纹饰，然后罩以白色透明釉或者其他浅色面釉，一次烧成。釉上彩是用各种彩料在已经烧成的瓷器釉面上绘制各种纹饰，然后二次入窑，低温固化彩料而成，通常包括彩绘瓷、五彩瓷、粉彩瓷及珐琅彩等。

## 《茶经》和陆羽

《茶经》是关于茶叶生产的历史、生产技术以及饮茶技艺、茶道原理的综合性著作，一千多年来一直影响中国茶文化的发展。陆羽（733—804），字鸿渐，复州竟陵（今湖北天门）人，被尊为"茶圣"。

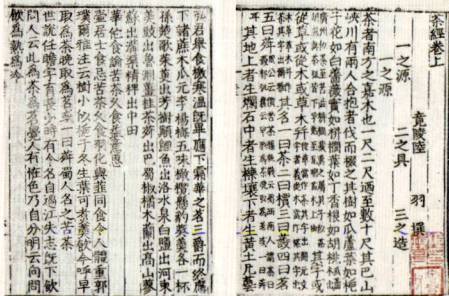

**景德镇**
江西北部城市，别名"瓷都"，是中国最古老的陶瓷产地之一，其代表产品是"青花瓷"。

着深远的影响，形成了独特的民窑体系。宋代名窑、名瓷层出不穷，钧瓷的铜红窑变色釉，汝瓷的釉如堆脂，景德镇青白瓷的色质如玉，龙泉青瓷釉色的青翠，官窑、哥窑的冰裂纹片，耀瓷的犀利刻花，都成为后世陶瓷业追求仿效的典范。

元代制瓷工艺在陶瓷史上占有极为重要的地位。最为突出的成就是景德镇创烧了青花和釉里红，以及铜红、钴蓝等高温颜色釉的烧成。青花瓷器具有清新素雅的特色，这一品种始终占据景德镇瓷业生产的主流。1964年河北省保定出土的元代"青花釉里红镂雕盖罐"集中地反映了这一时期的制瓷技艺。

明代制瓷工艺在继承传统的基础上，进入了以彩瓷为主的黄金时期。景德镇处于全国瓷业中心的地位，所谓"至精至美之瓷，皆出于景德镇"。这里的御窑厂所烧造的官窑器专供宫廷使用，并提供朝廷对内、对外赏赐与交换所需要的瓷器。除官窑外，民营瓷窑星罗棋布，以大量烧造日用瓷为主，也生产极精致的细瓷。此时期创新的高温色釉有永乐甜白、宣德宝石红、霁蓝、弘治娇黄、正德孔雀绿等，为丰富传统的单色釉做出了贡献。这一时期装饰艺术水平的代表应属彩瓷，如永乐和宣德时的青花、宣德釉里红、成化斗彩、万历五彩，都为后世所推崇。本书所选载的永乐"青花压手杯"、成化"斗彩葡萄纹高足杯"是见于著录的官窑名器，万历"五彩镂空云凤纹瓶"则是运用镂雕、彩绘于一器的杰出作品。明代的民营陶瓷业遍及河北、河南、山西、甘肃、江苏、江西、广东、广西、福建、浙江各地。其中江苏宜兴的紫砂

**青花瓷**
又称白地青花瓷，常简称青花，是中国瓷器的主流品种之一，属釉下彩瓷。

器、山西的法华器、福建德化的白瓷都有特殊的成就。本书内的何朝宗"德化窑白釉达摩像"就是德化白瓷的优秀代表作。

清代陶瓷工艺又有更大的发展。清代前期的康熙、雍正、乾隆三朝的制瓷水平达到了历史高峰。其装饰之华丽，工艺之精湛，品种之丰富，皆超越前朝，景德镇制瓷业达到了空前的繁荣。颜色釉方面不仅承袭明代取得的成就，而且有不少创新品种。红釉品种中康熙朝有郎窑红、霁红、豇豆红，雍正朝盛行有胭脂水、珊瑚红；蓝釉中有天蓝、洒蓝、霁蓝；另外尚有茶叶末、蟹甲青、瓜皮绿、孔雀绿、松石绿、茄皮紫、乌金釉等繁多种类。彩瓷中除青花、釉里红、斗彩等传统品种外，粉彩、珐琅彩、素三彩、黑彩等，进一步丰富了彩瓷的装饰范围。在仿制历代名瓷以及仿铜、仿漆、仿竹、仿木、仿玉、仿翠，以及脱胎、玲珑、转心、转颈等特殊工艺制品，表明了烧造瓷器技术的全面成熟。本书选载的康熙"五彩加金鹭莲纹尊"、雍正"珐琅彩雉鸡牡丹纹碗"、乾隆"各种釉彩大瓶"等器，即是最精彩的产品。

瓷器是中国的伟大发明创造，它是科学和艺术的综合产物，不仅是具有经济价值的物质产品，而且成为人类所共同享有的精神财富。中国陶瓷的发展历史源远流长。从目前所发现最早的河南新郑裴李岗、河北武安磁山文化遗址出土的陶器算起，至今约有八千年的历史。从创烧原始青瓷的商代中期，到出现瓷器的东汉，其间竟经历大约两千年。陶与瓷具有利用粘土的可塑性和经火煅烧

**斗彩瓷**
又称逗彩，是釉下青花和釉上彩色相结合的一种瓷器装饰手法，因其纹饰中釉下青花色与釉上彩色同时出现好似争奇斗艳而得名。于明代成化年间（1465—1487），由江西景德镇窑创烧。

**素三彩瓷**
素三彩是一种低温釉上彩瓷。器表纹饰以黄、绿、紫彩为主，不用或少用红彩，故称素三彩。素三彩创烧于明成化，明正德、嘉靖、万历时期素三彩工艺已取得较高成就，至清代康熙朝得以进一步发展，并成为康熙时期具有特色的瓷器品种之一。

**黑彩瓷**

黑彩是用五彩中的黑色彩料单独彩绘纹样的装饰品种。清康熙时期，黑彩有三种装饰形式：一类是在五彩、素三彩中，黑彩作为均匀的色块，成为烘托彩绘纹样的黑地；第二类是在五彩中以珠明料描绘画面的一部分景致；第三类是纯正的黑彩，整幅图画全用珠明料绘成。

变得坚硬的共性，然而在漫长的演进过程中，由于原料的拣选、窑炉结构及烧成条件的改善，釉料的配制与种种施用条件的不同，使瓷器脱颖而出。

在人类物质文明史上，陶器是人类将美的感受运用于造型艺术创造，是最早的工艺品之一。随着古代文明长期发展而后出现的青铜器、漆器等工艺品在工艺制作、造型艺术方面，都显露出同陶器的关系。瓷器的特有品质——强度、耐火度的提高；胎质吸水率、透气率的降低，以及光亮的外表，表明了瓷与陶质的差异。瓷器不仅满足人们的物质需要，也满足了人们的审美要求。它以广泛的艺术题材，表现出现实生活以及自然界中一切美好的事物，以丰富的艺术手法创作出优美的造型，运用各种手段而达到装饰的目的，令人们在鉴赏之中陶冶美的情操。

中国陶瓷历史悠久，历代名瓷名窑层出不穷，并且有着鲜明的时代风格。原始社会陶器的浑厚质朴；汉、唐时期陶瓷的雍容博大；宋、元瓷器的精美典雅；明、清制品的华丽工巧，中国陶瓷艺术所取得的辉煌成就，永远在世界艺术之林放射着奇光异彩！

**粉彩瓷**

清代宫廷创烧的品种。在烧好的胎釉上施含砷物的粉底，涂上颜料后用笔洗开，由于砷的乳蚀作用而产生颜色粉化效果。

# 青釉堆塑谷仓罐

**056**

三国 吴·永安三年（260）

高46.4厘米，底径13.5厘米，腹径29.1厘米

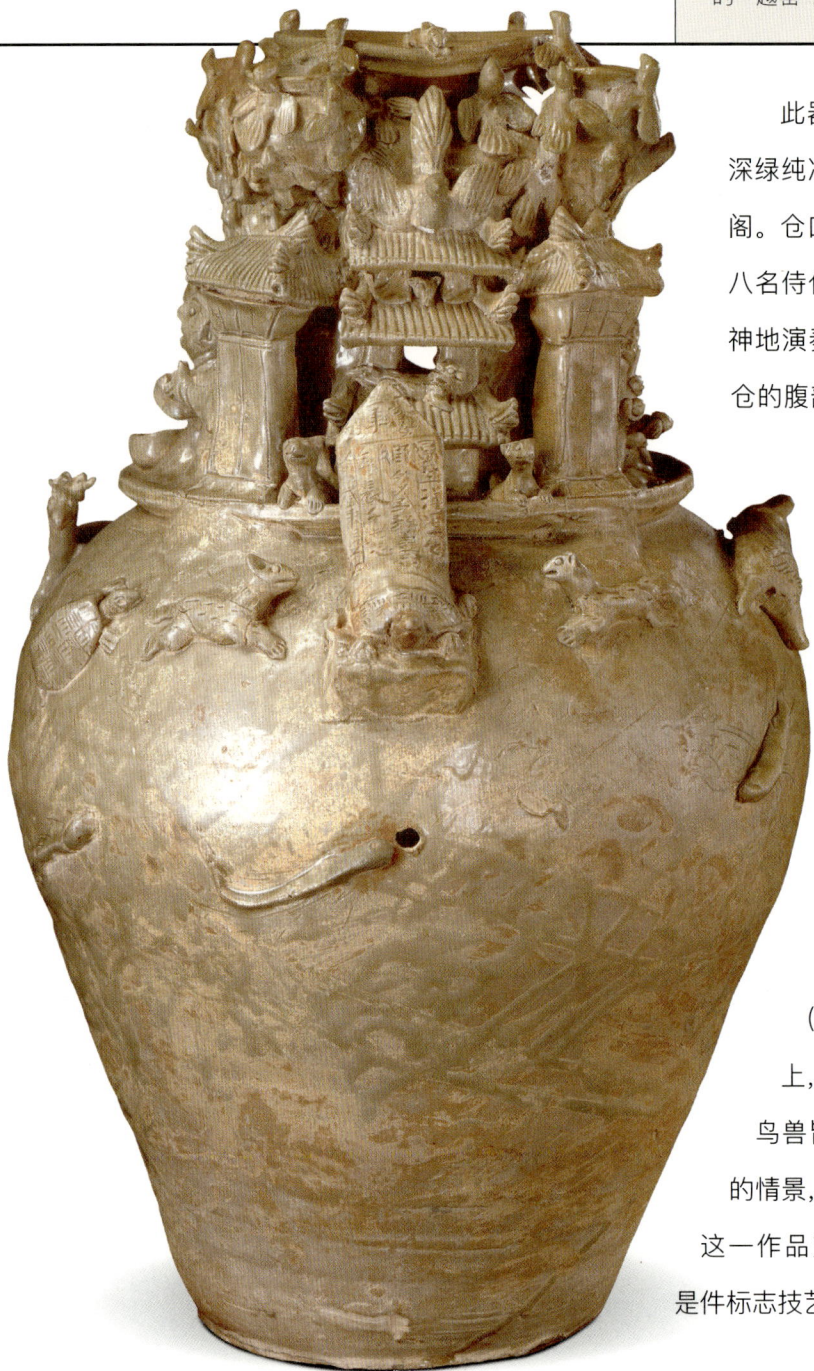

青釉堆塑谷仓罐是20世纪30年代后期在浙江省绍兴出土的殉葬明器。

位处杭州湾的绍兴、上虞、余姚、宁波一带，是春秋战国时期越国古地。这一地区在古代有长期烧造陶器、原始青瓷的传统。东汉晚期上虞创制了成熟的青釉瓷器，成为我国青瓷的重要发源地，即后人所称的"越窑"。自此直到唐宋，"青瓷"在中国陶瓷发展

此器物胎质呈灰色，全身施青釉，釉色深绿纯净。坛体的上部堆贴有门楼和四层楼阁。仓口簇拥着引颈展翅的小鸟。楼阁周围八名侍仆侧立，各执不同的乐器，在聚精会神地演奏。每间廪口趴伏着守卫的家犬。谷仓的腹部堆贴有奔跑的狗、懒卧的猪、伫立的鹿、爬行的龟以及游动的鱼等，其间还夹杂着划画的狗、鱼、龙等图案，似是匠师堆塑各种动物形象之前初步安排的部位。另见有刻画的"飞""鹿""句""五种"等字。谷仓的正面堆塑龟趺碑铭，上刻"永安三年时，富且洋（祥），宜公卿，多子孙，寿命长，千意（亿）万岁未见英（殃）"二十四字。字体刻在小碑上，外面罩釉。谷仓上所塑人物、鸟兽皆生动多姿，反映出丰收兴旺的情景，象征士族豪门的富有和权势。这一作品充分表现了匠师的巧妙构思，是件标志技艺成熟的青瓷代表作。

史中始终居于主流地位。

三国时代，越窑瓷业发展迅速，瓷窑密集。这一时期的产品除壶、罐、碗、钵、虎子等日用器皿外，还烧造谷仓、砻、碓、磨、米筛、猪栏、羊圈、狗圈、鸡笼等殉葬用的明器。永安三年"青釉堆塑谷仓罐"是有确切纪年的一件珍贵文物。

**青瓷和越窑**

青瓷是一种表面施有青色釉的瓷器。越窑是中国古代南方著名的青瓷窑，主要分布在今浙江省上虞、余姚、慈溪、宁波等地。生产年代自东汉至宋。

三国时期的谷仓是由汉代的五联罐演变而来。原为在椭圆形的坛体深腹上做五个盘口壶形小罐，中间的罐体高大，周围的四罐矮小。中罐逐渐变化成为大口，四罐渐渐缩小，变成不引人注目的次要附件。

该器造型装饰形式丰富多样，而又毫无琐碎繁杂的感觉。这种具有时代风格的谷仓，不仅是反映出高超艺术造诣的工艺品，而且是研究古代建筑、社会习俗、贮藏谷物方式的重要实物资料。

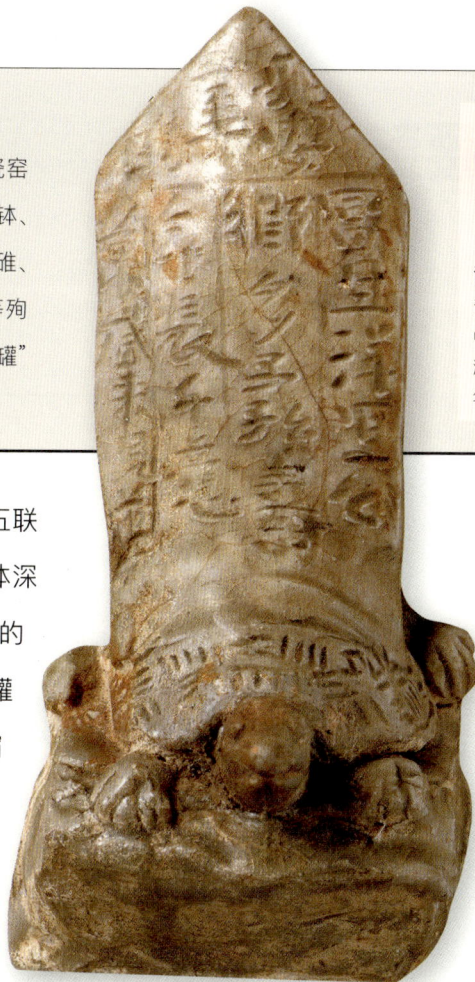

# 鲁山窑花瓷腰鼓

唐 (618—907)

鼓长58.9厘米，鼓面直径22.2厘米

鲁山窑花瓷腰鼓是唐代瓷器的传世精品，距今已有千余年的历史。器型制作十分规整，线条流畅柔和，给人以端庄凝重之感。特别是采用了花釉装饰，在如漆似墨的黑釉上，泼洒出蓝色斑纹，呈现出水墨浑融的色调，作为装饰乐器，达到了有声有色的艺术效果。

在中外文化交流中，音乐是一个不可忽视的组成部分。历史上许多来自西域或北方少数民族的乐曲和乐器，大大丰富了中原地区的音乐形式和内容。相传秦始皇击"缶"。"缶"本是瓦器，用以盛酒浆，后来用为乐器，"鼓以节歌"。击"缶"为乐，已开唐人"击瓯"之先声。然而，这种称之为"广首纤腹"的长形腰鼓，并非所击之瓯，亦不是古代"以瓦为框"作鼓的传统形式，它是来自西域的乐器之一。演奏的腰鼓需将两面鼓皮用皮条拴系在鼓腔上，鼓皮的圆面大于鼓腔口径，皮上有穿孔以系绳环，皮条从环中往复交叉拴结，鼓面便固定绷紧。可以想象，演奏时瓷质鼓腔发出的共鸣声响是多么清脆悦耳。

在敦煌和云冈石窟的壁画中，有不少自北魏至唐代的伎乐画面。其中可以看到乐伎拍击腰鼓的生动形象。北魏伎乐演奏时，多置腰鼓在长案上双手拍击；唐代乐伎则或跪或坐，腰鼓放在腿上，双手拍击。击鼓人的位置常排列在乐队前面，而且在帽子或衣袖上饰以标记。司鼓者以鼓点统一节拍指挥演奏，直到现代戏曲乐队中也未改变。另外一种演奏是乐伎将腰鼓挎在胸前，边击边舞，这

又同今天朝鲜族挂挎"长鼓"的舞蹈很相像。在广西少数民族使用的乐器中，至今仍可见到类似式样的陶质鼓腔的腰鼓。

从这件花瓷腰鼓的装饰艺术可以看出，唐代花釉瓷器摆脱了单色釉的局限，

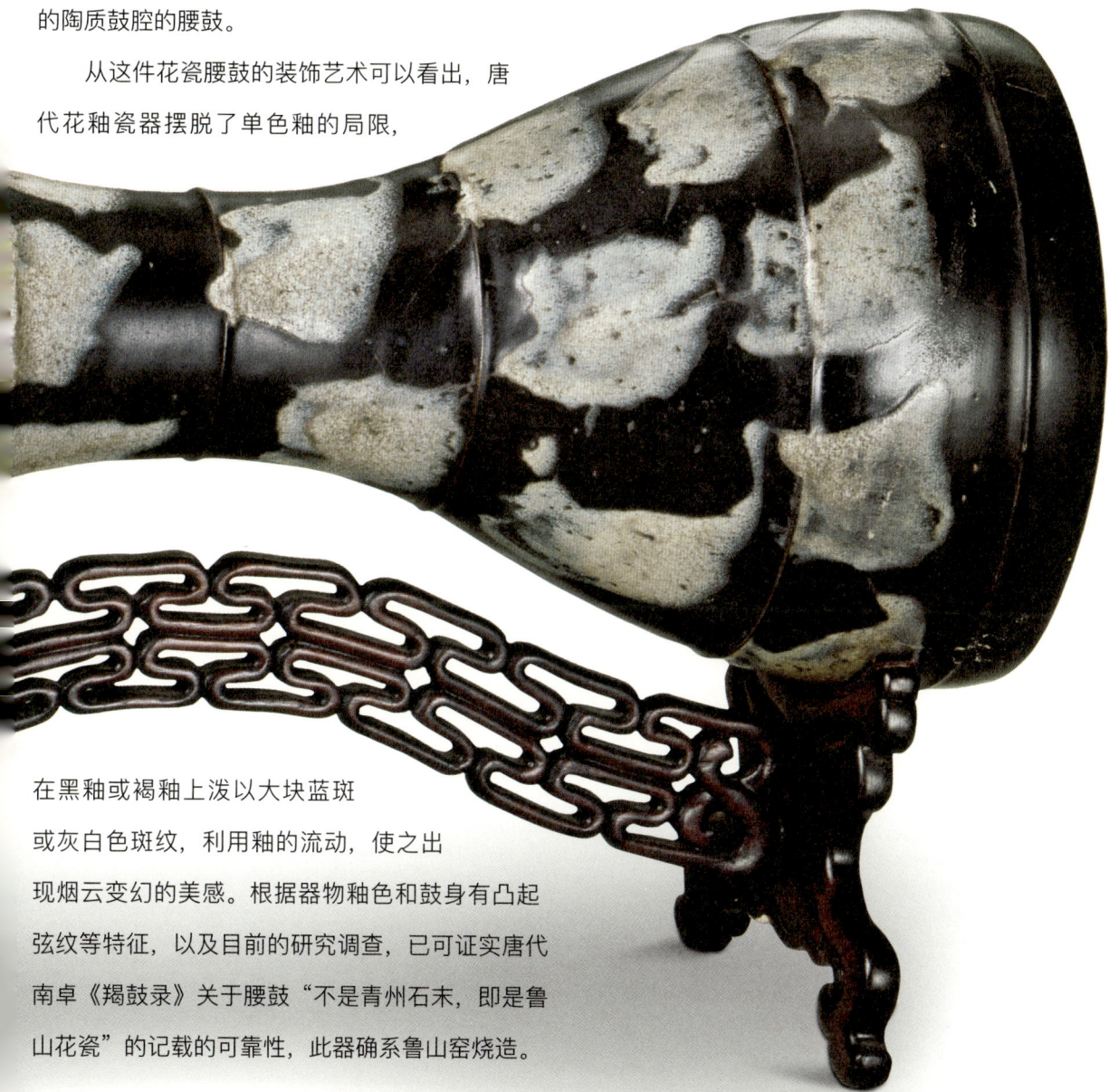

在黑釉或褐釉上泼以大块蓝斑或灰白色斑纹，利用釉的流动，使之出现烟云变幻的美感。根据器物釉色和鼓身有凸起弦纹等特征，以及目前的研究调查，已可证实唐代南卓《羯鼓录》关于腰鼓"不是青州石末，即是鲁山花瓷"的记载的可靠性，此器确系鲁山窑烧造。

058

# 定窑白釉孩儿枕

宋（960—1279）

高18.3厘米，长30厘米，宽18.3厘米

宋代是瓷器发展史上的一个繁荣时期，当时各地出现了许多具有不同风格特色的名窑。其中北方瓷窑以定窑最为著名。定器一度是北宋的宫廷用瓷。定窑白瓷对后代瓷器有很大影响。

定窑烧造年代的上限早至唐代，盛于五代及北宋，终止于元。定器之中白瓷最负盛名，另有紫定（酱釉）、黑定（黑釉）、绿定（绿釉），更为罕见。白釉装饰采用刻花、划花和印花。刻画花是以竹质或骨质的圆体斜面工具和梳篦状工具逐件进行手工刻画。刻花纹样由呈现出有斜度的"刀痕"凹线组成，梳篦状工具划出了一组组回转流利的线纹，以流畅、洗练的线条表现出优美生动的画面。印花则是提高产品生产效率，使纹样同一化的工艺，纹饰常见在碗、盘里部。制作时将坯件置于事先刻好花纹的陶范上整形拍印，其纹饰多以工整繁密细腻取胜。"定器有芒"，是定窑产品的重要特点，由于盘、碗之类采用底足朝上的

定窑古遗址在今河北省曲阳县涧磁村、燕山村一带，曲阳宋属定州，指地而名，故称"定窑"。

"覆烧"方法，因此出现口部无釉，故而盘碗以铜、金、银镶口，亦谓之"金装定器""扣器"。

定窑传世精品之中，孩儿枕堪称孤品。瓷枕早在隋代已经出现，唐、宋时期各瓷窑都有烧造。南宋女词人李清照所作《醉花阴》有"玉枕纱厨"，玉枕所指即为青白如玉的"青白瓷"枕。枕的式样有长方、腰圆、云头、花瓣、鸡心、八方、银锭多种，也有的塑成虎形、龙形、婴孩、卧女状。定窑白釉孩儿枕不仅是生活器具，而且是一件精美绝伦的瓷塑艺术品。

孩儿枕胎体厚重，通体施乳白色釉。胖孩儿匍伏卧于榻上，两只手臂搭放在头下，右手拿一绦带绣球。身穿长袍，上套坎肩，衣服上团花依稀可辨。拳腿交叉，足蹬软靴，神态自然生动，二目炯炯有光采，笑容可掬，显示出天真可爱的神情。下承以长圆形的床榻，周围以浮雕花纹装饰。整个瓷塑手法细腻入微，在塑造形体的同时，注重线条的运用。面部轮廓的柔和、衣着形体线条的流畅、饱满，生动地表现了孩儿形象的姿态和特征，凝聚了匠师艺术创造上的真、善、美。

059

# 景德镇窑青花釉里红镂雕盖罐

元（1206—1368）

通高41厘米，口径15.5厘米，足径18.5厘米

青花瓷器是中国传统的工艺品。元代景德镇生产的青花瓷器，当时行销国内和亚洲的许多国家，制作上已达到十分纯熟的水平。与"青花"同属"釉下彩"的新兴品种——"釉里红"，以及红釉、蓝釉的问世，为后世彩瓷和各种色釉的进一步发展奠

元代景德镇窑青花釉里红镂雕盖罐传世稀少。这件盖罐不仅器形大，而且彩、釉皆精，出土时又保存得如此完好无损，实为可贵。此罐系1965年在保定出土窖藏十一件元瓷中的两件盖罐之一。罐类一般用作盛器，像这样技艺精湛的瓷器，不仅可以实用，而且可供观赏。

此罐形体饱满，制作精致。瓷罐腹部突出部位作菱形开光主体纹饰，开光内镂雕四季花卉，并以两道串珠纹作轮廓，增强了

**开光**

在瓷器的某些部分画出边框，并在边框中画以山水、人物、花卉等，叫做"开光"。是瓷器常用的装饰手法之一。

定了基础。

"青花"是使用钴矿物作彩料，先在坯件上着色绘画，后罩以透明釉汁，经高温一次烧成的白地蓝花瓷器。颜色鲜艳，釉下纹饰经久不变，具有明净、素雅之美。

作为与"彩"不同的色釉品种——红釉和蓝釉，是含铜或含钴而呈现不同颜色的釉料。因铜红釉的烧成技术难于掌握，元代红釉绝佳作品甚为少见。元瓷一般胎骨厚重，器形大，显出雄壮浑厚的气势。这是与制胎原料的进步、烧成温度的提高分不开的，因此减少了器物变形，在制瓷工艺上有所创新。

开光内洞石、花卉的立体感。山石、花朵呈红色，叶为蓝色，红蓝相映，表现了四季花色满园的美景。罐体上下绘有缠枝花、卷草及莲瓣花纹。四朵垂云饰于肩部。其间绘有莲花盛开于海水底纹之上。整个器物在装饰技艺上达到了主次分明、浑然一体的艺术效果。盖顶辅以蹲形狮钮，使这件瓷器更加完美并富有感染力。

近几十年来，在北京元大都遗址、河北保定、江苏金坛、江西高安等地窖藏，以及湖南常德、江西波阳元墓和南京明初墓，陆续出土元代瓷器。其中精良之品除河北保定所出土者外，以江西高安窖藏出土青花、釉里红瓷器最为精彩。早年曾有与此罐相类似的两件流散到国外，一件现藏英国大维德基金会，一件现藏日本，但是均缺盖，就不能与此器相比了。

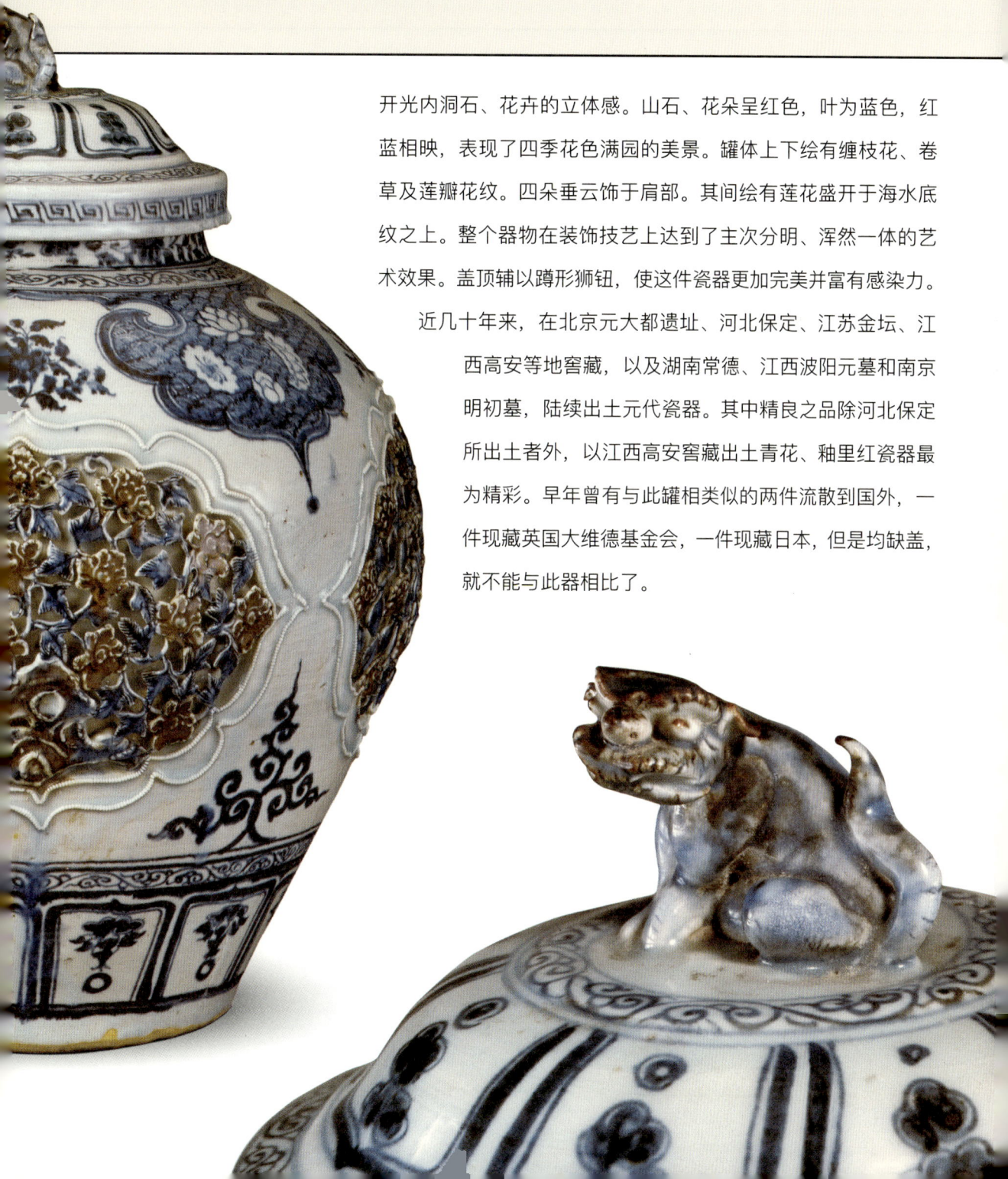

**060**

# 青花压手杯(花心)

## 明·永乐（1403—1424）

高4.9厘米，口径9.2厘米，足径3.9厘米

明代永乐"青花压手杯（花心）"是故宫珍藏的名杯，至今已有五百余年历史。

永乐朝青花瓷器写有款识的极为罕见，传世品中迄今仅见"青花压手杯"有款。明代《博物要览》有："永乐年造压手杯，坦口折腰，沙足滑底，中心画有双狮滚球，球内篆

中国历代茶具，从"茶托子"到各式碗、盏，以至清代茶具的盖碗、茗壶，品类繁多，形制各异，均出于所处时代饮茶风尚的需要。唐代饮茶盛行，仅《茶经》中记载当时生产的青瓷茶碗，就有越、鼎、婺、岳、寿、洪六州名窑。宋代饮半发酵的膏茶，且盛行"斗茶"之风。茶末经沸水点注，茶汤泛起一层白沫，为了使颜色分明便于品评，黑釉茶具"兔

毫盏""鹧鸪斑"应运而生。明代茶叶是炒青制法，饮的是芽茶，饮法同现代大体相同。茶冲泡后是绿色，茶杯遂多施白釉。压手杯胎质洁白细腻，釉色白中泛青，莹润光洁，自然是上乘之品。

"青花压手杯（花心）"青花色泽深翠浓艳，有凝聚斑点。器的内外均绘纹饰。口沿外单边线、双边线各一圈，其间绘点状梅花二十六朵。杯的主体

书'大明永乐年制'六字或四字，细若粒米，此为上品。鸳鸯心者次之，花心者又其次也。杯外青花深翠，式样精妙，传世已久，价亦甚高。"描写与此杯完全一致。此杯也有文献所指"杯心画有双狮滚球"，球的中间写有"永乐年制"四字篆款。故宫藏品中尚有杯心花朵中央篆"永乐年制"款

识压手杯二件，堪称永乐青花杯"三绝"。

　　压手杯又叫抑手杯。杯敞口微撇，器腹下部渐收，圈足。杯的胎体厚重，口沿约厚1.5毫米，其下器壁渐次增厚，杯的底心厚度5.5毫米，足底修饰平整，造型完美。杯的口沿外撇，口面尺寸适度，"手把之，其口正压手"，因而得名。

纹饰绘缠枝莲八朵。腹下、足边分别描有双线，圈足边绘卷枝忍冬纹。器的里口有双线一周，杯底圈线内绘双狮滚球，球体中篆款"永乐年制"（花心式惟内底圈线里绘五瓣形团花，中心篆四字款）。字体结构严谨、苍劲浑厚。压手杯书写永乐年款为明代御器厂烧制有款官窑瓷器的开始。

　　"青花压手杯（花心）"在万历朝已十分名

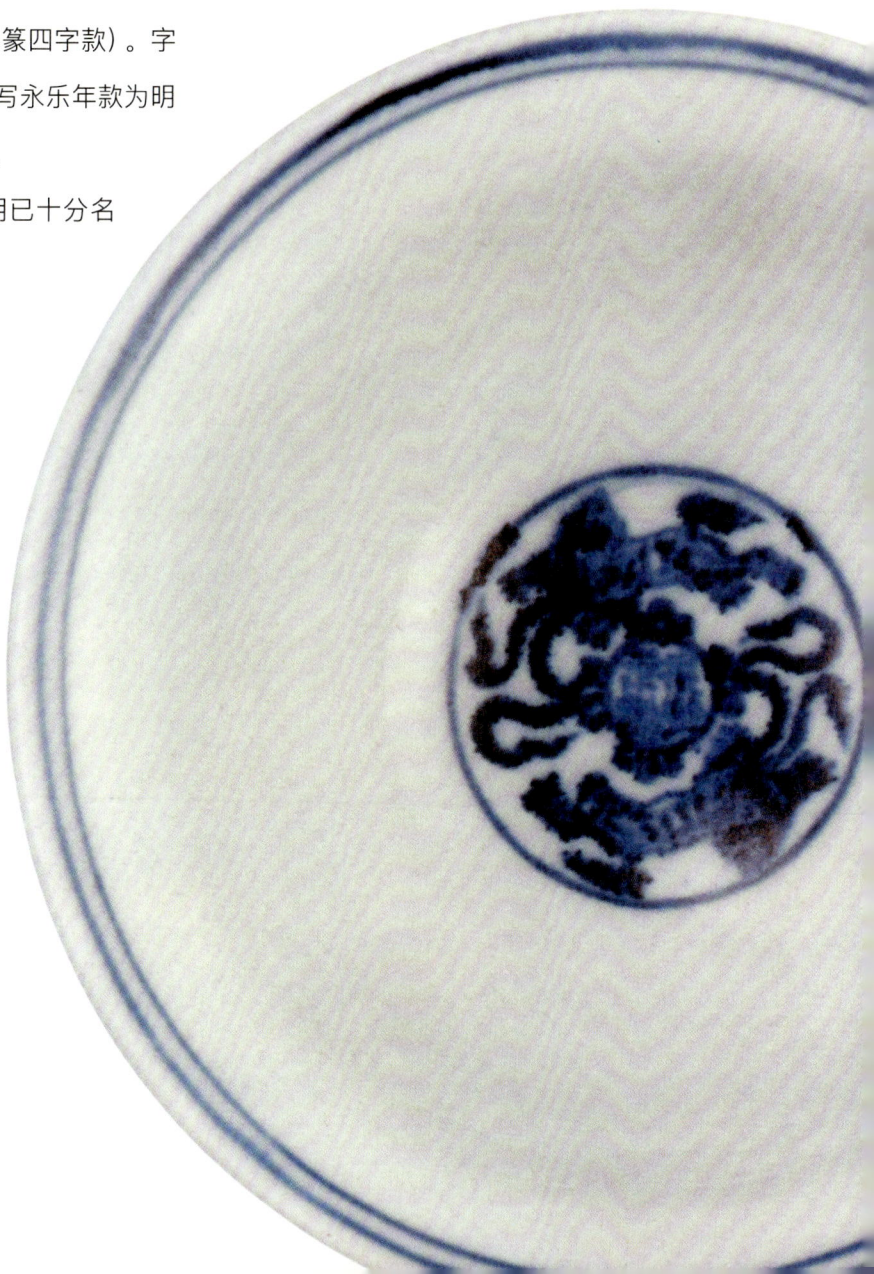

贵，历代均有摹制，但从未见到乱真之赝品，足见其制作之精、价值之高。

061

# 斗彩葡萄纹高足杯

## 明·成化（1465—1487）

高6.8厘米，口径8厘米，足径3.5厘米

成化官窑彩瓷为明代釉上彩瓷器之冠。文献中对于明瓷评价有"首成化、次宣德、次永乐、次嘉靖"的记载。负有盛名的成化"斗彩"，胎质洁白，釉色莹润，造型灵巧，彩色艳丽。

成化"斗彩"，指的是明代文献所称成化五彩或青花间装五色的瓷器，五彩亦即多彩之意。"斗彩"一名始见于清代康、雍年间成书的《南窑笔记》。成化窑器有填彩、青花加彩、青花五彩、青花点彩以及三彩、五彩诸类。

其中除三彩、五彩属单纯釉上彩之外，其他几种均以釉下青花的蓝色与釉上红、黄、紫、绿等深浅不同的颜色相互配合组成画面纹饰，具有釉上釉下色彩斗妍争艳的意思，故名"斗彩"，亦有"逗彩"之称。

"斗彩"始于成化，它是在青花和釉上彩的基础上发展起来的，一说它受景泰年间掐丝珐琅启发所致。景泰蓝工艺是在铜胎上掐丝，后填以彩料烧制。斗彩则为在青花双勾线内填绘色彩，可能受到了景泰蓝的影响，其他工艺品之间相互借鉴的现象也是有的。

成化斗彩瓷器制作精美，是明、清彩瓷中名贵品种之一，传世品多为小件杯、碗，故宫博物院所藏以酒杯为多。据清初《高江村集》记载，成化斗彩酒杯有：高烧银烛照红妆、龙舟、秋千、锦灰堆、高士、娃娃、葡萄和鸡缸数种，其中除照红妆、龙舟、秋千三种外，其余故宫博物院均有收藏。

成化斗彩嘉靖、万历时期声价已甚高，继之历朝均有仿烧，以晚明仿品最佳，但胎骨、釉色都不如原作。尤其是款识，更容易鉴别。

成化斗彩还有高足杯式样。据雍正七年宫中档案记载，由圆明园送回的高足杯有鹦鹉摘桃、西番莲、宝莲、莲花荷叶、莺罗和八如意等名称，都名为成化五彩，称高足杯为高足圆。明成化"斗彩葡萄纹高足杯"即属于这类珍品。

此件高足杯敞口，弧腹，沿微外撇，杯足中空呈喇叭状。杯形灵秀，可用手擎高足，故又有"把杯"之称。杯身环绕彩绘葡萄藤枝，画匠先在坯胎上以青花勾出花纹轮廓，施罩透明釉入窑装烧后，在叶子、葡萄的轮廓上填以浓淡不同的紫色，藤枝绘成紫色，蔓须绘以黄色，复入彩炉烘烧。烧成后，透过色彩可见釉下青花的纹线，枝叶藤蔓真实自然，黑紫色的果实粒粒闪烁光泽，生动地表现出葡萄成熟时所具有的质感。杯足底边一周无釉，亮釉处自右向左书"大明成化年制"六字楷书，用笔遒劲藏锋，是当时流行的书法风尚。

062

# 五彩镂空云凤纹瓶

## 明·万历（1573—1619）

高49.8厘米，口径15厘米，足径17.2厘米

　　瓷器彩绘，素有"青花幽靓，五彩华贵"之说。具有典型特色的万历五彩，主要是釉下彩青花和釉上施以多种色彩相结合的青花五彩瓷器。当时尚未出现釉上蓝彩，故以青花的蓝色作为画面的一种颜色，同釉上的红、绿、黄、紫、褐构成丰富的色彩搭配。作为皇家御用陈设的"五彩镂空云凤纹瓶"，不仅成功地运用彩绘，而且熟练地运用镂雕技法，使图案增强了立体感。在装饰意图上达到"锦上添花"的艺术效果，代表了这一时期景德镇制瓷业的高超水平。

　　"五彩镂空云凤纹瓶"，并用彩绘、镂雕装饰方法，通体纹饰丰满繁密，自上而下有八层之多。在施绘彩料中使用红、黄、绿、茄紫、孔雀蓝、褐诸色，矾红色尤为显眼。纹饰以褐赤色细线描勾，使图案愈见清晰。浓艳的色彩给人以欢乐的感觉。瓶腹部镂雕九只凤鸟飞翔于彩云间，构成了器物的主体纹饰。瓶口镂成如意头图案。瓶颈上部描绘蕉叶纹一周，其上并镂空蝶、花。颈部两侧雕塑一对狮"耳"，在锦地

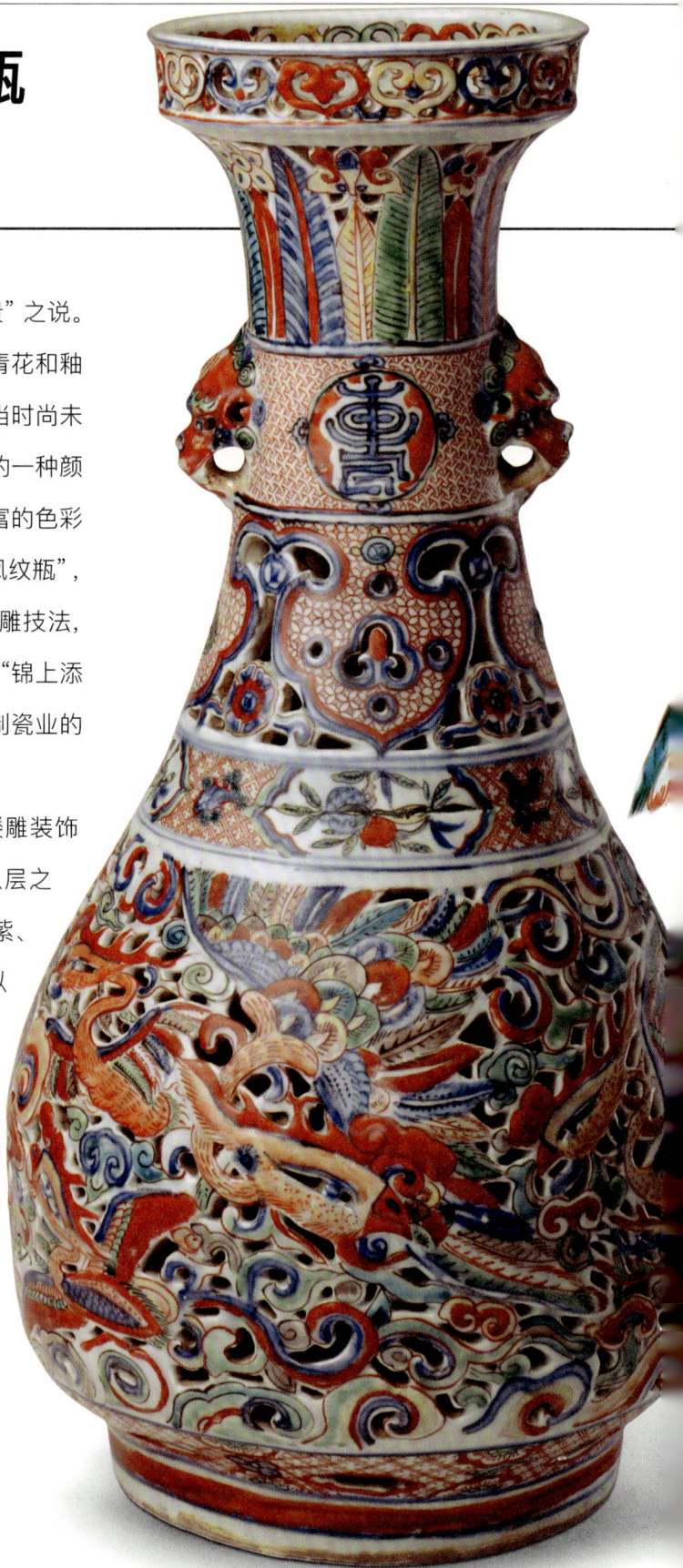

明代彩瓷在中国陶瓷发展的历史上翻开了崭新的一页。成化"斗彩"和万历"五彩"同为名驰中外的珍贵名品。

瓷器上绘画装饰，历经唐、宋、元各代。到明代永乐、宣德时期，釉下彩"青花"作画已经十分纯熟。明代瓷器彩绘，经洪武红彩、宣德青花红彩、成化斗彩、正德素三彩的艺术实践，直至嘉靖、万历时期的五彩，反映出明代彩瓷取得的成就，从而为清代彩瓷的进一步发展打下了基础。

上二圆形开光内青花篆书"寿"字。其下部一层镂雕垂云四朵，并辅以钱纹作地，以镂空朵花衬托。肩部饰一周万字锦地。其间描绘四菱开光，光内绘有鸟雀、折枝花果，画面各异。瓶腹云凤纹之下绘钱纹锦地，间饰八宝、朵花。近足部以矾红色料绘以粗边线，使器物画面、色调增加了稳重的感觉。整个器物造型古朴，构图严谨，色彩绚丽，镂雕剔透，是一件富丽堂皇的艺术品。

此瓶生动地刻画了飞凤、祥云的形象。以龙凤图案作为装饰题材是中华民族的文化传统，在陶瓷文物上凤的形象屡见不鲜，如唐代"青釉凤首龙柄壶"、元代磁州窑"双凤纹罐"、元代"青花龙凤纹扁壶"等，都是陶瓷工艺中出类拔萃的器物。万历"五彩镂空云凤纹瓶"，堪称后来居上的珍品。

# 063 德化窑白釉达摩像

## 明（1368—1644）

"何朝宗"款，高43厘米

达摩全名菩提达摩（Bodhidharma），南天竺（印度）人。梁朝普通元年（520）经海路到广州，应邀赴建业（南京）与梁武帝面谈，话不投机，遂渡江去北魏洛阳。后住嵩山少林寺，在少室山石洞中面壁趺坐九年。其间得弟子慧可，传法谒曰："吾本来兹土，传法救迷情，一花开五叶，结果自然成。"并授之四卷《楞枷经》。慧可师承心法，使佛教的这一宗派——禅宗广为流传，故禅宗又称达摩宗。达摩于梁大通二年（528）十月五日圆寂，葬熊耳山。

在不少关于达摩的石刻、绘画、雕塑题材中，

明代德化窑白瓷，质地、釉色及造型都堪与历代名窑媲美。宋代已有烧造，到明代独树一帜，以瓷塑最负盛名，尤其何朝宗的作品更被人们视若珍璧。

　　何朝宗瓷塑大都取材于道释人物，如释迦牟尼、观音、弥勒、达摩、吕洞宾等。其中观音大士最多，达摩较少。故宫博物院藏何朝宗印款达摩立像，便是一件传世绝佳之作。

多取他"渡海""一苇渡江""面壁"等被神化了的传奇故事。达摩瓷塑立像正是这样一件气韵生动的作品。瓷塑达摩脸部表情缄默深思，二目注视海涛，衣纹起伏、飘逸，赤足立于波涛之上，刻画出飘洋过海而来的姿态，庄严肃穆，内含济世的感情。

　　何朝宗是德化著名瓷塑家。传说他一生中仅做了四十余件瓷塑，都是精心之作。这件达摩像胎骨厚重洁白，细腻坚实，通体白釉，纯净莹润，釉面有被称之为"宝光"的色泽，呈"象牙白"色相。从塑像精致的细部分析，说明瓷土、釉料皆经过澄淘精炼而成。德化窑白瓷胎骨釉色各异，素有"象牙白""猪油白""乳白"等名目，流传欧洲后，法国人又有"鹅绒白""中国白"之称。"象牙白"是明代德化窑产品的特点。何朝宗瓷塑为德化瓷之典型，何朝宗又名何来，因此德化窑"象牙白"有"何来色"之别称。

## 064 五彩加金鹭莲纹尊

**清·康熙（1662—1722）**

高44厘米，口径22.4厘米，足径14.2厘米

清代康熙、雍正、乾隆三朝，是中国制瓷工艺史上的鼎盛时期。康熙五彩在清代彩瓷中的地位尤为煊赫。它在明代"五彩"的基础上，以器物造型、施用色彩、纹饰题材以及绘画技法等各个方面，都有所创新和提高。

康熙"五彩"的重大突破是釉上蓝彩、黑彩以及金彩的运用。从而釉上蓝彩取代了嘉靖、万历五彩中以釉下青花作为画面蓝色的施彩需要，使釉上彩绘的色调更

康熙"五彩加金鹭莲纹尊"，口部与腹部尺寸相当，因其形似凤尾，故亦称"凤尾尊"。尊体庄重秀丽，口沿外撇，颈部细长，肩丰满，腹鼓圆，下腹逐渐内收，近足部微微外撇，圈足。整个形体线条丰满、流畅，轮廓勾勒成美的曲线。康熙朝瓶、尊种类很多，其中"凤尾""棒锤"等大型器物皆出自民窑烧造。这件造型优美、色彩金碧辉煌的鹭莲尊，足以作为康熙"五彩"的典型代表作品。

该尊通体描绘了以荷花、鹭鸶为题材的荷塘景色。画面分作颈部、腹部上下二层，构图丰富紧凑，内容基本相同，其间以一周回纹图案相隔。尊体上下与颈、腹相交处各饰一道水波纹，从边饰图案的

加和谐，浓艳处有过于青花。黑彩施绘于瓷器上犹如墨笔书画，是瓷绘中不可缺少的颜色。金彩装饰在唐、宋、元时已用于陶瓷器上，但多以粘贴金箔的方法。康熙金彩则用笔蘸金粉描绘，使得画面的笔触技法运用一致。金彩以其独具的装饰特色，增加富丽堂皇的艺术效果，是制瓷工艺的一项重要发展。

设计，也可看出匠师为了表现水塘环境的缜密用心。画工运用写实的手法，彩笔之下，嫩绿的新叶、枯黄的残荷叶筋清晰可辨。红色、紫色、金色的莲花，亭亭如盖，姿态无一雷同，设色秾丽而不妖艳。塘中水草、茨菇丛生，浮萍随波逐流。水塘里彩蝶纷飞，翠鸟攀在压弯的荷梗上，相互顾盼。一只伫立的鹭鸶正在引颈觅食，另一只飞出水面，姿态十分生动。整个画面表现了静中有动的意境。

人们素来赋予莲花"出污泥而不染""亭亭玉立"的禀性。在《诗经》里一首描写爱情的诗歌——《陈风·泽陂》篇，还把荷花比作女性美加以赞颂。以荷花作为瓷器彩绘的题材比较常见。这件"五彩加金鹭莲纹尊"无论在制瓷工艺还是绘画技法上，都堪称为上乘之品。

# 065 五彩蝴蝶纹瓶

## 清·康熙（1662—1722）

高 44 厘米，口径 12 厘米，足径 13 厘米

康熙"五彩"由于烧成的温度较粉彩略高，色彩给人以强烈、坚硬的感觉，因而又有"硬彩"之称。景德镇制瓷业所称"古彩"，亦即指仿烧的这种彩瓷。

清代官窑器是由设置在景德镇的御厂经办。采取"官搭民烧"的形式。这种办法即为官窑器多数配给在民窑

康熙瓶尊造型丰富多样，"凤尾尊""棒槌瓶""玉壶春瓶""梅瓶""观音瓶"等式样都有饰绘五彩的。"五彩蝴蝶纹瓶"绘画精工、形体秀美，是一件标志技艺成熟的作品。

康熙"五彩蝴蝶纹瓶"，器形口部微侈，短颈，丰肩，肩部以下逐渐内敛，圈足，内底无款识。瓶颈部饰二周云头锦地纹，瓶身通体描绘翩翩飞舞的彩蝶，其间伴以蜻蜓。画面以写

的"色青户"中搭烧，占用其最好的窑位，以确保官窑器的成品质量。这一方式自康熙十九年（1680）之后已成为定制。但是，从传世的康熙五彩瓷器看，御厂制品反而不如民窑。

官窑"五彩"大多是盘、碗小件器皿，而民窑所烧造的瓶尊之类，不仅器形大，而且彩色艳丽，图案生动活泼。《陶雅》评述康熙"五彩"时道："明明官窑，而画稿了无意味；明明客货，则笔意上工细绝伦。"这里所云"客货"即为民窑烧造的器物。因此，鉴赏家不以康熙"官窑""民窑"的称谓而论短长。

特点之一。瓶体上彩绘的各种蝴蝶用色十分丰富，有的在翅膀的红色斑纹上点以熠熠发光的金彩，有的在绿色翅膀上点缀黑彩鱼子纹，还有的采用青花加彩或施绘雅致悦目的蓝彩，使画面呈现出五彩缤纷的色泽。在装饰技艺的运用上表现了粗中有细的造诣，于自然中见匠心。康熙五彩以加黑彩、金彩者为上品，此瓶从施彩到绘画无不显示出康熙"五彩"的特征。

生的笔意集中了不同种类的蝴蝶，形象逼真，千姿百态。以蝴蝶纹装饰瓷器，五代时越窑已有划画对蝶的器物。装饰题材取自百子、百鹿、百花、百鸟、百蝶者亦屡见不鲜，都无外乎寓吉庆祥瑞的意思。宋人绘画有以猫、蝶、牡丹的"耄耋富贵"图，表达了人们祈祝"富贵绵长"的心理。

此瓶以其斑斓的色彩、洗练的画风描绘了喜闻乐见的图画。施彩有红、黄、蓝、褐、紫、黑、绿等多种颜色。绿彩之中的水绿色是康熙"五彩"的

## 066 珐琅彩雉鸡牡丹纹碗

### 清·雍正（1723—1735）

高6.6厘米，口径14.5厘米，足径6厘米

珐琅彩瓷器是清代康、雍、乾时期的制瓷精品。康熙末年开始烧制，雍正朝制作日趋精美，乾隆时期更加工巧精细，达到登峰造极境地。乾隆时期，清代宫中收藏珐琅彩瓷器集中存放在端凝殿，据档案记载有四百余件。"珐琅彩雉鸡牡丹纹碗"是其中之精品。

珐琅彩瓷是先由景德镇制成细薄洁白的半脱胎素瓷，运送到北京之后，由内务府造办处画师工匠绘彩，再入炉烘烧而成。当时，造办处集中了全国各地的能工巧匠，专门为皇帝制作实用和赏玩器物，内分各类器作，珐琅就是其中之一。珐琅彩瓷器的正式名称应为"瓷胎画珐琅"。清代档案以及宫藏珐琅彩瓷器的原盛匣标识上均如此记录。由于烧制精细，产品很少，珐琅彩瓷器是只供皇帝赏玩的专用品，只有少数赏给蒙藏王公和达赖、班禅。

珐琅彩瓷器，又有"古月轩"之俗称。由于"古月轩"的名声在鉴赏家、古玩商、市肆之中广为流传，更使珐琅彩瓷器身价倍增。

珐琅彩是一种特殊的凝厚彩料，施绘在瓷器上，微微凸起。开始使用时尚需进口，雍正朝已可以自己烧制二十余种彩料。从这件"雉鸡牡丹纹碗"可以看出，其色泽丰富艳丽，其制作精美绝伦。

这一雉鸡牡丹纹碗胎骨极薄，近于"脱胎"。瓷质洁白，莹润似玉。整个画面用粉红、紫红、藕荷、淡黄、藤黄、杏黄、蓝、绿、赭等十多种彩料精心绘制，描画出在盛开的牡丹花丛中雌雄二雉嬉

戏的生动情景。碗的另一面以墨料题"嫩蕊包金粉，重葩结绣云"五言诗句，字体运笔潇洒圆润；上有"佳丽"，下有"金成""旭映"胭脂色篆书阳文印。底心有蓝料双方栏"雍正年制"款识。

珐琅彩瓷器传世品皆为清代盛世康、雍、乾三朝所作，此后制瓷业每况愈下，珐琅彩瓷器随之消声匿迹。民国时期，北京瓷庄曾在景德镇仿烧珐琅彩瓷，但质量低劣，无法与之相比。

067

# 粉彩牡丹纹盘口瓶

## 清·雍正（1723—1735）

高27.5厘米，口径6.3厘米，足径8.6厘米

雍正粉彩是清代彩瓷中的又一名品。粉彩出现于康熙时期，是釉上彩的新品种，它以其温润柔丽、淡雅宜人的风韵博得美誉。

雍正粉彩的特点是在画面彩绘部位用玻璃白粉打底，然后再施彩渲染作画，从而产生浓淡不同、阴阳分

粉彩的料同珐琅彩料的化学成分中均引入了砷元素，因此可以认为瓷胎画珐琅与粉彩所用彩料相类。粉彩是熟练的手工制瓷技能和精细的彩绘技巧相结合的产物。首先需要烧制薄胎体透、釉面无疵的白瓷，施彩绘画后复入彩炉烘烧，其工艺程序与瓷胎画珐琅相同。雍正时期的粉彩瓷生产之所以跃

明的艺术效果。或将玻璃白粉掺于彩料之中，把每种彩料调配成深浅不同的颜色。粉质玻璃白亦可作为白色单独使用。因而在色料的表现力方面，粉彩更为丰富，有的彩绘器物用色多达近二十种。由于粉彩颜料中含有粉质，其烧成温度较五彩低，色彩柔和，又称为"软彩"。

居釉上彩瓷之首位，是同雍正六年（1728）二月自制"珐琅彩"的烧成有直接关系。当时不仅景德镇御窑厂烧制，而且景德镇各民窑也大量生产粉彩瓷器。但民窑制品的器形、瓷质、釉色以及绘画技艺都较粗劣，远远赶不上御制粉彩精妙。

此件"粉彩牡丹纹盘口瓶"是一件色彩洁润秀丽的艺术品。瓶体造型美观，瓷胎洁白，釉面莹润。盘口，瘦颈，腹部鼓圆，下腹内收，至足部外撇，圈足。底有青花"大清雍正年制"六字楷书款。瓶身以争妍盛开的牡丹为主题，色彩鲜艳。画面的操笔，运用自如的设色，花朵枝叶的勾勒渲染，都能说明画师的艺术成就。这一时期粉彩的表现手法，由于有些画家为瓷器绘彩提供画稿，因而使之具有淡雅宜人的格调。

雍正粉彩不仅有白地绘彩，也有珊瑚地、淡绿地、酱地、墨地、木理纹开光粉彩和粉彩描金等品种，装饰技法虽各有千秋，但就绘画效果而言，莫过于白地彩绘更能体现瓷器与书画相结合的风格。

# 黄地粉彩镂空干支字象耳转心瓶

清·乾隆（1736—1795）

高40.2厘米，口径19.2厘米，足径21.1厘米

乾隆时期由于乾隆帝弘历本人对于瓷器烧制刻意求精，加之当时官窑所具备的雄厚的人力、物质条件及较高的制瓷技艺，涌现出品目繁多的新品种以及精彩制品。镂空转心瓷瓶是乾隆时期的独特产品，制作技术难度很大，传世品甚少。

此瓶形体饱满端庄。颈、腹不同常瓶，可以旋转。瓶的颈部饰双象耳，腹部镂空四圆开光，瓶体里套装一个可以转动的内瓶，其外壁绘有婴戏图，旋转时透过镂空开光可以看到内瓶上的不同画面，犹如走马灯的构造。转心瓶在设计上更具微妙之处，在它可转的颈部与固定瓶体上端分别标写天干和地支，这样在转动颈部时又可作为中国传统干支纪年的万年历。转心瓶的彩饰，口部以及象耳的金彩有赤金的质感，瓶体在不同色地上以珐琅彩料描绘了花卉图案。四圆开光各以春、夏、秋、冬园林景致

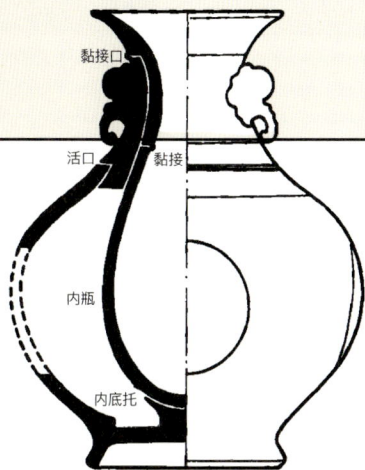

转心瓶结构示意图

外瓶颈部、腹部、底部与内瓶腹部分为四个单件烧成。外瓶的内底心做成凸起的鸡心钮，内瓶底心做成与钮相配的鸡心槽。组装时将内瓶置于外瓶底部之上，使鸡心钮凹凸吻合，再将外瓶腹套装内瓶，并稳在外瓶底座上，最后套放瓶颈。除旋转部位外，外瓶腹、底之间，外瓶颈里与内瓶肩部均用特制黏合剂粘牢，再修饰接痕，一件天衣无缝的作品即告成功。转心瓶式样各异，其结构大小不同。但在烧制过程中均要求内、外瓶体设计尺寸适度，镂雕彩绘精细，且组合瓶体的各部烧成后要求不变形，足见工艺技术的高超水平。

为题材，镂雕的花卉、山石以粉彩描绘。瓶里饰松石绿釉，足底画青花六字篆款"大清乾隆年制"。

镂空套瓶在宋代龙泉窑已有烧造，但不及乾隆时期制品精巧。至于转心、转颈式样，则要求更高的烧制水平才能做到。转心瓶的制作程序，首先把

# 古铜彩牺耳尊

清·乾隆（1736—1795）

高22.2厘米，口径13.2厘米，足径11.7厘米

乾隆时期的制瓷工艺，在于大量烧制彩瓷和单色釉诸类品种，并突出发展了特种制瓷工艺。当时的仿古器、仿外国瓷，以及仿漆、仿竹木器、仿铜器、仿珊瑚、仿翠、仿玉等工艺品，无所不有。仿品不仅可以准确地表达出各类工艺品原物的色泽、质感，而且仿品的造型也与原器无二。"古铜彩牺耳尊"就是见于清唐英《陶成图画卷》的一件传世珍玩。

《陶成图画卷》中的"古铜彩牺耳尊"，是"唐窑"的精心代表作之一。尊体古朴典雅，器形仿战国错金银铜尊，整个器物的色泽、金银镶嵌纹饰和锈斑都仿古铜器。仿制品所饰茶叶末釉，充分体现出古铜器所具有的沉着色调。茶叶末釉属古代铁结晶釉的范畴。釉面呈半无光状态，在暗绿的底色中闪烁着自然的黄色星点。唐、宋时期已见有这类釉色，明代更不乏其例。清代"臧窑"有"蛇皮绿""鳝鱼黄"等品种，雍正、乾隆时期这类制品称之为"蟹壳青""茶叶末"，并被列为当时官窑的秘釉。这件"古铜彩牺耳尊"就是这类釉色的精品。

景德镇御窑厂的督窑官吏在康熙时有臧应选、郎廷极、刘源等人，雍正朝有年希尧。他们督造的官窑因此分别有"臧窑""郎窑""年窑"之称。世称著名的"唐窑"是指乾隆二年至十九年（1737—1754）督窑官唐英督理御窑厂窑务所制瓷器而言。唐英于雍正六年（1728）到景德镇御窑

厂协理窑务。"唐窑"瓷器在仿古、创新方面有独到之处。传世的"唐窑"制品是不可多得的珍品。"唐窑"的卓越成就固然是在总结前人经验的基础上，通过集体劳动，积累集体智慧的结果。但作为御窑厂窑务的组织领导者，唐英确作出了重要的贡献，成为中国制瓷工艺史上一位杰出的理论和实践相结合的人才。他不仅是制瓷专家，又具备很好的文学、艺术修养，能自行出样。他所写的《陶人心语》《陶成纪事》以及所编纂的《陶冶图说》均为研究制瓷工艺史的重要资料。

## 070 各种釉彩大瓶

### 清·乾隆（1736—1795）

高86.4厘米，口径27.4厘米，足径33厘米

乾隆时期，釉下彩、釉上彩瓷的烧造技艺已十分成熟，青花、斗彩、珐琅彩、粉彩、金彩等都已达到炉火纯青的地步。高温或低温的各种色釉——粉青、松石绿、霁蓝、紫金釉的烧成也掌握得恰到好处。尤其是仿烧宋代汝、官、哥、钧诸名窑的釉色，竟可仿汝超汝，仿钧超钧，达到有过之而无不及的程度。汝、官、哥窑器都以釉面"开片"见长，但釉色、纹片又各不相同。汝器开片碎小；官窑纹片与釉色一致；哥窑纹片颜色是大深、小浅两种交织组成。

清代景德镇御厂官窑器各种色釉名目繁多。"各种釉彩大瓶"集合了高温、低温色釉以及釉上、釉下彩绘于一器，是一件标志着高超制瓷技艺的代表作品。

"各种釉彩大瓶"是目前故宫博物院所陈列的陶瓷中形体最高大的一件。器高近九十厘米。造型庄重，洗口，夔耳，瓶腹饱满。自口部至器底各种釉、彩装饰达十五层之多。瓶口沿以金彩描画，以下诸层顺序为紫地、绿地珐琅彩各一周，分别绘有花卉图案，紫地之上尚有似针拨轧道纹样。其下仿汝窑釉一道，在天蓝色釉面上呈现鱼子纹细小开片。颈部青花绘饰缠枝花卉，双夔耳饰金彩。又下为松石绿釉一道。再下为仿钧釉，釉面呈现出交融斑斓的窑变色彩。以下是斗彩花纹一圈，下为粉青釉，上面并模印皮球花图案。各层釉色之间有的描以金彩一道，使各釉色品种鲜明突出，亦更富有装饰美。瓶腹以蓝釉描金

"开片"的变化本无规律可寻，但是匠师可以准确无误地"表现"出各个名窑的特征，足见其得心应手的造诣。仿钧釉更能把"窑变"釉色随心所欲地表现出来。如此精湛的工艺制品，只有在全面掌握胎质、釉料、彩绘、烧成等各项制作技术条件下才能烧造出来。

**口部** 口沿以金彩描画，以下紫地、绿地珐琅彩各一周，分别绘有花卉图案，紫地之上尚有似针拨轧道纹样。其下仿汝窑釉一道，在天蓝色釉面上呈现鱼子纹细小开片。

**颈部** 青花绘饰缠枝花卉，双夔耳饰金彩。又下为松石绿釉一道。

**耳部** 夔耳施金彩。

**肩部** 为仿钧釉，釉面呈现出交融斑斓的窑变色彩。以下是斗彩花纹一圈，下为粉青釉，上面并模印皮球花图案。各层釉色之间有的描以金彩一道，使各釉色品种鲜明突出，亦更富有装饰美。

为地，其上有十二幅长方开光，分别彩绘不同画面，构成器物的主体纹饰。下部一层仿哥窑釉。又为青花纹饰一周。再下为画有花瓣纹的淡绿釉。其下为紫金釉描有金彩回纹一道。近足部为仿官釉，在灰蓝色釉面上点缀本色纹片。足边以描金羊肝色釉一圈装饰。自上而下各道色釉、彩绘无一瑕疵，反映出工艺成就的卓越、全面。

大瓶的十二幅开光画面十分精致，选材多取谐音字义、祈颂吉祥的传统内容。六幅写实画面分别为绘有三羊的"三阳开泰"；童子击磬、烹茶图画的"吉庆有余"；画鸾凤牡丹的"丹凤朝阳"；画驮有宝瓶大象的"太平有象"，以及"庭园景"和"博古图"。六幅图画间以"万""福""如意"和象征祥瑞的仙草、灵芝以及其他花卉的图案。大瓶以众多的画面配合层次繁密的各类釉色，给人以目不暇接、琳琅满目的艺术效果。

**瓶腹** 以蓝釉描金为地，其上有十二幅长方开光，分别彩绘不同画面，构成器物的主体纹饰。

**下部** 一层仿哥窑釉。又为青花纹饰一周。再下为画有花瓣纹的淡绿釉。其下为紫金釉描有金彩回纹一道。

**足部** 为仿官釉，在灰蓝色釉面上点缀本色纹片。足边以描金羊肝色釉一圈装饰。

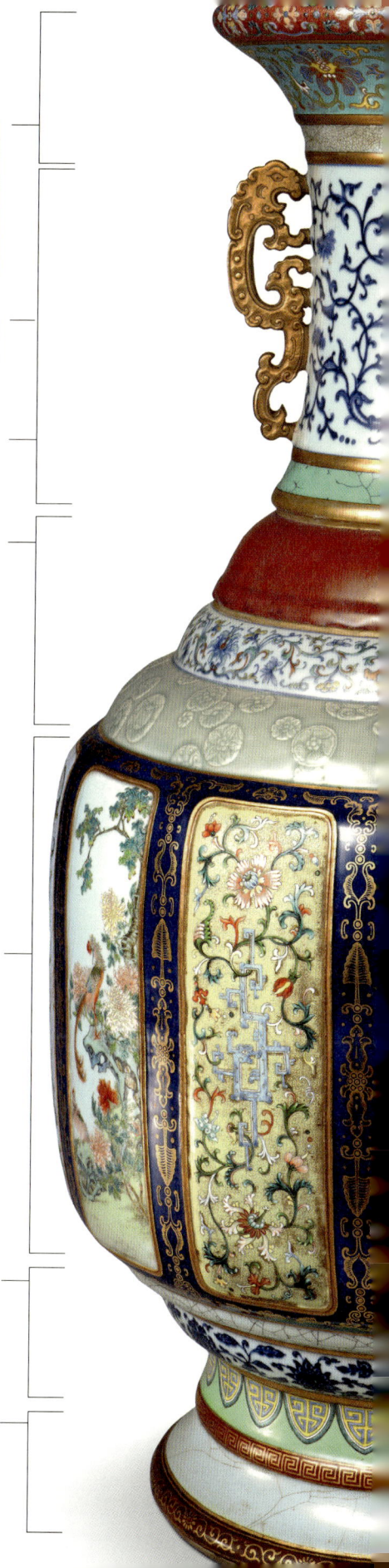

**六幅写实画面**　分别为绘有三羊的
"三阳开泰"；童子击磬、烹茶图画的
"吉庆有余"；画鸾凤牡丹的"丹凤朝
阳"；画驮有宝瓶大象的"太平有象"，
以及"庭园景"和"博古图"。

# 工艺美术

# 工艺美术

工艺随着人的生活需要从无到有，由简而繁。制造一切器物都包括工艺的过程。远在石器时代已经如此。人们在实际使用的要求之外，还希望美观。于是在选择原料时要质美，制造时要造型美、光泽美，再增加装饰花纹，这样就产生了工艺美术。随着人的衣、食、住、行的需要，一切器物和工具，逐渐进化分工。从文献上知道商、周时代已经有国家设官管理的土工、金工、木工、草工、石工、革工等分工制造的记载。

商、周以下，历代都有规模庞大的官办工艺。如汉代的尚方署、唐代的少府监、宋代的文思院、明代的"御用监"所属各局厂、清代的养心殿造办处等，各个时代都有不同的分工行业。从传世的和出土的实物，可以看出各个时代有各个时代的制造风格。从汉、唐到明、清，除官方的手工艺制造以外，还有民间的作坊和个人手工艺者，以及业余美术工艺的爱好者，都各有精致的作品传世。他们之间的关系是相互影响的。例如本书所载"张成造剔红栀子花纹圆盘"的作者张成是一位元代民间漆器制造者，他的儿子张德刚，继承父业，明永乐年间他的作品在日本、琉球都很著名。皇帝召他到北京营缮所领导制作，从传世的有张德刚款的漆器和永乐、宣德年款的漆器可以看出这一时期的漆器就继承了张成一派，具有漆胎厚润，刀法明快，磨工大于雕工的风格；而且又扩大了制作器皿范围，增多了做法品种，新颖美观。

明初，南京官方设厂制造掐丝珐琅器，由云南人担任制造。到了景泰年间北京制造掐丝珐琅器的数量和质量都大为提高，各种器皿釉色鲜明坚实，掐丝匀密，在原来基础上有很大发展，出现了"景泰蓝"这一名称，代表着官方工艺的标准。还有本书所载大明万历年制的"黑漆嵌螺钿云龙纹大案"，是明代"御用监"制造的。案面上的五龙图案和面底的年款都是"御用监"的特征。明代的工艺美术品，民间和官方相互影响，从漆器、景泰蓝、家具三个行业作品的面貌，可以看出总的发展规律。此外，如元代制银器的朱碧山，明、清之际雕刻犀角的尤通，都不是工匠。这类型作者的特点是技术高，文化水平也高，爱好某一项工艺成为癖好，常常出现立意清新的作品，产生很大的影响。

清代的工艺美术家，如本书所载"吴之璠黄杨木雕东山报捷图笔筒"的作者吴之璠，是民间的刻竹名家。他所继承的明代嘉定派的刻竹，在清初雕刻艺术领域里影响很大。本书所载黄振效的"黄振效款象牙雕渔乐图笔筒"，完全用嘉定派刻竹的方法。他是广东人，但作品和广东牙匠的风

《竹人录》

**封始岐**（生卒年不详），字时周，清嘉定（今属上海）人，善刻竹木牙雕等。雍正初年入清宫造办处牙作供职。《竹人录》中有记载。

允祥 (1686—1730)，清康熙帝第十三子，与雍正帝胤禛关系亲密。被封为和硕怡亲王，又出任议政大臣，处理重要政务。曾总理户部、总理京畿水利营田事务、办理西北两路军机。

格截然不同。广东雕刻象牙的行业是很兴盛的，作品多是宝塔、龙舟、多层透雕可转动的球等，以玲珑剔透取胜。养心殿造办处的"牙作"工匠多来自广东。雍正九年（1731）嘉定派刻竹名家封始岐被召入造办处"牙作"当差。他的象牙雕刻没有龙舟牙球一类的作品，给象牙雕刻树立了清逸俊雅的新风。乾隆初年又命封岐（在造办处的名字）试做雕漆器。乾隆时代的雕漆器，刀法不藏锋，棱线清楚有力，运刀如笔，不见磨工的风格，成为乾隆时代雕漆的特征。

造办处"玉作"，雍正年间选进的玉匠胡德成、邹学文、鲍友信、王斌、陈宜嘉、姚汉文、姚宗江等，当时叫作南匠。这些南匠是"玉作"的主要作者。邹学文、姚宗江制玉之外还是古玉鉴定家，姚的祖、父都是玉匠。明清以来苏州专诸巷是高手玉匠集中的地方。乾隆年间造办处"玉作"的主要玉匠倪秉南、张象贤、张君光、贾文运、张德绍、蒋

均德、顾观光、金振寰等，都是从苏州选进的。他们担任一般的制造和修理。遇有大件制作，需用更多的人，如本书所载"青玉大禹治水图山子"，就是由"玉作"的玉匠完成打坯的工序，然后交两淮盐政，在扬州雇用许多苏扬的玉匠集体制造。

造办处"珐琅作"，制作铜胎、瓷胎、玻璃胎、宜兴胎四种胎骨的画珐琅，也是多方面通力合作的。"珐琅作"的宋七格、邓八格是负责炼制珐琅料和完成烧造的。胡大有是吹釉的。绘画的宋三吉、周岳、吴士琦是江西画磁器的人。张琦、邝丽南是广东的画珐琅匠。林朝楷，广东

人，是画家郎世宁的徒弟。贺金昆、汤振基、戴恒、邹文玉、张维奇、郎世宁是画院处的画家。写款人徐同正是武英殿修书处的写字人。在珐琅彩瓷器上写诗句的武英殿待诏戴临，是有名的书家。磁胎是由江西烧造瓷器处的年希尧负责，烧造脱胎填白瓷器。紫砂胎、白砂胎是宜兴烧造的。玻璃胎是由造办处玻璃厂烧造的。每一件成品都要经过这些多方面的人才，共同创作。造办处二十四个"作"的成品，在不同程度上都需要合作。以上四个"作"的情况，可以代表着造办处的特点。

总之，在雍正朝，由怡亲王允祥领导的海望、唐英、沈喻等，都是富有设计才能的人。又有许多画家担任画样。而雍正、乾隆自己也常常提出具体规格要求，所以才能出现极为精致的成品。

**造办处**
全称"内务府造办处"。清皇宫内管理手工作坊的机构。乾隆二十三年（1758）以前，设画院、做钟处、玻璃厂、珐琅作、镀金作、玉作等四十二个作坊。之后逐步裁并，至光绪时总数为：作坊十四个，工匠六十一种，俗称"造办处六十一行"。

# 大圣遗音琴

### 唐·至德元年（756）

通长120.3厘米，肩宽20.2厘米，尾宽13.5厘米，
厚5.2厘米，底厚20.2厘米

"大圣遗音琴"，桐木制，栗壳色漆与黑漆相间，局部略有朱漆修补。金徽玉轸，形制浑厚，圆形龙池，匾圆形凤沼，琴背题名、大印及铭文都是制琴时镌刻的。腹款朱漆书"至德丙申"四字在池的旁边。制琴的时间，正当安禄山叛变，唐明皇入蜀，太子在灵武即位改元至德的时候。此琴造型优美，色彩璀璨古穆，是琴中之宝。

"大圣遗音琴"，原藏于养心殿南库。养心殿是清代皇帝的寝宫。南库是收藏贵重物品的库，说明当时确实是把它看得很重的。南库虽是皇帝的珍品库，但溥仪出宫后，清室善后委员会入宫点查时，南库已因年久失修，屋漏处泥水下滴正中琴面，不知已过多少岁月，长期泥水滞留，琴面上凝结了一层坚厚的水锈。琴色灰白，已破败不堪了。于是就其原状另外入库保存。1947年经故宫博物院的编纂王世襄鉴定为唐琴珍品。1949年征得故宫博物院原院长马衡的同意，延请著名古琴家管平湖来院修理，经历数月，一层水锈彻底清除干净，原来漆面居然丝毫无损，并照原样重新安排了紫檀岳山（琴上的一个部件名称）。虽然经过若干岁月的泥水浸蚀，但琴面鹿角漆胎仍坚固异常，千年古琴所以能

**马衡**

(1881—1955)，字叔平。浙江鄞县人。金石考古学家、书法篆刻家。西泠印社第二任社长。曾任北京大学研究所国学门考古学研究室主任、故宫博物院院长、北京文物整理委员会主任委员。

**管平湖**

(1897—1967)，字吉庵、仲康。祖籍江苏苏州，生于北京。古琴演奏家、画家、中国民族音乐研究所副研究员，从事古琴研究整理工作。撰有《古指法考》。

流传后世，确因其制造精良。

　　"大圣遗音琴"经此次修整，神采照人，恢复了应有的面貌。修整完好以后曾经管平湖试弹，琴音清脆松透。明、清以来的琴书中总结出古人认为最好的琴音具有：奇、透、润、静、圆、匀、清、芳九个特点，称为"九德"，古人说具备"九德"的琴是罕见的。

　　据现代古琴家郑珉中鉴定，"大圣遗音琴"属于"九德"兼全的，也就是说能给人以完美悦耳的音响感受。传世的唐琴有五张，故宫博物院藏有"九霄环佩琴""飞泉琴"和"大圣遗音琴"。

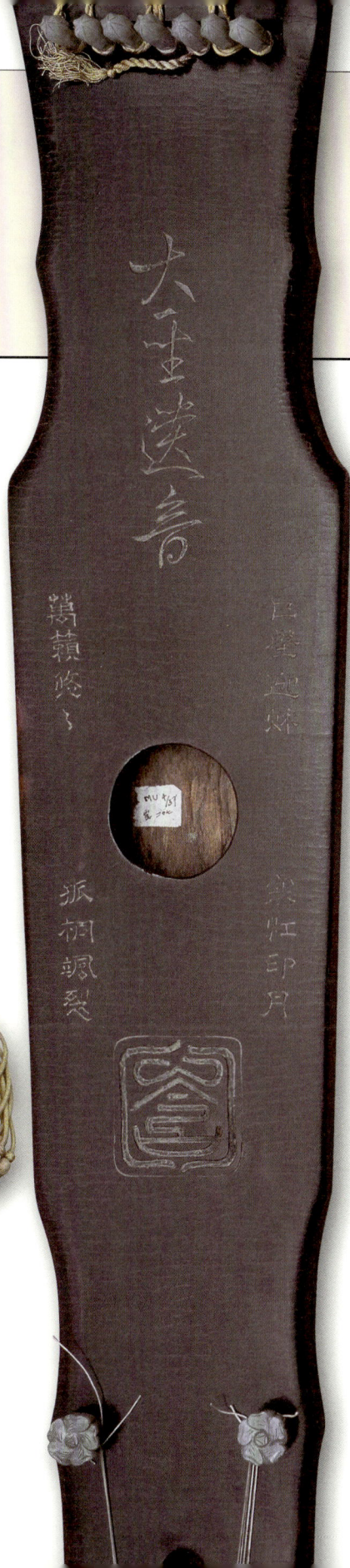

# 张成造剔红栀子
# 花纹圆盘

元（1206—1368）张成

直径16.5厘米，高2.8厘米

元代及明初的雕漆，以花卉为题材的，如栀子花、茶花、菊花、牡丹、玉簪等无不花叶密布，没有锦地（即花下空白雕锦纹）。山水人物则有锦地，但锦纹较大较粗。总的说来，嘉靖时的雕漆锦地比永乐、宣德

剔红，是雕漆工艺中的一个品种。它用笼罩漆调色，在器物胎骨上层层积累到一个相当厚度，然后用刀雕出花纹。凡是红色漆雕的器物，都叫作剔红器。据有关漆器文献记载：唐代的剔红器，花纹和地子都是红色，而且在一个平面上，没有高低之分。还有一种花纹和地子异色，高低也有差别的，叫作陷地黄锦剔红器。宋、元的剔红器，刀锋不显露，凸起的花纹都很圆滑。

唐、宋的剔红器，未见实物传世。这里所介绍的这两件元代剔红的风格，与文献记载宋、元剔红器特点是相符的。宋、元剔红器风格大体上是一致的。

"张成造剔红栀子花纹圆盘"，正中雕盛开的双瓣栀子花一朵，旁雕含苞待放的栀子花四朵，全盘都为花叶布满，不雕锦地。筋脉舒卷有力，浑厚圆润，生动朴实。这种富有生命力的效果，绝不是仅

仅抄袭花卉绘画或其他雕刻品可以达到的，可以看出作者熟练地掌握了雕漆的一切表现手法，并且熟悉漆的性能优点；又经常能观察事物，将自然界新鲜活泼的形象立时选择过来，集中表现在作品上，才有这样的效果。

时的锦地细的多，万历时的锦地又比嘉靖时的锦地更细，并且不论花卉、山水、人物、禽兽等都有锦地。锦地由粗而细，也是明代雕漆演变发展的规律之一。以上都是指官家制造的雕漆而言。还有一种构图比较粗犷，刀法快利，显露刀痕的风格，这些都是没有年款的，民间气息比较浓厚。与官家制造的相比，虽有文野之分，粗细之别，但朴质豪放，艺术价值并不低。

清代雕漆重刻工而轻磨工，到乾隆更加精巧。北京和扬州这两个地区到现在还大量制造。除一般产品外，比较精细的作品往往较多的继承了乾隆时期的一般风格，花纹多、层次多、刻工细成为主要的追求目标。而没有从元、明作品中，如本书所载张成、杨茂的作品吸取优点。

073

# 杨茂造剔红观瀑图八方盘

元（1206—1368）杨茂

直径17.8厘米，高2.6厘米

这件与"张成造剔红栀子花纹圆盘"都是黑漆底，靠近足边有针划款"张成造""杨茂造"。明代永乐、宣德时代的剔红器，继承了张成、杨茂一派，而且种类大大的丰富起来。作品色泽悦目，漆质细腻，能在造型浑厚的器皿上雕出活泼生动的形象。自张、杨到明初，技法的主要特点是刀法明快，磨工大于雕工。大体上说，永乐、宣德可划为一个时期。不过宣德的某些作品，漆渐减薄，而地渐疏，已开始有自己的风格。到嘉靖时代变化很大，雕法由藏锋圆润转向刀痕外露；到万历再变，布局繁密而纤细是其特色。

"杨茂造剔红观瀑图八方盘"，中间八方开光雕松轩。轩右一老人临曲槛，眺望对山瀑泉，轩内外童子各一人。天空、地面和水，用三种不同花纹锦地雕成。盘旁雕仰俯花朵组成的图案。

074

# 朱碧山银槎

元（1206—1368）朱碧山

高18厘米，长20厘米

朱碧山，浙江嘉兴人，以善制精妙的银器而负盛名。元代名人柯九思、虞集、揭傒斯、杜本等，都曾请他制过银

朱碧山所制银器，据前人的记载，品种和数量是相当多的。朱碧山制的这件龙槎，原陈设在紫禁城内重华宫。在元代是酒器，到了清代已经把它作为古艺术品看待，不再当实用的酒器，升格为陈设品了。

杯，或为他的作品题句。其后的陶南村、陈眉公、朱竹垞、王渔洋、高江村等明、清诸名家，对他的作品都以诗文咏赞不绝。

银酒器传世最早的实物是战国时期（前475—前221）楚国银匜（音宜）（现藏故宫博物院）。南北朝时，也有银酒器的记载。到唐代，银制的用具更加丰富，并有雕刻纹饰的酒杯。呈槎（音茶）形的酒杯是一种具有诗意的艺术形式。宋以前未见有槎形杯传世，只盛行于元、明两代。

龙槎是白银铸成以后再施雕刻的。杯上仙人的头、手、履等部分是铸成后焊接上去的，但浑然无痕，如一体铸成。槎身作老树槎丫之状，一仙人倚槎而坐，手中执卷。槎尾刻"龙槎"二字，杯口下刻"贮玉液而自畅，泛银汉以凌虚，杜本题"行楷十五字。槎腹刻"百杯狂李白，一醉老刘伶，知得酒中趣，方留世上名"楷书二十字。槎后刻"至正乙酉，渭塘朱碧山造于东吴长春堂中，子孙保之"楷书二十一字。钤"华玉"章一。

槎杯的造型是从仙人乘舟凌空到了天河的神话故事而来。槎的意思就是树槎。

人们设想，也可以说是艺术构思，仙人乘的舟，一定不同于凡人。所以就设想出一个树槎形的独木舟来。也有人附会汉朝张骞寻找黄河之源，说张骞乘槎上天河，这又是神话中的神话了。这件槎杯的题句"贮玉液而自畅"就是说此槎是盛酒自己享受，"泛银汉以凌虚"就是指上述仙人乘槎飘到天河的神话故事。

这件银槎杯是一件富有传统绘画与雕塑特点的工艺品。由此不仅见到朱碧山的艺术修养，也代表着元代铸银工艺的技术水平，是工艺美术史上的重要作品之一。

柯九思 （1290—1343），字敬仲，号丹丘、丹丘生、五云阁吏，台州仙居（今浙江仙居）人。元代书画家。

虞集 （1272—1348），字伯生，号道园。祖籍成都仁寿（今四川眉山）。元朝名臣，学者、诗人。

揭傒斯 （1274—1344），字曼硕，号贞文，龙兴富州（今江西丰城）人，元朝文学家、书法家。修辽、金、宋三史，为总裁官。善书，朝廷典册多出其手。

杜本 （1276—1350），字伯原、原父，号清碧，清江（今属江西樟树）人，元代文学家、理学家。

陶南村 （1329—约1412），即陶宗仪。字九成，号南村，台州黄岩人。元末明初文学家、史学家。成语"积叶成书"就是讲述他的故事。

陈眉公 （1558—1639），即陈继儒。字仲醇，号眉公。松江府华亭（今上海市松江区）人。明朝文学家、画家。著有《小窗幽记》等。

朱竹垞 （1629—1709），即朱彝尊。字锡鬯（音畅），号竹垞（音茶）。秀水（今浙江嘉兴）人。清朝词人、学者、藏书家。参加纂修《明史》。"浙西词派"创始人。著有《曝书亭集》《日下旧闻》等；所辑《词综》是中国词学方面的重要选本。

王渔洋 （1634—1711），即王士禛。原名王士禛，字子真，号阮亭，又号渔洋山人。山东新城（今山东桓台）人。清初文学家。官至刑部尚书。著有《池北偶谈》等，编有《唐人万首绝句选》。

高江村 （1645—1704），即高士奇，字澹人，号瓶庐，又号江村。浙江人，后入籍钱塘（今浙江杭州）。清代官员、史学家。著有《江村销夏录》等。

**杯口**　刻"贮玉液而自畅，泛银汉以凌虚，杜本题"行楷十五字。

**槎腹**　刻"百杯狂李白，一醉老刘伶，知得酒中趣，方留世上名"楷书二十字。

**槎后**　刻"至正乙酉，渭塘朱碧山造于东吴长春堂中，子孙保之"楷书二十一字，钤"华玉"章一。

**槎尾**　刻"龙槎"二字。

075

# 宣德款掐丝珐琅
# 缠枝莲纹碗

明·宣德（1426—1435）

口径 29.7 厘米，高 13.9 厘米，足径 13 厘米，尺寸原大

　　清代初期，武英殿造办处设有"珐琅作"，后并入养心殿造办处。从故宫藏品来看，康熙时代的铜掐丝珐琅，无大发展，但胎骨厚重，釉料坚实，保持了明代官款器物的水平，而釉色不鲜明，有康熙年款的很少。到了乾隆时期，这项工艺和雕漆、织绣、百宝嵌等工艺美术品同时出现了空前的繁荣。首先是制造范围的扩大。除继承以往的品种以外，大至丈许的屏风、桌椅、床榻、楹联、插屏、挂屏，小至笔床、酒具、砚匣、卷签、书画轴头等都有，室内陈设和用具无所不备。宫中和避暑山庄的庙宇内还有高与楼齐的珐琅塔。在这时期的制造技术方面，出现了粉红和黑色的新釉料。明代呈半透明紫晶光泽的葡萄紫色，变成灰紫色。明代如砗磲（一种矿物名称）纯白的

铜掐丝珐琅这种工艺美术品，在明代景泰年间大量制造，所以又名"景泰蓝"。早在元朝已经出现这种工艺。元人《吴渊颖诗集》中有咏"大食瓶"诗一首，具体描述了大食瓶的质地、尺寸、色彩、花样，胎盘的光滑清坚，可以看出"大食瓶"就是铜掐丝珐琅瓶。诗中明确的说这是从波斯（即现在阿富汗、伊朗等地区）来的物品。吴渊颖卒于元至元六年（1340），这首诗说明这项工艺当时在中国还是一个新工艺。明朝初年曹明仲在《格古要论》里面，叙述烧造瓷器的窑别，曾说到"大食瓶"，是以铜作身，用药烧成五色花；又说云南人在南京，有以此为业的，制造瓶、盒、香炉、酒盏等。皇宫内制造的更细润可爱等语。从传世的实物来看，有年款的铜掐丝珐琅器，还未发现更早于宣德年制的。宣德年距离吴渊颖已近百年，这项工艺的制造技术已逐渐达到成熟的水平。

釉料，到此时变灰白，其他釉料亦缺乏玻璃感。但胎骨厚重不减于明代，镀金技术超过以前，掐丝细密、金碧辉煌的评语还是当之无愧的。

故宫博物院藏品中有"大明宣德年制"六字款和"宣德年制"四字款的铜掐丝珐琅器。器上的铜镀金装饰和当时一般铜镀金器的装饰相类。器物类型有：炉、瓶、盒、盘、碗等。釉料色彩多蓝地，在铜掐丝花纹轮廓内有红、黄、白、绿等花色。也有以白色为主的，如此件"宣德款掐丝珐琅缠枝莲纹碗"：白色地，上有红、黄、蓝、绿等色大花数朵，图案简练，色调鲜明，花朵饱满，枝蔓舒卷有力，是宣德时期比较突出的制品。这时期的仿古铜觚、尊等器和仿瓷形体的器皿居多。其中盈尺的重器，釉料坚实，镶铜浑厚，镀金灿烂悦目。

# 076 铜掐丝珐琅缠枝莲觚

**明·景泰（1450—1457）**

口径7.9厘米，高14.5厘米，尺寸原大

　　从体积尺寸来看，景泰年间的掐丝珐琅制造技术又进了一步。在瓶、盘、炉、花插、炭盆、面盆、花盆、薰炉、灯、蜡台、盒等器物上又出现了许多新花样。这时期的釉料与宣德时代相同的颜色有：天蓝（淡蓝色）、宝蓝（青金石色）、红（鸡血石色）、浅绿（草绿色）、深绿（菜玉色，有半透明的质感）、白（砟碟色）。宣德釉，光彩稍逊于景泰。新出现的、为宣德时代所未有的釉料有：葡萄紫（紫晶色，有玻璃质感）、紫红（玫瑰色）、翠蓝（在天蓝和宝蓝之间而色亮）。如景泰款"缠枝莲觚"，色彩夺目，光亮如有一层玻璃釉，器不大而体重，并且招丝匀实，磨光细润，在宣德时代基础上又提高一步。"景泰蓝"这个名词也随即著称于世。

　　景泰以后，有款识的器物，传世不多。故宫藏品中有嘉靖款的盘、"大明万历年造"宝蓝色地五色双龙、鼎式四足炉。炉盖不用铜镀金镂空，而用珐琅镂空，是这个时期的新做法。还有烛盘，淡青色地，只有黄、红、白色花苞。还有红、白、赭诸色花蝶炉，是这一时期的新图案花纹。赭色和淡青色是这个时期的新釉料。

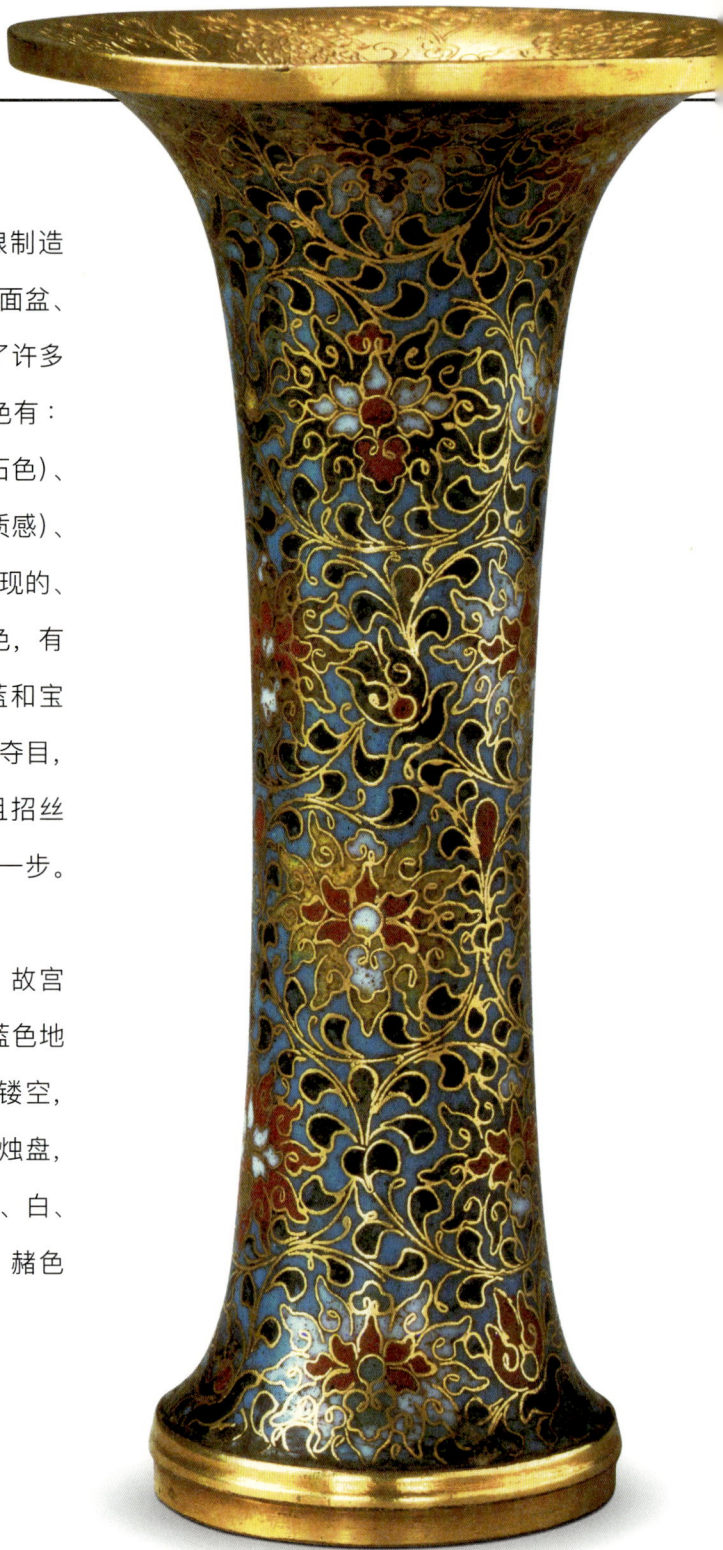

景泰年间，掐丝珐琅这项工艺更为繁荣，产品有高与人齐的大觚，高约二三尺的尊、罍、壶、鼎等仿古铜器的器物。

明代铜掐丝珐琅器，无年款的传世很多，也都是景泰以后的产品，其中有不少出色的。例如故宫藏品中有瓜形灯座，与真实的大南瓜尺寸相若，下有铜镀金枝蔓作足，上有铜镀金叶蔓以承灯颈，瓜色在黄绿之间，绿叶黄斑，似画笔烘染。景泰款诸器中尚未见有此种做法。还有些器物，形式仿古铜而纹饰用花鸟，都是前所未有的。在无款器物中有些胎骨轻薄，釉料滞暗，但也是明代的制品。

# 紫檀荷式大椅

**077**

明（1368—1644）

高115厘米，宽84厘米

古人席地而坐，没有椅子。床是卧具，也是坐具。五代画家顾闳中画的《韩熙载夜宴图》中已经有椅子和绣墩。到了宋朝，椅子已渐渐流行。而且椅子种类很多，有"金交椅""银交椅""白木御椅子""檀香椅子""竹椅子""黄罗珠蹙椅子"等。

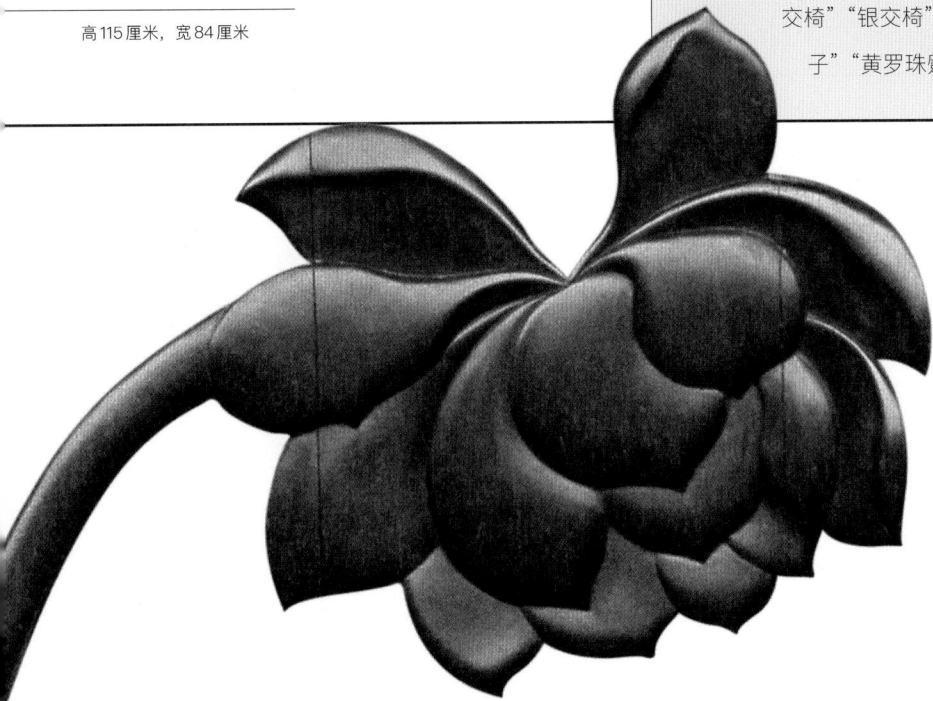

　　南宋前期，椅子虽然已经相当普遍，但可能只限于士大夫家里厅堂会客用。至于内室起居还习惯于坐床。宋、元时代椅子名目虽多，还没有用紫檀木制作家具。到了明代，紫檀木才开始盛行。紫檀椅子也有很多类型。这件"紫檀荷式大椅"，属于单独陈设类型的家具。没有成对的，可姑且称之为床式椅。这种椅子在皇宫中可以和屏风、宫扇在一起，设在屋宇明间的正中，成为便殿宝座的形式。在住宅或花园中，可以设在大书案的后面，当作写字看书用的，或设在面窗对景的地方。总之这种大椅在室内是有固定位置的，不轻易挪动。明朝人所谓"仙椅""禅椅"，都是为默坐凝神，可以盘足后靠。椅背上有一宽厚的横木，作枕头用的。

　　"紫檀荷式大椅"的制造，除座面是光素的以外，荷花荷叶布满整体。背上枕头处很巧妙的是一柄荷叶，整体的做工光滑圆润。凡家具上雕刻花纹，都是经过高度图案化的，而这件紫檀大椅上面的荷花、荷叶、梗、藕，自上而下，是以花叶的自然形态布满整体，很像元、明时代雕漆花卉盒盘一类的手法。在传世的明代家具中仅此一件。不仅雕饰上有如上的优点和特点，更主要的是取材厚重，木质精美，造型圆浑，舒适耐用。符合家具艺术的最佳标准。

## 078 黑漆嵌螺钿云龙纹大案

### 明·万历（1573—1620）

高 87 厘米，横长 197 厘米，宽 53 厘米

螺钿，就是在漆器上嵌蛤蚌壳作为装饰。1964 年在洛阳庞家沟西周墓出土的镶嵌蚌泡的朱黑两色漆器托，是现在已经发现的最早的实物。到了唐代的漆背嵌螺钿镜，更是这项工艺比较成熟的器物。元至明初是

"黑漆嵌螺钿云龙纹大案"，平头式，四足缩进安装，不是位在四角，这是明代流行的一种最普遍的形式。案面嵌螺钿五龙，通体龙纹，"大明万历年制"款在案面下。故宫藏品中，有万历年款的大案只此一件，这是明代"御用监"的制品。

**御用监**

官署名。明代宦官司二十四衙门之一。掌理御前所用围屏、摆设器具等事。

螺钿工艺的大发展时期。元大都出土的嵌螺钿广寒宫图形残器，是平脱薄螺钿的做法，十分精致。这是唐、宋以来，从镶嵌较厚的螺钿的方法上，又开创了嵌薄螺钿的方法。厚螺钿有洁白如玉的，有微黄作牙色的。薄螺钿有青色闪绿光的，有淡青色闪红光的，有深青色闪蓝光的。嵌薄螺钿是在花纹画面的不同部位，采用不同色泽的螺钿，镶在漆器上，使它达到近似设色的效果。这件"黑漆嵌螺钿云龙纹大案"，属于厚螺钿的做法，又称硬螺钿；"黑漆嵌螺钿间描金职贡图长方盒"，属于薄螺钿，又称软螺钿。

079

# 黑漆嵌螺钿间描金
# 职贡图长方盒

清（1616—1911）

高6.8厘米，长40厘米，宽30厘米

殿后还有重重的宫阙，天空用金勾出流云及卷云纹，云间露三龙头用螺钿嵌成。最上部为峰峦丛树，山顶用金作皴，也有以浑金作山，留出线条，作为轮廓。山壑布满石树。山石用钿片或钿沙嵌成，也有用赭色漆略微堆起，上面描金的。从

该盒长方形，盒面嵌薄螺钿间描金"职贡图"。画面下半部为三孔大石桥，用不同色的钿片嵌成"虎皮石"砌桥。桥上有二十七人，其中有驱象的，牵狮子的，曳骆驼的，有二人抬一大木笼，手中捧珊瑚明珠的。内有高冠勾鼻虬髯的人。石桥尽端与栏杆相接，栏杆外，下临涧壑，内为平道，行人络绎成行。道路斜上，直通大殿，殿外在地上叩拜的十七人，左右有人侍立。

漆质、形制及图案来看，当是清康熙时代
所制。这是软螺钿加描金的做法，是色彩
艳丽的工笔金碧山水画都难以比拟的精品。

# 匏制蒜头瓶

**o8o**

清·康熙（1662—1722）

高 13.8 厘米，口径 4.1 厘米，足径 7.2 厘米

匏（音袍）器，又名葫芦器，是中国特有的一种人工与天然相结合的工艺美术品。这种工艺是把初生的嫩匏纳入模范中，使它长成各式各样的器物。天然果实的形态方圆悉随人意，不施雕琢而花纹款识胜过雕琢，宛若天成。

清代宫中范制匏器，始于康熙时期。故宫的藏品有年款的匏器尚未见到有早于康熙的。乾隆十二年丁卯（1747），御制《咏壶卢器》诗，序中说：康熙时命奉宸院种植葫芦，把不同器形的模子套在嫩葫芦上面，等待葫芦长大成熟，就可以做成想要做的碗、盂、盆、盒形匏器。乾隆还有诗咏康熙的一个葫芦碗。诗里面提到康熙在西苑（即中南北三海）丰泽园，曾经种植葫芦。这里是康熙亲自选择优良稻种的试验田，并且说所咏的这个葫芦碗，底有"康熙御制"的款识，色泽古穆，已是百年（距离乾隆题诗的时间）的物品了。

葫芦器的制造，虽然是用雕成的木模，包在嫩葫芦上等待它渐长渐满，天然长成，但千百件中仅成一、二完好的，很难得。所以葫芦器精品还是非常珍贵的。

康熙时的匏制盘碗，有相当多是光素的，通体只有弦文三道，黑漆里，足内有"康熙赏玩"楷书款。它们可能是早期初试范匏时的制品。后来的"六瓣碗""缠枝莲寿字盒""八方笔筒"上面模印唐人五言流水诗等器就和初期制品不同了。造型和纹饰都很妍美。这里介绍的

中国匏器这种工艺美术品历史悠久。日本法隆寺原
藏有来自中国的"唐八臣瓢"，器形似盖罐，图像为人
物三组。据文献记载，在明代有花纹和文字的匏器已是
民间常见的一种工艺美术品。

蒜头瓶就是这类面貌。瓶肩
有仰俯云纹，腹有莲纹，由
于瓶身分瓣，显得花纹格外
突出，而且色如蒸栗，莹澈
照人，是匏器中的珍品。

# 尤通犀角槎杯

### 081

清（1616—1911）尤通

高 11.7 厘米，长 27 厘米，宽 11.7 厘米

照渚幸而遄温
天刻杯仿此遇
尤家河源自在
人间世溟使訊
傅星溟槎
乾隆御题

犀牛的角是非常珍贵的药材，再经名手雕成酒杯就更可贵了。这件槎杯的作者尤通，生于明朝末年，江南无锡人，是一位善于雕刻犀角、象牙、玉石玩器的名手。少年时期，他的亲戚家有一个宝爱的犀角杯，被他父亲借来赏玩。正值尤通家有一枝新犀牛角，于是就仿制了一个犀杯，款式、纹饰都与原物相同。但因为新的犀牛角颜色和旧犀杯不同，他捣凤仙花的汁，按照染红指甲的方法把新仿制的犀杯染成旧犀杯的色泽，拿给他的亲戚看，物主也

雕刻艺术，自宋朝以后有个新的风尚，就是牙、角、竹、木、金、石等材料雕刻的小型器物，当作几案上可与文房四宝一起陈设的清供。元、明两代这类工艺美术品异彩纷呈，灿然夺目。清代又有许多名家，出现了不少精心制作的作品。这里的"尤通犀角槎杯""吴之璠黄杨木雕东山报捷图笔筒"和"黄振效款象牙雕渔乐图笔筒"，就代表着明末到清前期的精品。

不能辨认是否原物，足见尤通少年时的技艺已经很高明。所以人称他为尤犀杯。后来到了清朝康熙年间，他被征召入宫内，为皇帝制作器物。年老回家以后说，在宫内曾在一个比桂圆还小的珠玉上刻《赤壁赋》。说明他老年的技艺更精进了。

这件槎杯是尤通的代表作之一。槎的解释已见前面朱碧山制银槎一文。这件槎杯和朱碧山所制是一个题材，但槎的式样、仙人的神态等都不同。就如画家们同画一题材，各有不同的表现方法就有不同的面貌是一个道理。相同的是它们的用途都是喝酒的杯。

# 082 吴之璠黄杨木雕东山报捷图笔筒

清（1616—1911）吴之璠

高17.8厘米，口径13.5厘米

吴之璠，字鲁珍，别号东海道人，是清代刻竹名家之一。明以前没有专以刻竹著名的，自明中期以后，有嘉定的"三朱"（朱松邻、朱小松、朱三松），金陵的李、濮（李耀、濮澄），都是刻竹名家。所谓嘉定、金陵两派就是指他们而言。

吴之璠就是朱三松以后嘉定派第一名手。他刻竹年款多在康熙前期，也就是他创作最旺盛的时期。这件笔筒是黄杨木雕，但刻法与竹笔筒无异。刻竹的方法有两大类：一类为竹面雕刻，如笔筒、扇骨、臂搁等；一类为立体圆雕，如用竹根刻成立体形象及器物。竹面雕刻中有阴文、阳文之分。阴文、阳文中又各有若干具体不同的刻法。如这件笔筒，是属于阳文的高浮雕。此图的题材是晋朝的太傅谢安与客下棋。谢安的身旁是一个观局者，身后有几个侍者，对面是下棋的客，是一幅近景。为了使人、树、山石等格外凸出，所以高处要更高，低处就必须更低，这就是学"三朱"深浅多层的方法。高凸处接近立体圆雕的意味。对弈的客人注视着棋盘，而谢安和观局者正向客人有所询问，表现出谢安棋高一着，伸手就要胜几着棋的神态。另一面是飞骑报捷的人员，手持红旗，侍女们则互相窃说，彼此呼应。非常生动。署款"槎溪吴之璠"。有乾隆御题诗一首。

**嘉定"三朱"**

**朱松邻**（生卒年不详），朱鹤，字子鸣，号松邻。嘉定（今属上海）人。活动于明代正德、嘉靖年间。刻竹擅长深刻法，为嘉定派竹刻的开山始祖。

**朱小松**（1520—1587），朱鹤子。名朱缨，号小松。书法工小篆及行草，作画长于气韵，刻竹师承家法。有诗集《小松山人集》一卷传世。

**朱三松**（生卒年不详），朱缨子。可能生于嘉靖三十八年（1559）前后，卒于明末。较全面地继承了家族的雕刻技艺。

**濮澄**（1582—？），字仲谦，金陵人。竹刻金陵派创始人。明末作家张岱（1597—1679）在《陶庵梦忆》中专门记载："南京濮仲谦，古貌古心，鷃鷃若无能者，然其技艺之巧，夺天工焉。其竹器，一帚、一刷，竹寸耳，勾勒数刀，价以两计……"

**李耀**（生卒年不详），名昭，字文甫，明代竹刻家，金陵派的先驱。濮澄刻扇，就是步李耀后尘。

## o83 黄振效款象牙雕渔乐图笔筒

清·乾隆三年（1738）黄振效

高12厘米，口径9.7厘米

此笔筒的作者黄振效是广东的名手。署款"小臣黄振效恭制"，年月是乾隆戊午，即乾隆三年（1738）。他由当地督抚保荐，被召入养心殿造办处，于乾隆四年（1739）正式在"牙作"当差。这件笔筒可能是初到造办处呈览供审查的样品。黄振效虽然是广东人，但他的作品却不是广东牙雕的风格，而完全是嘉定派竹刻的高浮雕方法。刻画

了傍山靠水的渔家乐图景。构图采取壁立山崖的三面，一
面是水中一舟将从芦荡中撑出来，一舟前行，崖上刻乾隆
御题诗一首。一面为岸上松荫下五人聚饮，一面为松坡，
署款在坡下。这种高浮雕已接近立体圆雕，物象极为生动，
是牙雕器物中的上品。

**浮雕**

塑造的形象依附于背景之上，适于单面观赏。大多采用
形象凸起的形式，根据凸起的厚度，又可分为高浮雕和
浅浮雕；也有将形象的轮廓线雕去的，称为凹浮雕。

# 青玉大禹治水图山子

### 清·乾隆五十二年（1787）

高 224 厘米，宽 96 厘米，座高 60 厘米
重约 5 330 千克

"青玉大禹治水图山子"用密勒塔山青白玉制成，下面承以铜嵌金丝、烧古色山形座。玉山雕刻着崇山峻岭、古木丛立、洞壑溪涧作背景，大禹在正面山腰上亲自劳作。追随他的民众，有人用锤打，有人用镐刨，有人用杠杆捶击，凿石开山，使水就下。这幅生动活泼的劳动图景，是按着玉材天然形势，给予精细的艺术加工而制成的，堪称稀世珍宝。

玉山背面刻有乾隆五十三年（1788）正月《题密勒塔山玉大禹治水图》御制诗。大意是歌颂大禹治水，四年之间走

据前人记述，从新疆运大玉到北京需要制作轴长三丈五尺的特大专车。车上有铜把，前用一百多匹马拉车，后用千名夫役扶把推运。逢山开路，遇水架桥，冬季则泼水结冰路面拽运，日行五至六里。据此计算自和阗至北京一万一千一百里，需时三年才能运到。玉料运到北京以后，乾隆皇帝选用《石渠宝笈》著录的《宋人画大禹治水图》轴为稿本，将原图发交内务

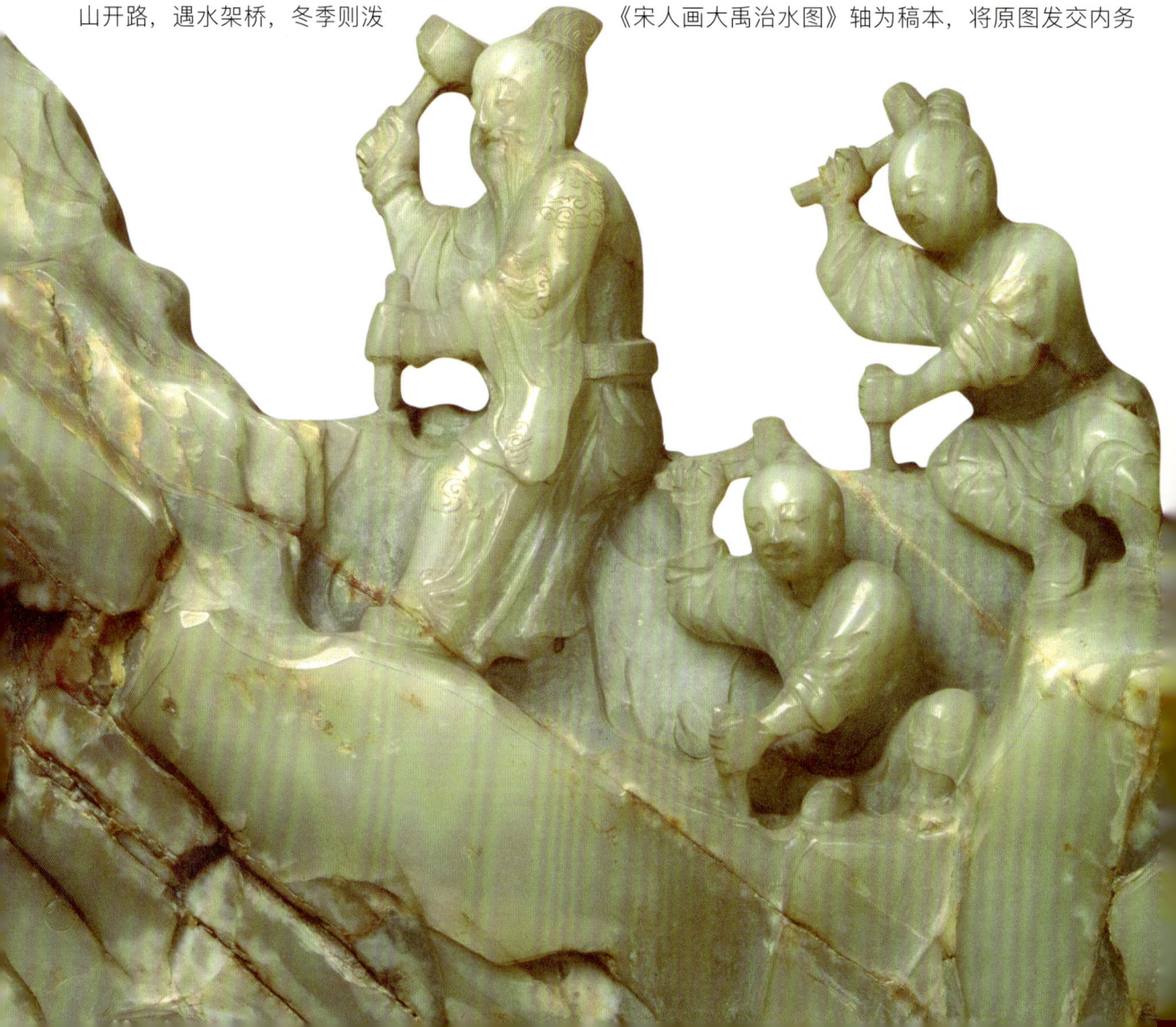

遍全国，开山凿石，疏通江河，使洪水就范不致为灾，大禹的功德是万古不朽的。这样一块像山峰似的大玉材，如果制造尊垒一类的器物，那就大材小用了。宫中所藏《宋人画大禹治水图》是一幅名画。把它体现在大玉山上，那将是永远不会被损坏的纪念物。也只有"功德垂万古"的圣迹刻在这样的大玉上才相称。现在玉山已制成，自从采玉开始，十年之久，耗费许多人力物力。乾隆还告诫子孙，如果仅仅为了追求珍玩，今后绝不允许再做这样的事。从诗中也可知道制造玉山的本末和目的。

府大臣舒文，命贾铨照图式样在玉上临刻。乾隆四十六年（1781）二月二十七日，拨得玉山蜡样及画得正背左右画样四张。同年五月初七日，乾隆批准蜡样和画样，经过运河把大玉载往扬州，交两淮盐政图明阿选玉匠照样制造。后来因恐蜡样日久熔化，又照样刻成木样。自乾隆四十六年九月在扬州开工，到乾隆五十二年（1787）六月完成，历时七年零八个月。同年玉山再经运河运到北京。九月间安设在宁寿宫乐寿堂。乾隆五十三年正月二十五日，命造办处如意馆的刻玉匠把御题诗刻在玉山的背面。

"青玉大禹治水图山子"所用的工时和造价，已无精确的资料可据。但根据另一件玉山，"秋山行旅图玉山"的制造资料可以推断大约的数字。此物造价约

致之以萬里

無限遠

收

以奠夫大川

日惟口枕日劉

物敬誠神禹神龜

聖人知

玉免知

宗伯子免收教斧同農

为蔦譲帝欽仰

朕治水

延軺阜昨

未姓名辰

辰朱崖率擬

府内

乃是非拘墟耳食其英漢武之言

高七尺博三尺車立如

河源遂達區曾否乎

亚產丘都早見簡明

是"秋山行旅图玉山"的四倍。根据"秋山行旅图玉山"的工时和造价，估计"青玉大禹治水图山子"从打坯到制造完成，不包括刻字工时，不包括在山上开采玉料，不包括从新疆运到北京、从北京运到扬州、再运回北京，一系列的运费都不计算在内，只计制造，大约工程量为十五万个工作日，需白银一万五千余两。按当时物价，可折合大米一万六七千担（一担约合六十公斤）。如果开采运输的工时和银两加在一起，将若干倍于此数。"青玉大禹治水图山子"的制成，在玉器工艺美术史上是一次伟大的创举，显示了中国人民的才能与智慧。

**秋山行旅图玉山**

据档案记载，此玉山于乾隆三十一年（1766）十一月十三日开始制作。初期制作在北京，后因进度迟缓，遂被运往两淮，由扬州承做。告竣时间不晚于乾隆三十五年（1770）。清代大型玉雕作品有一个共同的特点：皆不以玉料的好坏作为衡量作品优劣的唯一标准。有些质地欠佳，但经工匠的精心设计后，成为珍品。

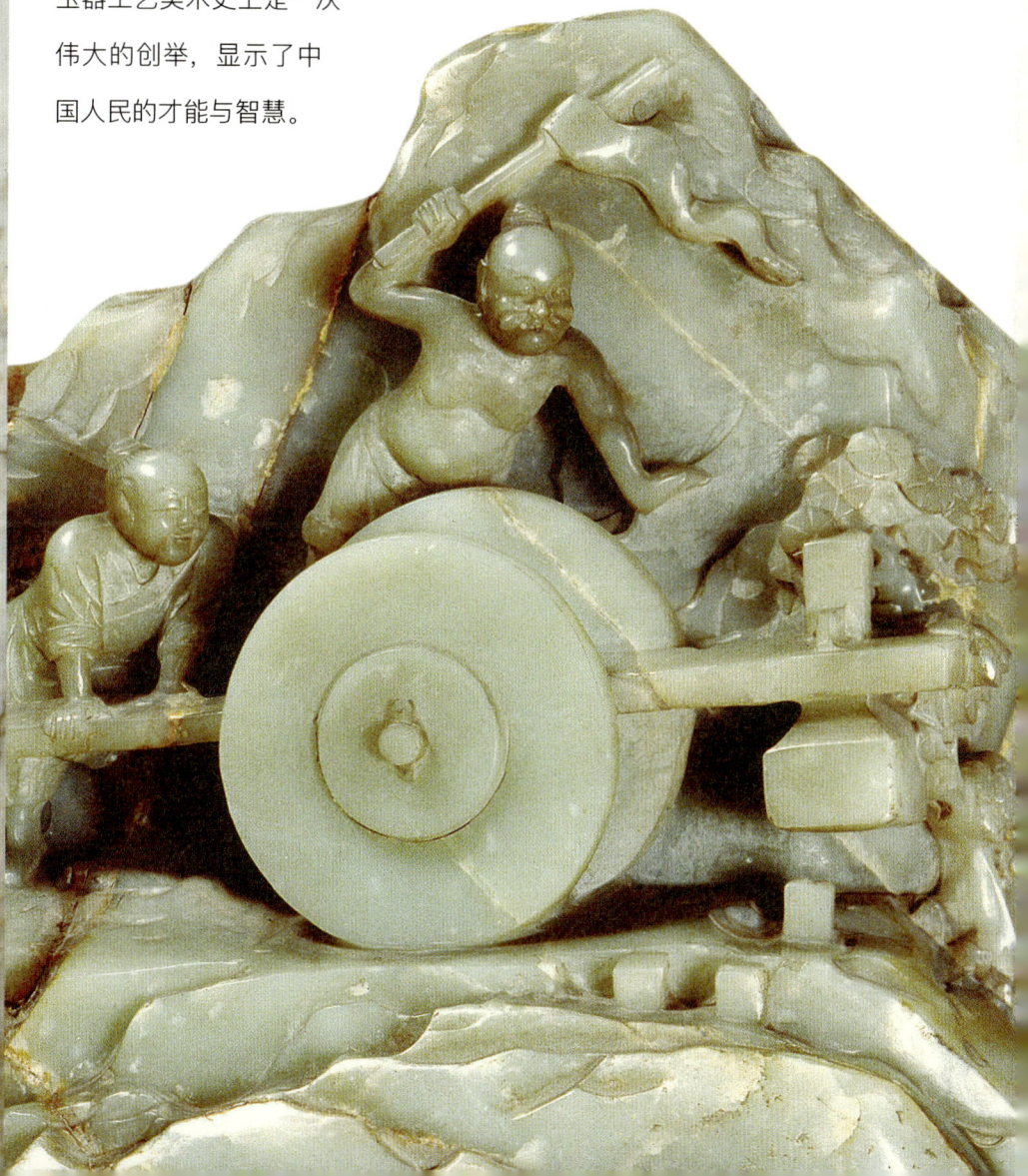

# o85 桐荫仕女玉山

## 清·乾隆 (1736—1795)

高15.5厘米，长25厘米，宽10.8厘米

清乾隆时期，是我国琢玉工艺高度发展的阶段，"桐荫仕女玉山"就是当时的杰作。这是一块黄白色整材，本想雕成玉碗，但因其既有裂痕又有赭色玉皮子而被废弃，经苏州工匠化拙为巧

的鬼斧神工处理后，仿宫内油画《桐荫仕女图》而作。明清两代玉雕广受绘画的影响，许多清代宫廷画家都为玉雕进行过设计，给玉雕带来了更多的文化内涵，使其有了更为强烈的文人文化倾向。

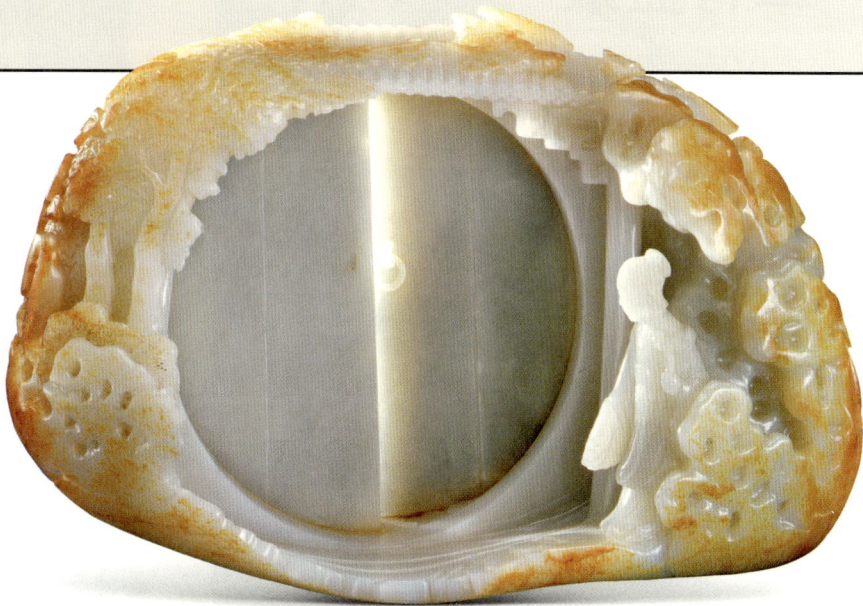

**乾隆御诗拓片图**

"桐荫仕女玉山"是用一块玉子就其天然形体琢成的。底有乾隆御制诗一首，并序："相材取碗料，就质琢图形。剩水残山境，桐簷蕉轴庭。女郎相顾问，匠氏运心灵。义重无弃物，赢他泣楚廷。"序中叙述，这是一块做玉碗取坯后剩下的废材，取其玉质温润，在造办处当差的苏州玉匠利用废材，精心设计制造的一个玉山子。在中间琢成一个洞门，四扇屏门，中间半掩，门外一人拈花，门内一人捧盒，内外相望。用玉子表面赭色的皮部做桐、蕉、山石。用洁白部分做石桌、石凳。是一件巧作的精品，是清代圆雕玉器的代表作。

o86 # 木胎海棠式盆
# 翠竹盆景

## 清（1616—1911）

通高18厘米，盆高6厘米
足距纵3厘米，横4厘米

清代养心殿造办处的"玉作""杂活作""牙作""曩丝作""鋄（音减）金作"合制的盆景，有许多从设计、选料、制造上说，都堪称是上乘的精品。这些盆景是雍正元年（1723）以来，造办处特有的。造办处主要的总设计人是从内务府员外郎出身后来做到内大臣的海望。当然每个制作环节还有许多设计者，同时也是作者。造办处所制盆景或瓶花，章法是画意的经营，色调显示其选料的质美。譬如造一棵凤仙花盆景，用牛角做梗，把充满水分、半透明的露出纤丝筋脉的凤仙花梗特点表现无遗。制造盆景的名手是在造办处当差的苏州能人施天章。

这件盆景主要是"玉作"和"曩丝作"合制。由"曩丝作"制铜凿花镀金盆，"玉作"制翠竹。景的内容是一丛经过砍伐的老竹，从根部又生出嫩叶。粗壮的竹根，充分表现翡翠的质美。章法疏朗有致。配上铜镀金盆，上下金碧相映，是一件精巧而又脱俗的案头清供。

## 087 碧玉仿古觥

### 清·乾隆（1736—1795）

高18.7厘米，口宽7.4厘米，足距纵7.7厘米，横4.2厘米

清代养心殿造办处"玉作"制造的范围是：以玉为主，同时包括一切需要砣工制造的物料，如玛瑙、碧玺、翡翠等；还有天然的矿物和经过烧炼的各色玻璃料，都包括在内。当时的许多城市也有玉匠，如苏州、扬州和回部地区均是高手集中地，他们制造的玉器成为流通市场的高级商

这道谕旨很切中当时玉器制造的时病。这里所介绍的碧玉仿古觥（音公）是养心殿造办处造的所谓杜奇归朴的器物，属于纠正时病的器物。此器仿古铜器的饕餮纹觥，玉质的墨绿色很自然的呈现着青铜锈斑的色泽，是造办处的精品。当时造办处的工艺者，都是各地方选送的高手，待遇优厚，在制造时又有素养很高的专家设计。所以造办处制造的器物都是工精质良，在工艺美术史上占很重要的地位。

品。因商业竞争以致争奇斗胜。由于盐商竞出高价购买，乾隆时期扬州市场上曾出现大量玲珑剔透的玉器。当时的盐政和织造把这种玉器作贡品，遭到乾隆皇帝的申斥。乾隆五十九年（1794）八月十四日，曾有一道谕旨给扬州盐政和苏州织造，大意是说此后务须严行禁止镂雕这类玉器。

因为凡是容器，镂空之后没什么用处，即使不是容器，通体玲珑则玉质的美完全消失了。甚至回部地区也相习成风，致使完整玉料都成废器。

# 画珐琅花鸟纹瓶

清·乾隆（1736—1795）

高44厘米，口径14厘米，足径15.2厘米

铜胎画珐琅，这一工艺美术品种，在清代康熙、雍正、乾隆三朝空前的发展。雍正年间，养心殿造办处从原来采用西洋料发展为自己烧炼珐

当时铜胎画珐琅器的制造地点，有广东、扬州和北京。北京在当时还没有民间的作坊（康熙到乾隆时期），只是养心殿造办处有"珐琅作"。这个"珐琅作"内的人员，除从广东、江南挑选优秀工匠以外，还有江西烧造瓷器处送来的工匠，另外还有画院处的画家。所以这个品种在康、雍、乾三朝呈现着非常繁荣的景象。

康熙款的釉质，细腻温润而不以光亮取胜。有白釉地绘疏朗的工笔花鸟小瓶；有黄釉地图案化的花卉盘、碗、花篮等；还有一道釉的器物。雍正时期除原有的瓶、罐、盘、碗等，新的品种有冠架、鼻烟壶等；新的花色有黑地、百琅料九种，是当时西洋料所没有的颜色品种。后来又新增九种，连同原有的西洋料十八种，共有三十六种颜色的珐琅料。

花和皮球花等。到乾隆时期，制造范围扩大，宫内陈设装饰和使用器物大至屏风，小至焖壶无所不备，装饰性非常强。又吸取了瓷器、漆器、织绣、铜器的图案组织而出现许多新内容。釉色和花纹继承以往的优点以外，盛行锦地开光人物、山水、花卉等，并有胭脂水或青花的山水，描绘生动精细，其锦地在一个器物上常有几套几层不同组织的花纹。釉色有无光而细腻如凝脂的，有含玻璃质感的。

　　这件花瓶就是属于玻璃质感的，瓶面上有一层坚脆的清光，笼罩着绚丽的花卉。造型稳重，是大型铜胎画珐琅瓶类中的珍品。

## 089 百宝嵌花果紫檀盒

清·乾隆（1736—1795）

纵22厘米，横27.5厘米，高6厘米

百宝嵌，这种工艺由来已久。据文献记载，汉朝已有之。本书所选的两件百宝嵌的做法则始于明朝。其法以金、银、宝石、珍珠、珊瑚、碧玉、翡翠、水晶、玛瑙、玳瑁、砗磲、青金石、绿松石、螺钿、象牙、蜜蜡、沉香等物作原

　　"百宝嵌花果紫檀盒"是乾隆时代的百宝嵌精品。百宝嵌的嵌物，有微凸如浮雕的，有表面齐平不见起伏的。紫檀盒的做法属于前者。

　　"百宝嵌花果紫檀盒"，长方圆角式，金星紫檀木。盒面上嵌藕、莲蓬、茨菇、白菊、黄菊、芙蓉、兰花等花果一簇。稿本当然仍是绘画，但效

果不同于绘画。藕的选料也说明制作手法的高妙。藕身用白玉，但露孔处的剖面用螺钿，虽然同是白色，而螺钿的亮度和白玉不同，这就显出藕身有皮色，剖面则白亮有水意。再有同是绿色的莲蓬用碧玉，而菊叶用孔雀石，又出现不同的效果。兰花用青玉，红果用红玛瑙，各有其质美。是百宝嵌中的珍品。

料，雕成山水、人物、树木、楼台、花卉、翎毛，嵌在漆、紫檀或花梨等器物上。大则屏风、桌、椅、窗槅、书架，小则笔床、茶具、砚匣、书箱都有这种做法。这种做法始于明嘉靖时的周柱（一说名叫周翥）。人们称这种做法为"周制"，等于说"周制"和"百宝嵌"两个语汇是一个含义。乾隆时以王国琛、卢映之的技艺为最精。

# 百宝嵌花卉漆挂屏

## 清·乾隆（1736—1795）

高98厘米，宽64.5厘米

"百宝嵌花卉漆挂屏"是乾隆时代的百宝嵌精品。百宝嵌的嵌物，有微凸如浮雕的，有表面齐平不见起伏的。这一对挂屏的做法属于前者。

挂屏一对，象牙嵌花包镶边框，本幅为天蓝色漆板，所嵌花卉一为白梅，一为红梅。树的枝干都是鸂鶒木嵌，取其木纹天然绞丝状，酷似树皮，白玉做白梅，红碧玺做红梅。白梅树下有红玛瑙做的山茶花，碧玉做叶。红

梅树下有碧玉做的兰叶，青玉做的兰花，红宝石做蕊。孔雀石做地，墨玉做石，其中以碧玺的经济价值最高，每一方寸当时即以千两银计值。从章法来看，完全是两幅花卉的画。制造本来也是根据画稿，但效果却和绘画不同。从室内装饰角度来看，如果室内是华丽浓艳的陈设，则墙上挂纸绢绘画就显得薄弱；不如百宝嵌的画面，再加象牙嵌花边框的挂屏，才和其他陈设协调一致。

# 织绣

# 织绣

中国是丝绸的发源地。距今五千多年的原始时期，就开始利用蚕丝。考古工作者先后在山西、河北、河南、辽宁、江苏和浙江余姚等新石器时代遗址，发现过蚕茧、陶蚕蛹、石蚕蛹、黑陶蚕纹装饰、骨器蚕纹装饰等遗迹。1958年在浙江吴兴钱山漾新石器时代遗址发现了经纬密度每厘米达48根的丝绢，这些都表明了中国丝绸历史源远流长。

瑞典远东古物博物馆保存的从河南安阳出土带有回纹绮痕迹的商代铜钺和故宫博物院保存的带有雷纹绮残痕的商代青玉戈，更可证明商代已经揭开丝绸织花的序幕。到了周代，朝廷已对丝绸手工业设立专官和专业作坊进行管理和生产，当时织锦和刺绣已经具有较高的工艺水平。公元前770至公元前221年的春秋战国时期，中国兖、青、徐、扬、荆、豫等州都有丝绸的特产。丝绸的品种已有帛、缦、绨、素、缟、纨、纱、谷、绉、纂、组、绮、绣、罗等。高级的丝绸已成为诸侯朝见天子以及诸侯间互聘、会盟必用的礼品。在湖南长沙烈士公园和左家塘、河南信阳长台关、湖北荆州八岭山等地战国楚墓出土的锦绣，有的被贴裱在棺木上作装饰，有的用来做被褥衣服，有的成匹地

用来殉葬。荆州八岭山出土的战国织锦，织法精细，配色清雅，锦面龙凤图案穿插重叠，非常美丽。长沙左家塘出土的战国织锦，花纹格式多变，工艺上已采用牵彩条及增牵特殊挂经等各种方法。长沙烈士公园和荆州八岭山出土的战国刺绣的图案，龙游凤舞，猛虎瑞兽，活跃于穿枝花草之中。这些图案的形式及题材内容，还与20世纪60年代在苏联巴泽雷克公元前5世纪时期游牧民族部落贵族墓中出土的中国丝绸地凤鸟穿花纹刺绣鞍褥面纹样近似。中国丝绸在先秦时期，已由秦国运往北方，与北方游牧民族交换战马。通过巴泽雷克出土的中国丝绸刺绣，更足以说明中国丝绸刺绣，在公元前5世纪时已经通过北方草原运销到欧洲地区。

公元前138年，张骞出使西域，开通了从中国通往西域的南北两条大路。中国的丝绸就源源不断地运到欧洲，为东西方物质文化的交流做出了巨大的贡献。从此中国就被誉为"丝绸之国"。由中国西北通往西域的道路，也被历史学家称为"丝绸之路"。

张骞塑像　　　　　　张骞邮票

张骞（？—前114），字子文，汉中郡城固（今陕西省汉中市城固县）人，汉代外交家、探险家，"丝绸之路"的开拓者。西汉建元二年（前139）奉汉武帝之命，由帝都长安（今陕西西安）出发，率领一百多人出使西域，打通了汉朝通往西域的道路。

汉、唐以来，中国的丝绸品种不断丰富，工艺技巧不断提高。例如汉代的起绒锦，在织物表面织有由经线织出来的绒圈形浮雕状的花纹。汉代的经锦，以多组彩色经丝起花，能织出构图十分复杂，色彩庄重富丽，带有吉祥含义铭文的山脉、云气、动物图案。唐代创造了纬丝起斜纹花的绫、锦、双面平纹锦、印经绸、夹缬、蜡缬、红线毯及缂丝等新品种。纹样构图宏伟，形象丰满，色彩鲜丽。

宋代织锦，将花纹组织与地纹组织分开，并开始运用小梭管挖织局部彩花的新技术，使得锦缎纹地清晰，花纹色彩更加富丽。当时还创造了具有写生风格花式的"宋锦"。例如：如意牡丹纹锦、宜男百花纹锦、穿花凤纹锦、百花撵龙纹锦、大百花孔雀纹锦、天下乐锦等，都是形象写实、生动的宋锦典型纹样。宋代织锦图案向来以典雅优美而称著，写生风格的图案多为后代织锦所仿效。明、清时期苏州所织著名的"宋式锦"，就是在这个传统的基础上发展起来的。宋代的刺绣和缂丝技艺已发展到

**锦缎**

仿刺绣类丝织物的大类名称。一般指经纬丝先染后织，色彩多于三色。"锦"字的含意是"金帛"，意为"象金银一样华丽高贵的织物"。

能够仿制画院工笔绘画，并足以乱真的高超水平，而且比画更有质感和光泽。史称"宋绣针路多变，用线细于发丝"。宋代缂丝则出现了像朱克柔、沈子蕃、吴煦等著名艺人。元代是金银线织物高度发展的时期。元代统治者最喜欢的"纳石失"，就是文质富丽的织金锦。明、清两代在江南三织造所在地区南京、苏州、杭州生产高级丝绸，如各种织金锦、妆花锦、织金妆花锦、重锦、宋式锦、匣锦、闪缎、织金缎、暗花缎、两色缎、妆花缎、加金妆花缎、遍地金妆花缎、孔雀羽织金妆花缎等，花色品种更是多不胜数。

缎是宋、元时期新出现的品种。明、清时期在缎组织地上提花的技术高度发展。明代生产多为五枚缎。明末新创，到清乾隆时期大量生产的入丝缎，缎面莹洁光亮，质地柔软，美观实用。在此基础上再以数种甚至数十种不同颜色的小管梭，用"挖花"技术织出绚丽多彩的花纹，这种织物就是妆花缎。并可按服装款式、床椅铺垫、幔帐等成品的形

**江南三织造**

清代在江宁（今江苏南京）、苏州和杭州三处设立的、专办宫廷御用和官用各类纺织品的皇商，即江宁织造、苏州织造、杭州织造。

式规格生产"织成"料。有的更在原料中加入片金、片银、捻金线、捻银线、孔雀羽线等，使织品更加高贵豪华。

明、清时期的缂丝，常常制织复杂的巨幅作品。织工细巧，饦色技法也有更多的变化。为了艺术效果更加逼真，有时也在某些主体花纹上加绣，或局部用彩笔加绘。刺绣自明代以来，在一些大城市出现了商品性生产的绣画。崇祯（1628—1644）时上海露香园韩希孟摹绣名人书画，以精巧著名，称为"顾绣"。和顾绣特点成对比的山东"鲁绣"（俗称衣线绣），常在暗花绫缎上用双股捻合的花线绣花，有厚重朴实的感觉。北方还流行用衣线在纱地上满地纳绣的"洒线绣"和用钉线法绣花的"缉线绣"，及用捻金捻银线盘钉绣花的"平金绣"。这三种绣法在北京定陵出土的文物中有大量发现。

清代大部分宫廷御用和上用

京绣

的刺绣品，均由宫廷如意馆画工绘制花样，发送江南三织造管辖的织绣作坊照样绣制，无不工整精美。同时在民间先后出现了以商品生产为目的的地方绣。最著名的地方绣，有以北京为中心的"京绣"和分别以苏州、成都、广州、长沙为中心的"苏绣""蜀绣""粤绣""湘绣"，它们各具地方艺术的特色。后来苏、蜀、粤、湘四种地方绣，被称为"四大名绣"。

京绣，图案结构严谨，装饰华丽。绣种多样，包括戳纱绣、铺绒绣、钉线绣、网绣、平金绣、堆绣、穿珠绣以及十字挑花等。

苏绣，继承和发扬了宋代绣画的传统，讲究以针代笔，突出针法效果。绣工细密不露针迹，丝理圆转自如，绣面平服。配色采用同类色或含灰对比的退晕方法，色彩沉静雅洁。并发展了一次绣作过程中完成双面图案的"双面绣"技艺，两面针法、色彩都相同。

蜀绣，是在当地民间绣的技艺基础上吸收明代顾绣艺术的长处，而发展成为著名的地方商品绣。绣品以厚重工整、色彩鲜丽、有针工的装饰见称。

粤绣，又称广绣。构图丰满，形象逼真。施针简快，针线重叠隆起。配色鲜丽明朗，光泽眩目，并常用孔雀羽线、捻金线配合绣花，生动活泼。

湘绣，擘丝细，所擘之丝，用英仁溶液蒸后裹竹纸揩拭，以防丝绒起毛，故光细胜于发丝。这种绣品，当时被称为"羊毛细绣"。湘绣设色素净，要求符合物像本色。针法吸取苏绣的特点，渲染阴阳浓淡，晕色如画。

中国织绣源远流长，闪烁着东方文化艺术的光芒。故宫博物院收藏的传统织绣珍品非常丰富，收入本书的这十件织绣，是包括了织绣工艺各门类的极精品，有的还是举世无双的艺术珍宝。

苏绣

湘绣

蜀绣

粤绣

# 球路双鸟纹锦夹袍

091

北宋（960—1127）

彩织，身长138厘米，通袖长194厘米
袖口宽15厘米，下摆大81厘米

锦是中国著名的高级丝织传统品种。它的历史可追溯到西周时期。据考古发现，从西周到唐朝以前的锦，都是用经丝显出花纹的，称为"经锦"；唐代初年始见有由纬丝显现花纹的"纬锦"。以后纬锦就逐渐取代经锦。

这件用纬锦制作的夹袍，是在古代"丝绸之路"途经的新疆维吾尔自治区阿拉尔木乃伊墓出土的。锦袍为半掩襟，交领，窄袖；后身开裾，高于臀部。全袍以球路双鸟纹锦作面料，用素绸作里，鸂鶒团花锦镶领边，袖口镶接一段双雀栏杆锦袖头。领、袖、襟的外缘，镶着羊皮"出风"，出土时羊皮已残留无几。

所用锦地面料球路双鸟纹锦，经丝为黄色，纬丝有淡黄、黑、黄绿、白四色。由纬丝显花，基本组织是三枚纬向斜纹。花纹的骨格是圆形的交切与重叠。这种格式是宋代丝绸图案中流行的式样，称作球路纹。在球路纹的圆圈中，填充背向对称的双鸟。鸟的姿态举翅昂首，似在奋翼起飞，背靠直立的花树。圆圈的周边，饰以几何连钱纹和古波斯式的连珠纹。在圆圈的交切处和空隙部位装饰的连珠四叶和四鸟纹团花，也都带有波斯风格的影响，融合了中西方的装饰特色。袍领用的鸂鶒团花锦花纹，鸂鶒在圆形中间回旋穿花飞翔，团花外围以四面对称组合的花叶布地，是中国唐、宋间流行的图案格式。两袖口缝接的双雀栏杆花纹锦，也是唐以来工艺装饰花纹中常见的式样。

这件锦夹袍出土时穿在一个身高1.9米，头部蒙着白绡的男性木乃伊身上。死者是维吾尔族的一名武将。从袍长和木乃伊身长的比例看，夹袍比木乃伊身长短62厘米，与唐以来"胡人俑"服制比例相合。在唐阎立本《步辇图》所绘西域来使身上，可以看见和这件夹袍式样及图案格式十分近似的服装图像。

中国古代生产销往西方的丝绸，常常选取符合西域人习惯穿用的花纹。例如新疆吐鲁番阿斯塔那出土的北朝时期的"胡王锦"，在连珠纹中织着胡王牵骆驼；唐代有在连珠纹中织着两个胡人围着酒壶饮酒的"醉佛林锦"，都能说明这个情况。通过经济的交往，西方艺术也给中国的民族艺术带来了影响。这件球路双鸟纹锦夹袍，正是中西经济文化交流的象征。宋代的织锦衣物留存至今的很稀少，这件锦袍能够保存得这样完好，对研究宋代织锦技术、装饰花纹和兄弟民族的服装样式提供了珍贵的实物资料。

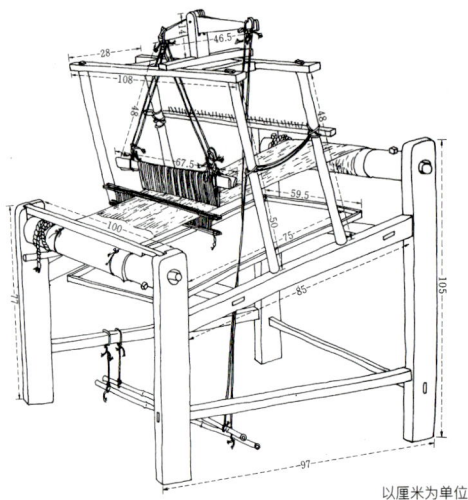

# 缂丝青碧山水图轴

**南宋（1127—1279）沈子蕃**

缂丝，高 88.5 厘米，宽 37 厘米

织锦和缂丝无论花纹、题材和形式设计都有不同的要求。织锦多实用品，花纹布局，一般是以一个花纹单位向四方连续扩展。也有一些是按成品的形状和裁剪方法分布花纹，连接成一匹匹料的。织造时，预先由专门编织"花本"的"挑花匠"按设计花样编成"花本"。将"花本"装到织机的"提花楼子"上，由"挽花匠"坐在楼子上按顺序

以厘米为单位

**缂丝织机绘制图**

拉动经线，再由"织匠"配合着投梭织纬，就能自动织出花纹。而缂丝不用"花本"，主要由织工照着画稿在很简单的织具上从心所欲地用双手缂织成花纹。无论尺寸的大小，

缂丝是著名的丝织技法。宋以来的著录中，也有写成"克丝""刻丝"的，其含义相同。缂丝从质地分析，既不同于织锦，也不同于刺绣。刺绣是在某一颜色的丝织品上，用绣花针穿引花线，绣出高于丝织品表面的花纹。缂丝的花纹与底纹完全平齐。缂丝虽然和织锦都是经纬交织出花纹，但织锦用复杂的变化组织来织花，织物表面花纹清楚，反面有浮纬掩盖，花纹杂乱不清，织物厚实。缂丝用单层平纹组织织花，织物正反两面组织相同，花纹、颜色也完全相同，花纹边界有刻裂现象，织物匀薄。

颜色的繁复，书法、绘画、挂屏、围屏、服装、铺垫、椅帔、宫扇、荷包等各类型的东西都可以缂织。

缂丝所用的是普通轻便的平纹木机。缂织时，先在织机上装上经线，穿好平纹综片和竹筘；再在经线下面挟上图样，织工透过经线可以看清图样中的花形和颜色，用毛笔将花纹轮廓描到经线上，按花纹轮廓，以各色彩丝小梭子分块逐步缂织成表面平织的花纹。这种工艺，不像普通织物可以用大梭通幅到头织造，而是要按花纹轮廓和颜色交接的边界不断换梭，所以非具有高度熟练的技巧和艺术造诣的织工不能胜任。由于缂丝不用通梭，人们都称这种织法为"通经断纬"。日本则称作"缀织"。通经断纬形成花纹边界的刻缕效果，使缂丝的织纹如填彩，显现出特殊的装饰趣味。

通经断纬的织法，在新疆出土汉及南北朝时的毛织品中已出现。唐代的通经断纬织法的丝织品，即为缂丝。北宋时北方贵族妇女已用缂丝制衣服和被面。

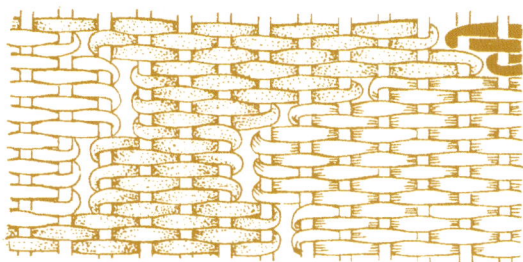

**缂丝组织绘制图**

沈子蕃《缂丝青碧山水图》轴采用了"渗和戗""长短戗""构缂""平缂""子母经"等方法。"渗和戗"是表现色彩由深到浅过渡的一种方法，其特点是深浅两色的交替不绝对平均，并且是在色彩由上向下或由下向上纵向变化其深浅时使用。本幅山纹就是用"渗和戗"法缂成的。"长短戗"是利用织梭伸展的长短变化，使深浅两种纬丝互相穿插，在两色相互穿插的地方显出晕色的效果。本幅"长短戗"缂法也见于山纹。"构缂"是在纹样边缘以另一颜色的丝线构缂出勾边线，使花纹界划清楚。本幅所有的轮廓勾边线都是用"构缂法"织出的。"平缂"用于所有的平涂色块。"子母经"用于缂织文字和图章。此外，在山、云、水等处局部还以淡彩渲染，使景物阴阳远近，层次分明。这件缂丝运梭如运笔，不失分毫，线条勾勒有力，设色明丽天成。它再现了江南大自然空灵开旷的情趣，又具有笔墨山水画所不能具有的工艺质感之美。是沈氏缂丝山水画的代表作之一，是珍贵的文物。

# 缂丝东方朔偷桃图

**093**

元（1271—1368）

缂丝，青地五彩织成，高58.5厘米，宽33.5厘米

《缂丝东方朔偷桃图》轴，是一件以宋代绘画为稿本的精品。画面内容是西汉武帝时，以诙谐滑稽闻名的文人东方朔，得道成仙之后在天上碰到西王母设蟠桃盛会，就大胆进去偷吃了蟠桃，被仙吏擒获，请西王母发落。因他申辩语言滑稽，逗得西王母开心。后来西王母赐他琼浆玉液，东方朔痛饮而归。因这个故事非常有趣，富戏剧性，又有吉庆长寿的含义，人们一直乐于用之作美术品和工艺美术品的题材。

这件缂丝图轴，画面上缂织着从彩云中露出来的结满仙桃的桃枝，彩云把天宫的地点环境巧妙地表现出来。画面下缂织着灵芝、水仙、竹子和寿石，隐寓"灵仙祝寿"的吉祥语。画面正中缂织着手捧仙桃、一边奔走一边回头偷看的东方朔，把"偷"的心理状态活生生地刻画出来。

这件缂丝的画面设计，采用填色、勾线、二色互相参差换彩等方法，发挥了缂丝工艺的特点。色彩配置鲜明而素静。在浅米色地上，以石青、宝蓝、浅蓝、月白为主色，稍配水粉、瓦灰，十分和谐。在近景灵芝草的茎部，采用石青、驼色相捻合的"合色线"，也是一种新的创新。敷色方法，完全采用块面平涂。在山石、衣服袖子及人物胡须处，二色相遇时，则用缂丝工艺特有的戗色过渡（即不同色的小梭子交错使用，使色彩自然过渡）。主要用"长短戗"的调色方法，使深色纬与浅色纬相互穿插，出现"空间调合"的晕色效果。再在花纹边缘，以石青色的丝线构缂出勾边线。这起着调和色阶，又使花纹界划分清楚的作用。这种缂法使整幅画面具有很强的质感和鲜明的装饰效果。

元代流传下来的织绣文物为数不多。以人物故事为主题的缂丝图轴为数更少。《缂丝东方朔偷桃图》轴是故宫博物院收藏的元代缂丝品中工艺水平最高的一件珍贵文物。《秘殿珠林》著录。本幅上钤"乾隆御览之宝""乾隆鉴赏""秘殿珠林""三希堂精鉴玺""宜子孙"诸玺。

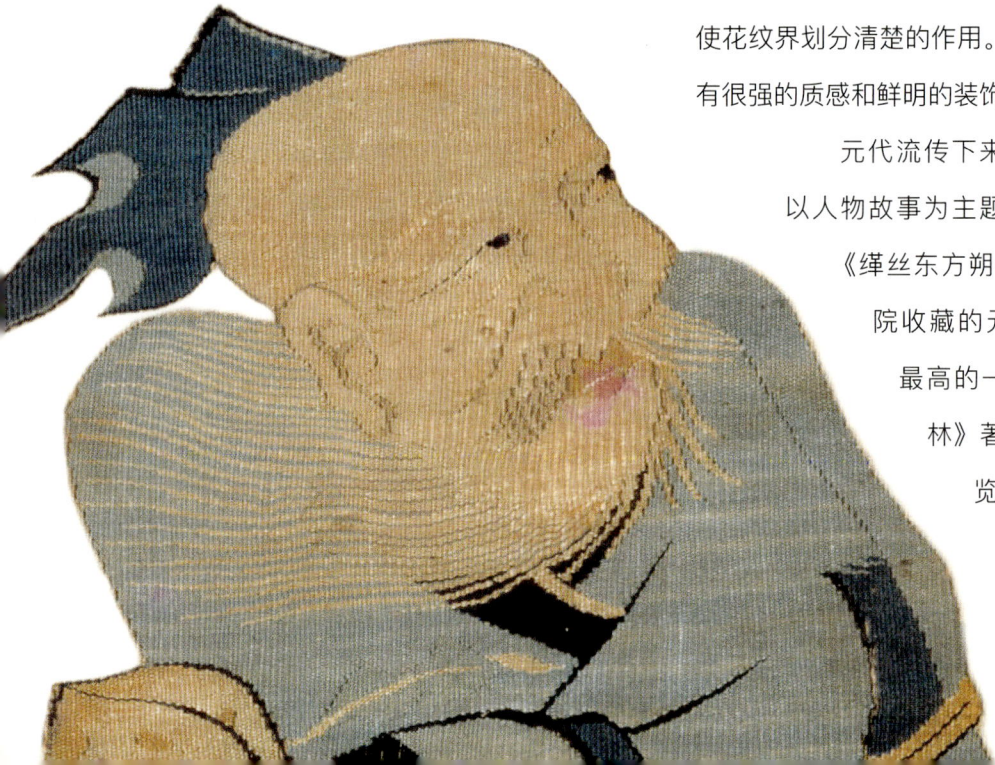

## 094 鲁绣芙蓉双鸭图轴

元（1271—1368）

缂丝，青地五彩织成，高140厘米，宽57厘米

这是一幅以芙蓉双鸭为主题的观赏性刺绣立轴，产于中国刺绣的传统产地山东。山东古属鲁国，在公元前5世纪，这一带桑麻遍地，已经是著名的丝绸产地。当地的妇女心灵手巧，普遍会刺绣精美的花纹。后来山东地区的刺绣就叫作

《芙蓉双鸭图》轴的构图，双鸭在画面正中偏下的位置亲昵地浮游，上半部满布五枝芙蓉花。双鸭和芙蓉占有绣面的主要地位，突出了主题。绣轴在左侧及下方填补芦苇、红蓼、秋海棠、山石、荷花、小草等，点缀出秋天的意境。绣面上没有大面积的堆铺，这能使绣品节用工料，而绣面则疏朗舒展，活泼丰满。

这幅绣轴用浅玉色折枝牡丹、月季暗花缎为底料，以较粗的双股合捻的衣线绣花，花纹苍劲有力，富于立体感，加以采用蓝绿、灰绿、暗红、月白等浓郁沉着的色线，使绣面气质浑厚，与江南闺阁绣细丝淡彩的风格形成鲜明的对照。这是北方及东北地区民间刺绣所具有的朴素雄健的特点。

"鲁绣"。元、明时期，鲁绣使用的绣线是用双股丝合捻起来的丝线，这种线叫"衣线"。用"衣线"绣成的作品，也有人叫它为"衣线绣"。"鲁绣"常以暗花绸、缎作为刺绣底料，用线粗，针脚长，丝理疏朗，坚固耐用，具有苍劲有力、爽朗豪放的独特风格。

这件含义吉祥的绣品，多在祝贺婚礼时张挂或作为礼品赠送。野鸭子是雌雄偶居不离的匹鸟。芙蓉在古代被当作贞洁的象征。把芙蓉和双鸭绣在一起，寓意爱情的坚贞和高洁。

根据不同的花纹影像施针是这件绣品的成功之处。如用长短参差的"掺和针"绣制芙蓉花、叶、石和鸭子；用线条绕成粒状小圈的"打子针"绣红蓼凸起的粟粒状花；用起针落针都在花纹边缘、线条平行排列的"缠针"绣芦苇及红蓼叶子；用针线穿绕成长约3厘米的辫子形线条的"辫子股针"绣芦花、小草和叶。这就使针工和丝理呈现出物像的质感，更加使形象真实生动，突破了绘画的平面效果，显现出浮雕状的立体感，表现了刺绣工艺的装饰趣味。这件绣品，堪称传世衣线绣中的珍品。

## 095 韩希孟宋元名迹册·洗马图

明·崇祯七年（1634）韩希孟

彩绣，白绫地，高33.4厘米，宽24.5厘米

中国刺绣历史悠久。据文献记载，最早起源于史前时期的帝舜时代。考古学家也发现了西周时期的刺绣实物。南北朝时期已出现大幅的刺绣佛像。宋代以刺绣摹制名人书画，把刺绣艺术推进到一个新领域。明代中叶上海顾家的"顾绣"就是在宋代绣画的基础上发展而来的闺阁绣。

　　韩希孟绣的《宋元名迹册》，是传世顾绣中的代表作。绣画册上有董其昌题赞，其夫顾寿潜的题跋。画册共八幅，《洗马图》是第一幅。

　　这幅绣《洗马图》，是以细于发的擘丝，纤甚于毫的绣针，根据画面不同的景物，选用多种色丝，采用长短线条参差排列、针针相嵌、整齐平铺的"擞和针"为主的多种针法，一丝不苟地绣出了原作的笔墨情趣，从而丰富了物像的质感。在局部山坡上，韩希孟还巧妙地施加了淡彩晕染，以画补绣，使其更具神韵。顾绣转为商品后，这种以染补绣的方法就成为顾绣的特点之一，故有人也称

顾绣为"画绣"。但绘画毕竟是以笔墨在绢纸上挥笔，而刺绣则运用丝线的色彩，针法的疏密、轻重、逆顺，以丝理的走向和丝线的排列来表现物像的质感。既能把笔墨之趣摹绣得与画一般，又能显示出独特的工艺之巧。

　　顾绣最大的特点就是用线代笔，以摹真为能事。据记载，韩氏之摹临宋元名迹，绣作方册，覃精运巧，穷数年之心力经营，在风冥雨晦的时候，不敢从事。只在天晴日霁、鸟悦花芬的时刻，才摄取眼前景色，刺入吴绫。大画家董其昌对此赞叹不已，说非人力所能成。

　　韩希孟是17世纪中叶著名的刺绣艺术家。她夫家顾氏以闺阁刺绣而闻名。世以顾氏居所露香园，称其家刺绣为"露香园顾绣"，或称"顾氏露香园绣"，或简称"露香园绣"及"顾绣"。"顾绣"自嘉靖年间进士顾名世的长子顾汇海之妻缪氏开端，至名世次孙媳韩希孟时绣品最为珍贵著名，被称为"韩媛绣"。在这之前顾家绣品多为家藏玩赏或馈赠亲友之用。自名世死后顾氏家道中落，生活倚赖女眷的刺绣维持，于是顾绣从家庭女红向商品绣过渡。由于顾绣的闻名，行销畅通，清代晚期苏、沪等地经销刺绣的商店多以"顾绣"或"顾绣庄"冠其牌名。把当时苏绣和顾绣混为一谈，甚至把苏绣称为顾绣。实际这两种绣类各有不同的艺术特点。

## 096 柿红盘绦朵花宋锦

明（1368—1644）

长142厘米，宽32厘米

苏州在明代是江南织造所在地，为当时著名的丝织生产中心。苏州生产的宋式锦，以图案色泽模仿宋代风格的优美秀丽而闻名。

"盘绦"纹是一种大、中型几何花纹的名称。在唐代就生产"盘绦"花纹的"缭绫"，当时"盘绦"纹绫为珍贵的丝织产品。这件明代"盘绦四季花卉宋式锦"，是唐、宋几何骨架内填以自然形的传统花式基础上发展而来的。如图所

织锦是丝织品中最高级的品种。古时把锦字写成"绨"字，是表示织作费工，其价如金，故字从丝从金或从帛从金。从公元前8世纪以来，中国的锦就是先把丝精炼，染好色后，再用来上机织造，这种织法现在称为"熟织品"，是织造高档丝织品的工艺方法。古时织锦有以经丝显现花纹的"经锦"和以纬丝显现花纹的"纬锦"两类。"经锦"是早期的品种，一般为平纹变化组织的织品；"纬锦"始于初唐，一般为斜纹变化组织的织品。这件宋式锦的组织，是以"三枚纬向斜纹"显现花纹，以"三枚经向斜纹"织成地纹。经丝分为一组专织地纹的"地经"和一组专织花纬的"特经"。地经可用"综绕"控制提沉运动，特经专由"花本"控制提沉，就能自动织出花纹。这种工艺设计可以提高生产效率，使锦面花纹清晰突出，是明代苏州丝织技术上的一种进步发展。按花色要求，生产这件宋式锦花纹需配置六把梭子织纬，其中以三把梭织长纬（一般多用来织锦纹的几何骨架、花卉的枝干和纹

样的勾边线），另外三把梭每织到三至四厘米长的距离之后，就换三把其他色的梭子再织；这样，实际上是用六把梭子，织出了十六种不同颜色的花纹，而且织物不致过厚。

示，锦纹以同心圆斜差作为图案骨架。同心圆的外围缺刻成六出形，与相邻的花纹重叠交切，构成六出形外层的几何纹装饰区。区内嵌以连钱、锁子、龟背、万字曲水、双矩、菱格等细小的几何纹。这些几何纹都有吉祥的含意，如连钱象征富裕；锁子、龟背象征长命；万字曲水、双矩、菱格象征万事顺利或长命不断等。它们都是唐、宋以来一直流行的传统花纹。在各个

同心圆的中心部位，分别填充梅花、水仙、牡丹花等花纹，这也是宋以来流传的装饰模式。把不同季节的花卉与抽象化、理想化的几何纹组合成一个画面，这种设计构思是非常巧妙的。这件宋式锦花纹的造型简练规整。色彩在桔黄地子上，配置大红、墨绿、明黄、石青等色的花纹。色彩处理上采用淡色相间，金线勾边的方法，即在花纹的边缘都镶上一层淡色，外面再勾上金线，以缓冲对比关系，统一主调，达到了富丽和谐的效果。

这分段换色的三把梭子，叫作"短跑梭"，用来织锦面上的主体花纹。使用短跑梭分段换色的配色方法，叫作"活色"。这种工艺在现代化的纺织生产中也一直在继续使用。

"柿红盘绿朵花宋锦"花纹完整，色彩和谐，含义吉祥，织工精巧，质地匀细柔软；适合做服料、被面、幔帐、垫面等，是苏州生产的明代宋式锦中的代表作。

097

# 石青地极乐世界织成锦图

清·乾隆（1736—1795）

彩织，高448厘米，宽196.3厘米

彩织《石青地极乐世界织成锦图》轴，是根据佛教经变故事画用彩色丝织成的。内容出自"西方净土变"。

敦煌莫高窟的唐代壁画，不少是以"西方净土变"为题材的。例如初唐二百二十窟，盛唐一百七十二窟、二百一十七窟，中唐一百一十二窟，晚唐一百五十四窟及

这幅图的原稿是清乾隆时期画家丁观鹏所作。他擅长画人物山水，功力深厚，具有经营复杂场面构图的能力。这一幅继承了唐以来的宗教画的传统画法，把佛教理想中西方佛国的宏伟、庄严、繁华、富丽的景象表现得极为得体。

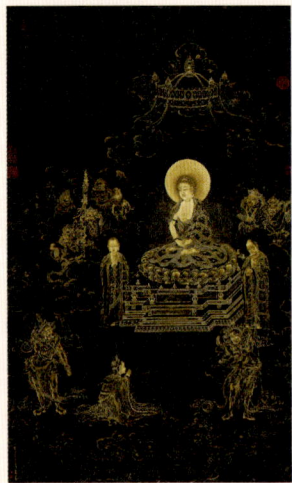

丁观鹏《无量寿佛图》

丁观鹏 （生卒年不详），清代顺天（今北京）人。画家，活动于康熙末期至乾隆中期。

榆林千佛洞二十五窟都有"西方净土变"。该图以丰富的想像力形象地描绘西方佛国的种种情景。它的构图与盛唐以来的"西方净土变"画一样，采取以佛祖阿弥陀佛为中心的对称形。在阿弥陀佛佛像前面稍下的位置，左右各有一菩萨。这一佛两菩萨，织在画面中心，显示画面的稳定感。

围绕着一佛两菩萨，还对称地织有许多菩萨、天王、金刚、罗汉、比丘和伎乐。在祥云缭绕、宏大庄严的宫殿场景中安排了二百七十八个神态不同的人物，并配有宝池、树石、奇花异鸟。在画幅下面，画的是七宝池、八功德水、荷叶和九朵莲花。

彩织《石青地极乐世界织成锦图》轴，从本幅到装池的上下边和绶带部分，均为通幅贯梭织成。全幅用十九种不同颜色的彩色纬丝同时织制。在石青地上以红、蓝、绿、橙、水红、香色为主色，形成青蓝基调上的鲜明对比。在对比色相接的地方，采用浅色相间，墨线勾边，三层退晕或四层退晕等方法，外浅内深，逐层过渡，使对比的强度缓和。退晕色一般取同类色的明度变化。例如以木红、粉红配水红；以深蓝、月白配玉白；以葵黄、香色配米黄等。再在人物头部、建筑装饰等重点部位，用赤金和黄金两种捻金线点缀，使主题更加突出。繁华富丽的主体纹样与深邃幽静的底色，使世俗的气息与神移的幻觉交织，既有现实生活的缩影，又有精神上所追求的境界。

制作这样内容复杂、形象丰富、色彩多变、结构严谨的巨幅绘画性的织成彩锦，工艺技术上的难度是很大的。这件织成彩锦图轴需要有精通画理的"挑花"

工人挑制"花本"，由"机工"装配专用织机上的提花装置，再由"挽花"工人与织工配合制作。织作时又因幅度太宽，不能由织工一人单独操作，而需几个工人并排坐着互相传梭接梭，其技术水平确乎是出类拔萃的。据记载，苏州在明宣德年间就织造过这类画轴。《石青地极乐世界织成锦图》轴，从成品特点分析，是清代苏州织造府管辖下的"高手"和"巧匠"的杰作。

该图轴在清代原藏乾清宫。本幅钤有"乾清宫鉴藏宝""五福五代堂古稀天子宝""八徵耄念之宝"等八玺。见《秘殿珠林》续编著录。现仍藏故宫博物院，举世仅此一幅。

# 098 缂丝加绣九阳消寒图

清·乾隆 （1736—1795）

高 213 厘米，宽 119 厘米

《缂丝加绣九阳消寒图》轴，是清代宫中新正前后悬挂的装饰图轴。按中国历法，从冬至第二天起算，历八十一天称为"九九"，是一年中的寒冷时节。这幅《缂丝加绣九阳消寒图》轴，用九只羊隐喻九阳，三个太子隐喻三泰，再以青松、梅花、茶花、月季表示腊尽春回的景象。图轴装潢玉池中乾隆御

这幅图轴的底色和衬景是缂丝。主景人物、动物是缂丝上加绣的。图轴上半幅以深蓝色作天空，衬托出五彩祥云和青松、梅树、山石。下半幅以浅秋香色作路石表面和水面，衬托出九羊三太子和花树。上半幅蔚蓝的天空和下半幅明朗的地面色彩相映，显现出春日载阳的意境。运色方法，主要是按块面平涂，并以由深到浅四个色阶层次的四晕过渡等便于缂丝工艺制作的手法。又在花朵部分，用苏绣传统的"套针"和"抢针"绣出晕染效果。在几处树干上，采用缂丝加绘或刺绣加绘的办法，描画出树皮的质感。在地面路石的边界上，用八道彩色的晕条作为包边线，使画面呈现出富丽的装饰效果。

这幅图轴在工艺制作上综合运用了缂丝、刺绣和局部加绘等手段。大面积的天空、彩云、地石、水池和一些花叶、小草运用了"平缂""勾缂""结缂"等缂丝方法。人物、羊、花朵、松针采用了"套针""抢针""施毛针""齐针""钉线""钉金""网绣""扎针""打子""松针"等多种绣法，其中以套针和抢针为主。苏绣的针法很多，

书七言律诗："九羊意寓九阳乎？因有消寒数九图；子半回春心可见，男三开泰义犹符。宋时期作真称巧，苏匠仿为了弗殊。慢说今人不如古，以云返朴却惭吾。"

其基本原理，都是顺着花纹形体的结构，变化用针，使丝理排列的方向、疏密、长短、曲直、聚散等都用来充分表现物像的真实感。这是苏州刺绣的传统特点。而这件图轴上的梅树、茶树、松树、树干则在缂丝或刺绣的地上以墨笔加染。将三种方法综合运用制作大件织绣工艺珍品是清代织绣工匠的新创。

本幅见《石渠宝笈三编》著录，原藏宁寿宫。钤"三希堂精鉴玺""宜子孙""嘉庆御览之宝""嘉庆鉴赏""石渠宝笈三编"诸玺。玉池款署"辛丑嘉平御题"，钤"古稀天子之宝""犹日孜孜"二玺。

099

# 孔雀羽穿珠彩绣云龙吉服袍

清（1616—1911）

身长143厘米，肩通袖长216厘米，胸围134厘米
下摆宽124厘米，袖口宽18厘米

这件夹袍款式为圆领、右衽、大襟、马蹄袖、左右开裾直身袍。以蓝色缎作面料，全身以孔雀羽线、米珠、珊瑚珠、捻金线、捻银线、龙抱柱线、五彩绒丝等高贵原料绣成花纹。花纹分布严密有序：在前胸和后背及两肩各绣正龙一；前后襟绣行龙四；底襟绣行龙一，共绣龙九。

龙是封建皇族专用的服饰纹样，对照清代宫廷中帝王冠服格式所规定，此袍应为"吉服"。九是最大的极数，都是皇族最高地位的象征。绘龙要画出"三亭九似"。所谓三亭，即脖亭、尾亭、腰亭，这三个地方要画得稍细，有曲折变化；所谓九似，即角似鹿、头似驼、眼似鬼、项似蛇、腹似蜃、鳞似鱼、爪似鹰、掌似虎、耳似牛。此外在两袖头绣小正龙各一，领袖小正龙二，行龙四。九条大龙是这件夹袍的主要装饰。

围绕着龙纹的主要装饰，间以各种吉祥含义的副装饰纹。如五色彩云、蝙蝠（寓意洪福齐天）等。八种佛教的法器，轮、螺、伞、盖、花、罐、鱼、肠，通称八吉祥。八仙人持八件器物，渔鼓、宝剑、花篮、扇、笛、荷花、葫芦、板。以渔鼓代表张果老，宝剑代表吕洞宾，花篮代表蓝采和，扇代表钟离权，笛代表韩湘子，荷花代表何仙姑，葫芦代表李铁拐，板代表曹

国舅，这八样器物合称暗八仙。折枝桃、石榴和佛手寓意长寿、多子、多福，合称三多。折枝竹、灵芝与仙鹤，寓意灵仙祝寿。

在前后襟下幅部位，绣有平列式的潮水和直立式的水纹以及寿山纹，寓意寿山福海。中间散织象征财富的金锭、银锭、珍珠、犀角、如意、方胜、珊瑚、金钱、合称八宝。另有折枝荷花、蝙蝠等。这些装饰花纹中的龙、鹤、蝠都是用米珠、珊瑚珠串联钉绣全身的，并以状如串米珠的"龙抱柱线"绣制龙的腹、鳍、角、口、尾，以捻金线和捻银线绣制龙髯；以各色彩绒绣制其他花纹；再以孔雀翎羽和丝线捻合而成的孔雀羽线盘钉所有花纹空隙的地方，形成以翠绿为主调，五彩缤纷、豪华富丽而具有高贵质感美的色泽效果。

这件夹袍，按制度虽是亲王穿用的五爪蟒袍，比起皇帝正规服用的十二章九龙纹的"吉服"袍，在技术加工上更为独出心裁。

夹袍在工艺技术上继承了中国传统刺绣成就的高度。孔雀羽

用于织物，出现很早，在南北朝时代已有记载。明代定陵出土万历皇帝所穿的龙袍，有几件也都是用孔雀羽线织绣龙纹的。清代《红楼梦》描写晴雯为贾宝玉织补孔雀金裘，也是孔雀羽线制成的衣服。现在这件袍大面积的用孔雀羽铺地，是孔雀羽工艺上的一种发展。这种工艺，称为"铺翠"。

夹袍所用的串珠绣是在古代以珍珠为饰的衣服、珠履、珠帘的技艺基础上发展起来的。据记载，南北朝梁武帝时，曾造五色绣裙加朱绳珍珠为饰。《明宫史》记载万历三十二年（1604）冬，宫中曾发生因丢失一件珍珠袍而造成冤狱的事件，都足以说明它的价值。

此外，绣制这件夹袍所使用的"钉线""套针""齐针""打子""滚针""钉金银线"等针法也是传统技艺的综合反映。它用针严整平齐，配色洁净高雅，在运用红、黄、蓝、绿、茄紫五种色相的彩绒时，一方面采用色度比较柔和的颜色，一方面采用由深到浅三晕过渡的方法，再加以金、银线勾边，使色彩效果华丽、典雅，充分表现了苏绣的艺术特色，称得起是清代苏绣袍服中的典型杰作。

# 白缎地广绣三阳开泰挂屏心

## 清·光绪（1875—1908）

彩绣，米色缎地，高67厘米，宽52厘米

"三阳开泰"，隐喻吉兆。图案上，一般都画太阳、三羊。以太、泰同音，羊、阳同音，寓意"三阳开泰"。这件《三阳开泰图》上左角绣着太阳，正

这件广绣以"辫子股""洒插针"（近似苏绣的"擞和针"）、"扭针"（苏绣称"滚针"）、"齐针""风车针"（类似苏绣的"松针"）、"渗碎针""刻鳞针""勒针"（苏绣称为"扎针"）、"打子针"等九种针法绣制。其中"洒插针""渗碎针""扭针"为主要针法。与苏绣针针重叠、不漏针眼的套针和线条排列均齐、层层衔接的"抢针"为主是不同的。"辫子股针"是中国最古的普遍使用的传统针法。唐、宋以来为使丝理和刺绣花样的物像结合，创造了多种多样的针法。

这幅广绣利用"辫子股针"围环圈转而凸起的丝理来表现羊身上的毛，巧妙地把羊毛的质感表现得很逼真，这是绘画手段绝不能达到的效果。山石用"洒插针"的长短参差、错落变色的丝理，根据山石的块面，分区配以沉香色、驼色、淡驼、灰色、湖色、驼黄色、白色等色块，表现了山石的明暗立体关系；再以石青"铁梗线"钉边，使山石界划清楚醒目。树干部分除用"洒插针"外，又配以从花纹外缘起落、丝理排列均匀的"齐针"，表现出树干的质感。为了表现鸟的嘴、爪、背、腹、翅等不同的形象特征，往往在一只小鸟身上使用"勒针""刻鳞针""扭针""扎针""洒插针""施针"等多种针法。其他例如以"扭针"绣太阳、云、水、草，以"风车针"绣松树叶，以"打子针"绣凸起的花蕊等，使丝理与物像浑然结合。针线的起落，用力的轻重，丝理的排列和走向，都用来表现物像的真实感。刺绣艺术的这种特色，是其他艺术作品难以比拟的。此件绣品，配色鲜丽，艳而不媚；针脚平齐，丝路分明；疏密有致，平坦伏贴，堪称广绣中的珍品。

作为"四大名绣"之一的广绣有着悠久的历史，唐朝广东南海人卢眉娘，就是一位著名的刺绣能手。广绣铺针细于毫芒，又以马尾毛缠绒作勒线，花纹轮廓自然工整，色泽异常艳丽。广绣的题材以鸟、兽、花卉、博古为主，如"百鸟朝凤""丹凤朝阳""孔雀开屏""三阳开泰"等题材的构图最为常见。

中绣着三只羊；再在四周点缀一些飞禽和树、石、花草、蝴蝶，使画面严谨丰满，生动活泼。在色彩配置方面，以米色缎作绣底；山石和羊选用沉香、古铜、驼色、淡驼等色为主调，再以石青、蓝、湖色、黄绿、灰、白、大红等色作点缀，达到静中有动，艳丽多彩的效果。

**卢眉娘**（792—？），唐代南海（今广州番禺）人。顺宗永贞时入宫。性聪慧，工巧无比。能于尺绢绣《法华经》七卷。

# 名词索引

# 后记

《国宝》是1983年2月由故宫博物院与商务印书馆香港分馆商定编印的。画册内的文物都是故宫博物院所藏的精品。

本书主编由北京历史学会理事、故宫博物院研究员朱家溍先生担任。院出版工作委员会副主任、《故宫博物院院刊》及《紫禁城》双月刊总编辑刘北汜先生和出版工作委员会副主任兼院办公室主任吴空先生协助主编工作，设计成书。研究室唐复年、杨臣彬、杨新、李毅华先生和陈娟娟女士参加编写。胡锤先生摄制照片。周苏琴女士组织拍摄文物和搜集资料工作。故宫博物院研究室、陈列部、保管部和群众工作部的一些同志也分担了部分工作。

全书共分五辑。第一辑"青铜器"概说及每件文物的文字说明由唐复年先生撰写；第二辑"书画"概说由杨新撰写，其中法书文字说明及绘画作品中的21、24、27、30、31、36、37、38、39、40、41、42、48、52及54图的文字说明由杨臣彬先生撰写，其余绘画作品的文字说明由杨新先生撰写；第三辑"陶瓷"、第四辑"工艺美术"及第五辑"织绣"的概说及每件文物的文字说明分别由李毅华先生、朱家溍先生及陈娟娟女士撰写。

香港的陈万雄先生、温一沙先生和尤碧珊女士，在本画册的编辑过程中，从内容、摄影到编排设计，也提供了不少有益的建议和协助，才使本画册得以较快编成。

故宫博物院

1983年6月16日

# 编辑
# 说明

1982 年至 1985 年，商务印书馆（香港）有限公司陆续推出 8 开本繁体中文版《紫禁城宫殿》《国宝》《清代宫廷生活》，轰动港岛；2006 年，经香港商务印书馆授权，三联书店（北京）出版上述三书 16 开本简体中文版；2014 年，该 16 开简体中文版由香港商务印书馆转授人民美术出版社继续出版。由此可证，此三书历久弥新，成为介绍故宫建筑、皇家生活和历代文物珍品的经典读本。2021 年，距此三书面世近 40 年之际，其编撰的专家、学者多已离世，书中许多文物遗迹也很难再拍到，此次仍由香港商务印书馆授权，活字国际（北京）编辑部联合广西师范大学出版社根据当下时代阅读方式的演变，在完全保留原书核心内容的前提下，对书稿进行重新编排设计，并修正了之前版本中的部分讹误。具体工作大概如下：

一、将画册模式改造为图文书模式，使之更方便阅读；

二、为突出关键内容，抠除部分建筑、器物等图像的背景和环境；

三、调整部分内容顺序、补充部分内容信息、增加索引内容；

四、部分文物名称按新颁布的名称标注。

活字国际 编辑部

2021 年 3 月

**图书在版编目（CIP）数据**

故宫国宝 100 件 / 朱家溍主编. --桂林：广西师范
大学出版社，2021.11
　（故宫三书）
　ISBN 978-7-5598-4257-2

Ⅰ．①故… Ⅱ．①朱… Ⅲ．①故宫博物院－历史文
物－中国－图集 Ⅳ．①K870.2

中国版本图书馆 CIP 数据核字（2021）第 184435 号


故宫国宝 100 件
Gugong Guobao 100 Jian

选题策划：活字国际
特约编辑：汪家明　陈碧村
设计制作：气和宇宙　陈小娟
特约营销：廖　琛
封面题字：鲁大东

出 版 人：黄轩庄
出版统筹：冯　波
项目统筹：廖佳平
责任编辑：邹湘侨
助理编辑：成　能
营销编辑：李迪斐　陈　芳
责任技编：王增元
出版发行：广西师范大学出版社
　　　　　广西桂林市五里店路 9 号　邮政编码：541004
网　　址：http://www.bbtpress.com
印　　刷：天津图文方嘉印刷有限公司印刷
　　　　　天津宝坻经济开发区宝中道 30 号　邮政编码：301800
开　　本：787 mm×1 092 mm　1/16
印　　张：20.75　　字数：576 千
版　　次：2021 年 11 月第 1 版　　2021 年 11 月第 1 次
定　　价：138.00 元